住房和城乡建设部"十四五"规划教材
中央财经大学"十四五"本科规划教材
高等学校工程管理专业系列教材

建设法规：案例与实务

王昊 刘贵文 主编
高然 副主编
何佰洲 主审

中国建筑工业出版社

图书在版编目（CIP）数据

建设法规：案例与实务 / 王昊，刘贵文主编；高然副主编. — 北京：中国建筑工业出版社，2024.1

住房和城乡建设部"十四五"规划教材　中央财经大学"十四五"本科规划教材　高等学校工程管理专业系列教材

ISBN 978-7-112-29597-5

Ⅰ.①建… Ⅱ.①王…②刘…③高… Ⅲ.①建筑法-中国-高等学校-教材 Ⅳ.①D922.297

中国国家版本馆 CIP 数据核字（2024）第 019214 号

建设法规作为建设工程从业人员的重要基础知识，贯穿于建设工程项目管理全过程，对建设工程的顺利完成具有重要意义。本书基于我国建设工程领域最新法律动态，以项目进程为主线，围绕建设工程法律基础、从业资格、城乡规划法、建筑法、招标投标法、建设工程合同、勘察设计与造价咨询、安全生产、工程质量、环境保护等方面展开理论与实务双线并行的详细讲解。

本书立足于全新现实案例，从《民法典》等建设工程相关的最新法律条文角度予以解释，切实做到理论与实际相结合，内容全面、新颖，于细微处体现思政元素与价值引导，适合作为高等院校工程管理、土木工程、城乡规划等相关专业的教学用书，也可作为建设工程从业人员的学习参考用书。

为了更好地支持相应课程的教学，我们向采用本书作为教材的教师提供教学课件，有需要者可与出版社联系，邮箱：jckj@cabp.com.cn，电话：（010）58337285，建工书院 https://edu.cabplink.com（PC 端）。

责任编辑：张　晶　冯之倩
责任校对：张　颖

住房和城乡建设部"十四五"规划教材
中央财经大学"十四五"本科规划教材
高等学校工程管理专业系列教材
建设法规：案例与实务
王　昊　刘贵文　主　编
高　然　副主编
何佰洲　主　审

*

中国建筑工业出版社出版、发行（北京海淀三里河路9号）
各地新华书店、建筑书店经销
北京鸿文瀚海文化传媒有限公司制版
北京云浩印刷有限责任公司印刷

*

开本：787毫米×1092毫米　1/16　印张：19¼　字数：479千字
2024年1月第一版　　2024年1月第一次印刷
定价：58.00元（赠教师课件）
ISBN 978-7-112-29597-5
（42130）

版权所有　翻印必究
如有内容及印装质量问题，请联系本社读者服务中心退换
电话：（010）58337283　　QQ：2885381756
（地址：北京海淀三里河路9号中国建筑工业出版社604室　邮政编码：100037）

出版说明

党和国家高度重视教材建设。2016年，中办国办印发了《关于加强和改进新形势下大中小学教材建设的意见》，提出要健全国家教材制度。2019年12月，教育部牵头制定了《普通高等学校教材管理办法》和《职业院校教材管理办法》，旨在全面加强党的领导，切实提高教材建设的科学化水平，打造精品教材。住房和城乡建设部历来重视土建类学科专业教材建设，从"九五"开始组织部级规划教材立项工作，经过近30年的不断建设，规划教材提升了住房和城乡建设行业教材质量和认可度，出版了一系列精品教材，有效促进了行业部门引导专业教育，推动了行业高质量发展。

为进一步加强高等教育、职业教育住房和城乡建设领域学科专业教材建设工作，提高住房和城乡建设行业人才培养质量，2020年12月，住房和城乡建设部办公厅印发《关于申报高等教育职业教育住房和城乡建设领域学科专业"十四五"规划教材的通知》（建办人函〔2020〕656号），开展了住房和城乡建设部"十四五"规划教材选题的申报工作。经过专家评审和部人事司审核，512项选题列入住房和城乡建设领域学科专业"十四五"规划教材（简称规划教材）。2021年9月，住房和城乡建设部印发了《高等教育职业教育住房和城乡建设领域学科专业"十四五"规划教材选题的通知》（建人函〔2021〕36号）。为做好"十四五"规划教材的编写、审核、出版等工作，《通知》要求：（1）规划教材的编著者应依据《住房和城乡建设领域学科专业"十四五"规划教材申请书》（简称《申请书》）中的立项目标、申报依据、工作安排及进度，按时编写出高质量的教材；（2）规划教材编著者所在单位应履行《申请书》中的学校保证计划实施的主要条件，支持编著者按计划完成书稿编写工作；（3）高等学校土建类专业课程教材与教学资源专家委员会、全国住房和城乡建设职业教育教学指导委员会、住房和城乡建设部中等职业教育专业指导委员会应做好规划教材的指导、协调和审稿等工作，保证编写质量；（4）规划教材出版单位应积极配合，做好编辑、出版、发行等工作；（5）规划教材封面和书脊应标注"住房和城乡建设部'十四五'规划教材"字样和统一标识；（6）规划教材应在"十四五"期间完成出版，逾期不能完成的，不再作为《住房和城乡建设领域学科专业"十四五"规划教材》。

住房和城乡建设领域学科专业"十四五"规划教材的特点，一是重点以修订教育部、住房和城乡建设部"十二五""十三五"规划教材为主；二是严格按照专业标准规范要求编写，体现新发展理念；三是系列教材具有明显特点，满足不同层次和类型的学校专业教学要求；四是配备了数字资源，适应现代化教学的要求。规划教材的出版凝聚了作者、主审及编辑的心血，得到了有关院校、出版单位的大力支持，教材建设管理过程有严格保障。希望广大院校及各专业师生在选用、使用过程中，对规划教材的编写、出版质量进行反馈，以促进规划教材建设质量不断提高。

住房和城乡建设部"十四五"规划教材办公室
2021年11月

前　　言

　　本书积极响应全面依法治国的战略布局，在充分总结以往教育经验和教材编写经验的基础上，梳理工程建设领域最新的法律法规，以理论教育与实务思考相结合的模式为读者解读这一领域的法律制度。全书包括建设法规概述、建设工程法律基础与从业资格制度、城乡规划法律制度、建筑法律制度、工程招标投标法律制度、建设工程合同法律制度、建设工程勘察设计及造价咨询法律制度、建设工程安全生产法律制度、建设工程质量法律制度、建设工程环境保护法律制度和建设工程纠纷处理法律制度共11章内容。主要章节均辅以数个实务法律案例，便于读者深入理解、以案学法。同时，本书注重体现教学思政，适当融入思想政治元素，使建设法规教学良好契合大学思政教育，与国家政策、优良传统和个人品德不脱节，将普法与育德完美结合，打造一本有内容、有思想、有深度、有担当的建设法规教材。

　　本书的特色与创新点主要包括以下四点：

　　第一，法律内容革新。近年来建筑行业相关法律多次更新迭代，如2017年12月27日修订的《中华人民共和国招标投标法》、2018年9月28日修订的《建筑工程施工许可管理办法》、2019年4月23日修订的《中华人民共和国城乡规划法》（以下简称《城乡规划法》）等。此外，2021年1月1日正式生效的《中华人民共和国民法典》中也对建设用地使用权和建设工程合同等相关内容作出了新的规定。本书的法律内容在国家和地方最新颁布的法律法规的基础上进行编撰，保障教材的时效性。

　　第二，教学案例典型丰富。本书收录了以建设工程纠纷文书为主的大量现实案例。每个章节除了理论知识之外，还配有翔实的实务案例，从不同的角度筛选有代表性的、影响广泛的典型案例，使得每个案例都具有实用性和独特性，避免纯理论学习带来的枯燥乏味。让读者在真实的案例情景中活学活用，以案学法、以案说法，加强对知识的综合运用，切实做到理论与实践相结合。

　　第三，加入"城市更新"全新模块。《中共中央关于制定国民经济和社会发展第十四个五年规划和二〇三五年远景目标的建议》提出，推进以人为核心的新型城镇化、实施城市更新行动。2012年以来，我国城镇化进入以提升质量为主的转型发展新阶段，城市的发展开始朝着提升品质、增进城市内涵、产业转型升级以及土地集约利用的方向前进，城市更新逐渐成为建筑领域的热点话题。近年来，在深圳、广州、上海等城市更新实践领先地区，地方政府出台了很多极具参考价值的条款及规定。在以往的建设法规教材中，这一模块鲜少涉及。但在城市更新行动普遍实施的今天，从业者需要有这方面的法规普及和经验参考。本书将在城乡规划法律制度相关的章节中编入对城市更新前沿地区、城市更新法律体系现状的介绍，以便为其他地区的类似纠纷提供参考和依据。

　　第四，融合思政教育。本书积极响应思政教育入课堂的号召，在理论部分和案例部分都有对读者价值引导的体现，以简单的三两句评述予以连接，不是长篇大论，而是春风化雨般引发读者的深思。本书将思政教育融入每章每节乃至每个案例当中，从细节切入，将家国情怀、社会担当与职业道德潜移默化地深植于未来建筑业人才心中。

诚挚感谢在本书编写过程中给予帮助的各位老师和同学！特别感谢研究生利梦缘在资料收集与整理中的辛勤工作。

虽然编者在编写过程中力求表述精准、覆盖全面，但由于水平有限，书中难免存在不足之处，敬请各位读者批评指正，我们不胜感激！

2023 年 8 月

目 录

第1章 建设法规概述 ... 1
- 1.1 建设工程简述 ... 1
- 1.2 建设工程法律体系简述 ... 6

第2章 建设工程法律基础与从业资格制度 ... 12
- 2.1 民法基础 ... 12
- 2.2 行政法基础 ... 17
- 2.3 从业单位资质管理制度 ... 21
- 2.4 专业技术人员执业资格管理制度 ... 26
- 2.5 案例分析 ... 32
- 课后练习 ... 37

第3章 城乡规划法律制度 ... 38
- 3.1 概述 ... 38
- 3.2 城乡规划的制定 ... 41
- 3.3 城乡规划的实施 ... 47
- 3.4 城乡规划的修改 ... 53
- 3.5 城乡规划的监督与法律责任 ... 55
- 3.6 城市更新法律体系现状 ... 56
- 3.7 案例分析 ... 64
- 课后练习 ... 72

第4章 建筑法律制度 ... 73
- 4.1 概述 ... 73
- 4.2 发包与承包 ... 77
- 4.3 建筑工程施工许可制度 ... 81
- 4.4 建筑工程监理制度 ... 84
- 4.5 案例分析 ... 88
- 课后练习 ... 98

第5章 工程招标投标法律制度 ... 99
- 5.1 概述 ... 99

5.2 招标 ·· 102
5.3 投标 ·· 107
5.4 开标、评标与中标 ·· 110
5.5 招标投标过程中典型违法行为 ··· 117
5.6 案例分析 ·· 122
课后练习 ·· 127

第 6 章　建设工程合同法律制度 ··· 128
6.1 概述 ·· 128
6.2 建设工程施工承包合同 ·· 132
6.3 建设工程施工承包合同的变更和索赔 ································ 138
6.4 工程咨询与勘察设计合同 ··· 144
6.5 其他工程建设相关合同 ·· 148
6.6 案例分析 ·· 152
课后练习 ·· 166

第 7 章　建设工程勘察设计及造价咨询法律制度 ···························· 167
7.1 概述 ·· 167
7.2 勘察设计标准及文件编制与实施 ······································ 169
7.3 勘察设计文件的审查与监管 ·· 174
7.4 造价咨询法律制度 ·· 179
7.5 案例分析 ·· 185
课后练习 ·· 189

第 8 章　建设工程安全生产法律制度 ··· 190
8.1 概述 ·· 190
8.2 建设工程各参与方的安全责任 ··· 192
8.3 建设工程安全生产重要制度 ·· 197
8.4 建设工程安全生产许可与安全保障 ··································· 203
8.5 建设工程安全生产事故报告与处理 ··································· 207
8.6 案例分析 ·· 212
课后练习 ·· 217

第 9 章　建设工程质量法律制度 ·· 218
9.1 概述 ·· 218
9.2 建设工程质量责任与义务 ··· 221
9.3 建设工程质量监督体系 ·· 226

  9.4 建设后质量保证制度 ·· 233
  9.5 案例分析 ··· 237
  课后练习 ··· 242

第 10 章 建设工程环境保护法律制度 ·· 243
  10.1 概述 ·· 243
  10.2 我国现行环境保护法律法规体系 ································· 247
  10.3 建设工程环境保护制度 ·· 252
  10.4 案例分析 ··· 258
  课后练习 ··· 263

第 11 章 建设工程纠纷处理法律制度 ·· 264
  11.1 概述 ·· 264
  11.2 行政纠纷处理制度 ·· 266
  11.3 仲裁制度 ··· 274
  11.4 民事诉讼制度 ·· 279
  11.5 民事诉讼关联制度 ·· 286
  11.6 案例分析 ··· 292
  课后练习 ··· 297

参考文献 ··· 298

第 1 章　建设法规概述

1.1　建设工程简述

1.1.1　建设工程的含义

建设工程是指形成固定资产的基本生产活动，具体包括建筑工程、管道线路铺设工程、设备安装工程和装饰装修工程等的新建项目、改建项目、扩建项目、恢复项目和迁建项目，以及与其相关的其他建设活动。

固定资产是人们生产生活的必要物质条件，是在有效使用期内可供重复使用而其实物形态不发生改变的主要劳动资料。

建筑工程是指为新建、改建和扩建各类建筑物及其附属构筑物所进行的规划、勘察、设计、施工等各项技术工作。一般包括房屋、铁路、公路、隧道、桥梁、码头、堤坝、飞机场等建筑工程。

管道线路铺设工程包括电力、通信、给水排水、暖气、燃气等管道线路的铺设。

设备安装工程是工程建设的重要组成部分，包括民用设备安装和工业设备安装，例如，医疗设备安装、安保和监控系统安装、智能化小区物业管理系统安装等。

装饰装修工程包括楼地面装饰、墙面柱面装饰、幕墙工程、天棚工程、油漆涂料工程等。

工程建设是发展和扩大社会生产、提高人民生活质量、增强国民经济实力不可或缺的物质技术基础。故而，它在国民经济中占据着举足轻重的地位。国家通过不断更新完善法律和程序文件，逐步填补工程建设法律领域的空白，形成了一套符合中国国情的建设法规体系，加强对工程建设的管理，有利于建筑市场健康平稳发展。

1.1.2　工程建设项目划分

工程建设项目往往规模巨大、建设周期长、影响因素诸多。为了便于编制详细的建设计划、组织施工、进行质量和工期控制，也便于与同类工程进行质量比较，需要对一个建设项目进行逐级划分。通常工程建设项目可按照工作范围划分为建设项目、单项工程、单位工程、分部工程和分项工程五个层级。

1. 建设项目

建设项目是指依据总体设计组织施工，由一个或多个相互关联的单项工程组成，在经济上统一核算、行政上统一管理，并遵循一定程序进行建设的基本建设单位。比如，一所学校、一条铁路、一座飞机场等。

2. 单项工程

单项工程是指具有独立设计文件和独立施工条件，完工后可以独立发挥生产能力或效益的工程。单项工程是建设项目的组成部分。比如，一所学校中的宿舍楼、教学楼、图书馆等。

3. 单位工程

单位工程是指具有独立设计文件和独立施工条件，但完工后不可独立发挥生产能力或效益的工程。单位工程是单项工程的组成部分。比如，一栋宿舍楼中的土建工程、给水排水工程、电气工程等。

4. 分部工程

分部工程是将单位工程按照不同建筑部位、材料、所需工种等进一步拆分形成的工程。比如，土建工程可以拆分为土石方工程、基础工程、砌筑工程、钢筋混凝土工程等。

5. 分项工程

分项工程是指通过单独的施工工序可以完成，并可以用计量单位计量计价的最小单元。比如，土石方工程中的挖土方、回填土、余土外运等。

工程建设项目划分如图1-1所示。

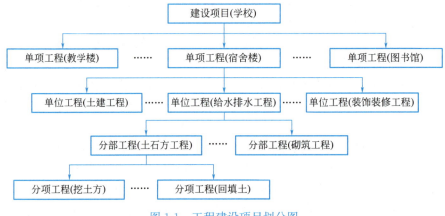

图1-1 工程建设项目划分图

1.1.3 工程建设程序

工程建设程序是在工程建设客观规律的基础上总结得到的，是项目从策划、评估、决策、设计、施工、竣工验收到投入生产或交付使用的整个建设过程中各项工作必须遵循的先后次序。这是建设项目科学决策和顺利进行的重要保障。

工程建设虽然只属于国民经济的一个领域，但却与国民经济的各个部门息息相关，影响着社会生活的方方面面。建设过程工作量大、牵涉面广、操作复杂，在固定空间的长期工作存在着内部顺序上的客观逻辑，所以必须按照不同阶段、不同步骤有序组织各项工作。这种客观规律是不容违反的，否则会带来严重的资源浪费和经济损失。此外，建筑物作为固定资产将会长期存在并用于生活生产，其质量好坏直接与人民的生命财产安全相关，因此在项目不同阶段会设立不同的审批环节，以此督促参与施工各方保质保量地完成施工，这些都是通过工程建设程序立法实现的。我国通过总结多年的实践经验，结合国外相关立法典型，在工程建设程序立法方面也有不少成果，并随着时代变化不断推陈出新，研究颁布符合世情国情的法律条文。

在《中华人民共和国土地管理法》《中华人民共和国城乡规划法》《中华人民共和国建筑法》《中华人民共和国招标投标法》等法律中都对工程建设的程序有所规定。中华人民共和国成立后，政府陆续颁布了一些专项的部门规章和规范性文件，比如《关于基本建设程序的若干规定》(1978)、《建设项目进行可行性研究的试行管理办法》(1983)、《关于编制建设前期工作计划的通知》(1984)、《国务院关于投资体制改革的决定》(2004)（部分失效）、《建筑工程施工许可管理办法》(2014)、《中央政府投资项目后评价管理办法》(2014)、《建筑工程设计招标投标管理办法》(2017)、《建设工程消防设计审查验收管理暂行规定》(2020)等。

工程项目建设大致可以划分为五个阶段：前期决策阶段、准备阶段、实施阶段、验收备案与保修阶段、投资后评价阶段。

1. 前期决策阶段

(1) 项目建议书

项目建议书又称立项申请书，是项目的筹建单位对建设项目框架性的整体构想，需从拟建项目的必要性、客观可行性和获利能力等方面进行逐一论证，便于项目审批机关和投资决策者作出分析、决策。拟建项目应当符合国民经济发展规划以及国家、地区和行业的中长期规划。

(2) 可行性研究

项目建议书获批以后，需要进行项目可行性研究。可行性研究是对项目在经济与技术上是否可行的科学分析与论证，并对其投产之后的经济效益进行预测，是技术经济的深入论证阶段。

可行性研究的主要内容包括三部分：市场供需研究、技术方案研究和财务测算。可行性研究的具体内容因项目性质不同而有所差异，相关法规对此有明确规定。以一般工业项目为例，可行性研究报告具体包括：实施纲要、项目背景、必要性、市场分析、原材料与供应品、建厂地区、厂址和环境、工程设计和工艺、组织和管理费用、人力资源、实施计划和预算、财务分析和经济分析。可行性研究报告须经符合资质的咨询机构评估之后才可作为投资决策的依据。

(3) 立项审批

立项审批是有关部门对可行性研究报告的审查批准程序，通过审批的项目准许立项，进入工程建设准备阶段。

根据《国务院关于投资体制改革的决定》（国发〔2004〕20号）要求，投资项目可划分为政府投资项目和企业投资项目两类，企业投资项目不再实行审批制，区别不同情况实行核准制和备案制。其中，政府仅对重大项目和限制类项目才能够从维护社会公共利益的角度进行核准，其他项目均改为备案制。为严格限定实行政府核准制的项目范围，国务院发布了《政府核准的投资项目目录》（2016年修订）（以下简称《目录》），《目录》明确要求按照规定由国务院核准的项目，由国家发展改革委审核后报国务院核准。核报国务院及国务院投资主管部门核准的项目，事前须征求国务院行业管理部门的意见。由地方政府核准的项目，各省级政府可以根据本地实际情况，按照下放层级与承接能力相匹配的原则，具体划分地方各级政府管理权限，制定本行政区域内统一的政府核准投资项目目录。基层政府承接能力要作为政府管理权限划分的重要因素，不宜简单地"一放到底"。对于涉及本地区重大规划布局、重要资源开发配置的项目，应充分发挥省级部门在政策把握、技术力量等方面的优势，由省级政府核准，原则上不下放到地市级政府、一律不得下放到县级及以下政府。

2. 准备阶段

（1）规划审批

选址在规划区内的工程必须符合城市规划或村庄和集镇规划的要求，其工程选址和布局必须获得地方规划行政主管部门的批准。

（2）取得土地使用权

根据《中华人民共和国土地管理法》的规定，城市市区的土地属于国家所有；农村和城市郊区的土地，除由法律规定属于国家所有的以外属于农民集体所有，宅基地和自留地、自留山属于农民集体所有。

建设单位使用国有土地，应当以出让等有偿使用方式取得，少数规定类别的建设项目可以通过划拨获得土地使用权。若要在农民集体所有的土地上建设项目，也必须先由国家征收该土地，再将土地使用权出让或划拨给建设方。《中华人民共和国土地管理法》中对土地使用权的获取作出了详细规定。

（3）房屋征收与安置

获得土地使用权之后，往往要对原有地上建筑物进行拆除。如果是为了公共利益用地需要的国有土地上房屋征收与补偿活动，应依据《国有土地上房屋征收与补偿条例》规定进行；而非公共利益用地需要的国有土地上房屋拆迁与补偿活动，应根据《中华人民共和国民法典》《中华人民共和国城市房地产管理法》等相关法律法规，由拆迁人与被拆迁人依法平等协商解决。

（4）报建审批

依据《国务院关于印发清理规范投资项目报建审批事项实施方案的通知》，项目报建审批事项是项目申请报告核准或者可行性研究报告批复之后、开工建设之前，建设单位或其代理机构必须提交项目立项批准文件、银行出具的资信证明和建设用地批准文件等资料，由当地住房城乡建设行政主管部门依据法律法规向项目单位作出的行政审批事项。

（5）工程发包与承包

建设单位或其代理机构在完成前述程序之后，须将拟建项目发包给具有资质的勘察设计单位与施工单位。工程发承包程序在《中华人民共和国建筑法》中详细规定，本书将在第4章作具体介绍。

3. 实施阶段

（1）勘察设计

工程项目正式启动之后，需要先经资质齐全的勘察机构对地质、水文等基础资料进行勘察收集，此后再进行工程的设计工作。当然，在施工的全过程中也需要进行必要的勘察。

设计工作可分为三个阶段：初步设计、技术设计和施工图设计。若项目难度不大，可省去技术设计环节。

（2）设计文件审批

作为安排建设项目和组织施工的主要依据，设计工作中不同阶段的设计文件审批也有相应的法规进行规范，详细内容将在第7章进行介绍。

（3）施工准备

施工准备主要指两方面，首先是获得开工许可，其次是在技术和物质方面的准备。

1）开工许可由建设单位按国家规定向工程所在地县级以上人民政府住房城乡建设行

政主管部门申领，所需条件包括：完整的工程用地审批手续；已获得规划许可证；有拆迁需要的，拆迁进度符合施工要求；施工企业已确定；施工图纸和技术资料齐全；已有详细具体的安全措施；建设资金已落实到位，其他法定条件均已满足。

2）施工单位在拿到施工图纸后应认真研读审查，编制施工组织设计，并向下属单位进行全面的图纸、计划、技术、安全等交底，准备施工所需材料设备，安排人员等。

（4）工程施工

施工阶段是工程建设的核心阶段，也是耗时最长、最复杂的阶段，需要对施工进度、材料设备的调用、工程质量与安全、环境保护等多个方面进行严格有序的管理。

一般而言，施工阶段包括土建、给水排水、采暖通风、电气照明等。施工过程应按照图纸要求、合同约定、施工组织设计、施工验收规范等进行，在保证工程按时按质完成的同时，采取有效措施保障施工安全、减少工程污染。

在项目建成之后、投产之前，为了确保项目能即时投产使用，建设单位需要进行生产准备，一般包括：组建生产管理机构，制定生产管理制度与规定，招聘和培训生产人员，组织人员参与设备安装、调试和工程验收，订购原材料、燃料、工器具、协作产品，安排水电供应及其他必备事项。

4. 验收备案与保修阶段

（1）竣工验收及备案

竣工验收是全面考核建设工作、检查是否符合设计要求和工程质量的重要环节。设计文件和合同约定的全部工作完成后，施工单位应向建设单位提交竣工验收报告，建设单位收到竣工验收报告后，应当组织设计、施工、工程监理等有关单位进行竣工验收。

《中华人民共和国建筑法》《建设工程质量管理条例》等法律法规对竣工验收的条件作了规定。依据《建设工程质量管理条例》第十六条，交付竣工验收的项目须符合以下条件：

1）完成建设工程设计和合同约定的各项内容；
2）有完整的技术档案和施工管理资料；
3）有工程使用的主要建筑材料、建筑构配件和设备的进场试验报告；
4）有勘察、设计、施工、工程监理等单位分别签署的质量合格文件；
5）有施工单位签署的工程保修书。

经验收合格后，施工单位才能将工程移交给建设单位，建设单位将向施工单位颁发工程接收证书，此后双方应尽快完成工程结算。

（2）工程保修

依据《中华人民共和国建筑法》规定，建设工程实行质量保修制度。建设工程在保修范围和保修期限内发生质量问题的，施工单位应当履行保修义务，并对造成的损失承担赔偿责任。

5. 投资后评价阶段

投资后评价是工程建设项目的最后环节，是指项目竣工验收并投入生产运营一定时间后，将项目建成后所达到的实际效果与项目的可行性研究报告、初步设计文件（包括概算）及审批文件的主要内容进行对比，分析差距与原因，总结经验教训，提出相应对策，并将结论反馈给参建各方，对日后的项目决策产生良性影响，同时对加强项目全过程管理具有重要意义。具体规定可参考《中央政府投资项目后评价管理办法》和《中央政府投资项目后评价报告编制大纲（试行）》。

项目建设程序如图1-2所示。

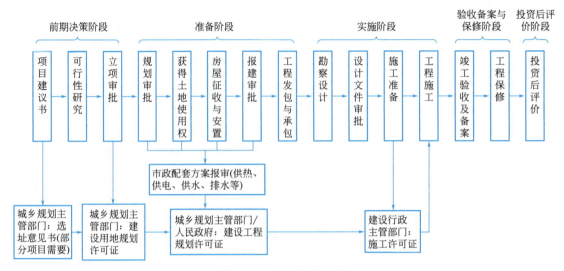

图1-2 项目建设程序图

1.2 建设工程法律体系简述

1.2.1 建设法规的概念与调整对象

1. 建设法规的概念

建设法规是为调整国家及其有关事业机构、企事业单位、社会团体、公民之间在建设活动中或建设行政管理活动中发生的各种社会关系，由国家立法机关或其授权的行政机关制定的法律、法规的总称。建设法规是规范市场主体之间经济活动、行政管理机关对建筑活动的监管的法律规范，它体现了国家对于各项建设活动组织、管理、协调的政策方针和基本原则。

作为我国国民经济的支柱产业之一，建筑业与国民经济、人民日常生活等息息相关。同时，建设活动由于工期长、投资大、技术复杂、影响因素繁多等自身特性，需要政府全面规范的监督管理，促进行业良性发展。因此，建立完善的法律法规体系和建设程序规范十分必要。

2. 建设法规的调整对象

建设法规的调整对象是建设关系。建设关系是指国家行政机关、法人、非法人组织以及公民在建设活动中发生的各项社会关系。由于建设关系各有其特殊之处，因此不能简单以某种法律法规概括管理，必须以建设法规进行调整、管理。

（1）建设活动中的行政管理关系

为了保证建设的质量与安全，在建设全过程中，国家及其住房城乡建设行政主管部门需要对建设活动进行监督管理，这时国家及其住房城乡建设行政主管部门会与建设单位、设计单位、施工单位、监理单位、材料与设备供应商等项目参与方形成规划、指导、协调、管理、监督、调解等关系，即行政管理关系。

建设活动关系着群众生活的方方面面，也与社会和国家的发展休戚与共，因此这类关系自然要以法律法规的形式确立和规范。

(2) 建设活动中的经济协作关系

建设活动是一项需要多方参与的复杂工程，由于参与主体的多样性，各方为了追求自身利益的最大化，势必要择优选取合作对象，形成经济协作关系，这些关系必须通过具体法律法规予以规范。比如设计阶段建设单位会与设计单位形成委托与被委托关系。

(3) 建设活动中的民事关系

建设活动中存在多种多样的社会关系，这些社会关系受民事法律法规的管理监督，主要范围包括人身关系和财产关系。例如，房屋征收与拆迁过程中周边公民的人身财产安全、参建人员的工伤赔偿等。建设活动中的民事关系牵涉政府、法人和公民，对社会公共利益和个人利益都意义重大，因此必须纳入法律法规调整范围。

1.2.2 建设法律关系的概念与构成要素

1. 建设法律关系的概念

建设法律关系是在建设法律法规调整下建设活动中社会关系形成的权利、义务关系。

2. 建设法律关系的构成要素

建设法律关系由关系主体、关系客体和关系内容三个要素构成，这三个要素缺一不可。

(1) 建设法律关系主体

建设法律关系主体是指参与建设活动或建设管理活动、受建设法律法规规范和调整、享有权利并承担义务的当事人，主要包括国家机关、社会组织和公民个人。

1) 国家机关

一般地，国家权力机关和行政机关是建设法律关系主体中的国家机关。行政机关一般对建设活动进行管理，包括：住房和城乡建设部、国家发展改革委、国家安全生产监督管理总局等。国家权力机关因为需要对国家建设计划和国家预决算进行审批、制定，并颁布建设法律法规而成为建设法律关系主体。

2) 社会组织

社会组织是最主要、最广泛的建设法律关系主体。即使是国家的建设活动也主要是由社会组织完成。形成建设法律关系主体的社会组织一般是法人组织，少数情况下非法人组织也可以成为建设法律关系的主体。社会组织主要包括：建设单位、勘察设计单位、施工单位、监理单位等。

法人是具有民事权利能力和民事行为能力，依法独立享有民事权利、承担民事义务的组织。非法人组织是不具有法人资格，但可以依法以自己的名义从事民事活动的组织。

3) 公民个人

并非全部建设活动均由社会组织完成，也存在部分公民个人的建设活动，其也应受到法律法规的规范。此外，如注册建造师、注册造价工程师、注册监理工程师等个人以劳动者身份与单位建立劳动关系，再参与到项目建设当中，这些职务行为也要体现公民的个人身份。因此，公民个人也是建设法律关系的主体。

(2) 建设法律关系客体

建设法律关系客体是指主体享受权利和承担义务所共同指向的对象，主要包括：物、财、行为和智力成果。

1) 物

法律意义上的物，是指可由人们控制并具有经济价值的生产资料和消费资料。如建设所需材料和设备等。

2) 财

财是指货币及有价证券。如建设活动中的借款合同，其客体即货币。

3) 行为

法律意义上的行为是指人有意识的活动。在建设法律关系中，行为可以表现为完成合同约定的工作，如勘察设计和施工工作；行为也可以表现为建设活动中提供的劳务，如人工挖土方、墙面抹灰等。

4) 智力成果

智力成果是指通过人的智力活动所创造出的精神成果，包括知识产权、技术秘密在特定情况下的公知技术。如专利权、商标权等。

（3）建设法律关系内容

建设法律关系内容是指建设主体享有的权利和承担的义务。建设法律关系内容是建设单位的具体要求，决定了建设法律关系的性质，是连接主体的纽带。对于建设法律关系主体而言，权利和义务是密不可分的，只有承担约定义务才能主张相应权利。

1) 权利

建设权利是指主体在法定范围内，依据国家要求和自身实际需要有权进行的各项建设活动。权利主体可以要求其他主体做出一定行为和不做出一定行为，以实现自身的相关权利。

2) 义务

建设义务是指主体必须按照法律规定或合同约定承担的责任。

1.2.3 建设法规体系的概念

建设法规体系是指已制定和需制定的建设相关法律、行政法规、部门规章和地方规章等有机结合，形成一个相互联系、相互补充、相互协调的完整统一的法律体系。

建设法规体系是国家法律体系的重要组成部分，建设法规体系应当符合宪法等相关法律的要求，同时又针对建筑行业的实务特性存在其独到之处、自成体系。横向上，建设法规体系应该覆盖建设活动的全过程以及参与建设的各个行业、各个领域；纵向上，建设法规体系应当保持不同层次法规之间的衔接和顺承，避免出现重复和矛盾。

1.2.4 我国法律体系基本框架

建立健全中国特色社会主义法治体系是全面落实依法治国基本方略的重要基础，也是必要的制度前提。中华人民共和国成立以来，党和国家致力于编撰修订宪法及其他法律。2011年10月，国务院新闻办公室发表了《中国特色社会主义法律体系》白皮书，标志着一个立足中国国情和实际，适应改革开放和社会主义现代化建设需要，集中体现中国共产党和中国人民意志，以宪法为统帅，以宪法相关法、民商法等多个法律部门的法律为主干，由法律、行政法规、地方性法规等多个层次法律规范构成的中国特色社会主义法律体系已经形成，国家经济建设、政治建设、文化建设、社会建设以及生态文明建设的各个方面实现有法可依。

白皮书指出中国特色社会主义法律体系是由宪法及宪法相关法、民商法、行政法、经济法、社会法、刑法、诉讼与非诉讼程序法等多个法律部门组成的有机统一的整体。

1. 宪法及宪法相关法

宪法是中国特色社会主义法律体系的统帅。宪法是国家的根本法，是国家长治久安、民族团结、经济发展、社会进步的根本保障。在中国，各族人民、一切国家机关和武装力量、各政党和各社会团体、各企业事业组织都必须以宪法为根本的活动准则，并负有维护宪法尊严、保证宪法实施的职责。宪法相关法是与宪法相配套、直接保障宪法实施和国家政权运作等方面的法律规范，用来调整国家政治关系，如《中华人民共和国全国人民代表大会组织法》《中华人民共和国人民法院组织法》等。

2. 民商法

民法是调整平等主体的公民之间、法人之间、公民和法人之间的财产关系和人身关系的法律规范，遵循民事主体地位平等、意思自治、公平、诚实信用等基本原则。商法调整商事主体之间的商事关系，遵循民法的基本原则，同时秉承保障商事交易自由、等价有偿、便捷安全等原则。我国采用民商合一的立法模式，商法可以视为民法的特别法和组成部分。如《中华人民共和国民法典》《中华人民共和国著作权法》《中华人民共和国公司法》等。

3. 行政法

行政法是关于行政权的授予、行政权的行使以及对行政权的监督的法律规范，调整的是行政机关与行政管理相对人之间因行政管理活动发生的关系，遵循职权法定、程序法定、公正公开、有效监督等原则。如《中华人民共和国城乡规划法》《中华人民共和国环境保护法》《中华人民共和国治安管理处罚法》等。

4. 经济法

经济法是从国家和社会整体利益出发，干预、管理或者调控经济活动中产生的社会经济关系的法律规范。经济法为国家对市场经济进行适度干预和宏观调控提供了法律手段和制度框架，防止市场经济的自发性和盲目性所导致的弊端。如《中华人民共和国预算法》《中华人民共和国审计法》《中华人民共和国反垄断法》等。

5. 社会法

社会法是调整劳动关系、社会保障、社会福利和特殊群体权益保障等方面的法律规范。社会法是国家和社会对劳动者、失业者、丧失劳动能力的人以及其他需要扶助的特殊人群的权益提供必要保障，维护社会公平，促进社会和谐的有效手段。如《中华人民共和国劳动法》《中华人民共和国劳动合同法》《中华人民共和国社会保险法》等。

6. 刑法

刑法是规定犯罪与刑罚的法律规范，通过规范国家的刑罚权，惩罚犯罪，保护人民，维护社会秩序和公共安全，保障国家安全。如《中华人民共和国刑法》。

7. 诉讼与非诉讼程序法

诉讼与非诉讼程序法是规范解决社会纠纷的诉讼活动与非诉讼活动的法律规范。诉讼法是规范国家司法活动，解决社会纠纷的法律规范；非诉讼程序法是规范仲裁机构或者人民调解组织解决社会纠纷的法律规范。如《中华人民共和国刑事诉讼法》《中华人民共和国民事诉讼法》《中华人民共和国仲裁法》等。

1.2.5 建设法规基本框架

建设法规的主体由城乡规划、城市建设、工程建设、住宅与房地产四类法律法规构成。依据立法权限，建设法律法规又可以划分为建设法律、建设行政法规、建设部门规章、地方性建设法规和地方性建设规章五个层次。

1. 城乡规划法

(1) 立法目的

城乡规划相关法律法规的立法目的是：加强城乡规划管理，协调城乡空间布局，改善人居环境，促进城乡经济社会全面协调可持续发展。已施行的法律法规包括：《中华人民共和国城乡规划法》《风景名胜区条例》《历史文化名城名镇名村保护条例》等。

(2) 调整范围

城乡规划相关法律法规的调整范围是城乡规划活动及其产生的社会关系。

2. 城市建设法

(1) 立法目的

城市建设相关法律法规的立法目的是：加强市政公用事业的统一管理，保障城市建设和管理工作的顺利进行，发挥城市多功能作用，以适应现代化建设的需要。已施行的法律法规包括：《城市市容和环境卫生管理条例》《城市道路管理条例》《城镇排水与污水处理条例》等。

(2) 调整范围

城市建设相关法律法规调整的是城市内市政设施、公用事业、市容环境卫生、园林绿化等建设、管理活动，以及由此形成的社会关系。

3. 工程建设法

(1) 立法目的

工程建设相关法律法规的立法目的是：加强对工程建设活动的监督管理，维持建筑市场秩序，保障工程的质量与安全，促进建筑业健康发展。已施行的法律法规包括：《中华人民共和国建筑法》《中华人民共和国招标投标法》《中华人民共和国安全生产法》《建设工程质量管理条例》《建设工程勘察设计管理条例》《建设工程安全生产管理条例》等。

(2) 调整范围

工程建设相关法律法规调整的是建设领域各企业的资质管理、经营管理、工程发承包管理和建筑市场管理等活动，以及由此形成的社会关系。

4. 住宅与房地产法

(1) 立法目的

住宅与房地产相关法律法规的立法目的是：保障公民的居住权，加强对城市房地产的管理，维护房地产市场秩序，保障房地产权利人的合法权益，促进房地产业的健康发展。已施行的法律法规包括：《中华人民共和国城市房地产管理法》《物业管理条例》《国有土地上房屋征收与补偿条例》《住房公积金管理条例》等。

(2) 调整范围

住宅与房地产相关法律法规调整的是为保障公民居住权而形成的社会关系和房地产开发、买卖、管理活动及形成的社会关系。

1.2.6 建设法规立法原则

1. 法治统一原则

一个国家的所有法律，内在上应该存在联系与共通之处，如此才能构成一个完整有机的国家法律体系。建设法规体系作为我国法律体系的组成部分，应当符合国家法律体系的总体要求。

法治统一原则要求建设法规应当符合以下规定：

(1) 一切法律、法规、规范性与非规范性法律文件必须符合或不违背宪法规定，凡违背宪法者，不具有法律效力；

(2) 在所有法律渊源中，下位法的制定必须以宪法或上位法为依据，不得抵触上位法；

(3) 在不同类法律渊源中（如法律与行政法规）、在同一类法律渊源中（如法律之间）和在同一个法律文件（如民事诉讼法）中，规范性法律文件不得相互抵触；

(4) 各个法律部门之间的规范性法律文件应相互协调和补充，不得冲突、抵触或重复。

2. 权责一致原则

法律法规赋予建设行为主体的权利与规定的义务是相对应的，任何一个主体在享受法律赋予的权利的同时，必须承担法律规定的义务。对于住房城乡建设行政主管部门而言同样如此，对建设活动进行监督管理，既是其权利也是其责任。

3. 切实有效原则

实践是检验真理的唯一标准。建设法规是用于实务的、切实保护公共利益与人民利益的法律法规，每一条规定都应该从实际出发。为了保证建设法规的实用性，我国多数建设法规都是从部门规章或行政法规开始制定，待实践证实可行之后，再上升为高层次的法律文件。同时，建设法规立项还应从我国的基本国情和建设实际需要出发，深刻考虑其必要性与可行性。

4. 遵循市场经济规律原则

《中华人民共和国宪法》规定，我国实行社会主义市场经济。因此，建设法规的制定应当遵循市场经济规律，以法律形式明确规定建筑市场主体的权利与义务，包括住房城乡建设行政主管部门、勘察设计单位、施工单位、监理单位、土地管理部门、市政公用单位等。同时，通过建设法规规范建筑市场体系的开放统一，维护其公平公正。

第 2 章　建设工程法律基础与从业资格制度

2.1　民法基础

2.1.1　概述

民法是调整平等主体的自然人、法人和非法人组织之间的财产关系与人身关系的各项法律法规的总称。相对于旨在限制公权力的宪法而言，民法更侧重于保护私权力。2021年1月1日《中华人民共和国民法典》（以下简称《民法典》）正式施行，它被称为"社会生活百科全书"，是民事权力的宣言书和保障书。

2.1.2　法人制度

1. 法人的概念

《民法典》第五十七条规定"法人是具有民事权利能力和民事行为能力，依法独立享有民事权利和承担民事义务的组织"。

法人是相对于自然人的法律概念，指在法律层面与自然人相对应的人。

《民法典》将法人分为三类：营利法人、非营利法人和特别法人。

营利法人是指以取得利润并分配给股东等出资人为目的成立的法人，包括有限责任公司、股份有限公司和其他企业法人等。

非营利法人是指为公益目的或者其他非营利目的成立，不向出资人、设立人或者会员分配所取得利润的法人，包括事业单位、社会团体、基金会、社会服务机构等。

特别法人是指机关法人、农村集体经济组织法人、城镇农村的合作经济组织法人以及基层群众性自治组织法人。

2. 法定代表人

法定代表人是依照法律或者法人章程的规定，代表法人从事民事活动的负责人。法人作为组织不能直接实施行为，需要以法定代表人为载体。法定代表人有权代表法人对外进行民事活动或诉讼。法定代表人的代表权受到法人章程或者法人权力机构限制，但这种限制不得对抗善意相对人。

法定代表人以法人名义从事的民事活动，其法律后果由法人承担。若法定代表人因执行职务造成他人损害的，由法人承担民事责任；法人承担民事责任后，依照法律或者法人章程的规定，可以向有过错的法定代表人追偿。

2.1.3　代理制度

《民法典》第一百六十一条规定"民事主体可以通过代理人实施民事法律行为"。在建设工程中，施工单位不可能具体管理每一个工程项目的施工过程，所以会委派项目经理作为具体工程项目的代理人。

代理人在代理权限内，以被代理人名义实施的民事法律行为，对被代理人产生效力。

1. 代理的种类

《民法典》将代理行为分为两种,即委托代理和法定代理。建筑活动中的代理行为主要属于委托代理。

(1) 委托代理

委托代理是委托代理人按照被代理人的委托行使代理权。委托代理授权采用书面形式的,授权委托书应当载明代理人的姓名或者名称、代理事项、权限和期限,并由被代理人签名或者盖章。若数人为同一代理事项的代理人,应当共同行使代理权,但是当事人另有约定的除外。

代理人不得以被代理人的名义与自己实施民事法律行为,但是被代理人同意或者追认的除外。代理人不得以被代理人的名义与自己同时代理的其他人实施民事法律行为,但是被代理的双方同意或者追认的除外。如,当施工单位的代理人兼任材料供应商代理人时,未经施工单位追认,不得与自己代理的材料供应商签订供应合同。

代理人需要转委托第三人代理的,应当取得被代理人的同意或者追认。转委托代理经被代理人同意或者追认的,被代理人可以就代理事务直接指示转委托的第三人,代理人仅就第三人的选任以及对第三人的指示承担责任。转委托代理未经被代理人同意或者追认的,代理人应当对转委托的第三人的行为承担责任;但是,在紧急情况下代理人为了维护被代理人的利益需要转委托第三人代理的除外。

(2) 法定代理

法定代理是法定代理人依照法律的规定行使代理权。主要是法律为了维护无民事行为能力或限制民事行为能力人的合法权益而设立的,由法律直接赋予代理权。

2. 建设工程中代理的注意事项

(1)《民法典》规定,依照法律规定、当事人约定或者民事法律行为的性质,应当由本人亲自实施的民事法律行为,不得代理。在建设工程领域存在法律强制规定不得代理的情形,如:承包活动不得代理。《中华人民共和国建筑法》(以下简称《建筑法》)第二十八条规定:"禁止承包单位将其承包的全部建筑工程转包给他人,禁止承包单位将其承包的全部建筑工程肢解以后以分包的名义分别转包给他人"。

(2) 建设工程代理方须有法定资格。一般行业的代理行为并无严格资质要求,但建筑行业中某些代理行为代理方必须具有法定资格,如监理公司。《建筑法》第三十一条规定:"实行监理的建筑工程,由建设单位委托具有相应资质条件的工程监理单位监理"。

3. 代理行为的终止

有下列情形之一的,委托代理终止:

(1) 代理期限届满或者代理事务完成;
(2) 被代理人取消委托或者代理人辞去委托;
(3) 代理人丧失民事行为能力;
(4) 代理人或者被代理人死亡;
(5) 作为代理人或者被代理人的法人、非法人组织终止。

建筑活动中的代理行为终止一般表现为(1)、(2)、(3)三种情形。

2.1.4 物权制度

物权是指权利人依法对特定的物享有直接支配和排他的权利。物权调整的是因物的归属和利用产生的民事关系。国家、集体、私人的物权和其他权利人的物权受法律平等保护,任何组织或者个人不得侵犯。建筑活动中涉及的权利很多来自于物权,比如建设工程完工后建设单位对建设项目享有所有权。

1. 物权的设立、变更、转让和消灭

(1) 不动产物权

不动产物权的设立、变更、转让和消灭,经依法登记,发生效力;未经登记,不发生效力,但是法律另有规定的除外。依法属于国家所有的自然资源,所有权可以不登记。

不动产登记由不动产所在地的登记机构办理。不动产物权的设立、变更、转让和消灭,依照法律规定应当登记的,自记载于不动产登记簿时发生效力。

当事人签订买卖房屋的协议或者签订其他不动产物权的协议,为保障将来实现物权,按照约定可以向登记机构申请预告登记。预告登记后,未经预告登记的权利人同意,处分该不动产的,不发生物权效力。

(2) 动产物权

动产物权的设立和转让,自交付时发生效力,但是法律另有规定的除外。动产物权设立和转让前,权利人已经占有该动产的,物权自民事法律行为生效时发生效力。动产物权设立和转让前,第三人占有该动产的,负有交付义务的人可以通过转让请求第三人返还原物的权利代替交付。

2. 所有权

所有权是指所有权人对自己的不动产或者动产,依法享有占有、使用、收益和处分的权利。但所有权并非全无限制,《民法典》规定,当公共利益需要时,可以依照法律规定的权限和程序征收集体所有的土地和组织、个人的房屋以及其他不动产。

在建设活动中,涉及所有权的主要是业主的建筑物区分所有权。业主对建筑物内的住宅、经营性用房等专有部分享有所有权,对专有部分以外的共有部分享有共有和共同管理的权利。业主对专有部分享有占有、使用、收益和处分的权利,但业主行使权利时不得危及建筑物的安全,不得损害其他业主的合法权益。

现代城市生活中,人们大多生活在小区内,多户共享一栋建筑,在业主所有权范围内的仅为自家屋内,电梯、楼道、小区绿化等均属于共有部分。业主在自己家内的正常生活权利受法律保障,但不可以私自拆除承重墙、夜间制造噪声影响上下住户或占用绿化带种植果蔬。公民在行使自身权利的同时不得损害他人合法权益。

3. 用益物权

用益物权是指权利人对他人所有的不动产或者动产,依法享有占有、使用和收益的权利。在建设活动中常见的用益物权包括:建设用地使用权、宅基地使用权、地役权等。

建设用地使用权人依法对国家所有的土地享有占有、使用和收益的权利,有权利用该土地建造建筑物、构筑物及其附属设施。

宅基地使用权人依法对集体所有的土地享有占有和使用的权利,有权依法利用该土地建造住宅及其附属设施。

地役权人有权按照合同约定,利用他人的不动产,以提高自己的不动产的效益。前款所称他人的不动产为供役地,自己的不动产为需役地。

4. 担保物权

担保物权是指权利人在债务人不履行到期债务或者发生当事人约定的实现担保物权的情形，依法享有就担保财产优先受偿的权利，但是法律另有规定的除外。

担保物权的担保范围包括主债权及其利息、违约金、损害赔偿金、保管担保财产和实现担保物权的费用。当事人另有约定的，按照其约定。债权人在借贷、买卖等民事活动中，为保障实现其债权，需要担保的，可以依照《民法典》和其他法律的规定设立担保物权。

设立担保物权，应当依照《民法典》和其他法律的规定订立担保合同。担保合同包括抵押合同、质押合同和其他具有担保功能的合同。担保合同是主债权债务合同的从合同。主债权债务合同无效的，担保合同无效，但是法律另有规定的除外。担保合同被确认无效后，债务人、担保人、债权人有过错的，应当根据其过错各自承担相应的民事责任。

第三人为债务人向债权人提供担保的，可以要求债务人提供反担保。未经提供担保的第三人的书面同意，债权人允许债务人转移全部或者部分债务的，担保人不再承担相应的担保责任。

担保期间，担保财产毁损、灭失或者被征收等，担保物权人可以就获得的保险金、赔偿金或者补偿金等优先受偿。被担保债权的履行期限未届满的，也可以提存该保险金、赔偿金或者补偿金等。

2.1.5 债权制度

债是按照合同的约定或者依照法律的规定，在当事人间产生的特定的权利义务关系。享有权利的人是债权人，负有义务的人是债务人。

债权是相对权的典型，即债权关系只在债权人与债务人之间发生效力，原则上债的关系不能对抗第三人。

债的形成原因包括：合同、侵权行为、无因管理和不当得利。建设工程涉及的债同样源自这些方面。

1. 合同

合同是民事主体之间设立、变更、终止民事法律关系的协议。当事双方签订合同，就产生相应的权利义务关系，即形成了债的关系。由合同产生的债权债务关系是债的关系中最为常见的一种。

建设工程中，发承包双方要签订施工合同，合同订立后发承包双方便建立了债的关系，承包人有按照法律规定和合同约定完成施工的义务，发包人有按约定支付工程款的义务。

2. 侵权行为

侵权行为是指公民或法人没有法律依据而侵害他人的财产权利或人身权利的行为。侵权行为发生后，双方形成债的关系。

3. 无因管理

管理人没有法定的或者约定的义务，为避免他人利益受到损失而管理他人事务的，称为无因管理。在此情形下，管理人可以请求受益人偿还因管理事务而支出的必要费用；管理人因管理事务受到损失的，可以请求受益人给予适当补偿。因此，无因管理也会在管理人与受益人之间形成债的关系。

4. 不当得利

不当得利是指得利人没有法律根据而取得的不当利益。受损失的人可以请求得利人返还取得的利益。它可能表现为得利人财产增加和受损人财产减少，或是得利人应支付的费用没有支付而使受损人应增加的财富未能增加。不当得利发生时，得利人与受损人之间形成债的关系。

2.1.6 侵权责任制度

《民法典》第七编第一千一百六十四条规定，侵权责任调整的是因侵害民事权益产生的民事关系。

1. 责任产生

行为人因过错侵害他人民事权益造成损害的，应当承担侵权责任。依照法律规定推定行为人有过错，其不能证明自己没有过错的，应当承担侵权责任。

行为人造成他人民事权益损害，不论行为人有无过错，法律规定应当承担侵权责任的，依照其规定。

二人以上共同实施侵权行为，造成他人损害的，应当承担连带责任。二人以上实施危及他人人身、财产安全的行为，其中一人或者数人的行为造成他人损害，能够确定具体侵权人的，由侵权人承担责任；不能确定具体侵权人的，行为人承担连带责任。二人以上分别实施侵权行为造成同一损害，每个人的侵权行为都足以造成全部损害的，行为人承担连带责任。二人以上分别实施侵权行为造成同一损害，能够确定责任大小的，各自承担相应的责任；难以确定责任大小的，平均承担责任。

2. 建筑物损害责任

建设活动中侵权之债也较为常见。比如，《民法典》规定，对建筑物、构筑物或者其他设施倒塌、塌陷造成他人损害的，由建设单位与施工单位承担连带责任，但是建设单位与施工单位能够证明不存在质量缺陷的除外。建设单位、施工单位赔偿后，有其他责任人的，有权向其他责任人追偿。

因所有人、管理人、使用人或者第三人的原因，建筑物、构筑物或者其他设施倒塌、塌陷造成他人损害的，由所有人、管理人、使用人或者第三人承担侵权责任。

在公共场所或者道路上挖掘、修缮、安装地下设施等造成他人损害，施工人不能证明已经设置明显标志和采取安全措施的，应当承担侵权责任。窨井等地下设施造成他人损害，管理人不能证明尽到管理职责的，应当承担侵权责任。

2.1.7 诉讼时效制度

诉讼时效是指，民事权利受损的权利人在法定时间内若不行使权利，当时效期届满时，债务人获得诉讼时效抗辩权。

虽然超过诉讼时效不意味着权利本身及请求权的消灭，但法院不会再强制义务人履行义务。不过若当事人超过诉讼时效后起诉的，人民法院也应当受理。

1. 具体时效

向人民法院请求保护民事权利的诉讼时效期间为3年。诉讼时效期间自权利人知道或者应当知道权利受到损害以及义务人之日起计算。法律另有规定的，依照其规定。但是，自权利受到损害之日起超过20年的，人民法院不予保护，有特殊情况的，人民法院可以根据权利人的申请决定延长。

当事人约定同一债务分期履行的，诉讼时效期间自最后一期履行期限届满之日起计算。

2. 诉讼时效的终止

在诉讼时效期间的最后 6 个月内，因下列障碍，不能行使请求权的，诉讼时效中止：

（1）不可抗力；

（2）无民事行为能力人或者限制民事行为能力人没有法定代理人，或者法定代理人死亡、丧失民事行为能力、丧失代理权；

（3）继承开始后未确定继承人或者遗产管理人；

（4）权利人被义务人或者其他人控制；

（5）其他导致权利人不能行使请求权的障碍。

自中止时效的原因消除之日起满 6 个月，诉讼时效期间届满。

3. 诉讼时效的中断

有下列情形之一的，诉讼时效中断。从中断、有关程序终结时起，诉讼时效期间重新计算：

（1）权利人向义务人提出履行请求；

（2）义务人同意履行义务；

（3）权利人提起诉讼或者申请仲裁；

（4）与提起诉讼或者申请仲裁具有同等效力的其他情形。

2.2 行政法基础

2.2.1 概述

行政法是关于行政权的授予、行政权的行使以及对行政权的监督的法律规范。行政法调整的对象是行政关系，主要包括：行政管理关系、行政法制监督关系、行政救济关系和行政主体内部关系。

1. 行政管理关系

行政管理关系是指行政机关因行使行政职权而与公民、法人或其他组织等行政相对人产生的各种关系。行政机关作为行政主体以行政相对人为对象产生行政许可、行政处罚、行政裁决、行政强制等大量行政行为。如在建设过程中，行政机关会对违法建设行为进行行政处罚。

2. 行政法制监督关系

行政法制监督关系是指行政法制监督机关对行政主体及其公务人员进行监督时产生的各种关系。国家权力机关、国家司法机关、行政监察机关等应当依据宪法和法律授权，按照法定程序对行政主体及其行政行为进行依法监督。

3. 行政救济关系

行政救济关系是指国家机关为避免行政行为侵害公民、法人或其他组织的合法权益，在行政相对人向行政救济主体申请后，行政救济主体介入对行政行为进行矫正或不矫正，由此而产生的各种关系。

4. 行政主体内部关系

行政主体内部关系是指行政主体内部发生的各种关系，主要分为：上下级行政机关之间的关系、平级行政机关之间的关系、行政机关与其内设机构和派出机构之间的关系、行政机关与法律、法规授权组织之间的关系等。

上述四种关系中，行政管理关系是最普遍、最基本的行政关系。行政法制监督关系和行政救济关系是为了保障行政管理关系正常运行而存在的。

2.2.2 行政主体

行政主体是指依法代表国家行使行政职权，做出行政行为，承担行政法律责任，并作为行政诉讼中的被告应诉的行政机关或组织。

行政主体的特点：

（1）行政主体是一个组织，而非个人；
（2）行政主体依法享有国家行政权力，并可以行使行政权力；
（3）行政主体可以作为诉讼当事人，独立承担其行为产生的法律责任。

1. 国务院

中华人民共和国中央人民政府，即中国国务院，是最高国家权力机关的执行机关，最高国家行政机关。

2. 国务院行政机构

2023年3月16日《国务院关于机构设置的通知》规定部门设置如下：国务院设置办公厅、国务院组成部门、国务院直属特设机构、国务院直属机构、国务院办事机构、国务院直属事业单位。其中住房和城乡建设部是主管建设活动的职能部门。

3. 地方各级人民政府

地方各级人民政府是地方各级人民代表大会的执行机关，是地方各级国家行政机关。在国务院的统一领导下，管辖辖区内各项行政事务。

地方各级人民政府的职权可以分为三类：

（1）规范权

为了执行本级人民代表大会及其常务委员会以及上级人民政府的决议和命令，地方各级人民政府可以发布行政措施，发布决定和命令。

（2）领导监督权

领导监督权主要体现在内部管理。县以上地方各级人民政府领导所属各工作部门和下级人民政府的工作，有权撤销所属工作部门和下级人民政府不适当的命令、指示和决定，有权任免和考核行政工作人员。

（3）管理权

地方各级人民政府管理辖区内的经济、教育、文化、科学、体育、卫生、民政、公安等行政工作，完成上级人民政府交办的事项；县以上地方各级人民政府还负责城乡建设、民族事务和监察工作，执行国民经济和社会发展计划以及预算方案。

4. 地方各级人民政府的派出机关

派出机关是指经有权利的上级政府批准设立的行政机关。它在特定的行政区划内行使相当于一级人民政府的管理职权。

5. 地方各级人民政府的职能部门

地方各级人民政府可以依据工作需要，在上级人民政府批准的前提下，设立若干工作部门，即职能部门。这些工作部门可以以自己的名义管理专项事务，具有行政主体资格。

6. 地方政府职能部门的派出机构

地方政府职能部门的派出机构是指各级地方政府职能部门经上级批准，根据工作需要在一定行政区域内设置用以管理某项行政事务的机构。

7. 法律、法规、规章授权的非行政机关组织

法律、法规、规章授权的非行政机关组织是指以法律、法规或规章授权而行使特定行政职能的非国家机关组织。被授权组织在行使法律、法规或规章所授职权时，享有与行政机关相同的行政主体地位，可以自己的名义行使所授职权，并对外承担法律责任。如企业组织、事业单位或其他社会团体等。

2.2.3 行政复议

公民、法人或者其他组织认为具体行政行为侵犯其合法权益，向行政机关提出行政复议申请，行政机关受理行政复议申请、作出行政复议决定。由行政复议机关履行行政复议职责。

1. 行政复议时效

公民、法人或者其他组织认为具体行政行为侵犯其合法权益的，可以自知道该具体行政行为之日起 60 日内提出行政复议申请，但是法律规定的申请期限超过 60 日的除外。因不可抗力或者其他正当理由耽误法定申请期限的，申请期限自障碍消除之日起继续计算。

2. 行政复议范围

有下列情形之一的，公民、法人或者其他组织可以依照《中华人民共和国行政复议法》（以下简称《行政复议法》）申请行政复议：

（1）对行政机关作出的行政处罚决定不服；

（2）对行政机关作出的行政强制措施、行政强制执行决定不服；

（3）申请行政许可，行政机关拒绝或者在法定期限内不予答复，或者对行政机关作出的有关行政许可的其他决定不服；

（4）对行政机关作出的确认自然资源的所有权或者使用权的决定不服；

（5）对行政机关作出的征收征用决定及其补偿决定不服；

（6）对行政机关作出的赔偿决定或者不予赔偿决定不服；

（7）对行政机关作出的不予受理工伤认定申请的决定或者工伤认定结论不服；

（8）认为行政机关侵犯其经营自主权或者农村土地承包经营权、农村土地经营权；

（9）认为行政机关滥用行政权力排除或者限制竞争；

（10）认为行政机关违法集资、摊派费用或者违法要求履行其他义务；

（11）申请行政机关履行保护人身权利、财产权利、受教育权利等合法权益的法定职责，行政机关拒绝履行、未依法履行或者不予答复；

（12）申请行政机关依法给付抚恤金、社会保险待遇或者最低生活保障等社会保障，行政机关没有依法给付；

（13）认为行政机关不依法订立、不依法履行、未按照约定履行或者违法变更、解除政府特许经营协议、土地房屋征收补偿协议等行政协议；

（14）认为行政机关在政府信息公开工作中侵犯其合法权益；

（15）认为行政机关的其他行政行为侵犯其合法权益。

3. 行政复议申请人

依照《行政复议法》申请行政复议的公民、法人或者其他组织是申请人。若有权申请行政复议的公民死亡，其近亲属可以申请行政复议。若有权申请行政复议的公民为无民事行为能力人或者限制民事行为能力人，其法定代理人可以代为申请行政复议。同一行政复议案件申请人人数众多的，可以由申请人推选代表人参加行政复议。代表人参加行政复议的行为对其所代表的申请人发生效力，但是代表人变更行政复议请求、撤回行政复议申请、承认第三人请求的，应当经被代表的申请人同意。

2.2.4 行政处罚

《中华人民共和国行政处罚法》的施行是为了规范行政处罚的设定和实施，保障和监督行政机关有效实施行政管理，维护公共利益和社会秩序，保护公民、法人或者其他组织的合法权益。

行政处罚应当遵循公正、公开的原则。对违法行为给予行政处罚的规定必须公布；未经公布的，不得作为行政处罚的依据。另外，实施行政处罚应当坚持处罚与教育相结合，教育公民、法人或者其他组织自觉守法。

行政处罚与民事责任、刑事责任不能相替代。公民、法人或者其他组织因违法受到行政处罚，如其违法行为对他人造成损害的，应当依法承担民事责任；如违法行为构成犯罪，应当依法追究刑事责任。

1. 行政处罚的种类

行政法规可以设定除限制人身自由以外的行政处罚。限制人身自由的行政处罚只能由法律设定。法律对违法行为已经作出行政处罚规定，行政法规需要作出具体规定的，必须在法律规定的给予行政处罚的行为、种类和幅度的范围内规定。

（1）警告、通报批评；

（2）罚款、没收违法所得、没收非法财物；

（3）暂扣许可证件、降低资质等级、吊销许可证件；

（4）限制开展生产经营活动、责令停产停业、责令关闭、限制从业；

（5）行政拘留；

（6）法律、行政法规规定的其他行政处罚。

2. 行政处罚的实施机关

行政处罚由具有行政处罚权的行政机关在法定职权范围内实施。国家在城市管理、市场监管、生态环境、文化市场、交通运输、应急管理、农业等领域推行建立综合行政执法制度，相对集中行政处罚权。国务院或者省、自治区、直辖市人民政府可以决定一个行政机关行使有关行政机关的行政处罚权。但限制人身自由的行政处罚权只能由公安机关和法律规定的其他机关行使。另外，法律、法规也可以授权给具有管理公共事务职能的组织在其授权范围内实施行政处罚。

3. 行政处罚时效

违法行为在两年内未被发现的，不再给予行政处罚；涉及公民生命健康安全、金融安全且有危害后果的，上述期限延长至5年，法律另有规定的除外。该期限从违法行为发生之日起计算；违法行为有连续或者继续状态的，从行为终了之日起计算。

4. 从轻或减轻行政处罚

（1）主动消除或者减轻违法行为危害后果的；
（2）受他人胁迫或者诱骗实施违法行为的；
（3）主动供述行政机关尚未掌握的违法行为的；
（4）配合行政机关查处违法行为有立功表现的；
（5）法律、法规、规章规定其他应当从轻或者减轻行政处罚的；
（6）尚未完全丧失辨认或者控制自己行为能力的精神病人、智力残疾人。

此外，精神病人、智力残疾人在不能辨认或者不能控制自己行为时有违法行为的，不予行政处罚，责令其监护人严加看管和治疗；违法行为轻微并及时改正，没有造成危害后果的，不予行政处罚；初次违法且危害后果轻微并及时改正的，可以不予行政处罚。

2.3 从业单位资质管理制度

2.3.1 从业资格制度概述

建设工程是一项涉及多个方面的、工艺复杂的庞大工程，需要不同专业、不同领域的人员参与协作。建设工程对社会生活和经济发展意义重大，随着人民生活水平的提高，对建筑的要求也日益提升，工程建设过程也愈发复杂精深。故此，对参与建设人员的专业程度和参建企业的资金实力也有了更高的要求。

世界各国都对建筑行业的企业和技术人员进行了专业资质的划分和要求，我国也不例外。《建筑法》中对此作出了明确规定"从事建筑活动的建筑施工企业、勘察单位、设计单位和工程监理单位，按照其拥有的注册资本、专业技术人员、技术装备和已完成的建筑工程业绩等资质条件，划分为不同的资质等级，经资质审查合格，取得相应等级的资质证书后，方可在其资质等级许可的范围内从事建筑活动。从事建筑活动的专业技术人员，应当依法取得相应的执业资格证书，并在执业资格证书许可的范围内从事建筑活动"，以法律形式确立了我国的从业资格许可制度，有效保障了工程建设的质量和安全。

2.3.2 从业资格制度改革

早在 2001 年，我国就颁布了《建筑业企业资质等级标准》（建建〔2001〕82 号），当时对施工总承包企业、专业承包企业和劳务分包企业进行了极为详细具体的类别划分。2014 年，我国推出了《建筑业企业资质标准》（建市〔2014〕159 号），《建筑业企业资质等级标准》同时废止。新版资质标准减少了专业承包序列的类别数量，并取消了劳务分包序列的类别划分。为进一步推进简政放权、放管结合、优化服务改革，2016 年，住房和城乡建设部简化《建筑业企业资质标准》中的部分指标，对部分等级考核指标进行了调整。

为落实建设工程企业资质管理制度改革要求，2022 年 2 月 23 日，住房和城乡建设部会同国务院有关部门起草了《建筑业企业资质标准（征求意见稿）》《工程勘察资质标准（征求意见稿）》《工程设计资质标准（征求意见稿）》《工程监理企业资质标准（征求意见稿）》，向社会公开征求意见。

目前这四项资质标准征求意见稿尚未形成正式生效的法律文件，因此本节的相关法律内容依据现行有效的《建筑业企业资质管理规定》（2016 版）、《建筑业企业资质标准》

（2016 版）、《工程勘察资质标准实施办法》（2013 版）、《工程勘察资质标准》（2013 版）、《建设工程勘察设计管理条例》（2017 版）、《建设工程勘察设计资质管理规定》（2016 版）、《工程监理企业资质管理规定》（2018 版）等法规进行介绍。

2.3.3　工程建设从业单位划分

1. 建筑业企业

建筑业企业是指从事土木工程、建筑工程、线路管道设备安装工程、装修工程的新建、扩建、改建等活动的企业。其主要分为 3 个序列：施工总承包企业、专业承包企业、劳务分包企业。企业应当按照其拥有的资产、主要人员、已完成的工程业绩和技术装备等条件申请建筑业企业资质，经审查合格、取得建筑业企业资质证书后，方可在资质许可的范围内从事建筑施工活动。

施工总承包企业是指从事工程施工阶段总承包活动的企业。根据专业范围，施工总承包企业分为建筑工程、公路工程、铁路工程、港口与航道工程、水利水电工程、电力工程、矿山工程、冶金工程、石油化工工程、市政公用工程、通信工程、机电工程共 12 类。

专业承包企业是指从事工程施工中专业分包活动的企业。根据专业范围，专业承包企业分为地基基础工程、起重设备安装工程、预拌混凝土工程、电子与智能化工程、消防设施工程、防水防腐保温工程、桥梁工程、隧道工程、钢结构工程、模板脚手架工程、建筑装修装饰工程、建筑机电安装工程、建筑幕墙工程等 36 类。

劳务分包是指从事工程施工中劳务作业的企业，它不划分资质类别与等级。

2. 工程勘察和设计企业

建设工程勘察是指根据建设工程的要求，查明、分析和评价建设场地的地质地理环境特征和岩土工程条件，编制建设工程勘察文件的活动。建设工程设计是指根据建设工程的要求，对建设工程所需的技术、经济、资源、环境等条件进行综合分析和论证，编制建设工程设计文件的活动。

工程勘察依据专业可分为岩土工程、水文地质勘察和工程测量。其中，岩土工程专业资质包括：岩土工程勘察、岩土工程设计、岩土工程物探测试检测监测等。

工程设计依据行业可分为：①煤炭；②化工石化医药；③石油天然气；④电力，含火电、水电、核电、新能源；⑤冶金，含冶金、有色、黄金；⑥军工，含航天、航空、兵器、船舶；⑦机械；⑧商物粮，含商业、物资、粮食；⑨核工业；⑩电子通信广电；⑪轻纺，含轻工、纺织；⑫建材；⑬铁道；⑭公路；⑮水运；⑯民航；⑰市政；⑱海洋；⑲水利；⑳农林；㉑建筑共 21 类。

3. 工程监理企业

工程监理企业是指依法申请工程监理企业资质，从事建设工程监理活动，实施对工程监理企业资质监督管理的企业，其专业工程类别包括房屋建筑工程、冶炼工程、矿山工程、化工石油工程、水利水电工程、电力工程、农林工程、铁路工程、公路工程、港口与航道工程、航天航空工程、通信工程、市政公用工程、机电安装工程共 14 类。

2.3.4　建筑业企业资质管理

1. 建筑业企业资质等级划分及承包范围

依据《建筑业企业资质管理规定》（2016 版）和《建筑业企业资质标准》（2016 版）

的具体规定，我国建筑业企业依照工程性质和技术特点分别划分为若干资质类别，每个资质类别又细分为若干资质等级。具体如下：

（1）施工总承包序列：资质标准共有 12 个类别，分为特级、一级、二级、三级 4 个等级，可以承担施工总承包工程；

（2）专业承包序列：资质标准共有 36 个类别，分为一级、二级、三级 3 个等级，可以承担施工总承包企业分包的专业工程和建设单位依法分包的专业工程；

（3）施工劳务序列：资质标准不区分类别，不分等级，可以承担施工总承包企业和专业承包企业分包的劳务作业。

2. 由国务院住房城乡建设主管部门许可的资质

（1）施工总承包资质序列中特级资质、一级资质及铁路工程施工总承包二级资质；

（2）专业承包资质序列中公路、水运、水利、铁路、民航方面的专业承包一级资质及铁路、民航方面的专业承包二级资质；涉及多个专业的专业承包一级资质。

3. 由企业工商注册所在地省、自治区、直辖市人民政府住房城乡建设主管部门许可的资质

（1）施工总承包资质序列二级资质及铁路、通信工程施工总承包三级资质；

（2）专业承包资质序列一级资质（不含公路、水运、水利、铁路、民航方面的专业承包一级资质及涉及多个专业的专业承包一级资质）；

（3）专业承包资质序列二级资质（不含铁路、民航方面的专业承包二级资质）；铁路方面的专业承包三级资质；特种工程专业承包资质。

4. 由企业工商注册所在地设区的市人民政府住房城乡建设主管部门许可的资质

（1）施工总承包资质序列三级资质（不含铁路、通信工程施工总承包三级资质）；

（2）专业承包资质序列三级资质（不含铁路方面的专业承包资质）及预拌混凝土、模板脚手架专业承包资质；

（3）施工劳务资质；

（4）燃气燃烧器具安装、维修企业资质。

2.3.5 工程勘察和设计企业资质管理

工程勘察和设计企业是指依法取得从事工程勘察和工程设计活动资质的企业。

1. 工程勘察企业资质

依据《建设工程勘察设计资质管理规定》（2016 版）和《工程勘察资质标准》（2013 版），工程勘察企业的资质分为三个类别：

（1）工程勘察综合资质

工程勘察综合资质是指包括全部工程勘察专业资质的工程勘察资质。

（2）工程勘察专业资质

工程勘察专业资质包括：岩土工程专业资质、水文地质勘察专业资质和工程测量专业资质；其中，岩土工程专业资质包括：岩土工程勘察、岩土工程设计、岩土工程物探测试检测监测等岩土工程（分项）专业资质。

（3）工程勘察劳务资质

工程勘察劳务资质包括：工程钻探和凿井。

不同资质、不同等级的工程勘察设计企业可以承包的工程范围也不尽相同，具体见表 2-1：

工程勘察企业资质等级划分及承包业务范围　　　　表 2-1

序列	等级	承包范围
综合资质	甲级	承担各类建设工程项目的岩土工程、水文地质勘察、工程测量业务（海洋工程勘察除外），其规模不受限制（岩土工程勘察丙级项目除外）
专业资质	甲级	承担本专业资质范围内各类建设工程项目的工程勘察业务，其规模不受限制
	乙级	承担本专业资质范围内各类建设工程项目乙级及以下规模的工程勘察业务
	丙级（部分专业可设）	承担本专业资质范围内各类建设工程项目丙级规模的工程勘察业务
劳务资质	不区分等级	承担相应的工程钻探、凿井等工程勘察劳务业务

对工程勘察企业进行资质与等级划分的具体标准可查阅《工程勘察资质标准实施办法》（2013 版）和《工程勘察资质标准》（2013 版）。

申请工程勘察甲级资质、工程设计甲级资质，以及涉及铁路、交通、水利、信息产业、民航等方面的工程设计乙级资质的，应当向企业工商注册所在地的省、自治区、直辖市人民政府住房城乡建设主管部门提交申请材料。省、自治区、直辖市人民政府住房城乡建设主管部门收到申请材料后，应当在 5 日内将全部申请材料报审批部门。国务院住房城乡建设主管部门在收到申请材料后，应当依法作出是否受理的决定，并出具凭证；申请材料不齐全或者不符合法定形式的，应当在 5 日内一次性告知申请人需要补正的全部内容。逾期不告知的，自收到申请材料之日起即为受理。国务院住房城乡建设主管部门应当自受理之日起 20 日内完成审查。自作出决定之日起 10 日内公告审批结果。其中，涉及铁路、交通、水利、信息产业、民航等方面的工程设计资质，由国务院住房城乡建设主管部门送国务院有关部门审核，国务院有关部门应当在 15 日内审核完毕，并将审核意见送国务院住房城乡建设主管部门。

工程勘察乙级及以下资质、劳务资质、工程设计乙级（涉及铁路、交通、水利、信息产业、民航等方面的工程设计乙级资质除外）及以下资质许可由省、自治区、直辖市人民政府住房城乡建设主管部门实施。具体实施程序由省、自治区、直辖市人民政府住房城乡建设主管部门依法确定。省、自治区、直辖市人民政府住房城乡建设主管部门应当自作出决定之日起 30 日内，将准予资质许可的决定报国务院住房城乡建设主管部门备案。

2. 工程设计企业资质

建设工程设计企业须遵从《建设工程勘察设计管理条例》（2017 版）、《建设工程勘察设计资质管理规定》（2016 版）和《工程设计资质标准》（2007 版）的规定。目前，《工程设计资质标准》（2007 版）处于部分失效状态，其中"建筑工程设计事务所资质标准"相关规定已被《住房城乡建设部关于促进建筑工程设计事务所发展有关事项的通知》废止，但工程设计企业资质相关规定仍然有效。

从事建设工程设计活动的企业，应当按照其拥有的资产、专业技术人员、技术装备和设计业绩等条件申请资质，经审查合格，取得建设工程设计资质证书后，方可在资质许可的范围内从事建设工程设计活动。

工程设计企业资质等级划分及承包业务范围见表 2-2。

工程设计企业资质等级划分及承包业务范围　　　　　　　　　　表 2-2

序列	等级	承包范围
综合资质	甲级	承担各行业建设工程项目的设计业务,其规模不受限制
行业资质	甲级	承担本行业建设工程项目主体工程及其配套工程的设计业务,其规模不受限制
行业资质	乙级	承担本行业中、小型建设工程项目的主体工程及其配套工程的设计业务
行业资质	丙级(个别可设)	承担本行业小型建设项目的工程设计业务
专业资质	甲级	承担本专业建设工程项目主体工程及其配套工程的设计业务,其规模不受限制
专业资质	乙级	承担本专业中、小型建设工程项目的主体工程及其配套工程的设计业务
专业资质	丙级(个别可设)	承担本专业小型建设项目的设计业务
专业资质	丁级(建筑工程专业资质可设)	承担规模有限的建筑工程设计
专项资质	甲级	承担规定的专项工程的设计业务,具体规定见《工程设计专项资质标准》
专项资质	乙级	承担规定的专项工程的设计业务,具体规定见《工程设计专项资质标准》
专项资质	丙级(个别可设)	承担规定的专项工程的设计业务,具体规定见《工程设计专项资质标准》

工程设计企业资质与等级划分的具体标准可查阅《工程设计资质标准》（2007版）。不同级别的工程设计企业资质的申请流程与工程勘察企业资质相同。

企业首次申请、增项申请工程勘察、工程设计资质,其申请资质等级最高不超过乙级,且不考核企业工程勘察、工程设计业绩;已具备施工资质的企业首次申请同类别或相近类别的工程勘察、工程设计资质的,可以将相应规模的工程总承包业绩作为工程业绩予以申报,其申请资质等级最高不超过其现有施工资质等级。

2.3.6 工程监理企业资质管理

依据《工程监理企业资质管理规定》（2018版），我国建设工程监理企业资质等级划分及承包业务范围见表 2-3：

工程监理企业资质等级划分及承包业务范围　　　　　　　　　　表 2-3

序列	等级	承包范围
综合资质	不区分等级	可以承担所有专业工程类别建设工程项目的工程监理业务,以及建设工程的项目管理、技术咨询等相关服务
专业资质	甲级	可承担相应专业工程类别建设工程项目的工程监理业务,以及相应类别建设工程的项目管理、技术咨询等相关服务
专业资质	乙级	可承担相应专业工程类别二级(含二级)以下建设工程项目的工程监理业务,以及相应类别和级别建设工程的项目管理、技术咨询等相关服务
专业资质	丙级	(房屋建筑、水利水电、公路和市政公用专业资质可设立丙级)可承担相应专业工程类别三级建设工程项目的工程监理业务,以及相应类别和级别建设工程的项目管理、技术咨询等相关服务
事务所资质	不区分等级	可承担三级建设工程项目的工程监理业务,以及相应类别和级别建设工程项目管理、技术咨询等相关服务

工程监理企业资质与等级划分的具体标准可查阅《工程监理企业资质管理规定》（2018版）。

申请综合资质、专业甲级资质的，应当向企业工商注册所在地的省、自治区、直辖市人民政府住房城乡建设主管部门提交申请材料。省、自治区、直辖市人民政府住房城乡建设主管部门收到申请材料后，应当在5日内将全部申请材料报审批部门。国务院住房城乡建设主管部门在收到申请材料后，应当依法作出是否受理的决定，并出具凭证；申请材料不齐全或者不符合法定形式的，应当在5日内一次性告知申请人需要补正的全部内容。逾期不告知的，自收到申请材料之日起即为受理。国务院住房城乡建设主管部门应当自受理之日起20日内作出审批决定。自作出决定之日起10日内公告审批结果。其中，涉及铁路、交通、水利、通信、民航等专业工程监理资质的，由国务院住房城乡建设主管部门送国务院有关部门审核。国务院有关部门应当在15日内审核完毕，并将审核意见报国务院住房城乡建设主管部门。

专业乙级、丙级资质和事务所资质由企业所在地省、自治区、直辖市人民政府住房城乡建设主管部门审批。省、自治区、直辖市人民政府住房城乡建设主管部门应当自作出决定之日起10日内，将准予资质许可的决定报国务院住房城乡建设主管部门备案。

工程监理企业资质实行年检制度。年检的内容是检查工程监理企业资质条件是否符合资质等级标准，以及是否存在质量、市场行为等方面的违法违规行为。工程监理企业年检结论分为合格、基本合格、不合格三种。

2.4 专业技术人员执业资格管理制度

2.4.1 执业资格制度概述

执业资格制度是国家对某些承担重大社会责任，关系到国家、人民生命财产和公众利益的专业技术领域实行的一项管理制度，规定了专业技术人员所必备的专业（工种）的学识、技术和能力。目前，国内大部分执业资格分布在涉及国民经济的重要行业，其中建设领域因为产品周期长、质量事故后果非常严重，所以设立了多项执业资格。建设领域的执业强调了终身责任制，保证了建设市场的有序发展。

从事建筑活动的专业技术人员，应当通过执业资格全国统一考试，取得相关专业执业资格证书，并经规定机构注册，取得相关专业注册执业许可，在许可范围内从事相关专业建筑活动。

实行执业资格制度的重要意义在于：

（1）提高专业技术人员的专业水平

执业资格制度要求专业技术人员必须通过专业知识、技能的水平考核，设立不同的等级制度及与之对应的可以从事的工程级别，以促进建筑技术人才自觉提高业务水平。

（2）保障工程建筑质量

专业技术人员的能力水平从根本上影响着建筑工程的质量。作为从事建筑活动企业最基本、最核心的构成要素，专业技术人员的能力决定着企业的技术实力和工作质量，从而决定了企业所从事的建筑活动的最终质量。

（3）便于构建工程建设全球化竞争环境

为了保障国家和公共利益，世界上多数国家的建筑领域对专业技术人员同样实施严格的执业资格制度。随着全球化进程的加快，全世界的建设活动市场逐渐接轨，实行建筑行业专业技术人员执业资格制度有利于我国专业技术人员走向国外市场，也便于国外的专业技术人员参与中国建筑活动。

2.4.2 专业技术人员执业资格划分

我国将建筑行业专业技术人员的执业资格分为多个不同种类，构建了一个成熟的体系。具体种类包括：注册建筑师、注册建造师、注册结构工程师、注册监理工程师、注册造价工程师等。未来从事建筑活动专业技术人员的执业资格种类或将随着我国建筑领域持续高速的发展而不断增加。

2.4.3 注册建筑师制度

注册建筑师，是指经考试、特许、考核认定取得中华人民共和国注册建筑师执业资格证书，或者经资格互认方式取得建筑师互认资格证书，并依法注册，取得中华人民共和国注册建筑师注册证书和中华人民共和国注册建筑师执业印章，从事建筑设计及相关业务活动的专业技术人员。注册建筑师应当遵守《中华人民共和国注册建筑师条例》及《中华人民共和国注册建筑师条例实施细则》的规定。

1. 注册建筑师等级

注册建筑师分为一级注册建筑师和二级注册建筑师。

2. 注册建筑师考试

（1）考试时间和内容：注册建筑师考试实行全国统一考试，每年进行一次。如遇特殊情况，经国务院住房城乡建设主管部门和人事主管部门同意，可调整该年度考试次数。一级注册建筑师考试内容包括：建筑设计前期工作、场地设计、建筑设计与表达、建筑结构、环境控制、建筑设备、建筑材料与构造、建筑经济、施工与设计业务管理、建筑法规等。上述内容分成若干科目进行考试。二级注册建筑师考试内容包括：场地设计、建筑设计与表达、建筑结构与设备、建筑法规、建筑经济与施工等。上述内容分成若干科目进行考试。

（2）科目考试合格有效期：一级注册建筑师科目考试合格有效期为八年。二级注册建筑师科目考试合格有效期为四年。

（3）证书颁发：一级注册建筑师考试合格的，由全国注册建筑师管理委员会核发国务院住房城乡建设主管部门和人事主管部门共同用印的一级注册建筑师执业资格证书。经二级注册建筑师考试合格的，由省、自治区、直辖市注册建筑师管理委员会核发国务院住房城乡建设主管部门和人事主管部门共同用印的二级注册建筑师执业资格证书。

3. 注册建筑师注册

注册建筑师考试合格，取得相应的注册建筑师资格的，可以申请注册。一级注册建筑师的注册，由全国注册建筑师管理委员会负责；二级注册建筑师的注册，由省、自治区、直辖市注册建筑师管理委员会负责。

全国注册建筑师管理委员会应当将准予注册的一级注册建筑师名单报国务院住房城乡建设行政主管部门备案；省、自治区、直辖市注册建筑师管理委员会应当将准予注册的二级注册建筑师名单报省、自治区、直辖市人民政府住房城乡建设行政主管部门备案。国务院住房城乡建设行政主管部门或者省、自治区、直辖市人民政府住房城乡建设行政主管部门发现有关注册建筑师管理委员会的注册不符合规定的,应当通知有关注册建筑师管理委员会撤销注册,收回注册建筑师证书。

准予注册的申请人,分别由全国注册建筑师管理委员会和省、自治区、直辖市注册建筑师管理委员会核发由国务院住房城乡建设行政主管部门统一制作的一级注册建筑师证书或者二级注册建筑师证书。注册建筑师注册的有效期为2年。有效期届满需要继续注册的,应当在有效期届满前30日内办理注册手续。

4. 注册建筑师执业

注册建筑师执行业务,应当加入建筑设计单位,由建筑设计单位统一接受委托并统一收费。建筑设计单位的资质等级及其业务范围,由国务院住房城乡建设行政主管部门规定。因设计质量造成的经济损失,由建筑设计单位承担赔偿责任;建筑设计单位有权向签字的注册建筑师追偿。

注册建筑师的执业范围包括:①建筑设计;②建筑设计技术咨询;③建筑物调查与鉴定;④对本人主持设计的项目进行施工指导和监督;⑤国务院住房城乡建设主管部门规定的其他业务。

一级注册建筑师的执业范围不受建筑规模和工程复杂程度的限制。二级注册建筑师的执业范围不得超越国家规定的建筑规模和工程复杂程度。注册建筑师的执业范围与其聘用单位的业务范围不符时,个人执业范围服从聘用单位的业务范围。

2.4.4 注册建造师制度

注册建造师,是指通过考核认定或考试合格取得中华人民共和国建造师资格证书,并按规定注册,取得中华人民共和国建造师注册证书和执业印章,担任施工单位项目负责人及从事相关活动的专业技术人员。未取得注册证书和执业印章的,不得担任大中型建设工程项目的施工单位项目负责人,不得以注册建造师的名义从事相关活动。注册建造师应当遵守《注册建造师管理规定》。

1. 注册建造师等级

注册建造师分为一级注册建造师和二级注册建造师。

2. 注册建造师注册

取得一级建造师资格证书并受聘于一个建设工程勘察、设计、施工、监理、招标代理、造价咨询等单位的人员,应当通过聘用单位提出注册申请,并可以向单位工商注册所在地的省、自治区、直辖市人民政府住房城乡建设主管部门提交申请材料。

省、自治区、直辖市人民政府住房城乡建设主管部门收到申请材料后,应当在5日内将全部申请材料报国务院住房城乡建设主管部门审批。国务院住房城乡建设主管部门在收到申请材料后,应当依法作出是否受理的决定,并出具凭证;申请材料不齐全或者不符合法定形式的,应当在5日内一次性告知申请人需要补正的全部内容。逾期不告知的,自收到申请材料之日起即为受理。

涉及铁路、公路、港口与航道、水利水电、通信与广电、民航专业的,国务院住房城乡建设主管部门应当将全部申请材料送同级有关部门审核。符合条件的,由国务院住房城乡建设主管部门核发《中华人民共和国一级建造师注册证书》,并核定执业印章编号。

取得二级建造师资格证书的人员申请注册,由省、自治区、直辖市人民政府住房城乡建设主管部门负责受理和审批,具体审批程序由省、自治区、直辖市人民政府住房城乡建设主管部门依法确定。批准注册的,核发《中华人民共和国二级建造师注册证书》和执业印章,并在核发证书后 30 日内送国务院住房城乡建设主管部门备案。

3. 注册建造师执业

取得资格证书的人员应当受聘于一个具有建设工程勘察、设计、施工、监理、招标代理、造价咨询等一项或者多项资质的单位,经注册后方可从事相应的执业活动。担任施工单位项目负责人的,应当受聘并注册于一个具有施工资质的企业。

注册建造师的具体执业范围按照《注册建造师执业工程规模标准》执行。注册建造师不得同时在两个及两个以上的建设工程项目上担任施工单位项目负责人。注册建造师可以从事建设工程项目总承包管理或施工管理、建设工程项目管理、建设工程技术经济咨询服务,以及法律、行政法规和国务院住房城乡建设主管部门规定的其他业务。

2.4.5 注册结构工程师制度

注册结构工程师,是指取得中华人民共和国注册结构工程师执业资格证书和注册证书,从事房屋结构、桥梁结构及塔架结构等工程设计及相关业务的专业技术人员。注册结构工程师应当遵守《注册结构工程师执业资格制度暂行规定》。

1. 注册结构工程师等级

注册结构工程师分为一级注册结构工程师和二级注册结构工程师。

2. 注册结构工程师考试

注册结构工程师考试实行全国统一大纲、统一命题、统一组织,原则上每年举行一次。一级注册结构工程师资格考试由基础考试和专业考试两部分组成。通过基础考试的人员,从事结构工程设计或相关业务满规定年限,方可申请参加专业考试。考试具体办法由住房和城乡建设部、人力资源和社会保障部另行制定。

3. 注册结构工程师注册

取得注册结构工程师执业资格证书者,要从事结构工程设计业务的,须由其所在单位代为申请注册。

各级注册结构工程师管理委员会按照职责分工应将准予注册的注册结构工程师名单报同级住房城乡建设行政主管部门备案。准予注册的申请人,分别由全国注册结构工程师管理委员会和省、自治区、直辖市注册结构工程师管理委员会核发由住房和城乡建设部统一制作的注册结构工程师注册证书。

有下列情形之一的,不予注册:
(1) 不具备完全民事行为能力的;
(2) 因受刑事处罚,自处罚完毕之日起至申请注册之日止不满 5 年的;
(3) 因在结构工程设计或相关业务中犯有错误受到行政处罚或者撤职以上行政处分,自处罚、处分决定之日起至申请注册之日止不满 2 年的;
(4) 受吊销注册结构工程师注册证书处罚,自处罚决定之日起至申请注册之日止不满 5 年的;
(5) 住房和城乡建设部和国务院有关部门规定不予注册的其他情形。

4. 注册结构工程师执业

注册结构工程师执行业务,应当加入一个勘察设计单位,由勘察设计单位统一接受委托并统一收费。

注册结构工程师的执业范围：
（1）结构工程设计；
（2）结构工程设计技术咨询；
（3）建筑物、构筑物、工程设施等调查和鉴定；
（4）对本人主持设计的项目进行施工指导和监督；
（5）住房和城乡建设部和国务院有关部门规定的其他业务。
一级注册结构工程师的执业范围不受工程规模及工程复杂程度的限制。

2.4.6 注册监理工程师制度

注册监理工程师，是指经考试取得中华人民共和国监理工程师资格证书，并按规定注册，取得中华人民共和国注册监理工程师注册证书和执业印章，从事工程监理及相关业务活动的专业技术人员。未取得注册证书和执业印章的人员，不得以注册监理工程师的名义从事工程监理及相关业务活动。注册监理工程师应当遵守《注册监理工程师管理规定》。

1. 注册监理工程师考试

根据《监理工程师职业资格制度规定》，监理工程师职业资格考试全国统一大纲、统一命题、统一组织，设置基础科目和专业科目。

凡遵守中华人民共和国宪法、法律、法规，具有良好的业务素质和道德品行，具备下列条件之一者，可以申请参加监理工程师职业资格考试：

（1）具有各工程大类专业大学专科学历（或高等职业教育），从事工程施工、监理、设计等业务工作满6年；

（2）具有工学、管理科学与工程类专业大学本科学历或学位，从事工程施工、监理、设计等业务工作满4年；

（3）具有工学、管理科学与工程一级学科硕士学位或专业学位，从事工程施工、监理、设计等业务工作满2年；

（4）具有工学、管理科学与工程一级学科博士学位。

2. 注册监理工程师注册

取得资格证书的人员申请注册，由国务院住房城乡建设主管部门审批。取得资格证书并受聘于一个建设工程勘察、设计、施工、监理、招标代理、造价咨询等单位的人员，应当通过聘用单位提出注册申请，并可以向单位工商注册所在地的省、自治区、直辖市人民政府住房城乡建设主管部门提交申请材料；省、自治区、直辖市人民政府住房城乡建设主管部门收到申请材料后，应当在5日内将全部申请材料报审批部门。

国务院住房城乡建设主管部门在收到申请材料后，应当依法作出是否受理的决定，并出具凭证；申请材料不齐全或者不符合法定形式的，应当在5日内一次性告知申请人需要补正的全部内容。逾期不告知的，自收到申请材料之日起即为受理。

对申请初始注册的，国务院住房城乡建设主管部门应当自受理申请之日起20日内审批完毕并作出书面决定。自作出决定之日起10日内公告审批结果。符合条件的，由国务院住房城乡建设主管部门核发注册证书，并核定执业印章编号。注册证书和执业印章的有效期为3年。

注册监理工程师依据其所学专业、工作经历、工程业绩，按照《工程监理企业资质管理规定》划分的工程类别，按专业注册。每人最多可以申请两个专业注册。

3. 注册监理工程师执业

从事工程监理执业活动的，应当受聘并注册于一个具有工程监理资质的单位，由所在单位接受委托并统一收费。因工程监理事故及相关业务造成的经济损失，聘用单位应当承担赔偿责任；聘用单位承担赔偿责任后，可依法向负有过错的注册监理工程师追偿。

注册监理工程师可以从事工程监理、工程经济与技术咨询、工程招标与采购咨询、工程项目管理服务及国务院有关部门规定的其他业务。

2.4.7 注册造价工程师制度

注册造价工程师，是指通过土木建筑工程或者安装工程专业造价工程师职业资格考试，取得造价工程师职业资格证书或者通过资格认定、资格互认，并按照规定注册，取得中华人民共和国注册造价工程师注册证书和执业印章，从事工程造价活动的专业人员。注册造价工程师应当遵守《注册造价工程师管理办法》的规定。

1. 注册造价工程师等级

注册造价工程师分为一级造价工程师和二级造价工程师。

2. 注册造价工程师考试

依据《造价工程师职业资格考试实施办法》，一级造价工程师职业资格考试每年一次。二级造价工程师职业资格考试每年不少于一次，具体考试日期由各地确定。

一级造价工程师职业资格考试设《建设工程造价管理》《建设工程计价》《建设工程技术与计量》《建设工程造价案例分析》4个科目。其中，《建设工程造价管理》和《建设工程计价》为基础科目，《建设工程技术与计量》和《建设工程造价案例分析》为专业科目。

二级造价工程师职业资格考试设《建设工程造价管理基础知识》《建设工程计量与计价实务》2个科目。其中，《建设工程造价管理基础知识》为基础科目，《建设工程计量与计价实务》为专业科目。

一级造价工程师职业资格考试成绩实行4年为一个周期的滚动管理办法，在连续的4个考试年度内通过全部考试科目，方可取得一级造价工程师职业资格证书。二级造价工程师职业资格考试成绩实行2年为一个周期的滚动管理办法，参加全部2个科目考试的人员必须在连续的2个考试年度内通过全部科目，方可取得二级造价工程师职业资格证书。

3. 注册造价工程师注册

注册造价工程师的注册条件为：

（1）取得职业资格；

（2）受聘于一个工程造价咨询企业或者工程建设领域的建设、勘察设计、施工、招标代理、工程监理、工程造价管理等单位；

（3）无《注册造价工程师管理办法》不予注册的情形。

符合注册条件的人员申请注册的，可以向聘用单位工商注册所在地的省、自治区、直辖市人民政府住房城乡建设主管部门或者国务院有关专业部门提交申请材料。

申请一级注册造价工程师初始注册，省、自治区、直辖市人民政府住房城乡建设主管部门或者国务院有关专业部门收到申请材料后，应当在5日内将申请材料报国务院住房城乡建设主管部门。国务院住房城乡建设主管部门在收到申请材料后，应当依法作出是否受理的决定，并出具凭证；申请材料不齐全或者不符合法定形式的，应当在5日内一次性告知申请人需要补正的全部内容。逾期不告知的，自收到申请材料之日起即为受理。国务院住房城乡建设主管部门应当自受理之日起 20 日内作出决定。

申请二级注册造价工程师初始注册，省、自治区、直辖市人民政府住房城乡建设主管部门收到申请材料后，应当依法作出是否受理的决定，并出具凭证；申请材料不齐全或者不符合法定形式的，应当在 5 日内一次性告知申请人需要补正的全部内容。逾期不告知的，自收到申请材料之日起即为受理。省、自治区、直辖市人民政府住房城乡建设主管部门应当自受理之日起 20 日内作出决定。

取得资格证书的人员，可自资格证书签发之日起 1 年内申请初始注册。逾期未申请者，须符合继续教育的要求后方可申请初始注册。初始注册的有效期为 4 年。

4. 注册造价工程师执业

取得执业资格的人员，经过注册方能以注册造价工程师的名义执业。

一级注册造价工程师执业范围具体包括：

（1）项目建议书、可行性研究投资估算与审核，项目评价造价分析；

（2）建设工程设计概算、施工预算编制和审核；

（3）建设工程招标投标文件工程量和造价的编制与审核；

（4）建设工程合同价款、结算价款、竣工决算价款的编制与管理；

（5）建设工程审计、仲裁、诉讼、保险中的造价鉴定，工程造价纠纷调解；

（6）建设工程计价依据、造价指标的编制与管理；

（7）与工程造价管理有关的其他事项。

二级注册造价工程师协助一级注册造价工程师开展相关工作，并可以独立开展以下工作：

（1）建设工程工料分析、计划、组织与成本管理，施工图预算、设计概算编制；

（2）建设工程量清单、最高投标限价、投标报价编制；

（3）建设工程合同价款、结算价款和竣工决算价款的编制。

修改经注册造价工程师签字盖章的工程造价成果文件，应当由签字盖章的注册造价工程师本人进行；注册造价工程师本人因特殊情况不能进行修改的，应当由其他注册造价工程师修改，并签字盖章；修改工程造价成果文件的注册造价工程师对修改部分承担相应的法律责任。

2.4.8 继续教育制度与监管制度

科技和知识的日新月异要求专业技术人员不断学习、掌握全新的专业知识和技术，为此国家建立了继续教育制度。依法取得注册执业资格的专业技术人员均负有接受继续教育、努力提高执业水准的义务。部分执业规范还将继续教育作为延续执业资格注册期的必要条件之一。

为了保障专业技术人员执业行为的合法合规，国家针对相关专业注册执业许可考试、注册、执业和继续教育的全过程实施监督检查。由国务院或相关主管部门履行监督管理职责，对不法行为依法查处并予以处罚。

2.5 案例分析

2.5.1 一地两卖惹纠纷，诉讼时效成关键

再审申请人（一审原告、二审上诉人）：庆阳 A 房地产开发有限责任公司（以下简称

A 公司）

被申请人（一审被告、二审被上诉人）：甘肃某运输集团 B 有限公司（以下简称 B 公司）

一、基本案情

2014 年 11 月 13 日，A 公司与 B 公司签订了案涉土地使用权转让合同，约定由 A 公司受让案涉土地使用权。同日，C 公司与 B 公司就案涉土地亦签订土地使用权转让合同，约定由 C 公司受让案涉土地使用权。两份合同均有项某签字。而项某既是 C 公司的法定代表人，亦是 A 公司的法定代表人。且据 A 公司在另案起诉状中自称，因政策原因，A 公司法定代表人项某设立 C 公司，C 公司承接了 A 公司与 B 公司的合同关系。上述事实表明，A 公司自 2014 年 11 月 13 日即知道并认可案涉土地使用权不再交付 A 公司。

二、案件审理

再审法院认为，根据 A 公司申请再审的理由，本案应审查的主要问题为 A 公司的起诉是否超过诉讼时效。一、二审法院以 2014 年 11 月 13 日为本案诉讼时效起算点，进而认定 2018 年 A 公司提起本案诉讼时已超过诉讼时效，并无不当。A 公司主张以 B 公司实际交付土地时间作为诉讼时效起算点，缺乏法律依据，不予支持。A 公司未提供充分证据证明本案存在诉讼时效中断情形，对于其诉讼时效中断的主张，亦不予支持。

三、法律评析

根据《中华人民共和国民法总则》（2017 版）（以下简称《民法总则》，案件审理时有效）第一百八十八条规定："向人民法院请求保护民事权利的诉讼时效期间为三年。法律另有规定的，依照其规定。诉讼时效期间自权利人知道或者应当知道权利受到损害以及义务人之日起计算。法律另有规定的，依照其规定。但是自权利受到损害之日起超过二十年的，人民法院不予保护；有特殊情况的，人民法院可以根据权利人的申请决定延长"。自 2021 年 1 月 1 日起施行的《民法典》延续了《民法总则》关于诉讼时效的规定。本案中 A 公司知道权利受到损害的起始点应该是其知晓并认可案涉土地不再受让给自己之时，也即 2014 年 11 月 13 日。直至 2018 年起诉时，早已超过了规定的诉讼时效。

在法律诉讼中如要提出诉讼中断的主张，必须保留能证明诉讼时效中断的实际证据，在我国民事诉讼法律体系中，当事人对自己提出的诉讼请求所依据的事实或者反驳对方诉讼请求所依据的事实有责任提供证据加以证明。没有证据或者证据不足以证明当事人的事实主张的，由负有举证责任的当事人承担举证不能的后果。

2.5.2 违反法律规定，民事行为无效

上诉人（原审被告）：A 置业有限公司（以下简称 A 公司）

被上诉人（原审原告）：S 市人民政府

被上诉人（原审原告）：S 市某生态产业园管理委员会

一、基本案情

2008—2010 年，S 市委决定将 A 公司招商到该市某生态产业园进行项目投资开发，并决定将该产业园内 3000 亩土地的土地使用权出让给 A 公司从事项目建设。2010 年 4 月 23 日，S 市委召开市委常委会，研究决定以公用设施建设补贴的名义将土地出让金返还给 A 公司。2010 年 6 月 23 日，S 市政府（甲方）、S 市某生态产业园（乙方）按照 S 市委常委会的决定等，与 A 公司（丙方）签订《项目合作开发合同书》及《补充协议书》。2010

年9月至2017年12月，A公司通过分期挂牌出让方式取得S市某生态产业园第一、二、三期土地23块、共计1473.21亩国有土地的使用权，并与S市国土资源局陆续签订了23宗土地的《国有建设用地使用权出让合同》，挂牌成交价共计86385.0848万元。A公司按摘牌价缴纳了绝大部分土地出让价款和契税，S市财政局、S市某生态产业园分期将土地出让摘牌价高于23.24万元/亩的土地出让价款和契税以公用设施建设费名义返还给A公司，共计返还土地出让金43707.2735万元和与减少的土地出让金对应的契税2084.81568万元，共计返还45792.08918万元。

2018年9月17日，湖南省T市人民检察院指控原S市委书记周某某犯受贿罪、滥用职权罪、巨额财产来源不明罪向湖南省T市中级人民法院提起公诉。此案判决认定的犯罪事实包括：2009—2012年，被告人周某某利用职务便利收受财物，在国有土地使用权出让、违法返还土地出让金和契税等方面，为A公司法定代表人刘某某（另案处理）提供帮助。

二、案件审理

一审法院认为，本案的争议焦点是：案涉2010年6月23日签订的《项目合作开发合同书》及《补充协议书》是否有效，A公司是否应当向S市政府返还所获得的"公用设施建设费用"和相关税费返还款共计45792.0935万元。

关于合同效力的问题。S市政府、S市某生态产业园与A公司签订的《项目合作开发合同书》的内容主要是对A公司开发S市某生态产业园的项目内容、项目用地交付条件、项目规划设计、项目开发用地取得方式、政府优惠原则和争议解决方式等进行约定；同日三方签订的《补充协议书》主要是对上述《项目合作开发合同书》具体实施方式进行约定，其中包括项目规划和建设内容、土地挂牌时间和供地范围、相关配套设施建设、相关优惠政策（协议第五条）等内容，两份合同的上述约定没有违反法律、法规的强制性规定，S市政府和S市某生态产业园虽主张合同全部无效，但并无证据证明这些条款存在无效情形，A公司也是通过建设用地使用权出让挂牌程序竞得案涉土地使用权，程序上并无问题。因此，该协议的上述部分条款应属有效。但《补充协议书》第三条"土地价格的约定"违反了法律、法规的强制性规定，且存在恶意串通损害国家利益的情形，应属无效。

根据《中华人民共和国合同法》（以下简称《合同法》，案件审理时有效）第五十八条关于"合同无效或者被撤销后，因该合同取得的财产，应当予以返还；不能返还或者没有必要返还的，应当折价补偿"的规定，A公司获得的S市政府以"公用设施建设费用"名义返还的土地出让价款43707.2735万元以及减少的土地价款对应的税费2084.81568万元，共计45792.08918万元，应返还给S市政府。

二审法院认为，本案争议焦点为：《补充协议书》第三条是否有效。根据《合同法》（案件审理时有效）第五十二条第二项规定，恶意串通，损害国家、集体或者第三人利益的，合同无效。依据周某某受贿案判决查明的事实及认定，原审法院认定在签订《补充协议书》过程中起决定性作用的周某某与A公司之间存在恶意串通行为，给国家造成损失，并根据该法律规定，认定《补充协议书》第三条无效，并无不当，本院予以维持。

三、法律评析

案涉《补充协议》第三条违反了《民法典》对建设用地使用权出让的相关规定。《民法典》第三百四十七条第二款规定，"工业、商业、旅游、娱乐和商品住宅等经营性用地以及同一宗地有两个以上意向用地者的，应当采取招标、拍卖等公开竞价的方式出让"，案涉土地使用权的出让虽系采取招标方式进行的，但本案三方当事人通过事先的合同约定将土地价格确定为较低价格，并以"公用设施建设费用"的名义作为地方政策优惠将该价格与公开竞价的价格之间的差价返还给土地使用权竞得人，三方当事人这一行为系规避《民法典》第三百四十七条第二款规定的行为，实质上违反了该条关于国有建设用地使用权应通过公开竞价方式取得的强制性规定，损害国家利益；同时也破坏了公平竞争的市场氛围，不利于市场的良性循环发展。因此，根据《民法典》第一百四十三条第三项规定，《补充协议书》第三条因违反法律的强制性规定，该民事法律行为应认定为无效。

2.5.3 乡村建筑分类指导，资质管理时刻谨记

再审申请人（一审原告、二审被上诉人）：林某时
再审申请人（一审原告、二审被上诉人）：杨某某
再审申请人（一审原告、二审被上诉人）：林某波
被申请人（一审被告、二审上诉人）：林某平

一、基本案情

2005—2006年，林某时、杨某某、林某波将福建省惠安县洛阳镇前园村的房屋交由林某平承建，双方未签订书面合同。施工过程中，林某时陆续支付给林某平工程款230万元。2007年，案涉房屋完工并交付林某时使用。后林某时发现案涉房屋出现质量问题，经一审法院委托厦门市某工程检测中心有限公司进行鉴定，其中案涉厂房的鉴定结论为该幢建筑主体结构安全性的评级可定为D级，即该建筑物的安全性极不符合国家标准规范的安全性要求，已严重影响整体安全，必须立即采取措施；案涉宿舍楼的鉴定结论为案涉建筑主体结构鉴定单元安全性等级可定为Dsu级，即该建筑安全性严重不符合本标准对Asu级的要求，严重影响整体承载，必须立即采取措施。厦门市某工程检测中心有限公司同时确认上述质量问题主要系因施工造成。一审法院还委托福建某司法鉴定中心对房屋拆除及重建费用进行评估，确定拆除及重建费用为5552404元。经查，林某时与杨某某系夫妻关系，林某波系林某时、杨某某之子，林某平系林某时妹夫。

二、案件审理

再审法院认为：首先，关于案涉施工合同效力问题。本案中，林某时、杨某某、林某波将其农村的房屋交给林某平进行建造，并支付了工程款，林某平向林某时、杨某某、林某波交付了房屋，原审判决认定双方形成事实上的农村建房施工合同关系正确。案涉厂房有三层、宿舍楼有五层，建筑面积超过$300m^2$，投资额超过30万元，按照《建设部关于加强村镇建设工程质量安全管理的若干意见》（案件审理时有效）第三条第一项规定，案涉房屋建设应当遵守《建筑法》的强制性规定。案涉厂房、宿舍楼不属于《建筑法》第八十三条第三款规定的"抢险救灾及其他临时性房屋建筑和农民自建低层住宅"，其建设应符合《建筑法》第二十六条第一款的规定，即"承包建筑工程的单位应当持有依法取得的资质证书，并在其资质等级许可的业务范围内承揽工程"。由于本案工程的承包人林某平系自然人，不具有上述法律规定的施工资质，因此，原审判决认定林某平与林某时、杨某某、林某波之间形成的事实上的农村建房施工合同无效，并无不当。

其次，本案双方当事人，一方为拟利用案涉工程项目开展商事经营活动的主体，另一方为施工方，双方均应当明知建设工程施工主体必须具备施工资质的法律规定，故双方当

事人对于案涉施工合同的无效均有过错，应当各自承担相应的过错责任。原审法院判决林某平返还已收取林某时、杨某某、林某波的 230 万元工程款，林某时、杨某某、林某波的损失在法律规定的范围内已经得到了补偿。

再次，因案涉房屋系占用农村宅基地所建的厂房、宿舍，尚未经行政主管部门审批即进行建设，原审判决以此为由，认定案涉建筑物不具备重建的前提条件，未予支持林某时、杨某某、林某波关于拆除及重建费用的主张，亦无不当。

三、法律评析

本案涉及的是目前建筑行业中频频出现的现象，即从业资质缺失问题。由于监管和宣传不力，村镇居民法律意识和规则意识淡薄，很多乡村建筑的建设并没有经过正式的合同程序，也没有对从业资质的核验，尤其是自用的住宅房屋、小型厂房等。大多数情况下，就如本案当事人一样，以口头或简单文书凭证方式委托给从事建筑行业的亲戚朋友。当然，很多农村住宅是低楼层的、结构简单的小型建筑，对施工人员的能力没有那么高的要求，一般乡镇经验丰富的从业者即可承担，我国法律在这方面也有所考量。《建筑法》第八十三条第三款规定"抢险救灾及其他临时性房屋建筑和农民自建低层住宅的建筑活动，不适用本法"。

《建设部关于加强村镇建设工程质量安全管理的若干意见》第三条指出，对村镇建设工程要有针对性的分类指导，对于建制镇、集镇规划区内的所有公共建筑工程、居民自建两层（不含两层）以上以及其他建设工程投资额在 30 万元以上或者建筑面积在 $300m^2$ 以上的所有村镇建设工程、村庄建设规划范围内的学校、幼儿园、卫生院等公共建筑（以下称"限额以上工程"），应严格按照国家有关法律、法规和工程建设强制性标准实施监督管理。本案中，案涉厂房有三层、宿舍楼有五层，建筑面积超过 $300m^2$，投资额超过 30 万元，显然属于需要法律监督管理的类别。这一文件虽然现已失效，但类似的分类管理办法在实际中仍被一些城市沿用，例如沧州市 2017 年发布的《关于切实加强农房建设质量安全管理的通知》中指出对农村住房建设安全实行分类管理：①镇、乡规划区内的居民自建两层（不含两层）以上住房，投资额在 30 万元以上或建筑面积在 $300m^2$ 以上的住房（统称"限额以上工程"），其质量安全管理由县级住房城乡建设主管部门负责，对于取得施工许可的项目工程质量安全监督可由其委托的建筑工程质量、建设工程安全监督管理机构具体实施。②镇、乡规划区内投资额 30 万元以下或建筑面积 $300m^2$ 以下的居民自建两层（含两层）以下住房，以及村庄规划区内的农民自建两层（不含两层）以上住房（统称"限额以下工程"），其质量安全管理由镇、乡政府负责，县级住房城乡建设主管部门负责指导。③村庄规划区内农民自建两层（含两层）以下住房的质量安全管理，由镇、乡政府负责，可以委托村委会实施质量安全管理。

2016 年住房和城乡建设部出台了《关于切实加强农房建设质量安全管理的通知》，将农房建设质量安全管理作为加强基层社会治理的重要内容，落实管理责任，全面推动农房建设实行"五个基本"，即有基本的建设规划管控要求、基本的房屋结构设计、基本合格的建筑工匠、基本的技术指导和管理队伍、基本的竣工检查验收，不断提高农房建设管理能力和水平。该通知要求地方各级住房城乡建设主管部门落实行业、属地和人员管理责任、强化建设主体责任、提高农民建房安全意识，组织技术力量提供到户技术咨询和指导服务，加强对农村建筑工匠的管理，指导成立农村建筑工匠自律协会，加强对农房改造、扩建、加层、隔断等建设行为的指导与监管，特别要加强城乡接合部、乡村旅游地等房屋租赁行为频繁、建设主体混乱地区农房改扩建的质量安全管理。村镇建设工程质量安全工作，直接关系到广大人民群众的切身利益，我们要充分认识做好村镇建设工程质量安全工作的重要意义。

  课后练习

(扫下方二维码自测)

第3章 城乡规划法律制度

3.1 概述

3.1.1 城乡规划与城乡规划法的概念

城乡规划是指各级人民政府依照法律法规制定的，用来确定未来一定时期内规划区的性质、规模和发展方向、土地利用计划、空间布局协调和设施合理配置的综合部署、具体安排和管理措施，保障一定时期内行政区域的经济和社会发展目标的最终实现。

规划区，是指城市、镇和村庄的建成区以及因城乡建设和发展需要，必须实行规划控制的区域，包括城市市区、近郊区以及城市行政区域内等。城市规划区的具体范围，由城市人民政府在编制的城市总体规划中划定。

我国的城乡规划历史可以溯及到公元前11世纪的奴隶制社会，当时便已初步形成一套城市规划体系（营国制度传统）[1]，随着历史的推进，逐步演化革新，一直延续到明清时期。中华人民共和国成立后，在政府的主导下，逐步建立起符合中国国情的城市规划体系。

城乡规划法是调整城乡规划的制定、实施、监管等一系列过程中产生的社会关系的法律总称。1984年1月国务院颁布了《城市规划条例》，初步建立起我国城市规划的法律体系，明确了建设项目规划许可证和竣工验收等各项基本制度。1985年国务院发布《风景名胜区管理暂行条例》，这是我国第一部关于风景名胜区的规范性文件。1989年12月第一部城市规划法律《中华人民共和国城市规划法》（以下简称《城市规划法》）通过，它的诞生标志着城乡规划法治体系正式确立。随后逐步颁布了《城镇国有土地使用权出让和转让暂行条例》《城市规划编制办法》《建设项目选址规划管理办法》等配套法规制度和地方性建设法规。2007年10月28日，第十届全国人民代表大会常务委员会第三十次会议通过《中华人民共和国城乡规划法》（以下简称《城乡规划法》），共7章70条，自2008年1月1日起施行，《城市规划法》同时废止。迄今为止《城乡规划法》共经历了两次修改，分别在2015年4月24日第十二届全国人民代表大会常务委员会第十四次会议和2019年4月23日第十三届全国人民代表大会常务委员会第十次会议上修订通过。《城乡规划法》的实施标志着原有的城乡二元体系被打破，城乡融合更进一步，我国迈入城乡一体规划管理的新时代。

3.1.2 城乡规划的作用

《城乡规划法》第一条就明确了其立法宗旨：为了加强城乡规划管理，协调城乡空间布局，改善人居环境，促进城乡经济社会全面协调可持续发展。

---

[1] 《中国古代城市规划史》，贺业钜著。

城乡的协调发展是一项复杂而庞大的工程，涉及诸多领域，在新的时代背景下又出现了一些新的局势和挑战，人们对美好生活的诉求也与从前大不相同。传统的二元制城乡结构显然不足以适应新时代的需求。国家需要依靠权威的法律规定促进城乡一体化建设的有序推进，保障城乡规划能够有效引导和调控城乡发展，使之向着科学合理的方向进行，构建中国特色社会主义现代化城市和新农村，督促各级政府在城乡规划的编制、执行过程中发挥其应有的监督管理之责，确保国家政策法规和城乡规划蓝图的落实。城乡规划的具体作用可以分为以下六点：

1. 有利于统筹城乡建设和发展

《城乡规划法》的颁布打破了传统二元制城乡结构。原有的城市与乡村在规划管理上是分层的，城市归属《城市规划法》管理，而乡村由《村庄和集镇规划建设管理条例》管理。城市被人为地设定成孤岛，与周边乡村在规划和经济发展上不能良好融合。《城乡规划法》取缔原有法律法规后，城乡边界被模糊，城市从孤岛变成与乡村融合的整体，政府可以对整个区域进行统筹规划、协调布局、统一管理，更好地实现城乡经济建设和发展目标。

2. 有利于城乡建设的有序进行

城乡规划作为城乡建设的基础工作，对指引建设工程规划与设计有重要意义，有利于推动城乡建设更快更好地发展。城乡规划相当于城市与乡村建设的图纸，要建立一个什么样的城市与乡村、如何建立、怎样保障落实……这些都是城乡规划所要考虑的内容。也正因为城乡规划对于城市和乡村未来愿景的描摹，才能保证区域的建设与发展得以井然有序地进行。

3. 有利于构建和谐的人居环境

《城乡规划法》看重对人居环境的改善，将其作为立法宗旨的重要部分，强调了以人为本的立法原则。《城乡规划法》明确了公众参与对城乡规划编制的必要性，保障公平公正。城市规划着重于危旧房改造、城市生活污水和垃圾处理等必要市政基础建设的落实，致力于完善城市综合服务功能。乡村规划应当包括垃圾收集、畜禽养殖场所等农村生产、生活服务设施等，为居民提供良好的居住生活环境。

4. 有利于城乡内部布局合理化

《城乡规划法》的各级规划都要求对区域空间布局进行合理安排，包括城市、镇的发展布局、功能分区、用地布局、综合交通体系构建等。城乡规划的编制要考虑社会、经济、环境多个方面，合理布置生产与生活设施，完善生活配套，以满足居民方方面面的需求。此外，整体科学的城乡内部布局也便于政府统一安排、统一管理。

5. 有利于科学利用土地资源

提前对未来一定时期的城乡土地利用进行合理规划，保障土地的利用效率和科学分配，对区域的经济建设与发展具有重要意义。比如，《城乡规划法》明确规定在城市总体规划、镇总体规划确定的建设用地范围以外，不得设立各类开发区和城市新区。土地是最宝贵的资源，城乡可用于建设的土地资源应当优先用于基础设施和公用事业的建设，提升城市的活力与人民生活质量。

6. 有利于自然和文化遗产的保护

《城乡规划法》中单独对旧城区改造、历史遗迹和文化建筑的保护作了规定，强调了保护历史文化遗产和传统风貌的重要性。在乡村建设规划中也提出了保持地方特色、民族特色和传统风貌等要求。

3.1.3 城乡规划的制定原则

1. 城乡统筹、合理布局原则

《中华人民共和国国民经济和社会发展第十四个五年规划和2035年远景目标纲要》对完善城乡一体化发展的体制机制作了明确规定。在新时期，建立健全城乡要素平等交换和双向流动的政策体系，促进要素向农村流动，增强农业和农村发展活力，是新时期城乡一体化发展的总体方向。推动社会主义新农村建设与城市化发展有机结合，对于推进农业现代化和农村现代化，提升我国经济发展和社会进步的动力和韧性具有重要意义。统筹城乡发展，合理布局基础设施和重大建筑，能够改变目前城乡规划分割、建设分治的状况，把城乡经济社会发展统一纳入政府宏观规划，协调城乡发展，促进城乡联动，实现共同繁荣。

2. 节约资源、集约发展、保护生态环境原则

在制定城乡规划时应当从我国人口众多、人均资源有限的实际国情出发，合理高效地利用土地，促进资源、能源节约和综合利用。在土地方面，城乡规划应当重视旧城区拆迁改建，激活存量；在建筑方面，优化建筑设计，鼓励采用绿色设计和环保材料。在规划城乡发展的同时，重视区域生态环境的保护，落实规划"四线"（红线是指城市规划区内依法规划建设的城市道路用地规划控制线；绿线是指城市各类绿地范围的控制线；紫线是指依法规划、保护的历史文化建设的边界控制线；蓝线是指水域保护区，即城市各级河、渠道用地规划控制线），增强可持续发展能力。

3. 先规划后建设原则

《城乡规划法》规定任何单位和个人都应当遵守经依法批准并公布的城乡规划，服从规划管理。无规矩不成方圆，为了保障城乡建设的有序进行及经济和社会发展目标的顺利实现，各级政府和城乡规划主管部门应当按照法定程序编制、落实城乡规划，并监督检查。下位规划不得超出上位规划的框架，或与其相悖。规划区内的建设项目必须符合经批准通过的城乡规划的规定才可准许施工，强调程序合法性。

4. 因地制宜、切实可行原则

我国疆土幅员辽阔，不同地域有其独特的地理风貌和文化传统。在编制城乡规划时不能一概而论、以统一制式限制其发展方向，而要发掘城乡的特点，找寻切实可行的规划方向，重视对地方特色、民族特色和传统风貌的保护，因地制宜、分区建设，培育地区间各异的风格，形成各具特色的区域发展格局，避免千城一面、万镇雷同的情况出现。

5. 以人为本原则

在城乡规划的编制中坚持以人为本原则是确保城乡规划和建设合理性的重要途径。《城乡规划法》中强调了城乡规划的宜居性，重视人居环境的改善。如《城乡规划法》第十八条规定，乡规划、村庄规划应当从农村实际出发，尊重村民意愿；《城乡规划法》第二十九条提到，城市的建设和发展，应当优先安排基础设施以及公共服务设施的建设等。将人民的实际生活和生产需要放在第一位考虑，确保城市的发展建设以人为本，满足居民多样化的美好生活需求，为居民创造良好的生存环境。

3.1.4 城乡规划的种类

城乡规划，包括城镇体系规划、城市规划、镇规划、乡规划和村庄规划。城市规划、镇规划分为总体规划和详细规划。

1. 城镇体系规划

城镇体系是指在一定区域内有不同职能分工和人口规模，但在空间和经济发展上密切联系、相互依存的城镇群体。

城镇体系规划包括全国城镇体系规划和省域城镇体系规划。省域城镇体系规划、城市总体规划的编制应当服从全国城镇体系规划。城镇体系规划对区域整体性、层次性、关联性和动态性协调发展具有重要意义。确立整体的规划策略，可有效避免城镇之间互为孤岛，便于区域协作、提升经济发展速度，实现重大基础设施和公共建筑的区域共享。

2. 城市规划、镇规划

（1）总体规划

城市总体规划、镇总体规划是对未来一定时期城镇的性质、规模和发展方向、土地利用、空间布局和设施合理配置的综合部署和管理措施。

城市总体规划、镇总体规划应当依据国民经济和社会发展规划，并与土地利用总体规划相衔接。在城市总体规划、镇总体规划中合理确定城市、镇的发展规模、步骤和建设标准。其内容应当包括：城市、镇的发展布局，功能分区，用地布局，综合交通体系，禁止、限制和适宜建设的地域范围，各类专项规划等。

（2）详细规划

城市详细规划、镇详细规划是在总体规划的指导下，对未来一定时期城镇内部土地利用、空间布局和各项建设用地划分的具体安排。

城市详细规划、镇详细规划是城市总体规划、镇总体规划的具体化呈现。总体规划关注的是宏观层面的问题，而详细规划需要考虑如何将宏观的方针和设计变为实际可行的安排和措施。

详细规划分为控制性详细规划和修建性详细规划，修建性详细规划应当符合控制性详细规划。从总体规划到控制性详细规划再到修建性详细规划，将概括性规划变成具体的措施，这是一个从宏观到微观逐步递进、深化的过程。上位规划为下位规划的编制提供依据，下位规划不可逾越上位规划的框架。

3. 乡规划和村庄规划

乡规划、村庄规划是对未来一定时期内乡、村庄的性质、规模和发展方向、土地使用、乡村空间布局的综合部署和具体安排，保障一定时期内乡、村庄的经济和社会发展目标的顺利实现。

乡规划、村庄规划的内容应当包括：规划区范围，住宅、道路、供水、排水、供电、垃圾收集、畜禽养殖场所等农村生产、生活服务设施、公益事业等各项建设的用地布局、建设要求，以及对耕地等自然资源和历史文化遗产保护、防灾减灾等的具体安排。乡规划还应当包括本行政区域内的村庄发展布局。

3.2 城乡规划的制定

3.2.1 城乡规划的参与主体

城乡规划的参与主体包括组织编写的主体和确定主体。确定主体是指对编撰完成的城乡规划进行审核,决定其法定效力的法定主体,包括审议主体、审查主体和审批主体。

依据《城乡规划法》的法条规定,将城乡规划的参与主体总结为表3-1。

我国城乡规划主体体系　　　　表3-1

规划类别			组织主体	审议主体	审查主体	审批主体
全国城镇体系规划			国务院城乡规划主管部门会同国务院有关部门组织	无	无	国务院审批
省域城镇体系规划			省、自治区人民政府组织	本级人民代表大会常务委员会审议	无	国务院审批
城市	总体规划		城市人民政府组织	无	省、自治区人民政府审查(省、自治区人民政府所在地的城市以及国务院确定的城市)	国务院审批(直辖市、省、自治区人民政府所在地的城市以及国务院确定的城市);城市人民政府报省、自治区人民政府审批(其他城市)
城市	详细规划	控制性	城市人民政府城乡规划主管部门组织	无	无	本级人民政府批准
城市	详细规划	修建性	城市、县人民政府城乡规划主管部门组织	无	无	无
镇	总体规划		县人民政府组织(县人民政府所在地镇);镇人民政府组织(其他镇)	镇人民代表大会审议(镇人民政府组织)	无	报上一级人民政府审批
镇	详细规划	控制性	县人民政府所在地镇的控制性详细规划,由县人民政府城乡规划主管部门组织	无	无	报上一级人民政府审批
镇	详细规划	修建性	镇人民政府组织	无	无	无
乡规划			乡、镇人民政府组织	无	无	报上一级人民政府审批
村庄规划			乡、镇人民政府组织	无	无	报上一级人民政府审批

3.2.2　城镇体系规划的编制

1. 城镇体系规划的分类

城镇体系规划可以分为全国城镇体系规划和省域城镇体系规划两个类别,全国城镇体系规划高于省域城镇体系规划。

2. 城镇体系规划的组织和审批

国务院城乡规划主管部门会同国务院有关部门组织编制全国城镇体系规划,再由国务院城乡规划主管部门报国务院审批。

省、自治区人民政府组织编制省域城镇体系规划,报国务院审批。

3. 城镇体系规划的内容

全国城镇体系规划是我国城市规划的纲领性文件,在宏观层面把控未来一段时间内我国城市规划的总体方向，统筹大中小城市与小城镇协调发展，实现区域经济和社会可持续发展。

省域城镇体系规划的内容应当包括：城镇空间布局和规模控制，重大基础设施的布局，为保护生态环境、资源等需要严格控制的区域。

4. 城镇体系规划的条件

编制城乡规划应当具备国家规定的勘察、测绘、气象、地震、水文、环境等基础资料。

县级以上地方人民政府有关主管部门应当根据编制城乡规划的需要，及时提供有关基础资料。

3.2.3 城市总体规划、镇总体规划的编制

1. 城市总体规划、镇总体规划的组织和审批

城市人民政府组织编制城市总体规划。直辖市的城市总体规划由直辖市人民政府报国务院审批。省、自治区人民政府所在地的城市以及国务院确定的城市的总体规划，由省、自治区人民政府审查同意后，报国务院审批。其他城市的总体规划，由城市人民政府报省、自治区人民政府审批。

县人民政府组织编制县人民政府所在地镇的总体规划，报上一级人民政府审批。其他镇的总体规划由镇人民政府组织编制，报上一级人民政府审批。

城市、县人民政府组织编制的总体规划，在报上一级人民政府审批前，应当先经本级人民代表大会常务委员会审议，常务委员会组成人员的审议意见交由本级人民政府研究处理。

镇人民政府组织编制的镇总体规划，在报上一级人民政府审批前，应当先经镇人民代表大会审议，代表的审议意见交由本级人民政府研究处理。

规划的组织编制机关报送审批城市总体规划或者镇总体规划，应当将本级人民代表大会常务委员会组成人员或者镇人民代表大会代表的审议意见和根据审议意见修改规划的情况一并报送。

2. 城市总体规划、镇总体规划的内容

城市总体规划、镇总体规划的内容应当包括：城市、镇的发展布局，功能分区，用地布局，综合交通体系，禁止、限制和适宜建设的地域范围，各类专项规划等。

规划区范围、规划区内建设用地规模、基础设施和公共服务设施用地、水源地和水系、基本农田和绿化用地、环境保护、自然与历史文化遗产保护以及防灾减灾等内容，应当作为城市总体规划、镇总体规划的强制性内容。

编制城市总体规划，应当先组织编制总体规划纲要，研究确定总体规划中的重大问题，作为编制规划成果的依据。城市总体规划包括市域城镇体系规划和中心城区规划。

（1）市域城镇体系规划应当包括下列内容：

1）提出市域城乡统筹的发展战略。其中位于人口、经济、建设高度聚集的城镇密集地区的中心城市，应当根据需要，提出与相邻行政区域在空间发展布局、重大基础设施和公共服务设施建设、生态环境保护、城乡统筹发展等方面协调发展的建议；

2）确定生态环境、土地和水资源、能源、自然和历史文化遗产等方面的保护与利用的综合目标和要求，提出空间管制原则和措施；

3）预测市域总人口及城镇化水平，确定各城镇人口规模、职能分工、空间布局和建设标准；

4）提出重点城镇的发展定位、用地规模和建设用地控制范围；

5）确定市域交通发展策略；原则确定市域交通、通信、能源、供水、排水、防洪、垃圾处理等重大基础设施，重要社会服务设施，危险品生产储存设施的布局；

6）根据城市建设、发展和资源管理的需要划定城市规划区，城市规划区的范围应当位于城市行政管辖范围内；

7）提出实施规划的措施和有关建议。

（2）中心城区规划应当包括下列内容：

1）分析确定城市性质、职能和发展目标；

2）预测城市人口规模；

3）划定禁建区、限建区、适建区和已建区，并制定空间管制措施；

4）确定村镇发展与控制的原则和措施；确定需要发展、限制发展和不再保留的村庄，提出村镇建设控制标准；

5）安排建设用地、农业用地、生态用地和其他用地；

6）研究中心城区空间增长边界，确定建设用地规模，划定建设用地范围；

7）确定建设用地的空间布局，提出土地使用强度管制区划和相应的控制指标（建筑密度、建筑高度、容积率、人口容量等）；

8）确定市级和区级中心的位置和规模，提出主要公共服务设施的布局；

9）确定交通发展战略和城市公共交通的总体布局，落实公交优先政策，确定主要对外交通设施和主要道路交通设施布局；

10）确定绿地系统的发展目标及总体布局，划定各种功能绿地的保护范围（绿线），划定河湖水面的保护范围（蓝线），确定岸线使用原则；

11）确定历史文化保护及地方传统特色保护的内容和要求，划定历史文化街区、历史建筑保护范围（紫线），确定各级文物保护单位的范围；研究确定特色风貌保护重点区域及保护措施；

12）研究住房需求，确定住房政策、建设标准和居住用地布局；重点确定经济适用房、普通商品住房等满足中低收入人群住房需求的居住用地布局及标准；

13）确定电信、供水、排水、供电、燃气、供热、环卫发展目标及重大设施总体布局；

14）确定生态环境保护与建设目标，提出污染控制与治理措施；

15）确定综合防灾与公共安全保障体系，提出防洪、消防、人防、抗震、地质灾害防护等规划原则和建设方针；

16）划定旧区范围，确定旧区有机更新的原则和方法，提出改善旧区生产、生活环境的标准和要求；

17）提出地下空间开发利用的原则和建设方针；

18）确定空间发展时序，提出规划实施步骤、措施和政策建议；

19）首都的总体规划、详细规划应当统筹考虑中央国家机关用地布局和空间安排的需要；历史文化名城的城市总体规划，应当包括专门的历史文化名城保护规划。

3. 城市总体规划、镇总体规划的期限

城市总体规划、镇总体规划的规划期限一般为 20 年。城市总体规划还应当对城市更长远的发展作出预测性安排。

3.2.4 城市分区规划、近期建设规划的编制

1. 城市分区规划

城市总体规划编制完成后，大中型城市可以依据实际需要再行编制分区规划，小城市可以不编制。城市分区规划应当依据已经依法批准的城市总体规划，对城市土地利用、人口分布和公共服务设施、基础设施的配置作出进一步安排，对控制性详细规划的编制提出指导性要求。

（1）城市分区规划的任务

在总体规划的基础上，对城市土地利用、人口分布和公共设施、基础设施的配置作出进一步规划安排，为详细规划和规划管理提供依据。编制城市分区规划应当综合考虑城市总体规划确定的城市布局、片区特征、河流道路等自然和人工界限，结合城市行政区划，划定分区的范围界限。

（2）城市分区规划的内容

城市分区规划应当包括下列内容：

1）确定分区的空间布局、功能分区、土地使用性质和居住人口分布；

2）确定绿地系统、河湖水面、供电高压线走廊、对外交通设施用地界线和风景名胜区、文物古迹、历史文化街区的保护范围，提出空间形态的保护要求；

3）确定市、区、居住区级公共服务设施的分布、用地范围和控制原则；

4）确定主要市政公用设施的位置、控制范围和工程干管的线路位置、管径，进行管线综合；

5）确定城市干道的红线位置、断面、控制点坐标和标高，确定支路的走向、宽度，确定主要交叉口、广场、公交站场、交通枢纽等交通设施的位置和规模，确定轨道交通线路走向及控制范围，确定主要停车场规模与布局。

（3）城市分区规划的成果

城市分区规划的成果包括规划文件和图纸，以及相应的说明附件。规划文件包括规划文本和附件，规划说明及基础资料收入附件。图纸主要包括：规划分区图、分区现状图、分区土地利用规划图、各项专业规划图，图纸比例为 1/5000。

2. 近期建设规划

（1）近期建设规划的编制、备案

城市、县、镇人民政府应当根据城市总体规划、镇总体规划、土地利用总体规划和年度计划以及国民经济和社会发展规划，编制近期建设规划，报总体规划审批机关备案。

近期建设规划应当以重要基础设施、公共服务设施和中低收入居民住房建设以及生态环境保护为重点内容，明确近期建设的时序、发展方向和空间布局。近期建设规划的规划期限为 5 年。近期建设规划到期时，应当依据总体规划组织编制新的近期建设规划。

（2）近期建设规划的内容

近期建设规划的内容应当包括：

1）确定近期人口和建设用地规模，确定近期建设用地范围和布局；

2）确定近期交通发展策略，确定主要对外交通设施和主要道路交通设施布局；
3）确定各项基础设施、公共服务和公益设施的建设规模和选址；
4）确定近期居住用地安排和布局；
5）确定历史文化名城、历史文化街区、风景名胜区等的保护措施，城市河湖水系、绿化、环境等保护、整治和建设措施；
6）确定控制和引导城市近期发展的原则和措施。

(3) 近期建设规划的成果

近期建设规划的成果应当包括规划文本、图纸以及相应的说明附件。在规划文本中应当明确表达规划的强制性内容。

3.2.5 城市详细规划、镇详细规划

城市详细规划和镇详细规划分为控制性详细规划和修建性详细规划。城市详细规划、镇详细规划的主要任务是：以总体规划或分区规划为依据，详细规定建设用地的各项指标和其他规划管理要求，或者直接对建设作出具体安排和规划设计。

1. 城市详细规划、镇详细规划的组织和审批

编制城市控制性详细规划，应当依据已经依法批准的城市总体规划或分区规划，考虑相关专项规划的要求，对具体地块的土地利用和建设提出控制指标，作为住房城乡建设主管部门（城乡规划主管部门）作出建设项目规划许可的依据。编制城市修建性详细规划，应当依据已经依法批准的控制性详细规划，对所在地块的建设提出具体的安排和设计。

城市人民政府城乡规划主管部门根据城市总体规划的要求，组织编制城市的控制性详细规划，经本级人民政府批准后，报本级人民代表大会常务委员会和上一级人民政府备案。组织编制城市详细规划，应当充分听取政府有关部门的意见，保证有关专业规划的空间落实。

镇人民政府根据镇总体规划的要求，组织编制镇的控制性详细规划，报上一级人民政府审批。县人民政府所在地镇的控制性详细规划，由县人民政府城乡规划主管部门根据镇总体规划的要求组织编制，经县人民政府批准后，报本级人民代表大会常务委员会和上一级人民政府备案。

城市、县人民政府城乡规划主管部门和镇人民政府可以组织编制重要地块的修建性详细规划。修建性详细规划应当符合控制性详细规划。

2. 详细规划的内容

控制性详细规划应当包括下列内容：

(1) 确定规划范围内不同性质用地的界线，确定各类用地内适建、不适建或者有条件地允许建设的建筑类型；

(2) 确定各地块建筑高度、建筑密度、容积率、绿地率等控制指标；确定公共设施配套要求、交通出入口方位、停车泊位、建筑后退红线距离等要求；

(3) 提出各地块的建筑体量、体型、色彩等城市设计指导原则；

(4) 根据交通需求分析，确定地块出入口位置、停车泊位、公共交通场站用地范围和站点位置、步行交通以及其他交通设施；规定各级道路的红线、断面、交叉口形式及渠化措施、控制点坐标和标高；

(5) 根据规划建设容量，确定市政工程管线位置、管径和工程设施的用地界线，进行管线综合；确定地下空间开发利用具体要求；

(6) 制定相应的土地使用与建筑管理规定。

修建性详细规划应当包括下列内容：
(1) 建设条件分析及综合技术经济论证；
(2) 建筑、道路和绿地等的空间布局和景观规划设计，布置总平面图；
(3) 对住宅、医院、学校和托幼等建筑进行日照分析；
(4) 根据交通影响分析，提出交通组织方案和设计；
(5) 市政工程管线规划设计和管线综合；
(6) 竖向规划设计；
(7) 估算工程量、拆迁量和总造价，分析投资效益。

3. 详细规划的成果

控制性详细规划成果应当包括规划文本、图件和附件。图件由图纸和图则两部分组成，规划说明、基础资料和研究报告收入附件。修建性详细规划成果应当包括规划说明书、图纸。

3.2.6 乡规划、村庄规划的编制

1. 乡规划、村庄规划的组织、审批、编制原则

乡、镇人民政府组织编制乡规划、村庄规划，需报上一级人民政府审批。村庄规划在报送审批前，应当经村民会议或者村民代表会议讨论同意。

乡规划、村庄规划的编制原则：
(1) 乡规划、村庄规划应当从农村实际出发，尊重村民意愿，充分听取村民的真实诉求，确保一切为了村民的实际意愿；
(2) 突出地方和农村特色，追求乡村发展的多样化，避免千村一面；
(3) 建设与保护并重，坚持"绿水青山就是金山银山"的可持续发展理念。

2. 乡规划、村庄规划的内容

乡规划、村庄规划的内容应当包括：规划区范围，住宅、道路、供水、排水、供电、垃圾收集、畜禽养殖场所等农村生产、生活服务设施、公益事业等各项建设的用地布局、建设要求，以及对耕地等自然资源和历史文化遗产保护、防灾减灾等的具体安排。乡规划还应当包括本行政区域内的村庄发展布局。

3.3 城乡规划的实施

3.3.1 城乡规划公开公示制度

为了加强公众参与，使公众更深入地了解城乡规划内容，便于其参与规划的制定、实施与监督，《城乡规划法》建立了城乡规划公示制度。无论是城乡总体规划还是一般性建设项目，只要会给城乡环境带来影响，其规划就必须让公众知晓并获得公众认可。

《城乡规划法》中公示制度体现在第八条，"城乡规划组织编制机关应当及时公布经依法批准的城乡规划。但是，法律、行政法规规定不得公开的内容除外"及第四十条，"城市、县人民政府城乡规划主管部门或者省、自治区、直辖市人民政府确定的镇人民政府应当依法将经审定的修建性详细规划、建设工程设计方案的总平面图予以公布"。

2013年11月住房和城乡建设部印发了《关于城乡规划公开公示的规定》，进一步推进

城乡规划公众参与，详细规范了城乡规划公开公示工作。

城乡规划公开是指各级人民政府及其有关部门依法对城乡规划有关信息进行公开，便于公众知晓、接受公众监督的行政行为，包括城乡规划及其修改的批后公布、实施规划许可的批后公告和违法建设查处的公布等，有主动公开和依申请公开等方式。城乡规划公示是指各级人民政府及其城乡规划主管部门在履行城乡规划管理职能过程中，通过多种方式和渠道，征询公众意见，接受公众监督的行政行为，包括城乡规划及其修改、实施规划许可的批前公示和听证会、论证会等。

1. 城乡规划制定的公开公示

城乡规划编制前后都应公示。城乡规划制定的批前公示和批后公布应当至少采用政府网站公示和展示厅公示，其中控制性详细规划在批准前还应当在所在地块的主要街道或公共场所进行公示，乡规划、村庄规划的批前公示和批后公布可根据当地实际采用现场公示或政府网站公示。有关建设项目许可、审批及其变更的公开公示应当至少采用现场公示和政府网站公示。鼓励使用网络等多种新媒体方式进行城乡规划公开公示。

由各级人民政府及其城乡规划主管部门组织编制的城镇体系规划、城市（镇）总体规划、详细规划、乡规划、村庄规划以及以上规划的修改，应当在上报审批前进行公示并在批准后予以公开。上报审批前公示的内容应当包括规划编制的依据、规划文本的主要内容和主要图纸等。

城乡规划制定的公开公示时间：

（1）城乡规划报送审批前，公示的时间不得少于30日；

（2）城乡规划及重大变更自批准后20日内应当向社会公告，运用政府网站和固定场所进行批后公布的，批后公布的时间不得少于30日，在规划期内应当纳入政府信息公开渠道，向社会公开。

2. 城乡规划实施的公开公示

城市、县人民政府城乡规划主管部门或者省、自治区、直辖市人民政府确认的镇人民政府应当依法将经审定的修建性详细规划、建设工程设计方案的总平面图予以批前公示和批后公布。城乡规划主管部门应当采取听证会等形式对经依法审定的修建性详细规划、建设工程设计方案的总平面图进行修改，听取利害关系人的意见。

若建设项目许可及其变更直接涉及申请人与他人之间的重大利益关系，城乡规划主管部门在作出许可决定前，应当听取利害关系人的意见。

核发建设项目工程规划许可证后，在建设项目开工前，城乡规划主管部门应监督建设单位在施工现场设置建设项目工程规划许可公告牌。

城乡规划实施公开公示时间为：

（1）经依法审定的修建性详细规划、建设工程设计方案的总平面图及其变更批前公示时间应当不少于7日；

（2）经依法审定的修建性详细规划、建设工程设计方案的总平面图及其变更的批后公布时间自批后到建设项目规划核实合格后为止。

3.3.2 建设项目选址意见书制度

1. 建设项目选址意见书概述

按照国家规定需要有关部门批准或者核准的建设项目，以划拨方式提供国有土地使权的,建设单位在报送有关部门批准或者核准前,应当向城乡规划主管部门申请核发选址意见书。除此之外的建设项目不需要申请选址意见书。

2. 建设项目选址意见书内容

建设项目选址意见书应当包括下列内容:

(1) 建设项目的基本情况:

其主要包括建设项目名称、性质,用地与建设规模,供水与能源的需求量,采取的运输方式与运输量,以及废水、废气、废渣的排放方式和排放量。

(2) 建设项目规划选址的主要依据:

1) 经批准的项目建议书;

2) 建设项目与城乡规划布局的协调;

3) 建设项目与城乡交通、通信、能源、市政、防灾规划的衔接与协调;

4) 建设项目配套的生活设施与城乡生活居住及公共设施规划的衔接与协调;

5) 建设项目对环境可能造成的污染及影响,以及与环境保护规划和风景名胜、文物古迹保护规划的协调。

(3) 建设项目选址、用地范围和具体规划要求。

3. 建设项目选址意见书审批

县级以上人民政府城乡规划主管部门负责本行政区域内建设项目选址和布局的规划管理工作。城乡规划主管部门应当参加建设项目设计任务书阶段的选址工作,对确定安排在城乡规划区内的建设项目从城乡规划方面提出选址意见书。设计任务书报请批准时,必须附有城乡规划主管部门的选址意见书。

建设项目选址意见书,按建设项目计划审批权限实行分级规划管理。

(1) 县人民政府发展改革主管部门审批的建设项目,由县人民政府城乡规划主管部门核发选址意见书;

(2) 地级、县级市人民政府发展改革主管部门审批的建设项目,由该市人民政府城乡规划主管部门核发选址意见书;

(3) 直辖市、计划单列市人民政府发展改革主管部门审批的建设项目,由直辖市、计划单列市人民政府城乡规划主管部门核发选址意见书;

(4) 省、自治区人民政府发展改革主管部门审批的建设项目,由项目所在地县、市人民政府城乡规划主管部门提出审查意见,报省、自治区人民政府城乡规划主管部门核发选址意见书;

(5) 中央各部门、公司审批的小型和限额以下的建设项目,由项目所在地县、市人民政府城乡规划主管部门核发选址意见书;

(6) 国家审批的大中型和限额以上的建设项目,由项目所在地县、市人民政府城乡规划主管部门提出审查意见,报省、自治区、直辖市、计划单列市人民政府城乡规划主管部门核发选址意见书,并报国务院城乡规划主管部门备案。

3.3.3 建设用地规划许可证制度

1. 建设用地规划许可证概述

建设用地规划许可证是个人和单位提出建设用地申请,经城乡规划主管部门根据规划要求和项目用地需要,依法确定项目建设用地位置、面积、界限的法定凭证。

2. 建设用地规划许可证管理

（1）划拨建设用地项目

在城市、镇规划区内以划拨方式提供国有土地使用权的建设项目遵循"先申请、后核定、再核发"的程序。经有关部门批准、核准、备案后，建设单位应当向城市、县人民政府城乡规划主管部门提出建设用地规划许可申请，由城市、县人民政府城乡规划主管部门依据控制性详细规划核定建设用地的位置、面积、允许建设的范围，核发建设用地规划许可证。

建设单位在取得建设用地规划许可证后，方可向县级以上地方人民政府土地主管部门申请用地。经县级以上人民政府审批后，由土地主管部门划拨土地。

（2）出让建设用地项目

在城市、镇规划区内以出让方式提供国有土地使用权。在国有土地使用权出让前，城市、县人民政府城乡规划主管部门应当依据控制性详细规划，提出出让地块的位置、使用性质、开发强度等规划条件，作为国有土地使用权出让合同的组成部分。未确定规划条件的地块，不得出让国有土地使用权。

以出让方式取得国有土地使用权的建设项目，建设单位在取得建设项目的批准、核准、备案文件和签订国有土地使用权出让合同后，向城市、县人民政府城乡规划主管部门领取建设用地规划许可证。

城市、县人民政府城乡规划主管部门不得在建设用地规划许可证中，擅自改变作为国有土地使用权出让合同组成部分的规划条件。

规划条件未纳入国有土地使用权出让合同的，该国有土地使用权出让合同无效；对未取得建设用地规划许可证的建设单位批准用地的，由县级以上人民政府撤销有关批准文件；占用土地的，应当及时退回；给当事人造成损失的，应当依法给予赔偿。

3.3.4 建设工程规划许可证制度

1. 建设工程规划许可证概述

建设工程规划许可证是经城乡规划主管部门依法审核，确认项目建设符合城乡规划要求的法定凭证。此处指的是城市、镇建设项目所需申领的规划许可。

2. 建设工程规划许可证申请、核发与公开

（1）申请

在城市、镇规划区内进行建筑物、构筑物、道路、管线和其他工程建设的，建设单位或者个人应当向城市、县人民政府城乡规划主管部门或者省、自治区、直辖市人民政府确定的镇人民政府申请办理建设工程规划许可证。申请办理建设工程规划许可证，应当提交使用土地的有关证明文件、建设工程设计方案等材料。需要建设单位编制修建性详细规划的建设项目，还应当提交修建性详细规划。

（2）核发

对符合控制性详细规划和规划条件的，由城市、县人民政府城乡规划主管部门或者省、自治区、直辖市人民政府确定的镇人民政府核发建设工程规划许可证。

（3）公开

城市、县人民政府城乡规划主管部门或者省、自治区、直辖市人民政府确定的镇人民政府应当依法将经审定的修建性详细规划、建设工程设计方案的总平面图予以公布。

3. 法律责任

未取得建设工程规划许可证或者未按照建设工程规划许可证的规定进行建设的，由县级以上地方人民政府城乡规划主管部门责令停止建设；尚可采取改正措施消除对规划实施的影响的，限期改正，处建设工程造价5%以上10%以下的罚款；无法采取改正措施消除影响的，限期拆除，不能拆除的，没收实物或者违法收入，可以并处建设工程造价10%以下的罚款。

3.3.5 乡村建设规划许可证制度

1. 乡村建设规划许可证概述

乡村建设规划许可证是个人或单位在乡、村庄进行工程建设前，经乡镇人民政府审核通过后，报城市、县人民政府城乡规划主管部门确认其位置和范围符合规划要求的法定凭证。

2. 乡村建设规划许可证申请、核发与公开

在乡、村庄规划区内进行乡镇企业、乡村公共设施和公益事业建设的，建设单位或者个人应当向乡、镇人民政府提出申请，由乡、镇人民政府报城市、县人民政府城乡规划主管部门核发乡村建设规划许可证。

在乡、村庄规划区内使用原有宅基地进行农村村民住宅建设的规划管理办法，由省、自治区、直辖市制定。

在乡、村庄规划区内进行乡镇企业、乡村公共设施和公益事业建设以及农村村民住宅建设，不得占用农用地；确需占用农用地的，应当依照《中华人民共和国土地管理法》（以下简称《土地管理法》）的有关规定办理农用地转用审批手续后，由城市、县人民政府城乡规划主管部门核发乡村建设规划许可证。

建设单位或者个人在取得乡村建设规划许可证后，方可办理用地审批手续。

3. 法律责任

在乡、村庄规划区内未依法取得乡村建设规划许可证或者未按照乡村建设规划许可证的规定进行建设的，由乡、镇人民政府责令停止建设、限期改正；逾期不改正的，可以拆除。

3.3.6 城乡建设依循城乡规划指引

城乡规划的落实体现在城乡建设过程中，城乡建设应当遵守已审批通过的城乡规划的要求。依据《城乡规划法》的规定，城市的建设和发展应当优先安排基础设施以及公共服务设施的建设，妥善处理新区开发与旧区改建的关系，统筹兼顾进城务工人员生活和周边农村经济社会发展、村民生产与生活的需要。

1. 优先建设基础设施与公共服务设施

基础设施与公共服务设施建设包括交通建设、医疗与教育建设、能源动力供应系统建设、给水排水系统建设等，涉及人民生产生活的方方面面。秉持"以人为本"的城乡建设原则，将基础设施与公共服务设施建设放在城乡规划中的首要地位对于提高人民生活幸福程度有重要意义。另外，区域经济发展离不开基础设施的支撑。全面、良好的基础设施是社会正常运行的必备条件，为后续的经济与社会发展积蓄能量、增强后劲。改革开放以来，沿海地区等经济提升迅速的区域，多数都在前期有较大规模的基础设施建设，为后来的经济腾飞奠定了扎实的基础。所以，优先建设基础设施与公共服务设施是城市建设与发展的重中之重。

城乡规划确定的铁路、公路、港口、机场、道路、绿地、输配电设施及输电线路走廊、通信设施、广播电视设施、管道设施、河道、水库、水源地、自然保护区、防汛通道、消防通道、核电站、垃圾填埋场及焚烧厂、污水处理厂和公共服务设施的用地以及其他需要依法保护的用地，禁止擅自改变用途。

镇的建设和发展，应当结合农村经济社会发展和产业结构调整，优先安排供水、排水、供电、供气、道路、通信、广播电视等基础设施和学校、卫生院、文化站、幼儿园、福利院等公共服务设施的建设，为周边农村提供服务。

乡、村庄的建设和发展，应当因地制宜、节约用地，发挥村民自治组织的作用，引导村民合理进行建设，改善农村生产和生活条件。

2. 协调新区开发与旧区改建

随着经济和社会发展，城市的生产、生活需要更多的空间资源。但考虑到土地资源的有限性，城市不能无限制地扩张下去。在新区开发的同时，对老旧城区进行合理改建，激活旧区活力，将城市建设的重点从大规模增量建设转变为存量提质改造，如此双管齐下、互相协调才是城市发展的长久之道。

城市新区的开发和建设，应当合理确定建设规模和时序，充分利用现有市政基础设施和公共服务设施，严格保护自然资源和生态环境，体现地方特色。城市总体规划、镇总体规划确定的建设用地范围之外，不得设立各类开发区和城市新区。

旧区改造是对城市在长期历史发展过程中逐渐形成的政治、经济、文化、文化活动集中的居民区进行符合社会发展需要的改造建设，达到满足生活、劳动、及人民精神需要的目的，使其重新焕发活力。旧区是城市发展的历史缩影，通常历史文化遗产丰富、地区传统风貌保存较完整，但存在人口密集、住房质量低、基础设施老化落后等问题。

旧城区的改建，应当在完善配套基础设施的同时保护历史文化遗产和传统风貌，合理确定拆迁和建设规模，有计划地对危房集中、基础设施落后等地段进行改建，在城乡建设中延续历史文脉，塑造城市时代特色风貌。

历史文化名城、名镇、名村的保护以及受保护建筑物的维护和使用，应当遵守有关法律、行政法规和国务院的规定。城乡建设和发展，应当依法保护和合理利用风景名胜资源，统筹安排风景名胜区及周边乡、镇、村庄的建设。风景名胜区的规划、建设和管理，应当遵守有关法律、行政法规和国务院的规定。

3. 合理开发和利用地下空间

城市地下空间的开发和利用，应当与经济和技术发展水平相适应，遵循"统筹安排、综合开发、合理利用"的原则，充分考虑防灾减灾、人民防空和通信等需要，并符合城市规划，履行规划审批手续。

3.3.7 其他规定

1. 规划条件变更

建设单位应当按照规划条件进行建设；确需变更的，必须向城市、县人民政府城乡规划主管部门提出申请。变更内容不符合控制性详细规划的，城乡规划主管部门不得批准。城市、县人民政府城乡规划主管部门应当及时将依法变更后的规划条件通报同级土地主管部门并公示。

建设单位应当及时将依法变更后的规划条件报有关人民政府土地主管部门备案。

2. 临时建设

城市、镇规划区内进行临时建设的，应当经城市、县人民政府城乡规划主管部门批准。临时建设影响近期建设规划或者控制性详细规划的实施以及交通、市容、安全等的，不得批准。临时建设应当在批准的使用期限内自行拆除。临时建设和临时用地规划管理的具体办法，由省、自治区、直辖市人民政府制定。

3. 竣工核实

县级以上地方人民政府城乡规划主管部门按照国务院规定对建设工程是否符合规划条件予以核实。未经核实或者经核实不符合规划条件的，建设单位不得组织竣工验收。

建设单位应当在竣工验收后6个月内向城乡规划主管部门报送有关竣工验收资料。

3.4 城乡规划的修改

3.4.1 城乡规划的评估制度

城乡规划经批准之后立即生效，由法律来保障其落实，地方政府及相关方必须严格遵守并执行城乡规划。在城乡规划的实施过程中，随着地方经济与社会的发展，需要定期对城乡规划的落实情况进行跟踪评价和监督执行，及时总结城乡规划的优缺点，并结合实际和民生需要作出相应调整。

《城乡规划法》第四十六条规定，"省域城镇体系规划、城市总体规划、镇总体规划的组织编制机关，应当组织有关部门和专家定期对规划实施情况进行评估"。参与的部门和专家应当具有专业性和广泛代表性。同时，注重公众参与，"并采取论证会、听证会或者其他方式征求公众意见。组织编制机关应当向本级人民代表大会常务委员会、镇人民代表大会和原审批机关提出评估报告并附具征求意见的情况"。

评估报告中要对现行规划各项内容的执行情况作出全面的阐述与总结，可以通过对照、检查和分析等方式总结经验，分析规划当前所面临的疑难问题，找寻根本原因，研究并提出针对规划制定和实施的具体改进措施和建议。

3.4.2 城乡规划的修改条件

在维护城乡规划法律严肃性的前提下，考虑到规划系统庞大复杂，涉及城市建设的方方面面，需要根据时间的推移和实施情况动态调整，法律允许城乡规划在一些必要情况下依法进行适当修改。

按照《城乡规划法》规定，有下列情形之一的，组织编制机关方可按照规定的权限和程序修改省域城镇体系规划、城市总体规划、镇总体规划：

（1）上级人民政府制定的城乡规划发生变更，提出修改规划要求的。城乡规划遵循上位规划指导下位规划原则，深化落实上位规划要求，所以一旦上位规划发生变化，应当据此及时修改下位规划。

（2）行政区划调整确需修改规划的。行政区划是为了便于分级管理，国家依据法律规定，按照一定原则，将全国土地划分为不同层次和大小不同的行政区域，并设各级地方机关进行行政管理。因为地方城乡规划主管部门只能在当地政府辖区内依法对城乡规划实施管理，所以行政区划的调整对城乡规划的实施监督有重要影响。为了明晰各地方机关的管理范围与职能，保障城乡规划法律法规的顺利推进，在行政区划调整后，应及时对规划作出相应修改。

（3）因国务院批准重大建设工程确需修改规划的。国务院批准的重大建设工程往往对当地乃至周边区域都有重要影响，同时对国家的长远发展具有举足轻重的作用。面对重大工程与地方规划的冲突时，规划应依法作出合理调整，配合国家长期布局，城乡规划主管部门应当积极做好项目用地和基础设施对接的协调工作。

（4）经评估确需修改规划的。当在规划实施过程中发现某些目标、要求或措施已经无法适应区域经济和社会发展的趋势，也不再符合人民生产生活的需要时，相关部门应依法通过严格的规划评估来研究当前规划修改的必要性，并提出可行的修改建议。如评估认定修改确有必要，则应当依照法定程序对城乡规划进行修改。

（5）城乡规划的审批机关认为应当修改规划的其他情形。

3.4.3 各类城乡规划的修改

1. 城镇体系规划、城市总体规划、镇总体规划

修改省域城镇体系规划、城市总体规划、镇总体规划前，组织编制机关应当对原规划的实施情况进行总结，并向原审批机关报告；修改涉及城市总体规划、镇总体规划强制性内容的，应当先向原审批机关提出专题报告，经同意后，方可编制修改方案。

修改后的省域城镇体系规划、城市总体规划、镇总体规划，应当依照《城乡规划法》第十三条至第十六条规定的审批程序报批。

2. 乡规划、村庄规划

修改乡规划、村庄规划的，应当依照《城乡规划法》第二十二条规定的审批程序报批。即乡、镇人民政府组织修改乡规划、村庄规划，报上一级人民政府审批。村庄规划在报送审批前，应当经村民会议或者村民代表会议讨论同意。

3. 近期建设规划

近期规划的修改必须确保符合城市、镇总体规划。城市、县、镇人民政府修改近期建设规划的，应当将修改后的近期建设规划报总体规划审批机关备案。

4. 详细规划

（1）控制性详细规划

修改控制性详细规划的，组织编制机关应当对修改的必要性进行论证，征求规划地段内利害关系人的意见，并向原审批机关提出专题报告，经原审批机关同意后，方可编制修改方案。修改后的控制性详细规划，应当依照《城乡规划法》第十九条、第二十条规定的审批程序报批。控制性详细规划修改涉及城市总体规划、镇总体规划的强制性内容的，应当先修改总体规划。

（2）修建性详细规划

经依法审定的修建性详细规划、建设工程设计方案的总平面图不得随意修改；确需修改的，城乡规划主管部门应当采取听证会等形式，听取利害关系人的意见；因修改给利害关系人合法权益造成损失的，应当依法给予补偿。

3.4.4 城乡规划修改补偿

城乡规划的修改可能会造成规划变更之前获批的规划许可失去法律效力，导致其变更或撤销。《城乡规划法》考虑到此类实际情况，规定对受规划修改影响的被许可人合法权益给予合理补偿。

《城乡规划法》第五十条规定,在选址意见书、建设用地规划许可证、建设工程规划许可证或者乡村建设规划许可证发放后,因依法修改城乡规划给被许可人合法权益造成损失的,应当依法给予补偿。

对修建性详细规划的修改也作了补偿规定。法律规定,因修改给利害关系人合法权益造成损失的,应当依法给予补偿。

3.5 城乡规划的监督与法律责任

3.5.1 城乡规划的政府监督

县级以上人民政府及其城乡规划主管部门应当加强对城乡规划编制、审批、实施、修改的监督检查。地方各级人民政府应当向本级人民代表大会常务委员会或者乡、镇人民代表大会报告城乡规划的实施情况,并接受监督。

县级以上人民政府城乡规划主管部门对城乡规划的实施情况进行监督检查,有权采取以下措施:

(1) 要求有关单位和人员提供与监督事项有关的文件、资料,并进行复制;

(2) 要求有关单位和人员就监督事项涉及的问题作出解释和说明,并根据需要进入现场进行勘测;

(3) 责令有关单位和人员停止违反有关城乡规划法律、法规的行为;

(4) 城乡规划主管部门的工作人员履行法律规定的监督检查职责,应当出示执法证件;被监督检查的单位和人员应当予以配合,不得妨碍和阻挠依法进行的监督检查活动。

政府监督分为两个层面:

(1) 政府层级之间的监督,即县级以上人民政府及其城乡规划主管部门对下级人民政府及其城乡规划主管部门的监督检查;

(2) 政府对被管理人的监督,即县级以上人民政府及其城乡规划主管部门对受其管辖的工程建设项目进行监督审查。如,审核项目建设用地的坐标、面积大小等与建设用地规划许可证是否相符;工程竣工验收前检查工程是否符合规划设计条件;检查辖区内建筑是否存在违章搭建等。

3.5.2 城乡规划的公众监督

《城乡规划法》第五十四条规定,监督检查情况和处理结果应当依法公开,供公众查阅和监督。强调了公众监督在城乡规划中的重要地位。公众监督是城乡规划严肃性和科学性的重要保障。国家鼓励采用先进的科学技术,增强城乡规划的科学性,提高城乡规划实施及监督管理的效能。

有关城乡规划的编制、审批、实施、修改的全部过程都应接受公众的监督,政府监督的情况和处理结果也应依法公开,涉及国家秘密或商业秘密的除外。

3.5.3 违反城乡规划的法律责任

1. 未依法编制城乡规划

对依法应当编制城乡规划而未组织编制,或者未按法定程序编制、审批、修改城乡规划的,由上级人民政府责令改正,通报批评;对有关人民政府负责人和其他直接责任人员依法给予处分。

2. 城乡规划编制单位违反城乡规划法律法规

城乡规划组织编制机关委托不具有相应资质等级的单位编制城乡规划的，由上级人民政府责令改正，通报批评；对有关人民政府负责人和其他直接责任人员依法给予处分。

城乡规划编制单位有下列行为之一的，由所在地城市、县人民政府城乡规划主管部门责令限期改正，处合同约定的规划编制费一倍以上二倍以下的罚款；情节严重的，责令停业整顿，由原发证机关降低资质等级或者吊销资质证书；造成损失的，依法承担赔偿责任：

（1）超越资质等级许可的范围承揽城乡规划编制工作的；

（2）违反国家有关标准编制城乡规划的。

未依法取得资质证书承揽城乡规划编制工作的，由县级以上地方人民政府城乡规划主管部门责令停止违法行为，依照上述规定处以罚款；造成损失的，依法承担赔偿责任。以欺骗手段取得资质证书承揽城乡规划编制工作的，由原发证机关吊销资质证书，依照前述第一款规定处以罚款；造成损失的，依法承担赔偿责任。

城乡规划编制单位取得资质证书后，不再符合相应的资质条件的，由原发证机关责令限期改正；逾期不改正的，降低资质等级或者吊销资质证书。

3. 国家部门与部门工作人员违反城乡规划法律法规

城乡规划主管部门在查处违反《城乡规划法》规定的行为时，发现国家机关工作人员依法应当给予行政处分的，应当向其任免机关或者监察机关提出处分建议。

依照法律规定应当给予行政处罚，而有关城乡规划主管部门不给予行政处罚的，上级人民政府城乡规划主管部门有权责令其作出行政处罚决定或者建议有关人民政府责令其给予行政处罚。

城乡规划主管部门违反《城乡规划法》规定作出行政许可的，上级人民政府城乡规划主管部门有权责令其撤销或者直接撤销该行政许可。因撤销行政许可给当事人合法权益造成损失的，应当依法给予赔偿。

4. 管理相对人违反城乡规划法律法规

未取得建设工程规划许可证或者未按照建设工程规划许可证的规定进行建设的，由县级以上地方人民政府城乡规划主管部门责令停止建设；尚可采取改正措施消除对规划实施的影响的，限期改正，处建设工程造价5%以上10%以下的罚款；无法采取改正措施消除影响的，限期拆除，不能拆除的，没收实物或者违法收入，可以并处建设工程造价10%以下的罚款。

在乡、村庄规划区内未依法取得乡村建设规划许可证或者未按照乡村建设规划许可证的规定进行建设的，由乡、镇人民政府责令停止建设、限期改正；逾期不改正的，可以拆除。

城乡规划主管部门作出责令停止建设或者限期拆除的决定后，当事人不停止建设或者逾期不拆除的，建设工程所在地县级以上地方人民政府可以责成有关部门采取查封施工现场、强制拆除等措施。

3.6 城市更新法律体系现状

3.6.1 概述

人类城市的发展经验告诉我们，城市不可能无限制地扩张下去，如何利用有限的空间资源为城市创造更大的价值呢？城市更新应运而生。城市更新是指为了适应新的社会和经济发展需求，对城市建成区内历史城区、老旧小区、旧工业区、城中村等片区进行有计划的保护、修缮、重建等改造活动，实现城市物质形态、经济、社会和空间分布的革新，以达到重新焕发生机和活力的目的。未来城市更新将成为中国城市发展的重点。

城市更新项目可通过综合整治、功能调整和拆除重建等方式实施更新，其中综合整治类更新具有最丰富的内涵，主要包括改善消防设施、基础设施和公共服务设施、沿街立面改造、环境整治、海绵城市建设和既有建筑节能改造等内容，不只更新建筑主体结构和使用功能；功能调整类更新可改变部分或者全部建筑物使用功能，但不改变土地使用权的权利主体和使用期限，保留建筑物的原主体结构；拆除重建类更新主要是在通过其他方式难以实现城市功能与环境改善的情况下，拆除现状建筑物重新进行开发建设，对建筑进行彻底的改头换面。

拆除重建是争议最大的一种更新方式，如对原居民的意见和赔偿处理不当，极易引起社会舆论和冲突。因此，项目拆除时应当充分论证拆除的必要性，征得相关权利主体同意，严格按照城市更新单元规划、城市更新年度计划的规定实施，并优先保障公共利益和产业发展空间。相比之下，微更新对原社会网络和共同生活记忆的破坏较小，既能达到更新的目的，又不必伤筋动骨，影响居民的正常生活。因此，微更新更受业界和学界认可。

与新建项目不同的是，结合城市更新单元或更新项目实际情况，城市更新项目拥有多元化的参与主体，主要分为：①行政主体，主要包括市政府、市规划自然资源管理部门、市住房城乡建设管理部门等；②实施主体，主要包括政府招标确定的土地一级开发整理单位、政府公开招拍挂确定的市场主体等；③土地使用权人，主要包括原土地使用权人（含原土地使用权人收购相邻土地归宗的情形）、多个原土地使用权人组成的联合体或者对城市更新单元内多宗土地收购归宗后实施整体开发的其他市场主体等；④城中村集体经济组织，主要包括城中村居民委员会、农工商公司或者其与其他市场主体组建的联合体等；⑤其他有利于城市更新项目实施的主体，例如非营利组织、高校团队等。

3.6.2 国家层面

随着城镇化发展，城市人口数量不断上升，原本不断扩张城市面积的发展道路面临着不可持续的问题。因此，我国政府将目光转向了城市更新，以期盘活存量资产、提升土地利用效率。2021年全国两会中，城市更新首次被写入政府工作报告。在《中华人民共和国国民经济和社会发展第十四个五年规划和2035年远景目标纲要》中也明确提出"加快转变城市发展方式，统筹城市规划建设管理，实施城市更新行动，推动城市空间结构优化和品质提升"，将实施城市更新活动上升到了国家发展战略层面。

由于我国疆域辽阔，地区之间发展差异大，城市的发展阶段也不尽相同。而城市更新本身又是一项非常需要结合地方实情和地方特色的活动，无法一概而论。因此目前还未能形成一部全国性的法律文件，政府只发布了多项政策意见作为全国城市更新活动的指导。例如，2020年7月10日，国务院办公厅发布的《关于全面推进城镇老旧小区改造工作的指导意见》；2021年9月13日，国家发展改革委、住房和城乡建设部联合发布的《关于加强城镇老旧小区改造配套设施建设的通知》；2021 年 8 月 30 日，住房和城乡建设部发布的《关于在实施城市更新行动中防止大拆大建问题的通知》，标志着城市更新由"拆改留"转变为"留改拆"，以保留保护为主。我国现行的法律法规中也有一些与城市更新相关的条款，但都是零星涉及，尚未形成一套完整的系统。例如，对土地征收作出规定的《中华人民共和国土地管理法》、对房屋征收程序作出规定的《国有土地上房屋征收与补偿条例》、对房屋质量作出规定的《中华人民共和国建筑法》、对建筑节能作出规定的《中华人民共和国节约能源法》和《民用建筑节能条例》、对建筑消防安全作出规定的《中华人民共和国消防法》等。目前城市更新立法以各城市自拟法律条例为主，各地发挥了地方立法的积极功能。尤其是广州、深圳、上海等城市更新最活跃的地方，围绕城市更新的政策、法律文件如雨后春笋般不断出台。

3.6.3 北京市

"十三五"时期，党中央、国务院相继批复了《北京城市总体规划（2016 年—2035 年）》等规划文件，构建了北京规划的"四梁八柱"，确立了"控增量、促减量、优存量"的城市更新方向，为高质量发展、高水平治理作出了高位指引。

依据《北京市"十四五"时期城乡环境建设管理规划》，城市更新是"十四五"时期城乡环境建设管理的主要任务之一，包括街区环境更新、背街小巷整治、老旧小区及平房区环境改善提升等多个方面的具体任务。围绕城市功能再造、空间重塑、公共产品提供、人居环境改善、城市文化复兴、商业业态提升、生态环境修复等，结合老旧小区、老旧楼宇、平房院落、老旧厂房改造，加强街区统筹，开展可持续更新。完善城市空间结构和功能布局，促进街区空间减量提质，提高居民生活便利性和舒适度，提升公共空间品质，建设美好人居环境。多方位鼓励居民、各类业主积极参与城市更新，在城市更新中发挥主人公意识，探索将城市更新纳入基层治理的有效方式，提升城市管理共治水平。

2021 年，北京将推进老旧小区改造纳入接诉即办"每月一题"重点督办事项，全市已有 558 个老旧小区纳入改造清单。2022 年 4 月 24 日，北京市住房和城乡建设委员会发布《关于确认 2022 年第一批老旧小区综合整治项目的通知》，366 个老旧小区纳入 2022 年首批改造名单，这是近年来北京市纳入小区数最多的批次。该次综合整治项目名单涉及东城、西城、朝阳、海淀、丰台、石景山、房山、顺义、大兴、昌平、怀柔、密云、延庆共 13 个区，共 366 个项目，涉及改造楼栋数 2021 栋，改造建筑面积约 1068 万 m^2。分区来看，第一批名单中以朝阳区的老旧小区最多，占比约 25%，共涉及 91 个小区、513 栋楼，改造建筑面积约 291 万 m^2。其次是大兴区，共涉及 53 个小区、362 栋楼，改造建筑面积约 199 万 m^2。

2022 年 11 月 25 日北京市第十五届人民代表大会常务委员会第四十五次会议通过《北京市城市更新条例》（以下简称《北京条例》）。《北京条例》共七章五十九条，分为总则、城市更新规划、城市更新主体、城市更新实施、城市更新保障、监督管理以及附则，明确了六大核心问题：①"更新是什么"（适用范围）；②"更新依据什么"（更新规划）；③"由谁更新"（主体权益）；④"怎样更新"（实施管理）；⑤"如何推动更新"（政策保障）；⑥"更新谁来管"（管理体制）。

北京市城市更新部分相关政策、规范及法律规定　　　表 3-2

序号	政策、规范及法律规定
1	《北京市人民政府关于实施城市更新行动的指导意见》(2021)
2	《关于开展老旧厂房更新改造工作的意见》(2021)
3	《关于开展老旧楼宇更新改造工作的意见》(2021)
4	《2021年北京市老旧小区综合整治工作方案》(2021)
5	《关于引入社会资本参与老旧小区改造的意见》(2021)
6	《北京市城市更新专项规划(北京市"十四五"时期城市更新规划)》(2022)
7	《关于促进本市老旧厂房更新利用的若干措施》(2022)
8	《关于住房公积金支持北京老旧小区综合整治的通知》(2022)
9	《北京市城市更新条例》(2022)
10	《北京市老旧小区改造工作改革方案》(2022)

3.6.4　上海市

早在 2015 年，上海市就出台了《上海市城市更新实施办法》（沪府发〔2015〕20 号文），当时所称的城市更新主要是指对建成区城市空间形态和功能进行可持续改善的建设活动，不包含旧区改造、工业用地转型、城中村改造地区。另有单独的政策条义负责约束旧区改造、工业用地转型、城中村改造地区，例如，《关于进一步推进本市旧区改造工作的若干意见》（沪府发〔2009〕4 号）、《关于本市推进实施"198"区域减量化的指导意见》（沪规土资综〔2015〕88 号）等。

为了配合《上海市城市更新实施办法》，建立科学、有序的城市更新实施机制，2017 年 11 月上海市发布了《上海市城市更新规划土地实施细则》（沪规土资详〔2017〕693 号文），提出了"规划引领、有序推进、注重品质、公共优先、多方参与、共建共享"的原则。该细则不仅细化了城市更新的实施，也对土地出让机制作出了规定。

2021 年 8 月 25 日上海市第十五届人民代表大会常务委员会第三十四次会议通过了《上海市城市更新条例》（以下简称《上海条例》）。《上海条例》将旧区改造、工业用地转型、城中村改造等也纳入城市更新范围，整合了原本分散的多个规范条文，并且另外增加了旧商业办公、市政设施及公共设施、旧房更新的门类。上海市的城市更新规范将旧区更新和旧房更新区分为两种不同的更新类型，旧区更新侧重于旧住区成套的更新改造，如旧里弄房屋的内部整体改造等；旧房更新侧重于建筑单体的修缮改造，如加装电梯、停车场建设等。《上海条例》共有八章六十四条，分为总则、城市更新指引和更新行动计划、城市更新实施、城市更新保障、监督管理、浦东新区城市更新特别规定、法律责任以及附则，遵循"规划引领、统筹推进，政府推动、市场运作，数字赋能，绿色低碳，民生优先、共建共享"的原则。《上海条例》建立了"城市更新指引—更新行动计划—更新实施方案"的更新体系。从市政府编写更新指引，到区政府编写行动计划，再到实施主体编写更新实施方案，层层递进。

与《北京条例》"政府引导、业主主导"方式不同的是，《上海条例》规定"人民政府（含作为市人民政府派出机构的特定地区管理委员会）是推进本辖区城市更新工作的主体，负责组织、协调和管理辖区内城市更新工作"，市场力量作为政府的辅助，而物业所有权人的自发更新只作为补充。规模较小的零星更新项目，如物业权利人有更新意愿的，可以由物业权利人自发组织、实施，但必须符合区域更新的利益统筹和规划管控要求。由物业权利人实施更新的，可以采取与市场主体合作方式。对于政府主导的更新项目，物业权利人以及其他单位和个人可以向区人民政府提出更新建议。区人民政府应当指定部门对更新建议进行归类和研究，并作为确定更新区域、编制更新行动计划的重要参考。

《上海条例》秉持着"人民城市"的理念，充分尊重城市人民的意见和想法。首先，设立城市更新专家委员会（以下简称"专家委员会"）。专家委员会按照规定开展城市更新有关活动的评审、论证等工作，并为市、区人民政府的城市更新决策提供咨询意见。专家委员会由规划、房屋、土地、产业、建筑、交通、生态环境、城市安全、文史、社会、经济和法律等方面的人士组成。其次，建立健全城市更新公众参与机制，依法保障公众在城市更新活动中的知情权、参与权、表达权和监督权。《上海条例》要求在编制城市更新指引、更新行动计划、区域更新方案等过程中，应当听取专家委员会和社会公众的意见。第三，建立社区规划师制度，发挥社区规划师在城市更新活动中的技术咨询服务、公众沟通协调等作用，推动多方协商、共建共治。社区规划师是政府、统筹主体、实施主体、居民等主体之间的协调桥梁，既了解更新方案，又得到社区支持，努力反映居民的利益诉求。在《上海条例》实施之前，社区规划师制度的有效性已在上海的城市更新实践中进行了初步探索并获得了一定成效。

此外，上海市还创新性地引入了城市更新统筹主体的概念。在《上海条例》所规定的更新体系中，更新统筹主体是所有主体的核心。更新区域内的城市更新活动都由更新统筹主体统筹开展。更新统筹主体负责推动达成区域更新意愿、整合市场资源、编制区域更新方案以及统筹、推进更新项目的实施。市、区人民政府根据区域情况和更新需要，可以赋予更新统筹主体参与规划编制、实施土地前期准备、配合土地供应、统筹整体利益等职能。更新区域内由物业权利人实施的城市更新活动，也要在更新统筹主体的统筹组织下进行。更新统筹主体还发挥着沟通桥梁的作用，编制区域更新方案过程中，更新统筹主体应当与区域范围内相关物业权利人进行充分协商，并征询市、区相关部门以及专家委员会、利害关系人的意见。市、区人民政府应当按照公开、公平、公正的原则组织遴选，确定与区域范围内城市更新活动相适应的市场主体作为更新统筹主体。更新统筹主体遴选机制由市人民政府另行制定。属于历史风貌保护、产业园区转型升级、市政基础设施整体提升等情形的，市、区人民政府也可以指定更新统筹主体。

上海市城市更新部分相关政策、规范及法律规定　　　　表3-3

序号	政策、规范及法律规定
1	《上海市城市更新实施办法》(2015)
2	《关于进一步做好本市既有多层住宅加装电梯工作的若干意见》(2019)
3	《上海市旧住房综合改造管理办法》(2020)
4	《上海市住房发展"十四五"规划》(2021)
5	《上海市城市更新条例》(2021)
6	《关于加快推进本市旧住房更新改造工作的若干意见》(2021)
7	《上海市城市更新规划土地实施细则(试行)》(2022)

续表

序号	政策、规范及法律规定
8	《上海市旧住房更新有关行政调解和决定的若干规定》(2022)
9	《老旧住宅小区消防改造技术标准》(2022)
10	《既有公共建筑节能改造技术标准》(2022)

3.6.5 广州市

广州市的城市更新活动由来已久，20 世纪 90 年代广州就发起过危房改造项目，并尝试引入外资以填补财政资金缺口。但当时监管程序不健全，资本逐利的市场化行为导致了大量社会不良事件，如拖欠工程款、烂尾楼等。1999 年，广州市政府出台了《广州市危房改造工作实施方案》，确立了危房改造项目必须由政府主导的主基调。2002 年，中共广州市委办公厅、广州市人民政府办公厅出台了《关于"城中村"改制工作的若干意见》，安排当时 138 个"城中村"开展改制工作。由于地方财政独木难支，广州提出了"政府主导规划、社会资金参与"的解决思路。

2010 年广州亚运会筹备时期，为了呈现良好的城市形象，广州陆续发布了《关于加快推进"三旧"改造工作的意见》《关于广州市推进旧城更新改造的实施意见》《关于广州市推进"城中村"（旧村）整治改造的实施意见》和《关于广州市旧厂房改造土地处置实施意见》四个政策文件，强调了"政府主导、市场参与、分类推进"的原则，标志着广州"三旧"改造的正式开启。"三旧"指的是旧城镇、旧厂房和旧村庄。这一时期，广州涌现了许多备受赞誉的成功案例，例如，猎德村、杨箕村等。猎德村是广州首个实施旧村改造的城中村，整体改造采用"村自主开发＋房地产商参与"模式代替传统的政府主导模式。历时三年，不仅让村民们搬入了明亮整洁的新居，还在猎德村南边建设起一间酒店，作为集体经济发展的支撑项目。该项目充分尊重居民的意愿和自主权，在整个拆迁改造期间，未出现一宗非正常上访事件，未发生任何安全、治安问题及群体性事件。

2015 年 2 月，国内第一个专门的城市更新职能机构——广州市城市更新局成立。同年 12 月，《广州市城市更新办法》出台，要求具有文化历史意义的街道或社区不再大拆大建，开始采用"微改造"的方式。2015 年 12 月 11 日，广州出台了《广州市旧村庄更新实施办法》（现已失效）、《广州市旧厂房更新实施办法》（现已失效）和《广州市旧城镇更新实施办法》（现已失效）三个配套政策，形成了新的"1＋3"政策体系，"城市更新"一词逐渐替代"三旧"改造，成为城市发展新热点。

在"十四五"规划明确提出实施城市更新行动之后，广州市紧随中央步伐，对城市更新政策作出了相应调整。2021 年 5 月，广州市人民政府办公厅印发《广州市老旧小区改造工作实施方案》，该方案提到，到 2025 年基本完成 2000 年底前建成的、需改造的城镇老旧小区改造任务，其中到 2021 年底前完成已纳入政府投资计划的 323 个项目（484 个小区）的摸查工作，基本建立数据库，推动一批社会资本参与改造的试点项目实施。

2022 年 9 月，广州市规划和自然资源局印发了《广州市关于深入推进城市更新促进历史文化名城保护利用的工作指引》，强调在城市更新工作中要始终把历史文化保护放在第一位，在物质空间层面以"绣花功夫"微改造为主，着重保护历史文化名城的历史风貌和传统格局，在非物质层面挖掘和保护历史文化遗产的历史、文化、艺术、科学、经济、社

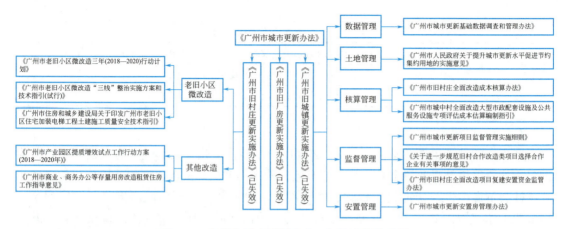

图 3-1 《广州市城市更新办法》相关政策关系图

会等价值，传承优秀的传统价值观、传统习俗、传统技艺和文化活动，让历史文化与现代生活融为一体。

为了激活市场力量、吸引培育规模化实施运营主体，2023年5月，广州市住房和城乡建设局发布了《广州市引入社会资本参与城镇老旧小区改造试行办法》，鼓励社会资本全方位、多角度参与城镇老旧小区改造和运营，拓宽城镇老旧小区改造资金来源渠道。社会力量可以通过社会资本投资或社会资本与政府组合投资两种方式参与其中。社会资本可以根据项目实际情况，参与到前期工作、工程建设、存量资源运营、提供便民专业服务、全域服务治理、专业物业管理六类改造工作中。参与的社会资本可享受财政支持、金融支持、税收优惠等支持政策，服务期限最长不超过20年。

广州市城市更新部分相关政策、规范及法律规定　　表 3-4

序号	政策、规范及法律规定
1	《广州市城市更新办法》(2015)
2	《广州市旧村庄更新实施办法》(2015)(已失效)
3	《广州市旧厂房更新实施办法》(2015)(已失效)
4	《广州市旧城镇更新实施办法》(2015)(已失效)
5	《广州市人民政府关于提升城市更新水平促进节约集约用地的实施意见》(2017)
6	《广州市城市更新项目监督管理实施细则》(2017)
7	《广州市城市更新安置房管理办法》(2018)
8	《广东省人民政府关于深化改革加快推动"三旧"改造促进高质量发展的指导意见》(2019)
9	《广州市引入社会资本参与城镇老旧小区改造试行办法》(2023)

3.6.6 深圳市

深圳是我国最早设立的经济特区之一，短短数十年从GDP不到3亿元的边陲小城华丽转身为GDP高达3万亿元的一线都市，深圳既是改革开放的先驱，也是城市更新的探索者。改革开放四十年的高速发展为深圳带来了巨大的经济成就，也带来了一些城市问题，其中典型的就是土地资源稀缺。依据《2021年城市建设统计年鉴》，在市区人口超过千万的 7 个城市中，深圳市是唯一一个建成区面积未超过 1000 平方公里的城市。人多地少已经成为深圳持续发展的拦路虎。为了探索城市可持续发展道路，深圳成为我国首批进入存量发展阶段、开启城市更新活动的城市之一。2004 年 10 月，《深圳城中村（旧村）改造暂行规定》出台，明确了城中村区域概念、改造模式、相关政策和优惠，以及拆迁补偿办法，标志着深圳旧村改造正式开始。2009 年，深圳市出台了《深圳市城市更新办法》，提出了"政府引导、市场运作、规划统筹、节约集约、保障权益、公众参与"的原则，将城市更新划分为综合整治、功能改变或者拆除重建三类。同年年底，深圳首批老旧住宅小区更新项目获批。2012 年 1 月《深圳市城市更新办法实施细则》发布，同年 9 月《关于加强和改进城市更新实施工作的暂行措施》发布，对城市更新活动提出了具体要求。2017 年深圳对《关于加强和改进城市更新实施工作的暂行措施》进行了修订，首次明确将旧住宅区分为成片旧住宅区与零散旧住宅区，其中提到"零散旧住宅区权利主体的城市更新意愿应当达到 100%"并且"小地块城市更新单元拆除，权利主体的城市更新意愿应当达到 100%"。

2021 年 3 月 1 日，备受瞩目的《深圳经济特区城市更新条例》（以下简称《深圳条例》）正式实施，深圳市多年更新实践的宝贵经验荟萃一堂，形成了我国第一部城市更新立法文件。《深圳条例》将原先的双百条款改成了双九五条款，并创新地提出了"个别征收＋行政诉讼"制度，以应对困扰城市更新良久的"钉子户"问题。《深圳条例》规定，旧住宅区已签订搬迁补偿协议的专有部分面积和物业权利人人数占比均不低于 95%，且经区人民政府调解未能达成一致的，为了维护和增进社会公共利益，推进城市规划的实施，区人民政府可以依照法律、行政法规及该条例相关规定对未签约部分房屋实施征收。城中村合法住宅、住宅类历史违建部分，已签订搬迁补偿协议的物业权利人人数占比不低于 95% 的，可以参照前款规定由区人民政府对未签约住宅类房屋依法实施征收。过去，深圳拆迁的默认标准是签约面积与签约人数占比都需达到 100%。由于条件严苛，深圳市更新立项的实际实施率很低。据中国城市报报道，深圳全市城市更新实施率大体维持在 25% 左右的水平。新条款极大改善了当前政府对不合理占据城市空间的利益主体束手无策的困顿处境，提升了城市更新的效率，有效避免耗费大量谈判成本。

强调市场化是《深圳条例》的另一亮点。《深圳条例》将业主和市场主体组织更新与政府组织更新放置于同等地位，规定"城市更新项目由物业权利人、具有房地产开发资质的企业或者市、区人民政府组织实施。符合规定的，也可以合作实施"。政府和市场力量双管齐下，共同推进城市更新进程，保持更新活力。当然，《深圳条例》也对市场主体作出一定要求，例如，应当符合国家房地产开发企业资质管理的相关规定，与城市更新规模、项目定位相适应，并具有良好的社会信誉。

深圳市城市更新部分相关政策、规范及法律规定　　　　表 3-5

序号	政策、规范及法律规定
1	《深圳市城市更新办法》（2009 发布、2016 修订）
2	《深圳市城市更新办法实施细则》（2012）
3	《关于加强和改进城市更新实施工作的暂行措施》（2012）（失效）
4	《关于规范城市更新实施工作若干问题的处理意见（二）》（2018）

续表

序号	政策、规范及法律规定
5	《深圳市城中村(旧村)综合整治总体规划(2019—2025)》(2019)
6	《深圳市拆除重建类城市更新单元计划管理规定》(2019)
7	《关于深入推进城市更新工作促进城市高质量发展的若干措施》(2019)
8	《深圳市房屋征收与补偿实施办法(试行)》(2013年发布、2016年修订、2020年修订)
9	《深圳经济特区城市更新条例》(2021)
10	《深圳市城市更新和土地整备"十四五"规划》(2022)

3.7 案例分析

3.7.1 规划许可多年未办，违法建筑终被拆除

原告：陈某

被告：H市某区城市管理局

一、基本案情

1999年8月27日，H市某园林综合服务中心（甲方）与原告陈某（乙方）签订《租赁协议》，约定将公园管理处的打鼓墩半岛租赁给乙方开发经营。期间，陈某在未办理规划许可手续的情况下，擅自建设共计五处建筑物用于经营。

2018年11月28日，H市城市管理局收到H市规划局的《协查函》，要求依法查处未办理规划许可手续的打鼓墩半岛内某餐馆。H市城市管理局随即将此《协查函》转至被告。被告当即立案调查。同年12月25日，被告就调查情况向H市城市管理局呈报，指出该处国有资产自2003年以来处于无人管理状态，建议在将打鼓墩半岛的管理权属厘清、原有建筑物实际面积查清后，再对违法建设行为进行查处。2019年1月23日至2月15日，被告分别向包括原告在内的多方人员调查了解案涉建筑物相关情况。2019年3月28日，H市自然资源和规划局（原H市规划局）向H市城市管理执法委员会（原H市城市管理局）发函指明案涉建筑未办理规划许可手续。

此后，被告按照法定程序进行了行政处理审批，于2019年7月12日向原告发出《行政处理告知书》和《行政处理听证告知书》，对其给予责令限期拆除的行政处理。被告根据原告的申请，举行了听证程序。2019年8月2日，被告对原告发出《责令限期拆除决定书》，要求原告在7日内自行拆除上述五处违法建设的房屋，逾期不拆除的，将依法强制拆除。并告知原告申请行政复议或行政诉讼的权利及期限，同时也告知原告复议或诉讼期间不停止执行。同年8月14日，被告对原告发出《强制拆除事先催告书》和《限期拆除公告》，再次催促原告于同年8月25日前自行拆除。同年9月4日，被告对原告作出《强制拆除决定书》，决定自同年9月15日起对原告的案涉房屋实施强制拆除，要求原告在强制拆除之日前自行清理存放于案涉房屋内的财物，并再次告知原告申请行政复议或行政诉讼的权利及期限，同时也告知原告复议或诉讼期间不停止执行。2019年11月27日，被告将原告的上述违法建筑物进行了强制拆除。

原告起诉称：一、城乡规划是否"尚可采取改正措施"的确认权应由规划部门行使。

被告未经规划部门认定,直接实施强拆行为,属于滥用职权。二、被告证据不足以证明其向原告送达了《责令限期拆除决定书》,其作出的强拆行为严重违法。故此要求:确认被告H市某区城市管理执法局2019年11月27日实施的行政强拆行为违法。

二、案件审理

法院认为案件焦点有二:

(一)被告强制拆除案涉建筑是否属于滥用职权

首先,案涉建筑是否属于违法建筑。根据被告提供的证据,被告于2018年12月对案涉违法行为立案调查前,规划部门已对被告发出《协查函》,明确原告的案涉房屋未经规划部门办理规划许可手续,要求被告依法查处。在被告调查期间,规划部门再次书面答复被告,案涉房屋未办理规划许可手续。原告在案涉房屋建成之后长达20年的时间里,都未向规划部门申请办理规划许可手续。

其次,被告是否有权进行拆除。本案中,在规划部门两次发出的书面材料中,未界定案涉房屋属于"尚可采取改正措施",可见原告认为被告未经规划部门确认,强拆违法的观点错误。另外根据国务院及相关的政府文件规定,被告有权行使该区行政区域内规划批准项目实施过程范围外的违法、违章建设行为的行政处罚权。

(二)被告被诉行政程序是否合法

根据《城乡规划法》第六十八条"城乡规划主管部门作出责令停止建设或者限期拆除的决定后,当事人不停止建设或者逾期不拆除的,建设工程所在地县级以上地方人民政府可以责成有关部门采取查封施工现场、强制拆除等措施",本案中被告在对原告下达责令限期拆除的行政处理告知书,根据原告的申请进行听证后,作出限期拆除决定,在原告拒绝自行拆除案涉房屋的情况下,作出强制拆除案涉房屋的处理决定,并经催告,原告仍然拒绝自行拆除后,才强制拆除案涉房屋。被告被诉行政行为认定事实清楚、程序合法、适用法律正确、处理适当。

综上,法院依法判决:驳回原告陈某的诉讼请求。

三、法律评析

严格落实科学的城乡规划有利于合理统筹城乡布局、节约土地、集约发展,改善生态环境,促进资源、能源节约和综合利用,保护耕地等自然资源和历史文化遗产,保持地方特色、民族特色和传统风貌,防止污染和其他公害,同时符合区域人口发展、国防建设、防灾减灾和公共卫生、公共安全的需要。

本案争议的首要焦点就是案涉建筑的合法性。由于目前国内法律体系中尚无对实践中"违法建筑"这一说法的司法定义,因此建筑是否合法在诸多法律案件中都是争议的源头。

(一)关于违法建筑的认定

我国针对不符合建设规范的建筑的定义经历了从"违章建筑"到"违法建筑"两个阶段。在1984年国务院颁布实施的《城市规划条例》第五十条规定中首次使用了"违章建筑"一词。其后1990年颁布的《城市规划法》中首次出现了"违法建筑"的表述。在此后的立法过程中,逐渐以"违法建筑"取代了"违章建筑"。而在2007年颁布的《城乡规划法》中又取消了这两种文字表述。到目前为止,无论是"违章建筑"还是"违法建筑"都尚未有明确的司法定义。

根据《土地管理法》第四十四条、第六十条、第六十一条、第六十二条的规定,建设占用土地须报相关部门办理审批手续。根据《城乡规划法》第四十条规定"在城市、镇规划区内进行建筑物、构筑物、道路、管线和其他工程建设的，建设单位或者个人应当向城市、县人民政府城乡规划主管部门或者省、自治区、直辖市人民政府确定的镇人民政府申请办理建设工程规划许可证"。根据《建筑法》第七条规定"建筑工程开工前，建设单位应当按照国家有关规定向工程所在地县级以上人民政府建设行政主管部门申请领取施工许可证；但是，国务院建设行政主管部门确定的限额以下的小型工程除外"。

依据上述法律规定，目前对违法建筑的普遍定义是指未经规划土地主管部门批准，未获得建设用地规划许可证、建设工程规划许可证、乡村建设规划许可证、临时建设工程规划许可证，未获得建设工程施工许可证等法定许可证明，擅自建设的建筑物和构筑物，以及超过批准使用年限的临时建筑。从《城乡规划法》的角度来看，违法建筑应是指未取得建设工程规划许可证或者未按照建设工程规划许可证进行建设的建筑。

除此之外，判断建筑的合法性还应结合建筑的建设时间。在案件审理中应将各地建设规划审批制度实际开始实行的时间纳入考量之中，如果建筑由于建设时间较早而缺少相应审批证明，应认可其合法性。在国务院办公厅发布的《关于认真做好城镇房屋拆迁工作维护社会稳定的紧急通知》（国办发明电〔2003〕42号）中明确指出"各地要本着实事求是的原则，采取积极有效的措施，切实解决城市房屋拆迁中久拖不决的遗留问题。对拆迁范围内由于历史原因造成的手续不全房屋，应根据现行有关法律法规补办手续。对政策不明确但确属合理要求的，要抓紧制定相应的政策，限期处理解决；一时难以解决的，要耐心细致地做好解释工作，并积极创造条件，争取早日解决"。

针对手续不全的历史遗留问题，各地人民法院在案件审理时一般认为："考虑到历史原因及普遍执法不严等因素，不少地方按某一时期航拍图上的标注作为认定是否合法的根据，该做法符合公平原则，应予认可"。

（二）违法建筑处理

《城乡规划法》第六十四条规定"未取得建设工程规划许可证或者未按照建设工程规划许可证的规定进行建设的，由县级以上地方人民政府城乡规划主管部门责令停止建设；尚可采取改正措施消除对规划实施的影响的，限期改正，处建设工程造价百分之五以上百分之十以下的罚款；无法采取改正措施消除影响的，限期拆除，不能拆除的，没收实物或者违法收入，可以并处建设工程造价百分之十以下的罚款"。法律明确规定，城乡规划主管部门是违法建筑认定的主管部门，肩负着鉴别建筑合法性并确定其违法阶段和情节轻重的重任。

本案中，被告H市某区城市管理执法局虽不是城乡规划主管部门，但是规划部门两次向被告书面确认案涉建筑未获得建设规划许可证，且根据国务院及相关的政府文件规定，被告有权行使该区行政区域内规划批准项目实施过程范围外的违法、违章建设行为的行政处罚权。此为本案的特殊之处。

在实务处理中，违法建筑的情节轻重判定以及如何量罚还需结合实情。部门确定处理方式时除了遵守法律法规，也要对不同建筑的特殊性予以考量。有的建筑拆除和改正的困难较大，付出成本高，决定拆除抑或是没收还需经过多方考虑。既要做到有法必依、执法必严、违法必究，确保法律的威严，又要结合实情，灵活量罚，令违法者付出应有的代价。提高违法成本才能从源头上遏制违法行为，实现不能违法、不敢违法、不想违法，确保城乡规划的落实。

3.7.2 房屋登记出错漏，合法补偿该保障

上诉人（原审原告）：郭某

被上诉人（原审被告）：T市某区人民政府

一、基本案情

2018年5月8日，T市某区人民政府作出《房屋征收决定》。登记在郭某（已故）名下的私产平房住宅位于征收范围。房地产价格评估机构以2018年5月8日为估价时点，对上述房屋进行了价值评估，制作了《T市房屋征收评估分户报告》并予以送达。在签约期限内，因房屋建筑面积认定问题，房屋使用人与房屋征收部门未达成补偿协议，房屋征收部门向被告申请作出房屋征收补偿决定。被告于2018年7月19日作出《房屋征收补偿决定书》并予以送达。2019年1月18日，被告作出《房屋征收补偿决定更正通知》，并向原告（郭某之子）送达。原告不服上述《房屋征收补偿决定书》，向一审法院提起行政诉讼。

二、案件审理

一审法院认为：在签约期限内，因双方未达成补偿协议，经房屋征收部门报请，被告作出了《房屋征收补偿决定书》，该行政行为认定事实清楚，适用法律正确，程序合法。关于原告提出的补偿面积与实际面积不符的主张。法院认为原告提交的"建筑工程施工执照"载明的工程地点为"（红）××村宝兴里3条37号"与被征收房屋所在地点××村宝兴里2条37号不符，不能支持其未登记房屋具有合法证照不属于违法建筑的主张。依法判决驳回原告郭某的诉讼请求。

郭某上诉称，上诉人仅有一处房屋，由于土地使用证上登记机关将地址登记错误，将上诉人的房屋地址误写成了"（红）××村宝兴里2条37号"，事实上也没有"（红）××村宝兴里2条37号"这一地址，一审法院并没有对该事实进行充分的调查，作出错误认定，违反了《国有土地上房屋征收与补偿条例》第二十四条的规定，应该对于未经登记的建筑进行调查、认定和处理。

二审法院认为，根据法院查明事实，上诉人在该被征收区域内确实仅有一处住宅，根据房屋征收补偿决定中案涉被征收房屋地址、住宅房屋现状调查表、分户评估报告送达地址、房屋地址、居委会证明以及双方当事人陈述，能够认定因案涉房屋地址名称有过变更，宝平里55号与宝兴里37号、宝兴里2条37号为同一处地址；上诉人提供的1964年建设工程施工执照中工程地址"（红）××村宝兴里3条37号"应为本案案涉被征收房屋的地址即"（红）××村宝兴里2条37号"。

关于上诉人主张被诉征收补偿决定遗漏认定24m^2，被上诉人未对该24m^{2}房屋予以补偿的问题。从充分保护上诉人房屋征收补偿合法权益的角度，上诉人可针对该处争议房屋，另行向被上诉人提出申请，由被上诉人依法认定并作出处理决定。

综上，依法判决如下：驳回上诉，维持原判。上诉案件受理费50元，由上诉人郭某负担。

三、法律评析

（一）征收补偿的前提是房屋合法

房屋征收补偿的原意是，为了在因公共利益需要而进行的国有土地上单位、个人的房

屋征收中给予房屋所有权人公平补偿，应本着公开公正、相互信任的前提对征收范围内的房屋进行确权。然而人为利动，这些年来，因为补偿款的诱惑，在征收令下达之后临时违建，意图增加建筑面积多得补偿的案件屡见不鲜。因此，房屋征收部门对于房产的确权一直慎之又慎，严守规程。本案中，原告在协议补偿过程中未能向房屋征收部门提供有效证据证明房屋地址登记错误，致使其作出错误认定，从行政程序来看被上诉人并无过错。法院也明确表示错误认定的房屋面积补偿可由上诉人与被上诉人再行协商，可以说处理得合情合理。

根据《国有土地上房屋征收与补偿条例》第二十四条规定："市、县级人民政府及其有关部门应当依法加强对建设活动的监督管理，对违反城乡规划进行建设的，依法予以处理。市、县级人民政府作出房屋征收决定前，应当组织有关部门依法对征收范围内未经登记的建筑进行调查、认定和处理。对认定为合法建筑和未超过批准期限的临时建筑的，应当给予补偿；对认定为违法建筑和超过批准期限的临时建筑的，不予补偿。"

房屋征收中所涉及的房屋分为两类，一类是产权明确、手续齐全的房屋；另一类是没有依法登记取得房产证的房屋。显然征收中所产生的纠纷多数源自这些没有产权证明的房屋，被拆迁人与征收部门往往各执一词，无法达成一致。从法律的角度来看，法律条文规定没有依法办理相关手续、获得房产证的房屋不属于合法建筑，不应获得赔偿。但是法理仍需结合我国实情，国内建筑法律体系的完善历经数年，其中大量房屋建筑由于历史原因无法按照现行的规章获得完整的手续材料，以致无法完成产权登记。

房屋征收是为了对土地资源进行更好的规划和分配，本质上也是出于人民未来美好生活的需要。房屋对一个普通的中国家庭而言便是立家之本，因此在房屋征收补偿中除了严格遵守法律法规之外，还需结合特定的历史时期对房屋所有权进行详尽的确认。如果是合理合情的权益诉求，理应得到国家房屋征收补偿政策的保障，使其获得应有的补偿。而作为被征收人，也应该遵守国家的规章制度，诚实守信，不能为了私利以身试险，试图以欺骗的手段获取不义之财，做出挑战法律法规的行为。

(二) 三证一书

《城乡规划法》确立了以"建设用地规划许可证""建设工程规划许可证""乡村建设规划许可证"和"选址意见书"，即"三证一书"为核心的规划管理制度，并以建筑的批准许可手续是否完整作为判断建筑合法性的重要标准之一。

《城乡规划法》中确立了严格的程序用以规范城乡规划区内的建设活动，确保务实做到建设未动、规划先行，使得城乡的长期发展有明晰的规划蓝图，从根源上改善了原先城乡建设的无序状态，使产业分布合理，区域协调发展，生活生产欣欣向荣。因此在建设活动中，我们要时刻树立法治意识和规则意识，做到"讲诚信、懂规矩、守纪律"，遵守各项规章制度，务必确保建设项目程序合法、手续齐全，一方面是为了保障建设单位和个人的合法权益，但更重要的是为了国家社会的长远发展和百年大计。

3.7.3 设计变更需依法，不当维权也该罚

上诉人（原审原告）：威海经济技术开发区某小区业主委员会

被上诉人（原审被告）：张某、李某、成某

一、基本案情

2006年，某小区建筑设计方案获批，方案设置了东侧主入口及西侧次入口（7号楼北

侧）两个车行出入口，并办理了建设工程规划许可证。2010年，该小区通过竣工验收。小区7号楼南侧处西南通道的铁门（未经规划批准）在小区竣工时就存在，但一直未开通使用。后小区业主委员会根据小区业主需求决定将西南通道打开，安装了行车道闸系统供小区车辆通行，但遭到7号楼103业主张某、李某和104业主成某的反对。2017年9月22日，103、104业主找人用砖砌矮墙封堵。小区其他业主强行将其拆除后，张某等人再度设置了障碍物。

2017年10月10日，威海市城管局接到投诉后，进行了调查和处理。同年10月18日，威海市城管局会同威海市规划局经济技术开发区分局（以下简称"经区规划局"）、某小区业主代表等召开协调会，经区规划局现场答复在案涉小区建设规划中无门，如要更改规划设置西南门，需经全体业主同意，方可启动更改规划方案。2017年12月6日，经区规划局就案涉小区7号楼南侧开设出入口的变更事项发布了批前公告，进行意见征集及权利告知，但遭到了部分业主的反对，因此变更方案未被批准。

2019年7月3日经区规划局向威海经济技术开发区综合行政执法局出具《关于对建筑物进行认定的复函》，认定张某等人于2017年4月在案涉小区西南侧新建的构筑物属于无法采取改正措施消除影响的行为。2019年7月29日，威海经济技术开发区综合行政执法局对张某等人作出《限期拆除违法建设事先告知书》。

二、案件审理

一审法院认为，根据双方当事人提供的证据和行政判决认定的事实，可以确定案涉小区建设前经审批通过的建筑设计方案中并未规划诉争小区"西南门"，对此规划部门也曾就开设"西南门"为机动车出入口事项进行了批前公告，但最终未获批准，其存在缺乏合法性。小区业主委员会提交的证据：其与物业公司签订的《物业服务合同》以及其主张系案涉小区业主签字的《征求意见表决书》均不能证明小区"西南门"的存在合法，故小区业主对"西南门"不享有合法的通行权。但小区业主对于"西南门"的通行问题产生争议，应通过正当途径依法解决。小区"西南门"处虽规划无门，但张某等亦无权在"西南门"处建围墙、安装铁栅栏、将行车道闸系统焊死。建筑区划内的其他公共场所、公用设施和物业服务用房，属于业主共有。有关共有和共同管理权利的重大事项，应由业主共同决定。张某等的行为侵犯了其他业主的共有和共同管理权利。判令张某等人于本判决生效后10日内拆除案涉小区"西南门"处的围墙和白色铁栅栏，并将焊死的行车道闸系统打开。

二审法院认为，争议焦点为：综合竣工验收合格能否成为变更西南门规划的合法证据。小区业主委员会上诉主张，通过竣工验收合格说明开发商在建设过程中对规划的修改是合法的，规划局在综合验收时以加盖公章的形式追认了小区西南门出入口存在的合法性。《城乡规划法》中对于建设工程许可、变更均有明确规定，但没有以综合竣工验收的结果来改变建设工程规划方面的规定。故小区业主委员会上诉主张没有法律依据，不予采纳。既然案涉小区西南门出入口不合法，那么小区业主委员会关于张某等人侵害该小区业主对小区西南门享有的通行权的主张亦不成立，故维持原判。

三、法律分析

（一）已批准项目变更设计应遵照合法程序

《城乡规划法》第四十条规定，申办建设工程规划许可证时，需提交使用土地的有关证明文件、建设工程设计方案等材料。需要建设单位编制修建性详细规划的建设项目，还应当提交修建性详细规划。对符合控制性详细规划和规划条件的，由城市、县人民政府城乡规划主管部门或者省、自治区、直辖市人民政府确定的镇人民政府核发建设工程规划许可证。城市、县人民政府城乡规划主管部门或者省、自治区、直辖市人民政府确定的镇人民政府应当依法将经审定的修建性详细规划、建设工程设计方案的总平面图予以公布。

从条文来看，建设工程设计方案是申请办理建设工程规划许可证的必要条件，也是规划主管部门需要审核的重点内容。建设单位必须按照经过批准核发许可证的建设工程设计方案进行建设施工。如果不按照建设工程规划许可证允许的方案施工，便属于违法建设，应当按照《城乡规划法》第六十四条规定由城乡规划主管部门处理量罚。对于确有需要进行规划变更的，应当按照《城乡规划法》第四十三条"建设单位应当按照规划条件进行建设；确需变更的，必须向城市、县人民政府城乡规划主管部门提出申请。变更内容不符合控制性详细规划的，城乡规划主管部门不得批准。城市、县人民政府城乡规划主管部门应当及时将依法变更后的规划条件通报同级土地主管部门并公示"。

本案中，案涉小区"西南门"并不在最初申办建设工程规划许可证的许可范围之内，证据事实明确，表明其缺乏合法性。小区业主委员会的初衷是为了方便业主的日常生活，但从情理上忽略了张某等人作为业主的主观意愿，给他们的生活造成了噪声等困扰；从法理上，业主委员会忽视正当程序，贸然更改小区规划设计方案的行为严重失妥，当引以为戒。法治社会中，一切都应该按照明确的法律秩序运行，通过严格公正的司法程序来避免或者解决社会纠纷。

（二）维权行为过激不可取

首先，我们必须肯定业主的合法权益。根据《民法典》第二百七十一条"业主对建筑物内的住宅、经营性用房等专有部分享有所有权，对专有部分以外的共有部分享有共有和共同管理的权利"，本案中小区西南门应属于全体业主共有部分，应由业主共同管理。且根据《民法典》第二百七十三条，业主对共有部分享有权利、承担义务，因此全体业主都有权对西南门开通与否提出意见。

其次，张某等人的维权行为是否合法？小区关于"西南门"的开设产生争议，应当通过正当合法的途径解决问题。而张某等人擅自砌围墙、立栅栏、焊死行车道闸系统，其行为与小区未经规划许可开设西南门一样，都属于严重违反《城乡规划法》中未经许可的违章改建、搭建行为。同时，张某等人的行为还违反了《民法典》。《民法典》规定建筑区化内的其他公共场所、公用设施和物业服务用房，属于业主共有。有关共有和共同管理权利的重大事项，应由业主共同决定。其行为无疑侵犯了其他业主共同管理的权利。根据《民法典》第二百八十六条第二款"业主大会或者业主委员会，对任意弃置垃圾、排放污染物或者噪声、违反规定饲养动物、违章搭建、侵占通道、拒付物业费等损害他人合法权益的行为，有权依照法律、法规以及管理规约，请求行为人停止侵害、排除妨碍、消除危险、恢复原状、赔偿损失"。

本案中张某等人的行为表现出了其法律意识淡薄，缺乏基本的法律法规知识。虽然已经意识到对自身权益的维护，但是维权行为严重不当，甚至因为维护自身的权益而侵犯损害其他业主的合法权益，这种行为极不可取。作为公民，我们应该以合法合理的手段来主张自身权益。建设社会主义法治国家需要每个人的努力，只有每个公民都知法懂法、守法用法，整个国家才能严守秩序、井井有条，社会环境才能健康平稳。因此，无论是日常生活中，还是工程建设中我们都要注重自身法律意识的提升，学之用之、遵之守之，共同捍卫法律的威严。

3.7.4 房屋征收合法性，公共利益成关键

上诉人（一审原告）：A 有限公司（以下简称 A 公司）

上诉人（一审被告）：W 市某区人民政府

一、基本案情

2020 年 4 月 30 日 W 市某区征收办在该区政府网站上公布《×××二期项目房屋征收补偿方案（征求意见稿）》。5 月 22 日 A 公司向 W 市某区重点工程建设管理处出具《关于对〈×××二期项目房屋征收补偿方案（征求意见稿）〉的意见》，载明"依法拒绝征收"。6 月 2 日该区政府公告载明：在公示期限内，收到 A 公司反馈的一条意见，因×××二期房屋征收目的为棚户区改造，且为公众利益需要，符合《国有土地上房屋征收与补偿条例》相关规定，不予采纳。同日作出房屋征收决定，确定征收目的为棚户区改造，项目名称为×××二期项目，该征收范围内仅 A 公司一户被征收人。

二、案件审理

一审法院认为：案议焦点为该房屋征收决定是否符合法律规定，是否应予撤销。

（一）被诉房屋征收决定是否符合公共利益需要。根据证据，可以综合认定被诉房屋征收地区主要经营小商品及菜市场，建筑年代久远，结构简陋，经房屋安全鉴定为 Dsu 级（危险等级），房屋安全隐患大，应属棚改项目。根据《国务院办公厅关于促进房地产市场平稳健康发展的通知》（国办发〔2010〕4 号）的规定，城市棚户区改造属于保障性安居工程的类别之一。案涉房屋征收行为，兼顾了改善城市环境和居民生活条件，符合公共利益需要。

（二）被诉房屋征收决定是否符合法定程序。A 公司在规定的征求意见期限内提交了"拒绝征收"的意见，该意见应视为对拟定的补偿安置方案不予认可，且案涉地块被征收人仅其一户，故依照《国有土地上房屋征收与补偿条例》第十一条第二款之规定，因不同意的人数已经占比 100%，政府应组织听证会。区政府未组织听证会便不予采纳，该项程序违反法律规定。

（三）被诉房屋征收决定是否符合《国有土地上房屋征收与补偿条例》规定的相关规划和计划。W 市城乡规划和专项规划文件显示×××二期项目属上述文件规定的棚户区改造计划之内，但具体范围与案涉地块相隔一条马路。虽然区政府答辩称案涉项目系×××二期项目的新增南片区，但征收范围一旦确定，非经法定程序不得肆意调整或扩大。

综上，W 市某区政府未能提供有效的证据证明案涉项目符合"四规划一计划"，其作出被诉房屋征收决定程序违法，依法应当予以撤销。但因案涉项目确系棚户区改建，案涉地块存有较大安全隐患，决定予以征收符合社会公共利益的需要，如若判决撤销会给国家利益、社会公共利益造成重大损害，故不予撤销。

二审中 W 市某区政府补充举证证明了被诉房屋征收决定符合"四规划一计划"，法院认为该征收决定系因该片区绝大部分房屋年代久远、基础设施落后、安全隐患突出的棚户区改造需要。房屋征收决定的作出系市、县级人民政府的职权范围，征收与否以及征收哪个地块均系其职权范围，只要是基于公共利益的目的，符合"四规划一计划"，应确认其

合法性。被诉房屋征收决定程序违法亦属于轻微违法范畴,且对原告权利不产生实际影响。因此驳回上诉,维持原判。

三、法律评析

"四规划一计划"是指,根据《国有土地上房屋征收与补偿条例》第九条第一款规定,确需征收房屋的各项建设活动,应当符合国民经济和社会发展规划、土地利用总体规划、城乡规划和专项规划。旧城区改建应当纳入市、县级国民经济和社会发展年度计划。我国对于房屋征收有严格的程序要求,这既是为了因公共利益需要而进行的房屋征收能够有序进行,也是为了保障公民的财产安全,避免不必要的房屋征收给公民带来损失。

《城乡规划法》第七条规定"经依法批准的城乡规划,是城乡建设和规划管理的依据,未经法定程序不得修改"。对于规划中征收红线范围调整的审查,应着眼于该行为是否符合公共利益的目的,是否符合"四规划一计划",其次强调变更行为的程序合法性。本案中房屋征收的决定属市、县级人民政府职权范围内,程序上违法情节较轻,且行为出发点在于城市民生,因此没有撤销。

课后练习

(扫下方二维码自测)

第 4 章 建筑法律制度

4.1 概述

4.1.1 建筑法的概念

建筑业是我国国民经济的支柱产业，建筑业的发展与生产生活的各个方面息息相关。除了供人居住休息这一基本功能外，建筑还与经济和文化密不可分。可以说建筑行业的发展水平直接影响着整个国家经济与社会的发展质量。另一方面，建筑业所进行的建筑活动具有投资大、周期长、技术复杂、影响长远的特点，使得其需要健全的法律体系对建筑业进行规范、管理和监督，以保障建筑活动安全高质量的完成。

建筑法的概念存在广义与狭义之分。广义的建筑法是指所有调整国家、建筑勘察设计、施工、监理等建筑主体在建筑活动中产生的法律关系的法律规范的总称。法律规范是指调整建筑活动的法律、行政法规、部门规章、建筑工程技术标准与规范等一系列文件的总称。

狭义的建筑法指的是1997年11月1日第八届全国人民代表大会常务委员会第二十八次会议通过的，1998年3月1日起施行的《中华人民共和国建筑法》（以下简称《建筑法》）。《建筑法》曾经2011年4月22日第十一届全国人民代表大会常务委员会第二十次会议和2019年4月23日第十三届全国人民代表大会常务委员会第十次会议两次修正。在内容上，《建筑法》分总则、建筑许可、建筑工程发包与承包、建筑工程监理、建筑安全生产管理、建筑工程质量管理、法律责任、附则共八章八十五条。

4.1.2 《建筑法》的调整对象

《建筑法》的调整对象是在中华人民共和国境内从事建筑活动过程中产生的行政管理关系、市场交易关系、经济与技术协作关系和其他相关民事关系。此处建筑活动是指各类房屋建筑及其附属设施的建造和与其配套的线路、管道、设备的安装活动。

不属于或不完全属于《建筑法》调整对象的有如下情形：

（1）省、自治区、直辖市人民政府确定的小型房屋建筑工程建筑活动中的行政管理关系、市场交易关系、经济与技术协作关系和其他相关民事关系不完全属于《建筑法》的调整对象，可参照《建筑法》执行；

（2）依法核定作为文物保护的纪念建筑物和古建筑等修缮的建筑活动中的行政管理关系、市场交易关系、经济与技术协作关系和其他相关民事关系，不属于《建筑法》调整范围，依照文物保护的有关法律规定执行；

（3）抢险救灾及其他临时性房屋建筑和农民自建低层住宅的建筑活动中的行政管理关系、市场交易关系、经济与技术协作关系和其他相关民事关系，不适用《建筑法》；

（4）军用房屋建筑工程由于其自身特殊性，此类建筑活动的具体管理办法由国务院、中央军事委员会依据本法制定；

(5) 铁路、公路、桥梁、机场、港口、矿井、电力设施等专业建筑工程建筑活动中的行政管理关系、市场交易关系、经济与技术协作关系和其他相关民事关系，不完全属于《建筑法》调整范围。专业工程与房屋建筑活动在施工许可、工程发承包、工程监理、安全和质量规定等方面存在共通之处，但由于专业建筑工程各有其主管部门，监督管理权限分隔，难以完全适用《建筑法》。因此，《建筑法》第八十一条规定，"本法关于施工许可、建筑施工企业资质审查和建筑工程发包、承包、禁止转包，以及建筑工程监理、建筑工程安全和质量管理的规定，适用于其他专业建筑工程的建筑活动，具体办法由国务院规定"。

4.1.3 《建筑法》的适用范围

《建筑法》的适用范围是指建筑法的法律效力，包括三个层面：法律的时间效力、空间效力和对人的效力。时间效力是指法律的有效期限；空间效力是指法律适用的地域范围；对人的效力是指适用于哪些自然人、法人和其他组织。

1. 时间效力范围

《建筑法》第八十五条对其时间效力作了规定，即《建筑法》自 1998 年 3 月 1 日起施行。

2. 空间效力范围

依据《建筑法》规定，其空间效力范围是中华人民共和国境内，即中华人民共和国主权所及的全部领域内。但按照我国香港、澳门两个特别行政区基本法的规定，只有列入这两个基本法附件三的全国性法律，才能在这两个特别行政区适用。《建筑法》没有列入这两个基本法的附件三中，因此，《建筑法》不适用于我国香港特别行政区和澳门特别行政区。我国香港和澳门的建筑立法，应由这两个特别行政区的立法机关自行制定。

3. 适用主体效力范围

《建筑法》适用的主体范围包括，一切在中华人民共和国境内从事建筑活动的主体和依法负有对建筑活动实施监督管理职责的各级政府机关。

(1) 从事建筑活动的主体

一切从事《建筑法》所称的建筑活动的主体，包括从事建筑工程勘察、设计、施工、监理等活动的国有企业事业单位、集体所有制企业事业单位和中外合资经营企业。中外合作经营企业、外资企业、合伙企业、私营企业以及依法可以从事建筑活动的个人，不论其经济性质如何、规模大小，只要从事《建筑法》规定的建筑活动，都应遵守《建筑法》的各项规定，享有法律规定的权利，承担相应的义务，违反法律规定的行为将依法追究相应的责任。

(2) 各级政府机关

依法负有对建筑活动实施监督管理职责的各级政府机关，包括住房城乡建设行政主管部门和其他有关主管部门，都应当依照《建筑法》的规定，对建筑活动实施监督管理。其包括对从事建筑活动的施工企业、勘察单位、设计单位和工程监理单位进行资质审查，依法颁发资质等级证书；对建筑工程的招标投标活动是否符合公开、公正、公平的原则及是否遵守法定程序进行监督，但不应代替建设单位组织招标；对建筑工程的质量和建筑安全生产依法进行监督管理；对违反《建筑法》的行为实施行政处罚等。若政府机关及其工作人员不依法履行职责，玩忽职守或者滥用职权的，必将依法追究法律责任。

4.1.4 《建筑法》的立法目的

《建筑法》第一条明确了其立法目的：为了加强对建筑活动的监督管理，维护建筑市场秩序，保证建筑工程的质量和安全，促进建筑业健康发展，制定本法。

1. 加强对建筑活动的监督管理

建筑活动是指各类房屋建筑及其附属设施的建造和与其配套的线路、管道、设备的安装活动。建筑业为人民提供物质保障和精神寄托之所，如医院、饭店、学校、体育馆、艺术馆、博物馆等，同时为社会生产提供物质基础，如厂房、办公楼、基础设施等，为经济发展创造基础条件。

此外，建筑活动对自然资源、生态环境和人民生命财产安全、国家与社会公共利益等多方面有广泛、深入的影响，必须以法律的形式对其进行严格的监督管理。同时也必须考虑到建筑的专业性和复杂性，这就导致庞大的工程项目建设必然由多方密切协作完成，因此唯有建立统一的标准和规范才能使各方的合作顺利有序推进。

2. 维护建筑市场秩序

建筑市场的秩序直接关系到建筑行业的健康发展和建筑活动的正常进行。建立公平竞争、开放规范的建筑市场是建筑业健康发展的前提条件。随着我国经济与社会的持续高速、稳定发展和建筑行业规范的丰富完善，我国建筑市场逐渐步入正轨，市场规模进入快速增长状态，市场秩序越发规范，建筑活动中的交易过程走向越发公开、公平、公正的方向。

然而，建筑市场仍然存在一些违法违规的现象，给人民财产和公共利益带来了巨大损害。较为常见的如施工资质的缺失、越级承包、转包与违法分包、围标串标、黑白合同、拖欠工程款和民工工资等。这些行为给建筑业的发展造成了严重阻碍。市场秩序需要以法律形式确立制度规范，并由政府机关监督管控，以国家强制力追究其责任，从而维护建筑市场的良好秩序。

3. 保证建筑工程的质量和安全

建筑工程的质量在其建成后的数十年都对人民的生活生产有深远影响，因此人们期望获得高质量的、安全的建筑。一旦建筑工程产生质量问题，尤其是主体结构和隐蔽工程问题，往往难以通过修缮加固达到可使用状态，会造成巨大的经济损失，严重者可能造成人员伤亡。因此，建筑活动的第一准则就是质量安全，这也是人民迫切需要的基础保障。

工程建设过程中，由于施工技术复杂、高空作业多，同样存在诸多安全隐患，因此在建筑生产过程中也应当将施工安全放在首位。

《建筑法》作为建筑法律体系的核心法律，将建筑工程质量和建筑施工安全作为立法的重要目的，并以具体的法律条文作出规定，对建筑工程的质量和安全保障具有重要意义。

4. 促进建筑业健康发展

目前建筑业已经成为国民经济增长与社会发展过程中最重要的经济活动和具有显著影响的社会活动之一。建筑业的健康发展对整个国家的经济发展和社会平稳运行的重要意义不言而喻。因此为了达到健康发展的目的，必须依法对建筑活动进行合理的规范调整和监督管理，而这一切的前提是有法可依。

《建筑法》就是一部反映国家意志和社会期望的、对建筑活动具有普遍约束力的重要法律。它的出现为建筑活动提供了规范的指引和有力的监督，促进整个行业公平公开、良性竞争，从长远来看有利于建筑业的健康发展。

4.1.5 《建筑法》的基本原则

1. 质量第一、安全至上原则

《建筑法》第三条规定"建筑活动应当确保建筑工程质量和安全，符合国家的建筑工程安全标准"。

建筑活动作为一项特殊的社会生产活动，如前文所述，有着显著区别于其他生产活动的特点，并且对社会和人民生活影响深远，对国家经济发展至关重要。建筑活动应当坚持质量第一、安全至上原则。

国家通过《建筑法》《中华人民共和国安全生产法》（以下简称《安全生产法》）、《建设工程质量管理条例》《建设工程安全生产管理条例》等一系列法律法规对建筑业的质量和安全标准作出了具体规定。同时建立《中华人民共和国标准化法》，通过完善的国家标准和行业标准体系，对建筑活动的勘察设计、施工、验收等各个过程的技术标准、技术规范等作出强制性要求，保障人民生命财产安全。对违反安全质量法律要求的行为也有相应严格的处罚措施，如 2021 年 6 月 10 日第十三届全国人民代表大会常务委员会第二十九次会议通过的《安全生产法》修订决定，本次修订普遍提高了对违法行为的罚款数额，对情节特别严重、影响特别恶劣的生产安全事故，最高罚款由原先的两千万元提高至一亿元。

2. 科技导向原则

《建筑法》第四条规定"国家扶持建筑业的发展，支持建筑科学技术研究，提高房屋建筑设计水平，鼓励节约能源和保护环境，提倡采用先进技术、先进设备、先进工艺、新型建筑材料和现代管理方式"。

建筑业作为传统行业，在全新的时代背景下，迫切需要与先进科学技术结合，用现代的高新科技为建筑业的持续健康发展保驾护航。

一方面，随着人民对美好生活期待的提升，对房屋建筑的质量与美观要求也逐步提高，国家支持对建筑科学的研究，依靠技术革新提高建筑设计水平，升级建筑质量和建筑外观，进而提高国家经济发展和社会生活的基础物质水平。

另一方面，建筑行业一向是我国能源消耗的重要组成部分，建筑节能对国家可持续发展的重要性不言而喻。为了构建生态文明体系，推动经济社会发展全面绿色转型，国家鼓励建筑活动向着绿色节约型方向转变。而这一切都离不开先进科技的帮助，通过提高能源利用效率和节能技术改造，推动建筑行业的绿色可持续发展，《建筑法》的规定为其奠定了坚实的法律基础。

3. 行为合法原则

《建筑法》第五条规定"从事建筑活动应当遵守法律、法规，不得损害社会公共利益和他人的合法权益。任何单位和个人都不得妨碍和阻挠依法进行的建筑活动"。

依法治国是党和政府治理国家的基本方略，全体社会成员应当做到"有法必依"，任何行为都要依照法律规范，承担相应义务，享受合法权益。建筑活动当然也不例外。作为一种法律行为，建筑活动的基本要求就是行为合法性。从事建筑活动应当遵守相关法律法规。如，在规划区内进行建设应当遵守《城乡规划法》及相关行政法规；使用土地应当遵守《土地管理法》及相关行政法规；发承包时应当遵守《中华人民共和国招标投标法》（以下简称《招标投标法》）及相关行政法规；施工质量方面应当遵守《建设工程质量管理条例》及相关行政法规；在工程安全方面应当遵守《安全生产法》及相关行政法规；在环境保护方面应当遵守《中华人民共和国环境保护法》《中华人民共和国水污染防治法》《中华人民共和国大气污染防治法》等法律及相关行政法规等。

同时，建筑活动不得损害社会公共利益和他人的合法权益。损害社会公共利益的行为是法律明令禁止的行为。他人的合法权益主要是指第三人的人身权利和财产权利。公民的合法权益受法律保护，任何人或组织无权侵害。建筑活动对他人合法权益造成损害的，应当依法承担相应的民事责任，情节严重者或需承担刑事责任。

另一方面，建筑活动同样受法律保护，他人不得阻挠或妨碍合法的建筑行为，否则也应承担法律责任。

4.2 发包与承包

4.2.1 建筑工程发包

1. 概念

建筑工程发包是指工程项目的建设单位将建筑工程任务的整体或部分以招标发包等方式，交付给具有建筑行业法定从业资格的单位完成，并按照合同约定支付报酬的行为。

建筑工程的发包方一般为工程的建设单位（投资建设的主体，即业主）。

改革开放以来，我国经济体制由计划经济逐渐转向市场经济。自1982年起，建筑行业开始改革，引入市场竞争机制，工程勘察、设计、施工等由企业公平竞争获取承包机会，极大地提高了工程质量，促进行业良性发展。

2. 发包的合法方式

《建筑法》规定，建筑工程发包分为两种方式：招标发包和直接发包。政府及其所属部门不得滥用行政权力，限定发包单位将招标发包的建筑工程发包给指定的承包单位。

招标发包是指发包方公开拟建项目的内容和要求，承包方依据自身实力选择递交标书与否，并说明价格、工期和质量等必要条件，再通过对投标文件的评价择优而选。

直接发包是指发承包双方直接协商建筑工程项目的价格、工期、质量等要求的方式。

《招标投标法》《招标投标法实施条例》《工程建设项目施工招标投标办法》《工程建设项目勘察设计招标投标办法》《房屋建筑和市政基础设施工程施工招标投标管理办法》等法律法规对必须招标发包的项目类别作了详细规定，在此范围内的工程建设项目必须依法通过招标程序进行发包。

建筑工程实行招标发包的，发包单位应当将建筑工程发包给依法中标的承包单位。对于不适合招标的项目，如有保密需要的工程、特殊性质工程等，实行直接发包，发包单位应当将建筑工程发包给具有相应资质条件的承包单位。

建筑工程实行公开招标的，发包单位应当依照法定程序和方式，发布招标公告，提供载有招标工程的主要技术要求、主要合同条款、评标标准和方法以及开标、评标、定标程序等内容的招标文件。

4.2.2 建筑工程承包

1. 概念

建筑工程承包是指具有建筑行业法定从业资格的单位，通过招标或其他方式承揽工程项目任务（包括勘察、设计、施工等），依照合同约定完成任务并获取报酬的行为。

建筑工程的承包方一般为勘察、设计、施工等具有法定从业资格的单位，以及总承包单位和承包合法分包工作的单位。

我国建筑法律对企业承接建筑活动的资质管理非常严格，承包单位必须获得从业资格许可，并在资质等级许可范围内承揽建筑任务，不得无资质承包和越级承包。目前建筑行业较为多发的违法行为包括"挂靠""假联营"等，即无资质或资质不足的建筑施工企业或包工队以较高资质施工企业的名义承接工程项目，高资质的企业从中收取挂靠费等不当收入。这些现象给建筑行业的有序运行带来了阻碍，会降低工程质量并造成安全隐患，必须以严厉的法律手段予以规范警示。

2. 建筑工程承包的类型

建筑工程承包包括总承包、独立承包、联合承包和专业承包等类型。

依据《房屋建筑和市政基础设施项目工程总承包管理办法》中对总承包的定义，工程总承包是指承包单位按照与建设单位签订的合同，对工程设计、采购、施工或者设计、施工等阶段实行总承包，并对工程的质量、安全、工期和造价等全面负责的工程建设组织实施方式。对于建设内容明确、技术方案成熟的项目，适宜采用工程总承包方式。工程总承包单位应当同时具有与工程规模相适应的工程设计资质和施工资质，或者与具有相应资质的设计单位和施工单位组成联合体。工程总承包单位应当具有相应的项目管理体系和项目管理能力、财务和风险承受能力，以及与发包工程相类似的设计、施工或者工程总承包业绩。

独立承包是指发包人并不将建设工程的全部建设工作发包给一个承包人，而是分别与勘察单位、设计单位、施工单位分别签订勘察、设计、施工合同，不同单位就自己负责的勘察、设计、施工任务各自独立对发包人负责。

联合承包（或联营承包）是指在大型建筑工程或者结构复杂的建筑工程的建设中，可以由两个以上的承包单位组成联合体，以联合体的名义共同承包建设任务。

专业承包是指建筑工程的发包人将工程中的专业工程发包给具有相应资质的企业完成的活动。

3. 联合承包

在联合承包中，联合的两方或多方应以联合体的单一主体身份与发包方签订合同，履行合同义务，承担合同责任，获取合同利润。至于联合体内部的责任承担、利益划分和风险分配等，应由联合体各方以协议方式另行约定。

大型建筑工程或结构复杂的工程一般工程量大、技术复杂，对承包单位有较高的经济和技术要求。单一的承包方往往不足以达到工程建设的要求或风险系数较高，而以多方联合承包的形式进行建设对发包方来说具有更高的可行性，联合体中的承包方可发挥各自优势，提高项目建设质量。

《建筑法》规定，"共同承包的各方对承包合同的履行承担连带责任。两个以上不同资质等级的单位实行联合共同承包的,应当按照资质等级低的单位的业务许可范围承揽工程"。《民法典》第一百七十八条对连带责任作出了具体规定,"二人以上依法承担连带责任的,权利人有权请求部分或者全部连带责任人承担责任。连带责任人的责任份额根据各自责任大小确定;难以确定责任大小的,平均承担责任。实际承担责任超过自己责任份额的连带责任人,有权向其他连带责任人追偿"。由此,发包人可以就工程问题,要求联合体中的部分或全部责任人履行合同义务,若超出其责任份额,再由联合体内部进行追偿。

4.2.3　建筑工程分包与转包

1. 分包的概念

分包是指建筑工程的承包单位在发包方同意或合同约定的前提下,依法将所承包工程的非主体部分发包给具有相应资质的承包单位的行为。

《建筑法》规定,建筑工程总承包单位可以将承包工程中的部分工程发包给具有相应资质条件的分包单位;但是,除总承包合同中约定的分包外,必须经建设单位认可。施工总承包的,建筑工程主体结构的施工必须由总承包单位自行完成。

在大中型工程和复杂工程逐渐增多的市场情况下,采取工程总承包和合法分包相结合的承包模式显然更为合理。总承包单位在自行完成主体结构的前提下,合法地将部分不擅长的专业工程或劳务分包出去,由专业的承包方来施工,各方发挥自己的优势,最终实现工程按时按质完工,实现资源的有效利用。

但分包行为同样存在一定风险,需要法律的规范调整。如对分包单位的资质管理和对主体工程不得分包的强制要求等,避免分包成为实际上的转包行为,给工程质量带来弊端。

2. 分包后的责任承担

建筑工程总承包单位按照总承包合同的约定对建设单位负责;分包单位按照分包合同的约定对总承包单位负责。总承包单位和分包单位就分包工程对建设单位承担连带责任。

实行施工总承包的施工现场安全,由总承包单位负责。分包单位向总承包单位负责,服从总承包单位对施工现场的安全生产管理。

建筑工程实行总承包的,工程质量由工程总承包单位负责,总承包单位将建筑工程分包给其他单位的,应当对分包工程的质量与分包单位承担连带责任。分包单位应当接受总承包单位的质量管理。

3. 合法分包与违法分包

分包在我国法律中并不是完全禁止的,符合法律规定的分包是正常的市场行为,所以我们需要对分包行为的合法性作出区分。

(1) 合法分包

合法分包是指在符合法律法规要求的前提下,分包单位满足资质条件,分包内容不包括主体结构且仅为一次分包的分包行为。

《建筑法》第二十九条第三款规定,"禁止总承包单位将工程分包给不具备相应资质条件的单位。禁止分包单位将其承包的工程再分包"。分包单位不符合资质、工程再分包和主体结构分包在《民法典》中也是明令禁止的。

（2）违法分包

根据《建筑工程施工发包与承包违法行为认定查处管理办法》的规定：违法分包是指建设单位将工程发包给个人或不具有相应资质的单位、肢解发包、违反法定程序发包及其他违反法律法规规定发包的行为。具体包括：

1）建设单位将工程发包给个人的；

2）建设单位将工程发包给不具有相应资质的单位的；

3）依法应当招标未招标或未按照法定招标程序发包的；

4）建设单位设置不合理的招标投标条件，限制、排斥潜在投标人或者投标人的；

5）建设单位将一个单位工程的施工分解成若干部分发包给不同的施工总承包或专业承包单位的。

4. 转包的概念

转包是指承包人在签订建设工程合同后，不履行合同义务，未经发包人许可，将工程整体转让给第三方承包单位，以此获利，并拒绝为工程的技术、管理和经济承担责任的行为。在此情形下，第三方成为工程的实际承包人。

转包行为是违反法律规定和合同约定的行为，它破坏了合同的严肃性和市场的稳定性。在法律关系上，它属于合同主体变更行为，根据《民法典》的规定，只有在合同双方协商一致的情况下才能变更合同，将自己在合同中的权利和义务一并转让给第三人。显然转包是不符合"双方协商一致"这个前提的。一方面，承包方的擅自变更是对发包方合同权益的损害。另一方面，转包行为往往会使本不具有承包资质的企业获得工程的建设机会，造成工程质量低下、安全问题突出等隐患。

《建筑法》对此严格规定，承包人不得将其承包的全部建设工程转包给第三人或者将其承包的全部建设工程肢解以后以分包的名义分别转包给第三人。若承包人将承包的工程转包，责令改正，没收违法所得，并处罚款，可以责令停业整顿，降低资质等级；情节严重的，吊销资质证书。

4.2.4 建筑工程发承包一般规定

1. 订立书面合同

建筑工程的发包单位与承包单位应当依法以书面合同确立法律上的发承包关系，明确双方的权利和义务。发包单位和承包单位应当全面履行合同约定的义务。不按照合同约定履行义务的，依法承担违约责任。

2. 公开招标，择优而选

建筑工程发包与承包的招标投标活动，应符合《招标投标法》的具体规定，遵循公开、公正、平等竞争的原则，择优选择承包单位。这是符合市场经济的选择方法，以良性竞争的方式有效促进企业提升建设效率和工程质量，实现行业正向发展。

3. 禁止行贿受贿

发承包程序应当按照法律法规公平公开地进行，发包单位及其工作人员在建筑工程发包中不得收受贿赂、回扣或者索取其他好处。承包单位及其工作人员不得利用向发包单位及其工作人员行贿、提供回扣或者给予其他好处等不正当手段承揽工程。通过行贿受贿获取承包权是不正当的竞争行为，也是不符合社会主义核心价值观的行为。它扰乱了正常的市场秩序，违背竞争的公平原则。在工程发包与承包中索贿、受贿、行贿，情节严重构成犯罪的，依法追究刑事责任；不构成犯罪的，分别处以罚款，没收贿赂的财物，对直接负责的主管人员和其他直接责任人员给予处分。

4. 承包单位严格要求资质相符

《建筑法》建立了工程建筑活动的执业资格制度，不同建筑项目应由具有相应资质的建筑工程企业来承揽。无论是勘察、设计，还是施工、监理等单位，都应持有经营执照和资质等级证书才可以参与工程建设。如此严格要求体现的是国家对建设工程质量及安全的重视，也是对社会经济和人民生命财产安全的保障。

4.3　建筑工程施工许可制度

4.3.1　建筑工程施工许可制度概述

自建筑市场转向市场经济之后，建筑施工企业如雨后春笋般涌入市场竞争中，如果不对这些良莠不齐的企业进行施工许可的约束，那么我国建筑业必会饱受质量问题之苦，人民的生命财产安全和国家的经济也必将受到威胁。故此，我国出台了《建筑法》和《中华人民共和国行政许可法》等法律法规共同建立起建筑市场的施工许可法律制度。

建筑工程施工许可制度是指在建筑工程开始施工之前，由国家授权国家建设主管机关（部门）对该工程是否满足法定开始施工条件进行审查，如符合，则颁发施工许可证作为法律允许开工建设的凭证的制度。施工许可证是由建设单位在开工前申领，由国家建设主管机关（部门）颁发的，建筑项目依法允许开工的法律证明文件，不得伪造和涂改。

《建筑工程施工许可管理办法》第三条规定，应当申请领取施工许可证的建筑工程未取得施工许可证的，一律不得开工。任何单位和个人不得将应当申请领取施工许可证的工程项目分解为若干限额以下的工程项目，规避申请领取施工许可证。同时，建设单位申请领取施工许可证的工程名称、地点、规模，应当符合依法签订的施工承包合同。施工许可证应当放置在施工现场备查，并按规定在施工现场公开。

4.3.2　建筑工程施工许可申领条件

法律规定，建筑工程开工前，建设单位应当按照国家有关规定向工程所在地县级以上人民政府住房城乡建设行政主管部门申请领取施工许可证。

《建筑工程施工许可管理办法》对建筑工程施工许可的申领条件作出具体规定：

（1）依法应当办理用地批准手续的，已经办理该建筑工程用地批准手续。

（2）依法应当办理建设工程规划许可证的，已经取得建设工程规划许可证。

建筑工程用地批准和建设工程规划许可证是施工许可的前置行政手续，其中建设工程规划许可证又包括建设用地规划许可证和建筑工程规划许可证。建设用地规划许可证主要审查的是建设用地位置和范围是否符合规划设计的相关要求，而建筑工程规划许可证主要是对建筑的层高、平面尺寸等工程的具体情况是否符合规划要求进行审核。

（3）施工场地已经基本具备施工条件，需要征收房屋的，其进度符合施工要求。

（4）已经确定施工企业。按照规定应当招标的工程没有招标，应当公开招标的工程没有公开招标，或者肢解发包工程，以及将工程发包给不具备相应资质条件的企业的，所确定的施工企业无效。

（5）有满足施工需要的资金安排、施工图纸及技术资料，建设单位应当提供建设资金已经落实承诺书，施工图设计文件已按规定审查合格。

开始施工前，应当保证项目的资金得到保障，施工图纸等设计文件通过审查，这样才能保证工程可以按时开工，并且保障施工的质量和安全。

（6）有保证工程质量和安全的具体措施。施工企业编制的施工组织设计中有根据建筑工程特点制定的相应质量、安全技术措施。建立工程质量安全责任制并落实到人。专业性较强的工程项目编制了专项质量、安全施工组织设计，并按照规定办理了工程质量、安全监督手续。

以法律规定的形式确保开工前"有保证工程质量和安全的具体措施"是对工程质量和安全的事前控制的重要表现。建筑业的质量安全影响的不单是建筑这一个行业，更是多个方面，乃至人民生命安全和国家稳定，所以我们对于建筑质量控制和安全防范应当慎之又慎。《建筑工程质量管理条例》也对此作出了规定，"建设单位在领取施工许可证或者开工报告前，应当按照国家有关规定办理工程质量监督手续"。《建设工程安全生产管理条例》提到"建设单位在申请领取施工许可证时，应当提供建设工程有关安全施工措施的资料""建设行政主管部门在审核发放施工许可证时，应当对建设工程是否有安全施工措施进行审查，对没有安全施工措施的，不得颁发施工许可证"。

同时，建筑施工企业应在开工前取得安全生产许可证。在 2014 年修订的《安全生产许可证条例》中明确了"企业未取得安全生产许可证的，不得从事生产活动"。由此可见，安全已经成为建筑施工的重中之重，安全生产许可也已成为建筑工程施工许可制度的组成部分。

县级以上地方人民政府住房城乡建设主管部门不得违反法律法规规定，增设办理施工许可证的其他条件。

4.3.3 建筑工程施工许可申领程序

依据《建筑法》和《建筑工程施工许可管理办法》的规定，建设单位申请办理施工许可证，应当按照下列程序进行：

（1）建设单位向发证机关领取《建筑工程施工许可证申请表》。

（2）建设单位持加盖单位及法定代表人印鉴的《建筑工程施工许可证申请表》，并附法律规定的证明文件，向发证机关提出申请。

（3）发证机关在收到建设单位报送的《建筑工程施工许可证申请表》和所附证明文件后，对于符合条件的，应当自收到申请之日起 7 日内颁发施工许可证；对于证明文件不齐全或者失效的，应当当场或者 5 日内一次告知建设单位需要补正的全部内容，审批时间可以自证明文件补正齐全后作相应顺延；对于不符合条件的，应当自收到申请之日起 7 日内书面通知建设单位，并说明理由。

建筑工程在施工过程中，建设单位或者施工单位发生变更的，应当重新申请领取施工许可证。

4.3.4 建筑工程施工许可制度管理范围

1. 依法属于建筑工程施工许可制度管理的范围

依据《建筑法》和《建筑工程施工许可管理办法》的规定，在中华人民共和国境内从事各类房屋建筑及其附属设施的建造、装修装饰和与其配套的线路、管道、设备的安装，以及城镇市政基础设施工程施工的建设单位，在开工前应当依照法律规定，向工程所在地的县级以上地方人民政府住房城乡建设主管部门申请领取施工许可证。

2. 依法不属于建筑工程施工许可制度管理的范围

（1）国务院住房城乡建设行政主管部门确定的限额以下的小型工程，具体包括工程投资额在 30 万元以下或者建筑面积在 300m² 以下的建筑工程，可以不申请办理施工许可证。

省、自治区、直辖市人民政府住房城乡建设主管部门可以根据当地的实际情况，对限额进行调整，并报国务院住房城乡建设主管部门备案。

（2）按照国务院规定的权限和程序批准开工报告的建筑工程，不再领取施工许可证。

此处所指的开工报告是建设单位依照国家有关规定向国家发展改革主管部门申请准予开工的文件，与建设监理过程中的开工报告不同。此处的开工报告是作为与施工许可制度平行的另一项行政许可制度存在，出于政府对重点项目的严格管控。而《建设工程监理规范》中规定，承包方在开工前应向监理工程师提交开工报告。这是由于监理工程师有义务对施工方的开工准备工作进行审核。

如工程项目按照国务院规定的程序采取开工报告审批制度，则无需再申请建筑工程施工许可证，这样做是为了避免多个部门对同一建筑项目的开工进行重复审批。至于实行开工报告审批制度的建筑工程类别与范围，以及有关行政部门对开工报告的审批权限和程序，应当按照国务院的有关规定执行。

3. 不适合采用施工许可制度的建筑工程的范围

（1）抢险救灾工程。抢险救灾工程最重要的就是效率，所以繁杂严格的施工许可审批程序并不适合此类工程的实际情况。

（2）临时性建筑工程。临时性建筑工程在生活中也较为常见，如建筑现场工人的住宿、食堂，材料的临时仓储用房等。由于临时性建筑不属于建设单位投资建设的永久性建筑工程的范围，而且它的生命周期短，并不适宜采用施工许可制度。

（3）农民自建低层住宅。

（4）依法核定作为文物保护的纪念建筑物和古建筑等的修缮。其依照文物保护的有关法律规定执行。

（5）军用房屋建筑工程。军用房屋的建设涉及军事机密和国家安全，属于特殊项目。若以施工许可方式审批可能导致机密外泄等危机，并不适合。所以《建筑法》规定，军用房屋建筑工程建筑活动的具体管理办法，由国务院、中央军事委员会依据本法制定。

4.3.5　建筑工程施工许可法律效力

建筑工程施工许可证作为建设单位依法申领、依法取得工程开工资格的法律凭证，同时赋予了建设单位按期开始施工的法定义务。所以，建筑工程施工许可的法律效力主要针对的是工程的开工、中止施工和恢复施工的时间要求，包括：

（1）建设单位应当自领取施工许可证之日起 3 个月内开工。因故不能按期开工的，应当在期满前向发证机关申请延期，并说明理由；延期以两次为限，每次不超过 3 个月。既不开工又不申请延期或者超过延期次数、时限的，施工许可证自行废止。

（2）在建的建筑工程因故中止施工的，建设单位应当自中止施工之日起一个月内向发证机关报告，报告内容包括中止施工的时间、原因、在施部位、维修管理措施等，并按照规定做好建筑工程的维护管理工作。

建筑工程恢复施工时，应当向发证机关报告；中止施工满一年的工程恢复施工前，建设单位应当报发证机关核验施工许可证。

另外，采取开工报告审批制度的工程项目的开工和中止施工相关规定在《建筑法》中作了规定：按照国务院有关规定批准开工报告的建筑工程，因故不能按期开工或者中止施工的，应当及时向批准机关报告情况。因故不能按期开工超过 6 个月的，应当重新办理开工报告的批准手续。

4.3.6 建筑工程施工许可制度的公开与监督

作为一项重要的建筑行政许可制度，建筑工程施工许可证的办理程序应当依法公开并接受公众的监督。

依据《建筑工程施工许可管理办法》的规定，发证机关应当将办理施工许可证的依据、条件、程序、期限以及需要提交的全部材料和申请表示范文本等，在办公场所和有关网站予以公示。发证机关作出的施工许可决定，应当予以公开，公众有权查阅。

发证机关应当建立颁发施工许可证后的监督检查制度，对取得施工许可证后条件发生变化、延期开工、中止施工等行为进行监督检查，发现违法违规行为及时处理。

4.4 建筑工程监理制度

4.4.1 建筑工程监理制度概述

建设法律体系中对承包方的资质和能力有严格的要求，而发包方往往对建筑方面并不是非常了解，或不具有可以科学监管施工现场的能力。这时候就需要一个对施工乃至建筑全过程都熟悉的专业单位担任监督者的身份，促使承包方按时按质地完成工程建设任务。工程监理制度应运而生。

建筑工程监理是指具有法定资质的监理单位受建设单位委托，依据法律法规、行业技术标准、设计文件和工程相关合同等资料，在项目施工阶段对工程的施工质量、工期进度、资金使用等情况提供专业的监督管理服务。

建筑工程监理不包括住房城乡建设行政主管部门及其授权机构对工程建设进行的监督管理。国家出于公共利益和社会安全考虑，会对建筑项目的规划、用地、环保、安全、招标投标、质量、验收等方面进行资质审核、成果检验等全过程的监管。这是政府的行政管理行为，属于自上而下的纵向管理。而本节所说的监理制度是由第三方监理单位代表建设单位从专业角度对施工情况进行监督管理。

国家积极推行建筑工程监理制度，是对工程质量安全负责，对人民生命财产安全负责的表现。

4.4.2 实行强制监理的建筑工程范围

建筑工程监理是为了保障工程质量、安全和进度的有效制度，建设单位作为投资的业主，原则上具有是否采用监理的自主选择权。但对于国家财政投资或公共建设资金投资的建筑项目，以及大型的公共建筑工程，为了保障政府资金的投资效率和社会安全，需要强制采取监理措施进行管控。

根据《建设工程监理范围和规模标准规定》的相关规定，下列建设工程必须实行监理：

1. 国家重点建设工程

国家重点建设工程,是指依据《国家重点建设项目管理办法》所确定的对国民经济和社会发展有重大影响的骨干项目。具体包括:

(1) 基础设施、基础产业和支柱产业中的大型项目;
(2) 高科技并能带动行业技术进步的项目;
(3) 跨地区并对全国经济发展或者区域经济发展有重大影响的项目;
(4) 对社会发展有重大影响的项目;
(5) 其他骨干项目。

2. 大中型公用事业工程

大中型公用事业工程,是指项目总投资额在 3000 万元以上的下列工程项目:

(1) 供水、供电、供气、供热等市政工程项目;
(2) 科技、教育、文化等项目;
(3) 体育、旅游、商业等项目;
(4) 卫生、社会福利等项目;
(5) 其他公用事业项目。

3. 成片开发建设的住宅小区工程

对于成片开发建设的住宅小区工程,建筑面积在 5 万 m^2 以上的住宅建设工程必须实行监理;5 万 m^2 以下的住宅建设工程,可以实行监理,具体范围和规模标准,由省、自治区、直辖市人民政府住房城乡建设行政主管部门规定。

为了保证住宅质量,对高层住宅及地基、结构复杂的多层住宅应当实行监理。

4. 利用外国政府或者国际组织贷款、援助资金的工程

利用外国政府或者国际组织贷款、援助资金的工程范围包括:

(1) 使用世界银行、亚洲开发银行等国际组织贷款资金的项目;
(2) 使用国外政府及其机构贷款资金的项目;
(3) 使用国际组织或者国外政府援助资金的项目。

5. 国家规定必须实行监理的其他工程

国家规定必须实行监理的其他工程是指:

(1) 项目总投资额在 3000 万元以上关系社会公共利益、公众安全的下列基础设施项目:

1) 煤炭、石油、化工、天然气、电力、新能源等项目;
2) 铁路、公路、管道、水运、民航以及其他交通运输业等项目;
3) 邮政、电信枢纽、通信、信息网络等项目;
4) 防洪、灌溉、排涝、发电、引(供)水、滩涂治理、水资源保护、水土保持等水利建设项目;
5) 道路、桥梁、地铁和轻轨交通、污水排放及处理、垃圾处理、地下管道、公共停车场等城市基础设施项目;
6) 生态环境保护项目;
7) 其他基础设施项目。

(2) 学校、影剧院、体育场馆项目,无论总投资额多少,都必须实行监理。

为了推动工程质量管理多元化创新，提升管理质量，工程监理制度改革逐步展开。在2018年9月住房和城乡建设部发布的《建筑工程施工许可管理办法》修订中删去了原第四条第一款第七项，即"按规定应当委托监理的工程已委托监理"。这意味着监理不再作为申领施工许可进行开工的强制条件之一。随后包括上海市、天津市、北京市、广州市、山西省在内的多个省市陆续发文明确部分工程项目将不再强制进行监理，由建设单位自行管理。但各地普遍将自行管理的条件限制在低投资、小规模、技术简单的社会投资项目范围内，对于大中型公共项目和国有资金投资项目仍需进行强制监理。

此番监理制度的改革意味着质量管理的削弱吗？答案是否定的。首先监理制度的放宽只是小范围的，对重点项目政府仍持谨慎态度。其次，建设单位自行管理不意味着放任自流，各地政府提供了全过程工程咨询服务和工程质量潜在缺陷保险等多种方法保障工程质量。从另一角度看，监理服务从行政要求转向市场需求也是对监理企业提升自我的促进，唯有不断学习、提升监理服务质量才能在市场竞争中挣得一席之地。

4.4.3 建筑工程监理的主要职责和基本权利

1. 主要职责

《建筑法》规定建筑工程监理的主要任务是依照法律、行政法规及有关的技术标准、设计文件和建筑工程承包合同，对承包单位在施工质量、建设工期和建设资金使用等方面，代表建设单位实施监督。

（1）工程监理单位虽然是由建设单位聘请作为代表监督现场，但监理人员的决定对发承包双方都具有约束力。监理人员的行为必须遵守法律法规和合同要求，对工程质量和安全负责。

（2）工程监理单位应当审查施工组织设计中的安全技术措施或者专项施工方案是否符合工程建设强制性标准。

（3）工程监理单位在实施监理过程中，发现存在安全事故隐患的，应当要求施工单位整改；情况严重的，应当要求施工单位暂时停止施工，并及时报告建设单位。施工单位拒不整改或者不停止施工的，工程监理单位应当及时向有关主管部门报告。

2. 基本权利

工程监理人员作为建设单位聘请在现场的监督管理者，应该严格按照法律法规要求，遵守行业技术规范，依照设计文件、施工合同和建设工程监理合同所赋予的合法权利，对工程的施工质量、工程进度、资金使用情况和施工安全等方面进行监督。

（1）质量监督权

1）工程监理人员认为工程施工不符合工程设计要求、施工技术标准和合同约定的，有权要求建筑施工企业改正；工程监理人员发现工程设计不符合建筑工程质量标准或者合同约定的质量要求的，应当报告建设单位要求设计单位改正；

2）工程监理人员有权对工程使用的材料设备的质量进行检验，对检验不合格的材料设备有权通知施工单位停用；

3）工程监理人员发现施工质量不符合国家标准和合同约定的，以及不安全的作业，有权要求施工单位返工、整改。

（2）进度监督权

1）工程监理人员有权审核承包方的进度计划，并在实际进度与计划进度不符时，有

2) 经建设单位同意后，工程监理人员可以发布开工令、停工令和复工令。若遇紧急情况，可先行发布指令后，在 24 小时内对建设单位作出书面报告。

(3) 财务监督权

1) 工程监理人员有权进行工程价款的审核和签认，建设单位据此对施工单位进行付款；

2) 工程监理人员有权确定工程变更价格，无论是工作数量还是进度等各方面的工程变更，监理人员都可以根据合同约定和实际情况确定变更的费率或价格。

(4) 调节纠纷权

当发承包双方发生工程相关的纠纷时，监理人员需要以独立第三方的身份，从专业角度对纠纷问题提出公正的解决意见，再由双方协调解决。

4.4.4 建筑工程监理的基本原则

1. 依法监理

工程监理制度的建立是为了维护建筑市场的正常秩序、保障工程质量和安全，让工程建设在合法合约的前提下顺利进行。自监理制度确立以来，我国陆续出台了不少相关法律文件，包括工程建设监理合同、监理的取费、监理的范围等。建筑监理活动应当遵守这些法律规范，实现切实有效的工程监督管理。

2. 科学公正

建筑工程监理活动应当具有健全的组织机构和人员分配，用专业的人才、科学的管理办法和严格的工作制度履行监理职责。监理单位受聘于建设单位，但并不该盲从于建设单位，对建设单位的要求应当以专业的角度来判断和提供意见，然后协商落实。对于发承包双方的纠纷矛盾更要从独立第三方的视角来提供公正的解决方案。

对此法律也作出了要求，《建筑法》规定"工程监理单位应当根据建设单位的委托，客观、公正地执行监理任务"。客观与公正是法律对建筑监理活动最基本的要求，也是监理机构和监理人员最基本的工作原则。

3. 资质当先

《建筑法》第三十四条规定"工程监理单位应当在其资质等级许可的监理范围内，承担工程监理业务"。建筑工程监理是专业性极强的技术与管理服务，对监理机构人员的专业水平、管理服务能力和相关实践经验都有非常高的要求。对于工程建设来说，监理机构的能力与工程质量的好坏息息相关。所以国家对监理机构实行资质等级许可制度。《工程监理企业资质管理规定》将工程监理企业的资质划分为三个序列和若干等级，具体资质划分内容在本书"2.3 从业单位资质管理制度"中有介绍，可翻阅查看。从事监理活动的企业应在工程监理企业资质证书许可的范围内从事工程监理活动，不得越级承揽建筑工程监理业务。

4. 完全独立

工程监理单位承担着对施工质量和安全进行监督的重要责任，为了避免因为监理企业与工程的其他相关单位有某种联系而徇私的情况出现，法律要求工程监理单位不得与被监理工程的承包单位以及建筑材料、建筑构配件和设备供应单位有隶属关系或者其他利害关系。隶属关系是指监理单位与被监理工程的承包单位以及建筑材料、建筑构配件和设备供应单位是上下级的关系。其他利害关系是指监理单位与被监理工程的承包单位以及建筑材料、建筑构配件和设备供应单位存在某种利益方面的联系。这样是为了保障监理单位的客观公正。

5. 不得转让

工程监理单位不得转让工程监理业务。建筑工程监理是由具有法定资质等级的工程监理企业通过与建设单位签订工程建设委托监理合同的方式，获得对目标工程的监理权利和义务。监理业务的转让是指监理单位在签订合同后将承揽的监理业务全部或部分转让给其他单位，这违反了合同的约定，未经建设单位同意擅自变更合同主体，侵害了建设单位的合法权益。这种行为可能导致工程的监理业务被缺少资质或资质等级较低的监理单位接手，致使不能很好地对工程的质量、安全、进度和资金等方面进行科学监管，违背了建筑工程监理制度的初衷。

4.4.5 建筑工程监理的赔偿责任

我国的建筑法律也规定了监理单位在履行建筑工程监理义务过程中，一些违法或违约行为对建设单位造成损失时的民事赔偿责任。

（1）工程监理单位不按照委托监理合同的约定履行监理义务，对应当监督检查的项目不检查或者不按照规定检查，给建设单位造成损失的，应当承担相应的赔偿责任。对应当监督检查的项目按规检查是监理合同赋予监理单位的义务，不予履行属于严重违约，《民法典》中对于合同违约作出了规定"当事人一方不履行合同义务或者履行合同义务不符合约定的，应当承担继续履行、采取补救措施或者赔偿损失等违约责任"。所以，监理单位应当对自身违约行为造成的建设单位损失承担相应的民事赔偿责任。其中损失可能包括因工程质量缺陷造成的损失、因修复工程质量缺陷造成的损失、因工期延长造成的损失和发生生产安全事故造成的损失等。

（2）工程监理单位与承包单位串通，为承包单位谋取非法利益，给建设单位造成损失的，应当与承包单位承担连带赔偿责任。这种违法行为由监理单位和施工单位串通实施，所以他们双方对于由此给建设单位造成的损失均负有民事赔偿责任。建设单位可以向任何一方要求全部或部分赔偿，另一方有义务对此承担连带赔偿责任。根据《建筑法》和《建设工程质量管理条例》规定，有上述情形的，责令改正，处50万元以上100万元以下的罚款，降低资质等级或者吊销资质证书；有违法所得的，予以没收；造成损失的，承担连带赔偿责任；构成犯罪的，依法追究刑事责任。

4.5 案例分析

4.5.1 施工许可证办理引纠纷，发承包双方职责需厘清

上诉人（原审被告、反诉原告）：A市中医医院（以下简称A院）

被上诉人（原审原告、反诉被告）：江苏B建设有限公司（以下简称B公司）

一、基本案情

2013年12月28日，A院与B公司签订《建设工程施工合同》，由B公司为市急救中心中桥急救分站工程项目进行施工，约定工程进度款按每月完成的由监理及跟踪审计批准的合格工程货币工作量的60%支付。工程竣工验收后，支付工程款至合同总额的70%；

竣工结算审计结束后，支付至审定造价的90%，留审定总额的10%作为工程保修金，一年保修期满后无质量问题，一月内付5%；二年保修期满后无质量问题，余款一月内付清。但如因故延期支付工程款，其利息发包人不承担。

该工程于2014年3月18日开工，2014年8月17日竣工验收合格，目前已实际投入使用。竣工验收完毕后，B公司要求A院支付工程款至合同金额的70%，A院以需要办理房产证为由要求B公司帮其补办施工许可证，并要求B公司出具承诺，否则不予支付工程款。于是，在2015年9月21日和2016年1月13日，B公司两次作出承诺，对于施工许可证未能办理愿意承担责任并愿意接受处罚。在B公司办理施工许可证过程中发现A院未就案涉工程与监理机构签订监理合同，案涉工程没有单独的用地审批手续，案涉工程没有在A市建设工程质量安全监督一体化管理系统录入工程信息，不符合建筑工程施工许可管理办法第四条规定的办理条件，B公司遂将相关情况告知了A院。由于工程完工后施工许可证客观上不具备补办的可能，尤其是A院在缺少相关材料的情况下更是无法补办。B公司遂提供了一份发证机关为A市人民政府管理委员会建设环保局（实际上并无此单位）的虚假施工许可证。最终，住房城乡建设主管部门发现施工许可证存在问题，案涉工程无法进行竣工备案和产证办理。

2019年12月项目完成审定，审定总价为1768258元，A院合计已付款1177670元。就欠付工程款问题，B公司向一审法院提出诉讼请求，要求判令A院支付工程款590588元。A院反诉称B公司应对未能办理施工许可证承担相应责任，要求返还其多支付的工程款116715.2元，并支付未能实现办理施工许可证这一承诺的相应违约金530477.4元，共计647192.6元。

双方的争议焦点为案涉工程至今未办理建设工程施工许可证，进而未办理竣工验收备案及房产证的过错方。B公司依据双方签订的《建设工程施工合同》专用条款第7条第1款第（5）点约定，"发包人应按约定的时间和要求完成以下工作：由发包人办理的施工所需证件、批件的名称：建筑工程规划许可证、施工许可证"主张A院是建设工程施工许可证至今未办的过错方。而A院依据专用条款第47条补充条款第（6）点约定，"承包人必须遵守地方法规，服从行业主管部门管理，凡涉及承包人的施工备案、车辆准运等有关证、照，均由承包人自行办理，发包人给予配合"主张B公司是过错方。

二、案件审理

一审法院认为：发包人未按照约定支付价款的，承包人可以催告发包人在合理期限内支付价款。A院与B公司签订的案涉施工合同系双方真实意思表示，应为有效。根据审定单和付款情况，A院尚欠B公司工程款590588元事实清楚，予以确认。

关于付款条件是否成就问题，合同约定的付款条件为"工程竣工验收""结算审计结束""一年保修期满"，上述付款条件中并未明确为竣工验收备案和领取房产证，应当视为合同约定的付款条件均已成就，B公司本诉要求A院支付工程款的诉请应予支持，A院反诉退还超付工程款不予支持。

关于施工许可证问题，根据《建筑法》的规定以及合同约定，办理的主体应为建设单位即A院，但B公司作为施工单位应当配合给予配套的材料。根据双方的举证，双方对于施工许可证未能成功办理均具有一定过错，在此情况下，作为施工许可证主办单位的A院要求B公司承担逾期办证违约金530477.4元的请求，不予支持。鉴于案涉工程早已竣工实际使用，且经过房屋安全鉴定，在此情况下补办施工许可证即无可行性，亦无必要性，A 院应按照向有关部门了解到的房产证办理方法，尽快办理相应手续，B 公司给予配合，酌定工程款付款时间为本案生效后 30 日内。

二审法院认为，双方签订的《建设工程施工合同》专用条款第 7 条明确约定"发包人应在开工前办理建设工程施工许可证"。基于《建筑法》规定及合同约定，本案办理建设工程施工许可证的法定责任主体为建设单位即 A 院，办理施工许可证的时间应在开工前。虽然 B 公司并非施工许可证的法定办证主体，但在没有施工许可证的情况下即施工，说明 B 公司在施工中亦存在一定过错；施工结束后，B 公司又承诺补办施工许可证，亦对目前的状态起到了过失推动作用。为此，该公司应对 A 院的损失承担相应责任。又因案涉工程已于 2014 年 8 月 17 日竣工验收合格，且已交付使用，故一审法院判令 A 院支付 B 公司工程款并无不当。

三、法律评析

本案争议要点在于建设工程施工许可证该由谁来办理。根据《建筑法》第七条规定"建筑工程开工前，建设单位应当按照国家有关规定向工程所在地县级以上人民政府建设行政主管部门申请领取施工许可证；但是，国务院建设行政主管部门确定的限额以下的小型工程除外。按照国务院规定的权限和程序批准开工报告的建筑工程，不再领取施工许可证。"显然，建设工程施工许可证的申领当属发包人的责任。本案中发包人未按照法律要求和合同约定履行职责，还用不予支付工程款来威胁承包人帮其办理施工许可证，这种行为极不可取。当然，承包人也不应该为了尽快获得工程款就伪造虚假证件试图蒙混过关。在本案中，发承包双方均有不当行为。

根据《建筑法》规定，发承包双方应各自承担法律规定的以下职责。

发包人的职责：

（1）开工前申领建设工程施工许可证；

（2）如期发布开工令；

（3）工程因故终止，应自中止施工之日起一个月内，向发证机关报告，并按照规定做好建筑工程的维护管理工作；恢复施工时，应向发证机关报告；中止施工满一年的工程恢复施工前，应报发证机关核验施工许可证；

（4）向建筑施工企业提供与施工现场相关的地下管线资料；

（5）涉及建筑主体和承重结构变动的装修工程，建设单位应当在施工前委托原设计单位或者具有相应资质条件的设计单位提出设计方案；

（6）全面履行合同规定的其他义务。

承包人的职责：

（1）确保有符合国家规定的注册资本、有与其从事的建筑活动相适应的具有法定执业资格的专业技术人员、有从事相关建筑活动所应有的技术装备，并满足法律、行政法规规定的其他条件，据此划分为不同的资质等级，经资质审查合格，取得相应等级的资质证书后，在其资质等级许可的范围内从事建筑活动；

（2）从事建筑活动的专业技术人员，应当依法取得相应的执业资格证书，并在执业资格证书许可的范围内从事建筑活动；

（3）编制施工组织设计；

（4）承担工程安全生产、环境保护的责任，并制定具体组织设计；

（5）依法为职工参加工伤保险，缴纳工伤保险费；鼓励企业为从事危险作业的职工办理意外伤害保险，支付保险费；

（6）施工现场对毗邻的建筑物、构筑物和特殊作业环境可能造成损害的，建筑施工企业应当采取安全防护措施；

（7）对工程的施工质量负责。交付竣工验收的建筑工程，必须符合规定的建筑工程质量标准，有完整的工程技术经济资料和经签署的工程保修书，并具备国家规定的其他竣工条件；

（8）全面履行合同规定的其他义务。

本案中发包人未依法履行职责，不仅是在施工许可证上存在问题，案涉工程的用地审批、监理合同等多项程序均存在不合规之处，可见发包人法律意识与程序意识淡薄。发包人的行为有悖于《民法典》第五百零九条"当事人应当按照约定全面履行自己的义务。当事人应当遵循诚信原则"的诚信主张。我们应当明白合同订立的前提应该是公平和信任，人无信不立，企业之间的往来更是如此。一旦双方信任关系破裂，那么合同的履行将寸步难行。长此以往，市场中原本友好互信的氛围被损耗殆尽，于建筑行业整体发展而言贻害无穷。

4.5.2 安全防护不到位，发承双方均担责

上诉人（原审原告）：钟某

上诉人（原审被告）：四川某建设公司

被上诉人（原审被告）：宜宾市某中学

一、基本案情

2017年2月9日，经招标投标，宜宾市某中学与四川某建设公司就"××镇初级中学寄宿制学校运动场建设项目"签订了《施工合同》，合同约定该建设公司对该项目进行施工。该建设公司组织挖掘机和施工人员进场，在钟某房屋正前方约20m处挖土平整运动场，挖了约两三米高的土坎后，因连续几天下雨，加之该建设公司又未及时修建挡土墙，导致该开挖边坡上方的围墙垮塌和泥土滑坡。后钟某发现自己房屋前方的泥土开裂，且房屋开始出现裂缝现象，遂去阻挡施工并要求赔偿，未果，钟某向法院提起诉讼。经鉴定，钟某房屋受损与该中学施工存在因果关系，且房屋整体处于危险状态，构成整幢危房。

二、案件审理

一审法院认为，行为人因过错侵害他人民事权益，应当承担侵权责任。四川某建设公司作为案涉项目的施工单位，根据《建筑法》第三十九条第二款，应当在施工过程中对毗邻建筑物采取安全防护措施。但该建设公司在平整运动场开挖土石方过程中，未及时对开挖的边坡修建挡土墙，以致在连续下雨的情况下造成边坡滑坡，进而导致钟某房屋开裂，使整幢房屋处于危险状态，构成危房。因此，该建设公司对造成钟某的房屋损失存在过错，依法应承担赔偿责任。宜宾市某中学作为运动场建设项目的发包人，应对施工过程可能存在的安全隐患进行监督检查，但该中学履职不到位，未及时督促四川某建设公司在施工中修建挡土墙阻止边坡滑坡，对造成钟某的房屋损失存在过错，依法应承担相应的赔偿责任。因造成钟某的损失主要是四川某建设公司未采取安全防护措施所致，因此，四川某建设公司应承担主要责任。宜宾市某中学监督检查不到位，应承担次要责任。钟某在本次

房屋受损过程中不存在过错，故钟某不应承担责任。故此，酌定由四川某建设公司和宜宾市某中学按照9：1的比例对钟某的房屋损失承担赔偿责任。

二审法院认为一审判决认定事实清楚，适用法律正确，予以维持。

三、法律评析

本案中发承包双方对此都应负有不可推卸的责任。《建筑法》第三十九条规定"建筑施工企业应当在施工现场采取维护安全、防范危险、预防火灾等措施；有条件的，应当对施工现场实行封闭管理。施工现场对毗邻的建筑物、构筑物和特殊作业环境可能造成损害的，建筑施工企业应当采取安全防护措施"。根据条文规定，为防止对毗邻建筑造成损害采取适当防护措施属于施工企业的责任，承包人是本案的第一责任人。同时，发包人对此负有监督检查的职责，此类安全防护措施应作为施工组织设计的一部分交由发包人审核。

另外，本案涉及侵权责任的判定。根据《民法典》第一千一百六十五条"行为人因过错侵害他人民事权益造成损害的，应当承担侵权责任。依照法律规定推定行为人有过错，其不能证明自己没有过错的，应当承担侵权责任"和第一千一百七十二条"二人以上分别实施侵权行为造成同一损害，能够确定责任大小的，各自承担相应的责任；难以确定责任大小的，平均承担责任"，法院对本案的判定和责任划分非常合理。

作为建设工程从业人员，我们应当明确工程安全无小事，有时一个小小的隐患也可能给企业带来无法预计的损失，甚至危及他人的生命财产安全。本案中，建设单位和施工单位都对施工安全防护过于掉以轻心，庆幸的是并未造成严重事故，但也足以为我们敲响警钟。作为施工单位，也是安全生产的首要负责人，要严格遵守《建筑法》和其他建筑行业安全规章规范，建立健全安全生产责任制、群防群治制度和劳动安全生产教育培训制度，将安全意识深植于每一个施工作业人员的心里。作为建设单位，要严格监督安全防护的落实，配合施工单位做好安全防范工作。而住房城乡建设行政主管部门应负责做好建筑安全生产的管理，并依法接受劳动行政主管部门对建筑安全生产的指导和监督。

4.5.3　非法转包把利图，转包合同均无效

上诉人（原审被告、反诉原告）：西安A置业有限公司（以下称A公司）

被上诉人（原审原告、反诉被告）：陕西B建设集团有限公司（以下称B公司）

一、基本案情

2008年12月26日，A公司和C公司经招标投标签订《西安××一期工程施工合同》。合同约定，2008年12月开工。2009年12月31日，前述两家公司与B公司签订《协议书》（以下简称三方补充协议），约定A公司同意C公司将施工内容委托B公司具体实施，B公司代替C公司承继A公司与C公司签订的《西安××一期工程施工合同》及《西安××一期工程施工合同》补充协议中承包人的权利和义务。C公司向B公司收取合同价款2%的管理费。2013年12月20日，该工程竣工验收合格，并交付A公司使用。A公司与B公司因工程造价的结算无法达成一致，产生纠纷。B公司遂起诉至法院。

经查，C公司与B公司还签订了一份无落款日期的《联营协议》（以下简称联营协议）。约定，C公司负责以其名义接受建设单位的投标邀请并组织相关人员进行投标，中标后与建设单位签订施工合同；办理施工过程中所有相关政府手续；按B公司报量及时向建设单位申请工程款的支付；根据发包方的款项分配，及时足额拨付B公司工程款。B公司负责根据C公司与建设单位的合同组织工程施工；承担施工过程中的全部费用。

二、案件审理

一审法院认为,关于案涉建设工程施工合同的效力。经过招标投标程序,A 公司与 C 公司 2008 年 12 月 26 日签订的施工合同及双方 2009 年 12 月 31 日就该合同签订的三方补充协议,合法有效,对双方具有法律约束力。双方应当按照上述约定履行合同义务。然而,上述合同签订后 C 公司并未按照约定的开工日期 2008 年 12 月施工,而是在 2009 年 12 月 31 日开工。A 公司、C 公司、B 公司签订三方补充协议,约定由 B 公司承担案涉工程的实际施工,C 公司向 B 公司收取合同价款 2% 的管理费。根据《招标投标法》第四十八条第一款规定"中标人应当按照合同约定履行义务,完成中标项目。中标人不得向他人转让中标项目,也不得将中标项目肢解后分别向他人转让"。《建筑法》第二十八条规定"禁止承包单位将其承包的全部建筑工程转包给他人,禁止承包单位将其承包的全部建筑工程肢解以后以分包的名义分别转包给他人"。A 公司、C 公司与 B 公司签订的《联营协议》、三方补充协议,违反了法律效力强制性规定,均为无效。对于合同的无效三方均有责任。

关于 C 公司、A 公司是否应当支付 B 公司工程款。案涉工程竣工验收合格,并交付 A 公司使用,A 公司应当支付 B 公司工程款。而 C 公司作为案涉工程项目的总承包人,不履行中标合同的施工义务,规避法律,将工程项目转包给 B 公司,违法收取合同结算额 2% 款项,应当承担支付 B 公司工程款的责任。

一审法院同样认为,A 公司应当与 C 公司共同承担付款义务。

三、法律评析

我国建设工程行业中,《建筑法》确立了从业资质管理体系,并由此衍化出许许多多的专业公司,因此建设工程中专业工程分包十分常见,但同时也存在大量不符合法律法规的转包、挂靠、违法分包等复杂情况。这使得建设工程中合同关系盘根错节,难以厘清责任关系,成为建设工程合同纠纷频发的重要根源之一。《民法典》中第七百九十一条和第八百零六条也对此作出了明确规定。本案例中同样因为存在转包情况导致案件审理的困难。在此,对工程中存在的三包一靠(分包、转包、内包、挂靠)情况作简单介绍。由于分包、转包已在"4.2.3 建筑工程分包与转包"进行了详细介绍,此处不再赘述。

转包与分包的主要区别在于,分包是将工程的一部分发包给第三人,而转包则是将工程整体发包出去同时不对工程进行管理。所以分包有合法分包与违法分包之分,而转包行为均属非法。同时《建筑法》规定肢解分包行为在实际上属于转包。

(一)内包

内包即为内部承包,是指承包人将工程交由其内部职能机构或部门负责的一种经营行为。根据《中华人民共和国公司法》的规定,法人的内设机构和分支机构不具有独立人格,属于法人的一个部分,法人对内设机构或分支机构的行为负责。所以,承包人的内设机构或部门不具有独立的法律地位,承包人对其行为进行管理并负责,不能视作法律意义上的"第三人"。因此,内包不属于《建筑法》和《建设工程质量管理条例》中禁止的转包行为,只能视作法人经营的策略或手段。

(二)挂靠

挂靠是指没有法定资质的施工单位或个人借用其他企业的资质,以其名义承揽工程进行工程建设的行为。挂靠是法律明令禁止的违法行为,《建筑法》第二十六条第二款对此作出了明确规定,即"禁止建筑施工企业超越本企业资质等级许可的业务范围或者以任何形式用其他建筑施工企业的名义承揽工程。禁止建筑施工企业以任何形式允许其他单位或者个人使用本企业的资质证书、营业执照，以本企业的名义承揽工程"。

具体情形包括：

（1）没有资质的单位或个人借用其他施工单位的资质承揽工程的；

（2）有资质的施工单位相互借用资质承揽工程的，包括资质等级低的借用资质等级高的，资质等级高的借用资质等级低的，相同资质等级相互借用的；

（3）转包的情形中有证据证明其属于挂靠的。

建设工程由于其自身的复杂性和专业性，在产生纠纷时本就难以判定，而转包、挂靠等情形的出现无疑增加了纠纷处理的难度。这些违法行为是缺乏诚信意识和职业道德的体现，它们可能会造成工程质量低下，甚至会导致危害他人生命财产安全的严重事故，更重要的是会影响建设工程领域公平法制的建立和发展，致使市场混乱无序。作为承包单位，应该恪守职责，做好企业内部管理，在法律允许的范围内合法分包，对违法行为说不。监管部门也应严格监督，杜绝此类事件的发生。

4.5.4 证件弄虚作假，监理岂能儿戏

上诉人（原审原告）：安徽 C 工程项目管理有限公司（以下简称 C 公司）

被上诉人（原审被告）：江苏 A 房地产开发有限公司（以下简称 A 公司）

一、基本案情

A 公司作为发包方将某大厦项目工程发包给施工单位 B 公司。C 公司与 A 公司于 2015 年 1 月 26 日签订《建设工程监理合同》。合同约定将位于××市的某大厦工程项目交由 C 公司负责监理。现该工程已竣工并交付使用。

C 公司于 2015 年 5 月 29 日制作的《非驻苏监理企业单个项目管理核验登记表》载明该项目监理人员包括魏某某、代某某、吕某某、秦某某、杨某某、谢某某、于某某。仅谢某某、于某某为注册监理工程师，持有注册执业证书，魏某等五人不是监理工程师，不具有相应监理资质。A 公司提供证据证明魏某某等五人系施工单位 B 公司的员工，并非 C 公司员工，C 公司辩称他们五人为辅助人员，公司没有为他们缴纳社保，没有签订劳动合同，没有工资发放证明。

二、案件审理

一审法院认为，本案中 C 公司自认公司法定代表人许某某于 2013 年 1 月 11 日至 2015 年 12 月 24 日担任工程施工方 B 公司安徽分公司法定代表人，C 公司自认许某某与施工方 B 公司有挂靠关系。C 公司作为工程监理单位与承包单位有利害关系。C 公司在明知魏某某等五人系施工单位 B 公司的员工，并非 C 公司员工，不具有监理资质，仍违背相关禁止规定，串通 B 公司，通过伪造魏某某等五人的监理师证件，制作虚假《非驻苏监理企业单个项目管理核验登记表》以通过审核，获取监理案涉工程的备案许可，双方的行为损害社会公共利益。C 公司与 A 公司签订的建设工程监理合同应确认无效。根据相关法律规定，当事人之间恶意串通，损害国家公共利益的，因此取得的财产收归国家所有。本案中 C 公司依据无效合同主张监理费用的请求，一审法院不予支持。双方约定取得的财产权益一审法院将另行制作决定书予以追缴。

二审另查明，（2018）苏 11 民终××××号民事判决（已生效）对许某某与 B 公司之间的挂靠经营合同关系进行了认定。

二审法院认为，合法的债权受法律保护。关于C公司与A公司签订的建设工程监理合同的效力问题，C公司与A公司签订建设工程监理合同为案涉工程提供监理服务，合同宗旨是接受A公司的委托，对工程建设的投资、工期、质量和安全等进行监督、控制和管理。但根据已查明事实，C公司现任法定代表人许某某曾与案涉工程施工方B公司系挂靠经营关系，C公司所主张的参与"监理"的相关人员亦系施工方B公司的工作人员，C公司的行为违反了相关法律法规的强制性规定，一审法院据此认定C公司与A公司签订的建设工程监理合同无效，并无不当。加之，C公司提供的证据尚不足以证明其依约履行了监理义务。故一审法院驳回C公司的诉讼请求，并无不当。至于非法所得是否应当追缴，《中华人民共和国民法总则》并未明确废止《中华人民共和国民法通则》及《中华人民共和国合同法》关于追缴的相关规定（上述法律在案件审理时有效），一审法院对相关财产进行追缴，亦无不当。

三、法律评析

本案涉及两个法律要点。其一，监理人员是施工过程中的重要角色，需要具有相应行业资质，持证上岗。《建筑法》第十二条规定，从事建筑活动的工程监理单位，应当有与其从事的建筑活动相适应的具有法定执业资格的专业技术人员。本案参与案涉项目监理工作的七人中，仅两人持有注册执业证书，C公司伪造证件的行为违法违约，既缺少对国家法律的敬畏，又没有坦诚相待的合约精神。

其二，C公司法定代表人曾任施工企业法定代表人，且自认与施工方有挂靠关系。《建筑法》第三十四条第二款规定，"工程监理单位与被监理工程的承包单位以及建筑材料、建筑构配件和设备供应单位不得有隶属关系或者其他利害关系"。本案中监理公司与施工公司存在明显的利害关系，在这种情况下，《建筑法》规定的"工程监理单位应当根据建设单位的委托，客观、公正地执行监理任务"这一义务难以得到有效落实。

4.5.5 行政管理行为，也受法律监督

上诉人（原审被告）：L市城乡建设局
被上诉人（原审原告）：J房地产开发有限责任公司（以下简称J公司）

一、基本案情

2009年3月28日，J公司经过招标投标程序后与L市E集团有限公司（以下简称E公司）签订了施工合同书，约定：由E公司承建J公司开发的××大厦工程。该工程现已通过竣工验收。后E公司与J公司就工程结算产生纠纷。

H商贸（集团）有限公司（以下简称H公司）为经营超市，向J公司申请在地下室剪力墙进行局部开洞。J公司委托原设计单位进行设计变更后同意开洞。2013年9月，H公司委托施工单位进行了墙体开洞施工。2015年9月15日，L市建设工程质量监督管理站（以下简称质监站）接到E公司举报材料，安排监督人员进行了现场核实。质监站于2015年11月12日作出2015-4-034号限期整改通知，内容为：J房地产开发有限责任公司：你单位参建的××大厦，经抽查发现存在以下问题：擅自破坏地下室剪力墙，对原结构造成重大隐患，要求你单位立即按照相关规定进行鉴定、检测、加固、补强，消除结构安全隐患。该通知责令J公司整改完毕后，由监理单位组织验收，验收合格后形成安全隐患整改报告，经建设、施工、监理单位项目负责人签字并加盖单位公章；将整改完成的相关资料报送质监站。J公司不服，向法院提起行政诉讼。

二、案件审理

原审法院认为,关于限期整改通知认定J公司擅自破坏地下室剪力墙的问题。根据证据,J公司在委托××大厦工程原设计单位甘肃省某工业设计院有限责任公司作出设计变更后,方同意装修施工墙体开洞。对于J公司同意拆除墙体的性质即是否属于建筑主体和承重结构,以及J公司同意拆除墙体之前是否进行了相关设计变更并按规定送审查机构审查或无需审查的事实,质监站是否进行了认真核实,L市城乡建设局并未举出充分证据予以证实。质监站要求J公司对其改变地下室剪力墙的建筑物进行鉴定、检测、加固、补强,主要证据不足。

关于限期整改通知在适用法律和程序上存在的问题。根据行政法治的要求,一个合法的行政行为应当具备以下要件:证据确凿,适用法律、法规正确,符合法定程序,不存在超越职权、滥用职权、明显不当的问题。适用法律正确的含义是不仅要明确适用哪一部规范性法律文件,还要明确到具体的条、款、项、目。限期整改通知未引用任何规范性法律文件的名称和具体条文,属适用法律错误。

本案中,L市城乡建设局委托质监站作出的限期整改通知,对J公司权益将产生重大不利影响,应当保障J公司的知情权、参与权和救济权,充分听取J公司的陈述与申辩,但对此L市城乡建设局并没有提交相应的证据予以证明。该通知也没有填写整改限定的具体天数和报送整改完成的相关资料的日期,没有告知被通知人享有的申请复议和提起诉讼的权利,违反正当程序。

综上判决:撤销L市城乡建设局委托L市建设工程安全质量监督管理站2015年11月12日作出的限期整改通知。

二审法院认为,本案被诉的质监站向J公司作出的限期整改通知认定事实是"擅自破坏地下室剪力墙、对原结构造成重大隐患"。对于是否存在擅自变动房屋建筑主体和承重结构的问题,质监站在收到E公司的举报后理应认真调查核实,收集证据。但在上诉人L市城乡建设局向法院提交的证据中,没有质监站主动搜集调取的证据。此外,E公司在2015年9月15日的举报材料中称J公司在对××大厦装修工程中随意改变原房间布局,对地下室多处承重结构进行拆除,导致该建筑物存在严重结构质量安全及消防隐患;质监站竣工验收监管科工作人员董某某书写并加盖该科印章的说明也有这一内容。没有证据证明J公司装修行为是否确实变动了房屋建筑主体和承重结构、是否属于"擅自"即是否有设计方案。在此情况下,质监站即认定J公司"擅自破坏地下室剪力墙、对原结构造成重大隐患",证据明显不足。因此,驳回上诉。

三、法律评析

建筑主体和承重结构的变动对建筑的安全性具有重要影响,为了保障人民的生命财产安全,国家对此有严格的法律要求。

《建筑法》第四十九条规定:"涉及建筑主体和承重结构变动的装修工程,建设单位应当在施工前委托原设计单位或者具有相应资质条件的设计单位提出设计方案;没有设计方案的,不得施工。"

《建设工程质量管理条例》第十五条第一款规定:"涉及建筑主体和承重结构变动的装修工程,建设单位应当在施工前委托原设计单位或者具有相应资质等级的设计单位提出设计方案;没有设计方案的,不得施工。房屋建筑使用者在装修过程中,不得擅自变动房屋建筑主体和承重结构。"该条例第六十九条规定:"违反本条例规定,涉及建筑主体或者承重结构变动的装修工程,没有设计方案擅自施工的,责令改正,处 50 万元以上 100 万元以下的罚款;房屋建筑使用者在装修过程中擅自变动房屋建筑主体和承重结构的,责令改正,处 5 万元以上 10 万元以下的罚款。"

本案中,J 公司在原设计单位作出设计变更后才同意装修施工墙体开洞,符合上述法律规定,也就不存在质监站所说的"擅自"破坏房屋结构。此外,L 市城乡建设局委托质监站作出的限期整改通知的行政行为存在程序不当,国务院《全面推进依法行政实施纲要》提出,依法行政的基本要求之一是程序正当。行政机关实施行政管理,除涉及国家秘密和依法受到保护的商业秘密、个人隐私外,应当公开,注意听取公民、法人和其他组织的意见;要严格遵循法定程序,依法保障行政管理相对人、利害关系人的知情权、参与权和救济权。

4.5.6 公共场所要施工,施工标志应设好

原告:詹某某

被告:南京 S 建筑安装工程有限公司(以下简称 S 公司)

被告:南京市某区市政设施综合养护管理所(以下简称市政养护所)

被告:T 小区业主委员会(以下简称 T 小区业委会)

一、基本案情

2018 年 10 月起,S 公司受 T 小区业委会口头委托,实施 T 小区南门改造工程。施工过程中,S 公司用木条等制作了简易围挡,另加零星锥形筒作为路障。2018 年 12 月 22 日,S 公司完成上述项目,从施工现场撤离,但未与 T 小区业委会进行交接,临时路障也一并撤离。S 公司撤离施工现场后,T 小区业委会也未就施工现场设置路障。

2019 年 1 月 7 日,南京市城市管理行政执法局就案涉路段出具调查通知书,鉴于 S 公司因在 T 小区南门私自挖掘城市道路的行为,不能提供合法依据,通知其携带书面说明前去接受调查。S 公司法定代表人徐某某当日也在处理现场,但此后并未按调查通知书的要求前去接受调查。同日,T 小区业委会与 S 公司就 T 小区南门室外沥青铺设工程签订书面建设工程施工合同,范围包括 T 小区南门外直至与道路连接,包括案涉路段。

2019 年 1 月 3 日 7 时 10 分许,原告驾驶电动自行车沿环陵路由北向南行驶至 T 小区南门附近(该路段为机非混合车道),驶入被铣刨不平的路段,电动自行车失去平衡倒地,造成原告受伤、电动自行车损坏的交通事故。事故发生后,原告先后前往南京市某社区卫生服务中心、某骨伤科医院救治,经诊断,事故导致原告胸部外伤,多发肋骨骨折。经查,绿道上设有标志,仅供行人和自行车通行,禁止机动车、电动自行车、滑轮通行。

二、案件审理

法院认为:对于 T 小区业委会的过错,第一,《建筑法》第四十二条规定,如可能损坏道路、管线、电力、邮电通信等公共设施的,建设单位应当按照国家有关规定办理申请批准手续。T 小区业委会委托 S 公司就 T 小区南门进行改造,损坏道路等公共设施,却未办理申请批准手续,存在过错。第二,本案中,就对路面进行铣刨和铺设沥青的施工需要何种施工资质的问题,南京市城乡建设委员会的答复是"建议由具备市政公用工程施工总承包三级或建筑工程施工总承包三级资质的企业承接"。然而 S 公司并不具备前述资质,T 小区业委会未就 S 公司的施工资质尽到勤勉审查义务,就将工程口头发包给 S 公司,存

在选任过失。

对于 S 公司的过错。《中华人民共和国侵权责任法》(案件审理时有效)第九十一条规定，在公共场所或者道路上挖坑、修缮安装地下设施等，没有设置明显标志和采取安全措施造成他人损害的，施工人应当承担侵权责任。本案中，S 公司在案涉道路上施工期间，未经与 T 小区业委会交接即擅自撤场，撤场期间未设置明显标志，未采取安全措施，存在过错。

对于市政养护所的过错。根据《最高人民法院关于审理人身损害赔偿案件适用法律若干问题的解释》(法释〔2003〕20 号)(案件审理时有效)第十六条的规定，道路、桥梁、隧道等人工建造的构筑物因维护、管理瑕疵致人损害的情形，由所有人或者管理人承担赔偿责任，但能够证明自己没有过错的除外。市政养护所系案涉道路的维护、管理人，未能举证证明其在 2019 年 10 月至 12 月 22 日 T 小区业委会委托 S 公司就案涉路段进行施工期间，尽到巡查、管理义务，推定其存在过错。

对于詹某某的过错。詹某某在驾驶电动自行车行进过程中，疏于观察、避让不及，也是导致案涉事故的原因之一，存在过错。

综合以上四方当事人在案涉事故中的过错及原因力大小，本院认为原告因其自身过错，减轻其他侵权人合计 15% 的损害赔偿责任；剩余 85% 的损失，由 T 小区业委会承担 40%，S 公司承担 30%，市政养护所承担 15%。

三、法律分析

本案属于因道路施工造成第三人损害的典型案例。

T 小区业委会作为建设单位，对南门的改造工程范围涉及市政道路，依照《建筑法》第四十二条规定，有下列情形之一的，建设单位应当按照国家有关规定办理申请批准手续：①需要临时占用规划批准范围以外场地的；②可能损坏道路、管线、电力、邮电通信等公共设施的；③需要临时停水、停电、中断道路交通的；④需要进行爆破作业的；⑤法律、法规规定需要办理报批手续的其他情形。T 小区业委会未先申报便私自挖掘城市道路的行为显然违反法律规定。

同时 T 小区业委会也不应将案涉工程发包给没有相应施工资质的 S 公司。《建筑法》第二十二条规定，建筑工程实行直接发包的，发包单位应当将建筑工程发包给具有相应资质条件的承包单位。建设工程合同具有承揽合同的基本属性，应当适用承揽合同的有关规定。

S 公司作为施工单位，在施工撤场期间未设置明显标志，也存在过错，应当承担事故部分责任。《民法典》第一千二百五十八条规定，"在公共场所或者道路上挖掘、修缮安装地下设施等造成他人损害，施工人不能证明已经设置明显标志和采取安全措施的，应当承担侵权责任。"

课后练习

(扫下方二维码自测)

第 5 章　工程招标投标法律制度

5.1　概述

5.1.1　招标投标的概念

招标投标是一种商品交易行为，是市场经济中重要的采购方式和竞争方式。在国际交易往来中，也时常涉及招标投标活动。但国际上的招标投标概念与国内略有不同。

首先，国际上一般认为招标投标是一个整体行为，招标与投标是整体行为的两个阶段，在英文中这个整体被称为"Bidding"；而国内学术界对招标和投标有分别的界定，将它们视作交易的"买"和"卖"两个行为。

建设工程招标投标可以定义为：在市场经济下，对工程建设相关的货物和服务进行采购和提供的过程，采购方（招标人）通过招标公告或向特定供应商和承包商发出招标邀请，事先提出采购的数量、质量、工期、技术等要求，并对投标人的资质作出要求，吸引提供方（投标人）投递标书参与竞争，标书的主要内容是提供方对招标文件的响应和对提供货物或服务的报价，再由采购方审查、比较后从中择优而选。

招标与投标是相对应的、必然联系的一组概念。没有招标，就不会有后续的投标；没有投标，招标也毫无意义。

5.1.2　招标投标的法律性质

在《招标投标法》施行前的相当一段时间中，人们普遍认为招标投标属于行政行为，应由政府执行。但《招标投标法》的颁布在法律上明确了招标投标的民事行为属性，由采购方主导，政府则作为监督者出现，保护国家利益、社会公共利益和招标投标活动当事人的合法权益。

招标投标是一种找寻最适合的提供方的方式，其目的是为了达成交易签订合同。依据《民法典》的规定，合同的成立分为两个过程：要约和承诺。要约是希望与他人订立合同的意思表示，该意思表示应当符合下列条件：①内容具体确定；②表明经受要约人承诺，要约人即受该意思表示约束。而承诺是受要约人同意要约的意思表示。一些交易活动中还存在要约邀请的概念，即希望他人向自己发出要约的表示。法律规定拍卖公告、招标公告、招股说明书、债券募集办法、基金招募说明书、商业广告和宣传、寄送的价目表等为要约邀请。

在招标投标过程中，招标公告是要约邀请，投标是要约，中标通知书则是承诺。虽然招标公告也对招标人有约束力，但这种约束并不是法律规定要约必备条件所提及的约束。我们可以理解为招标作为一种市场行为，本身就应当受市场规范约束，而且招标文件是投标人制作标书的重要依据，不应当也不可以存在虚假和隐瞒，这种约束是对招标人提供的信息真实可靠性的约束。此外，招标文件虽然也对项目内容作了具体介绍，但缺少合同成立的关键信息——价格，而价格在投标文件中有明确的体现，因此投标更符合要约的条件。而招标是邀请潜在投标人对招标人提出要约（即报价）的一种要约邀请。

投标符合要约的条件。首先，投标是投标人想要与招标人签订合同的意思表示；其次，投标文件中包含项目的详细信息和投标人报价。而且，一旦中标，投标人必须按照投标文件和合同内容履行责任，即受投标文件约束。而中标通知书则是招标人向投标人发出的同意其报价和方案的意思表示，即接受投标人的要约，当视为承诺。

5.1.3 招标投标的基本原则

招标投标活动是一项市场竞争活动，《招标投标法》第五条规定"招标投标活动应当遵循公开、公平、公正和诚实信用的原则"。

1. 公开原则

公开原则保障了招标投标活动的广泛参与性。首先，招标投标活动的信息要做到透明公开，尤其是招标环节。采用公开招标的项目应当通过国家规定的报刊、网站或其他公共媒介发布正式的招标公告，尤其是依法必须招标的项目。进行资格预审的项目应当发布资格预审公告；邀请招标的项目应当向3个以上的潜在投标人发出招标邀请书。无论是招标公告、资格预审公告，还是招标邀请书都应当囊括潜在投标人决定是否参加投标所需的基本信息。招标人对已发出的招标文件的修改或澄清，应当书面通知所有招标文件的收受人。

其次，开标程序要公开。所有投标方均可到场参与开标。保证投标文件密封完好并现场开封，唱读标书核心内容。

再次，评标标准和程序要公开。在招标文件中应当对评标标准和办法有明确规定，评标时严格按此进行。

最后，中标要公开。评标结果出来后，招标人应向中标人发出中标通知书，并将结果通知到所有未中标的投标人。

2. 公平原则

公平原则要求招标人给予每个投标人相同的信息，严格按照公开的招标程序进行招标，同等对待每一个参与的投标人。对投标人的资格审查和标书评价采用同一套标准和程序，不得以任何方式限制、排斥或倾向某一投标人。不得向投标人泄露标底或其他可能影响公平竞争的信息。

3. 公正原则

公正原则要求招标人和评标委员会保持公正客观的态度，不偏袒或排斥任何一个投标人。尤其是在评标过程中，评标标准应尽可能量化，避免模棱两可；在投标截止日期之后提交的标书应当拒收；对评标委员会的成员应当严格审核，避免与投标人有利害关系的人参与评标。在招标投标过程中，招标人与投标人地位平等，任何一方不得向另一方提出不合理的要求，不得将自己的意志强加给对方。

4. 诚实信用原则

诚实信用是民事行为的基本准则，《民法典》中也对此作出了要求。招标投标作为民事行为的一种，自然也遵循这一基本原则。在招标投标活动中，招标投标双方都应当时刻谨记诚实信用原则。招标人应当保证招标文件中信息的真实有效，不得虚报瞒报；投标人提交的资质证明和标书中涉及的信息、方案应当据实填写。合同签订后，双方应该严格按照合同文件履约。任何违背诚信原则、弄虚作假给对方造成损失的行为都会受到法律的严惩。

5.1.4 招标投标的分级监督与公众监督

1. 分级监督与职权划分

招标投标活动及其当事人应当依法接受监督。有关行政监督部门依法对招标投标活动实施监督，依法查处招标投标活动中的违法行为。对招标投标活动的行政监督及有关部门的具体职权划分，由国务院规定。

国务院发展改革部门指导和协调全国招标投标工作，对国家重大建设项目的工程招标投标活动实施监督检查。国务院工业和信息化、住房和城乡建设、交通运输、铁道、水利、商务等部门，按照规定的职责分工对有关招标投标活动实施监督。

县级以上地方人民政府发展改革部门指导和协调本行政区域的招标投标工作。县级以上地方人民政府有关部门按照规定的职责分工，对招标投标活动实施监督，依法查处招标投标活动中的违法行为。县级以上地方人民政府对其所属部门有关招标投标活动的监督职责分工另有规定的，从其规定。

财政部门依法对实行招标投标的政府采购工程建设项目的政府采购政策执行情况实施监督。

监察机关依法对与招标投标活动有关的监察对象实施监察。

2. 公众监督

《招标投标法》规定，投标人和其他利害关系人认为招标投标活动不符合本法有关规定的，有权向招标人提出异议或者依法向有关行政监督部门投诉。

关于公众监督与投诉在《招标投标法实施条例》中有如下详细规定：

投标人或者其他利害关系人认为招标投标活动不符合法律、行政法规规定的，可以自知道或者应当知道之日起 10 日内向有关行政监督部门投诉。投诉应当有明确的请求和必要的证明材料。就条例第二十二条、第四十四条、第五十四条规定事项投诉的，应当先向招标人提出异议，异议答复期间不计算在前款规定的期限内。

投诉人就同一事项向两个以上有权受理的行政监督部门投诉的，由最先收到投诉的行政监督部门负责处理。行政监督部门应当自收到投诉之日起 3 个工作日内决定是否受理投诉，并自受理投诉之日起 30 个工作日内作出书面处理决定；需要检验、检测、鉴定、专家评审，所需时间不计算在内。投诉人捏造事实、伪造材料或者以非法手段取得证明材料进行投诉的，行政监督部门应当予以驳回。

行政监督部门处理投诉，有权查阅、复制有关文件、资料，调查有关情况，相关单位和人员应当予以配合。必要时，行政监督部门可以责令暂停招标投标活动。行政监督部门的工作人员对监督检查过程中知悉的国家秘密、商业秘密，应当依法予以保密。

5.1.5 强制招标的范围

虽然招标投标是一种民事行为，一般的工程建设项目可以选择是否采用招标投标方式选定承包单位，但我国是以公有制为主的社会主义国家，国有资金来源于民众，必须保障资金能发挥最大的经济效益。所以为了保障质量、提高资金使用效率，国家将涉及公共资金和项目重大、关系到公众利益和社会稳定的建设工程项目纳入了强制招标的范围。在强制招标范围内，任何单位和个人不得将依法必须进行招标的项目化整为零或者以其他任何方式规避招标。

《招标投标法》规定，在中华人民共和国境内进行下列工程建设项目包括项目的勘察、设计、施工、监理以及与工程建设有关的重要设备、材料等的采购，必须进行招标：

（1）大型基础设施、公用事业等关系社会公共利益、公众安全的项目；

（2）全部或者部分使用国有资金投资或者国家融资的项目，包括：①使用预算资金200万元人民币以上，并且该资金占投资额10%以上的项目；②使用国有企业事业单位资金，并且该资金占控股或者主导地位的项目；

（3）使用国际组织或者外国政府贷款、援助资金的项目，包括：①使用世界银行、亚洲开发银行等国际组织贷款、援助资金的项目；②使用外国政府及其机构贷款、援助资金的项目。

上述所列项目的具体范围和规模标准，由国务院发展改革部门会同国务院有关部门制订，报国务院批准。法律或者国务院对必须进行招标的其他项目的范围有规定的，依照其规定。

依法必须进行招标的项目，其招标投标活动不受地区或者部门的限制。任何单位和个人不得违法限制或者排斥本地区、本系统以外的法人或者其他组织参加投标，不得以任何方式非法干涉招标投标活动。

从法律规定可以看出，强制招标的范围不仅在于施工过程，而是贯穿工程建设的全过程，包括勘察、设计、施工、监理以及材料设备的采购等。建设工程的任何一个环节都对工程的按质按时完工至关重要，重大项目如果招标投标管理不当，随意选择承包单位，就很可能滋生大量贪污腐败行为，危及工程质量，同时也会在人民群众当中造成不良影响。

5.1.6 依法不进行招标的范围

在必须招标的项目类别中，存在一些不适合招标的特殊情形，在此范围内按照国家有关规定可以不进行招标。

《工程建设项目施工招标投标办法》第十二条规定，依法必须进行施工招标的工程建设项目有下列情形之一的，可以不进行施工招标：

（1）涉及国家安全、国家秘密、抢险救灾或者属于利用扶贫资金实行以工代赈需要使用农民工等特殊情况，不适宜进行招标；

（2）施工主要技术采用不可替代的专利或者专有技术；

（3）已通过招标方式选定的特许经营项目投资人依法能够自行建设；

（4）采购人依法能够自行建设；

（5）在建工程追加的附属小型工程或者主体加层工程，原中标人仍具备承包能力，并且其他人承担将影响施工或者功能配套要求；

（6）国家规定的其他情形。

5.2 招标

5.2.1 招标人

依据《招标投标法》规定，"招标人是依照本法规定提出招标项目、进行招标的法人或者其他组织"。招标不是可以随意进行的个人行为，任何工程建设项目须由符合法定条件的建设单位或委托招标代理机构进行招标。

1. **建设单位自行招标**

招标人具有编制招标文件和组织评标能力的，可以自行办理招标事宜。任何单位和个人不得强制招标人委托招标代理机构办理招标事宜。如依法必须进行招标的项目，招标人自行办理招标事宜的，应当向有关行政监督部门备案。

建设单位自行招标的必备条件包括：

（1）具有法人资格；

（2）具有与招标项目规模和复杂程度相适应的技术、经济等方面的专业人员；

（3）拥有一定数量的具备编制招标文件、组织评标等相应能力的专业人员；

（4）熟悉掌握以《招标投标法》为核心的一系列招标投标法律文件。

2. **建设单位委托招标代理机构招标**

招标人有权自行选择招标代理机构，委托其办理招标事宜。任何单位和个人不得以任何方式为招标人指定招标代理机构。

招标代理机构是依法设立、从事招标代理业务并提供相关服务的社会中介组织。招标代理机构与行政机关和其他国家机关不得存在隶属关系或者其他利益关系，且招标代理机构应当在招标人委托的范围内办理招标事宜。

依据《招标投标法》，工程建设项目招标代理机构应当具备下列条件：

（1）有从事招标代理业务的营业场所和相应资金；

（2）有能够编制招标文件和组织评标的相应专业力量。

中国从 20 世纪 80 年代开始进行招标投标活动，招标代理机构也从那时开始兴起。2007 年 3 月 1 日《工程建设项目招标代理机构资格认定办法》正式施行，其在《招标投标法》的基础上对在中华人民共和国境内从事各类工程建设项目招标代理业务机构资格的认定作出了进一步规范。2016 年 5 月，"放管服"改革被提出，建筑领域也积极响应。2017 年 12 月，住房和城乡建设部办公厅发布了《住房城乡建设部办公厅关于取消工程建设项目招标代理机构资格认定加强事中事后监管的通知》（建办市〔2017〕77 号），宣布自 2017 年 12 月 28 日起，各级住房城乡建设部门不再受理招标代理机构资格认定申请，停止招标代理机构资格审批。随后，2018 年 3 月住房和城乡建设部正式废止了《工程建设项目招标代理机构资格认定办法》。

此次改革一改以审批发证为主要内容的传统管理体制，取而代之的是以信用约束和行业自律为核心的市场竞争模式。建办市〔2017〕77 号文件中提出建立信息报送和公开制度，招标代理机构可按自愿原则向工商注册所在地省级建筑市场监管一体化工作平台报送包括：营业执照相关信息、注册执业人员、具有工程建设类职称的专职人员、近 3 年代表性业绩、联系方式在内的基本信息。统一在住房和城乡建设部全国建筑市场监管公共服务平台对外公开，供招标人根据工程项目实际情况选择参考。同时，建立失信联合惩戒机制，强化信用对招标代理机构的约束作用，构建"一处失信、处处受制"的市场环境。要求各级住房城乡建设主管部门加强招标代理机构资格认定取消后的事中事后监管工作，严格依法查处招标代理机构违法违规行为，及时归集相关处罚信息并向社会公开，保护招标投标活动当事人的合法权益，维护招标投标活动的正常市场秩序。

5.2.2 招标项目必备条件

依法必须招标的工程建设项目，应当具备下列条件才能进行施工招标：
（1）招标人已经依法成立；
（2）初步设计及概算应当履行审批手续的，已经批准；
（3）有相应资金或资金来源已经落实；
（4）有招标所需的设计图纸及技术资料。

5.2.3 招标方式

招标分为公开招标和邀请招标。

1. 公开招标

公开招标，是指招标人以招标公告的方式邀请不特定的法人或者其他组织投标。它是由招标人以一定的法律程序，在全社会熟悉的公开媒介上公布招标公告，吸引所有符合条件的投标人平等参与投标，择优选取合作对象的招标方式。因为其对竞争者没有限制，所以又被称为无限竞争性招标。

公开招标的优点包括：
（1）参与者更广泛，竞争性更强，择优可能性更高；
（2）有效避免招标投标过程中的贪腐现象。

公开招标的缺点包括：
（1）由于参与者众多，一般程序更复杂，耗时更长，成本更高；
（2）对专业性较强的项目不适用。

公开招标的基本程序一般包括：①招标公告；②资格预审；③发放招标文件；④投标预备会；⑤编制、递送投标文件；⑥开标；⑦评标（资格后审）；⑧中标；⑨合同谈判与签订。

2. 邀请招标

邀请招标，是指招标人以投标邀请书的方式邀请特定的法人或者其他组织投标。它是指招标人依据潜在投标人的资质和业绩先行选定 3 个以上的潜在投标人发送投标邀请书，邀请其参与投标，并择优选取合作对象的一种招标方式。由于这种方式将其他潜在投标人排除在外，因此又被称为有限竞争性招标。

国务院发展改革部门确定的国家重点项目和省、自治区、直辖市人民政府确定的地方重点项目不适宜公开招标的，经国务院发展改革部门或者省、自治区、直辖市人民政府批准，可以进行邀请招标。

国有资金占控股或者主导地位的依法必须进行招标的项目，应当公开招标；但有下列情形之一的，可以邀请招标：
（1）技术复杂、有特殊要求或者受自然环境限制，只有少量潜在投标人可供选择；
（2）采用公开招标方式的费用占项目合同金额的比例过大。

有上述第二项所列情形，属于按照国家有关规定需要履行项目审批、核准手续的依法必须进行招标的项目，其招标范围、招标方式、招标组织形式应当报项目审批、核准部门审批、核准。由项目审批、核准部门作出认定；其他项目由招标人申请有关行政监督部门作出认定。

邀请招标的优点包括：

(1) 缩减招标工作量和招标时间；
(2) 减少招标成本。

邀请招标的缺点包括：
(1) 竞争开放度较弱，参与者少，可能无法获得最大竞争效益；
(2) 更容易滋生贪污受贿。

5.2.4 招标公告与投标邀请书

1. 招标公告

招标人采用公开招标方式的，应当发布招标公告。依法必须进行招标的项目的招标公告，应当通过国家指定的报刊、信息网络或者其他媒介发布。

招标公告是招标人向所有潜在投标人发出的通告，其中应当载明招标人的名称和地址、招标项目的性质、数量、实施地点和时间以及获取招标文件的办法等事项。招标公告必须通过一定的公开媒体进行传播，法律要求必须进行招标的项目，应当通过国家制定的报刊、信息网络等媒介发布招标公告。

2. 投标邀请书

招标人采用邀请招标方式的，应当向3个以上具备承担招标项目的能力、资信良好的特定的法人或者其他组织发出投标邀请书。

投标邀请书应当载明招标人的名称和地址、招标项目的性质、数量、实施地点和时间以及获取招标文件的办法等事项。

5.2.5 资格审查

资格审查是对投标人是否符合投标要求进行的核查，分为资格预审和资格后审。资格预审，是指在投标前对潜在投标人进行的资格审查。资格后审，是指在开标后对投标人进行的资格审查。进行资格预审的，一般不再进行资格后审，但招标文件另有规定的除外。

1. 资格预审

资格预审分为三个步骤：①发布资格预审公告；②发出资格预审文件；③资格审查。

《招标投标法实施条例》规定，招标人采用资格预审办法对潜在投标人进行资格审查的，应当发布资格预审公告、编制资格预审文件。依法必须进行招标的项目的资格预审公告，应当在国务院发展改革部门依法指定的媒介发布。在不同媒介发布的同一招标项目的资格预审公告的内容应当一致。指定媒介发布依法必须进行招标的项目的境内资格预审公告，不得收取费用。编制依法必须进行招标的项目的资格预审文件，应当使用国务院发展改革部门会同有关行政监督部门制定的标准文本。且此类项目提交资格预审申请文件的时间，自资格预审文件停止发售之日起不得少于5日。

投标人提交资格预审申请书之后，招标人应当按照资格预审文件载明的标准和方法进行资格预审。在审查完成后，招标人应及时向资格预审申请人发出资格预审结果通知书。未通过资格预审的申请人不具有投标资格。国有资金占控股或者主导地位的依法必须进行招标的项目，招标人应当组建资格审查委员会审查资格预审申请文件。资格审查委员会及其成员应当遵守《招标投标法》和《招标投标法实施条例》有关评标委员会及其成员的规定。若通过资格预审的申请人少于3个的，应当重新招标。

2. 资格后审

招标人采用资格后审办法对投标人进行资格审查的，应当在开标后由评标委员会按照招标文件规定的标准和方法对投标人的资格进行审查。

5.2.6 招标文件

招标文件是招标活动的核心文件,它是招标人招标需求的体现,也是投标人决定是否投标和编制投标文件的依据,更关系到评标的依据和准则。2007年11月国家发展和改革委员会、财政部、建设部、铁道部、交通部、信息产业部、水利部、民用航空总局、广播电影电视总局联合编制了《标准施工招标资格预审文件》和《标准施工招标文件》,并在2013年对这两个文件进行了修订。2010年6月住房和城乡建设部印发了《房屋建筑和市政工程标准施工招标文件》,进一步对招标文件进行了规范。作为标准施工文件配套文件,它适用于一定规模以上,且设计和施工不是由同一承包人承担的房屋建筑和市政工程的施工招标。

1. 招标文件的内容

招标人应当根据招标项目的特点和需要编制招标文件。招标文件应当包括招标项目的技术要求、对投标人资格审查的标准、投标报价要求和评标标准等所有实质性要求和条件以及拟签订合同的主要条款。《房屋建筑和市政工程标准施工招标文件》共有四卷内容,第一卷包括招标公告、投标邀请书、投标人须知、评标办法、合同条款及格式、工程量清单;第二卷内容是图纸;第三卷内容是技术标准和要求;第四卷内容是投标文件格式。

此外,国家对招标项目的技术、标准有规定的,招标人应当按照其规定在招标文件中提出相应要求。招标项目需要划分标段、确定工期的,招标人应当合理划分标段、确定工期,并在招标文件中载明。

2. 投标有效期和投标保证金

招标人应当在招标文件中载明投标有效期。投标有效期从提交投标文件的截止之日起算。招标人应当确定投标人编制投标文件所需要的合理时间;但是,依法必须进行招标的项目,自招标文件开始发出之日起至投标人提交投标文件截止之日止,最短不得少于20日。

招标人在招标文件中要求投标人提交投标保证金的,投标保证金不得超过招标项目估算价的2%。投标保证金有效期应当与投标有效期一致。依法必须进行招标的项目的境内投标单位,以现金或者支票形式提交的投标保证金应当从其基本账户转出。招标人不得挪用投标保证金。

3. 招标文件的发售

招标人发售资格预审文件、招标文件收取的费用应当限于补偿印刷、邮寄的成本支出,不得以营利为目的。

4. 招标文件的澄清和修改

招标人对已发出的招标文件进行必要的澄清或者修改的,应当在招标文件要求提交投标文件截止时间至少15日前,以书面形式通知所有招标文件收受人。不足15日的,招标人应当顺延提交资格预审申请文件或者投标文件的截止时间。该澄清或者修改的内容为招标文件的组成部分。

招标人拥有修改招标文件的权利,同时也负有及时通知投标人并保证其有足够时间作出反应的义务。这样才符合交易的公平原则。

5.2.7 终止招标

招标人终止招标的，应当及时发布公告，或者以书面形式通知被邀请的或者已经获取资格预审文件、招标文件的潜在投标人。已经发售资格预审文件、招标文件或者已经收取投标保证金的，招标人应当及时退还所收取的资格预审文件、招标文件的费用，以及所收取的投标保证金及银行同期存款利息。

5.2.8 招标中的公平性要求

招标活动的公平公正很大一部分源自招标文件的公正。招标人可以根据招标项目本身的要求，在招标公告或者投标邀请书中，要求潜在投标人提供有关资质证明文件和业绩情况，但不得以不合理的条件限制或者排斥潜在投标人，不得对潜在投标人实行歧视待遇。

招标人有下列行为之一的，属于以不合理条件限制、排斥潜在投标人或者投标人：

（1）就同一招标项目向潜在投标人或者投标人提供有差别的项目信息；

（2）设定的资格、技术、商务条件与招标项目的具体特点和实际需要不相适应或者与合同履行无关；

（3）依法必须进行招标的项目以特定行政区域或者特定行业的业绩、奖项作为加分条件或者中标条件；

（4）对潜在投标人或者投标人采取不同的资格审查或者评标标准；

（5）限定或者指定特定的专利、商标、品牌、原产地或者供应商；

（6）依法必须进行招标的项目非法限定潜在投标人或者投标人的所有制形式或者组织形式；

（7）以其他不合理条件限制、排斥潜在投标人或者投标人。

此外，招标文件不得要求或者标明特定的生产供应者以及含有倾向或者排斥潜在投标人的其他内容。

招标人不得向他人透露已获取招标文件的潜在投标人的名称、数量以及可能影响公平竞争的有关招标投标的其他情况。

招标人可以自行决定是否编制标底。一个招标项目只能有一个标底。标底必须保密。接受委托编制标底的中介机构不得参加受托编制标底项目的投标，也不得为该项目的投标人编制投标文件或者提供咨询。

招标人不得组织单个或者部分潜在投标人踏勘项目现场。

5.3 投标

5.3.1 投标人资格要求

《招标投标法》规定，投标人是响应招标、参加投标竞争的法人或者其他组织。依据此条，自然人是不包括在投标人范围内的，但一种情况除外，即依法招标的科研项目允许个人参加投标的，投标的个人适用《招标投标法》有关投标人的规定。需要注意的是，工程建设活动的投标人是不能以自然人身份参与投标的，因为我国法律规定工程建设的承包人必须有营业执照并具有相应资质等级。

投标人参加依法必须进行招标的项目的投标，不受地区或者部门的限制，任何单位和个人不得非法干涉。

投标人资格要求：

(1) 投标人应当具备承担招标项目的能力，确保其资质等级、技术水平、资金状况、人员配备等各方面都与投标项目相符合；

(2) 国家有关规定对投标人资格条件或者招标文件对投标人资格条件有规定的，投标人应当具备规定的资格条件。

投标人不得参与投标的情形：

(1) 与招标人存在利害关系可能影响招标公正性的法人、其他组织或者个人，不得参加投标；

(2) 单位负责人为同一人或者存在控股、管理关系的不同单位，不得参加同一标段投标或者未划分标段的同一招标项目投标。

5.3.2 联合体共同投标

1. 联合体共同投标的概念

两个以上法人或者其他组织组成一个联合体，以一个投标人的身份共同投标的行为被定义为联合体共同投标。招标人应当在资格预审公告、招标公告或者投标邀请书中事先载明是否接受联合体投标，以供投标人决策。招标人不得强制投标人组成联合体共同投标，不得限制投标人之间的竞争。一般来说，联合体投标可以结合每个个体的优势，对项目质量、进度和资金管理都有很大的益处，但前提是联合体各方符合必备的条件。

2. 联合体各方必备的条件

《招标投标法》规定，联合体各方均应当具备承担招标项目的相应能力；国家有关规定或者招标文件对投标人资格条件有规定的，联合体各方均应当具备规定的相应资格条件。由同一专业的单位组成的联合体，按照资质等级较低的单位确定资质等级。

3. 联合体共同投标的法律要点

(1) 联合体协议是组成联合体的基石。联合体将以怎样的方式划分各自的责任和权利，这是联合体协议的重要内容。联合体投标时，联合体协议将作为投标文件的必备部分供招标人考虑。

(2) 联合体不构成新的民事主体。联合体只是以联合体协议联系到一起、共同完成投标到中标后履约而形成的临时组织。在此过程中不产生新的经济实体，联合体也不具有独立的法律人格，只是按照协议进行合作的关系。所以联合体中标后，招标人需要和联合体各方共同签订合同，而不是与以"联合体"为名的一方进行签约。

(3) 无效投标行为。①联合体各方以联合体名义参与投标后，在同一招标项目中以自己的名义单独投标或者参加其他联合体投标的，相关投标均无效；②招标人接受联合体投标并进行资格预审的，联合体应当在提交资格预审申请文件前组成。资格预审后联合体增减、更换成员的，其投标无效。

4. 联合体各方的权利与义务

《招标投标法》规定，联合体各方应当签订共同投标协议，明确约定各方拟承担的工作和责任，并将共同投标协议连同投标文件一并提交招标人。联合体中标的，联合体各方应当共同与招标人签订合同，就中标项目向招标人承担连带责任。

2020年3月1日正式实施的《房屋建筑和市政基础设施项目工程总承包管理办法》也作了相应要求，"设计单位和施工单位组成联合体的，应当根据项目的特点和复杂程度，合理确定牵头单位,并在联合体协议中明确联合体成员单位的责任和权利。联合体各方应当共同与建设单位签订工程总承包合同,就工程总承包项目承担连带责任"。

在联合体参与工程项目过程中,联合体各方签订的联合体协议中就参与各方的权利与义务作出约定,此协议也将作为投标文件的一部分,并最后作为签约合同的组成部分。在合同约定范围内,联合体各方将按照联合体协议履行各自的责任和义务。若联合体违约,招标人可将联合体全部参与方作为被告提起仲裁或诉讼,也可对某一方或某几方提起仲裁或诉讼,要求其履行全部合同约定。联合体各方不得以联合体协议的约定对抗招标人,必须承担连带责任。但当联合体的其中一方已将责任全部履行后,招标人不得再对联合体的其他连带责任人提起仲裁或诉讼。这样的要求既保障了招标人的合法权益,避免项目出现问题时联合体各方相互推诿的情况出现;同时也可以使联合体内部相互监督,促使项目良好推进。

5.3.3 投标文件

1. 投标文件的编制准备

在编制投标文件前,投标人应当完成的准备工作除了收集资料外,还包括参加投标预备会和勘察现场。

在投标前,招标单位会组织投标人勘察现场、进一步了解项目情况,并开展投标预备会,其目的是为了澄清、解答投标人阅读招标文件和现场踏勘之后所提出的疑问。招标人应在招标文件中写明投标预备会的召开时间和地点。一般来说,参与投标预备会和勘察现场并不是强制要求,可由投标人自主决定并承担相应风险。

2. 投标文件的内容

投标人应当按照招标文件的要求编制投标文件。投标文件应当对招标文件提出的实质性要求和条件作出响应,不得回避、遗漏。一般认为,投标报价、投标方案、技术和质量要求等属于实质性要求和条件。

投标文件一般包括下列内容:

(1) 投标函;
(2) 投标报价;
(3) 施工组织设计;
(4) 商务和技术偏差表。

招标项目属于建设施工的,投标文件的内容应当包括拟派出的项目负责人与主要技术人员的简历、业绩和拟用于完成招标项目的机械设备等。

投标人根据招标文件载明的项目实际情况,拟在中标后将中标项目的部分非主体、非关键性工作进行分包的,应当在投标文件中载明。

投标人提供的投标文件格式应当符合招标文件的规定和要求,如投标人需进一步解释说明,可另附补充说明。投标人应当提供符合要求的文件种类、份数。

3. 投标文件的送达

投标人应当在招标文件要求提交投标文件的截止时间前,将投标文件送达投标地点。投标文件在送达时应当密封完整,在开标前任何单位和个人不得开启投标文件。在招标文件要求提交投标文件的截止时间后送达的投标文件,招标人应当拒收。

4. 投标文件的补充、修改与撤回

投标人在招标文件要求提交投标文件的截止时间前，可以补充、修改或者撤回已提交的投标文件，并书面通知招标人。补充、修改的内容为投标文件的组成部分。投标人撤回已提交的投标文件，应当在投标截止时间前书面通知招标人。招标人已收取投标保证金的，应当自收到投标人书面撤回通知之日起5日内退还。

与招标文件一样，投标文件同样可以补充和修改，这也是为了保障各方的合法权益，保证招标人顺利选择到最合适的合作伙伴。投标截止后投标人撤销投标文件的，招标人可以不退还投标保证金。

5. 投标文件不得弄虚作假

《招标投标法》规定，投标人不得以低于成本的报价竞标，也不得以他人名义投标或者以其他方式弄虚作假，骗取中标。投标人有下列情形之一的，属于以其他方式弄虚作假的行为：

(1) 使用伪造、变造的许可证件；
(2) 提供虚假的财务状况或者业绩；
(3) 提供虚假的项目负责人或者主要技术人员简历、劳动关系证明；
(4) 提供虚假的信用状况；
(5) 其他弄虚作假的行为。

5.3.4 投标不合格情形

投标文件的格式与提交的方式、时间、地点应当严格按照招标文件的要求进行，若不按要求或规定编写并提交，可能会影响投标的结果，甚至使投标文件被评标委员会直接否决。

投标文件有下列情形之一的，招标人应当拒收：
(1) 逾期送达；
(2) 未按招标文件要求密封。

有下列情形之一的，评标委员会应当否决其投标：
(1) 投标文件未经投标单位盖章和单位负责人签字；
(2) 投标联合体没有提交共同投标协议；
(3) 投标人不符合国家或者招标文件规定的资格条件；
(4) 同一投标人提交两个以上不同的投标文件或者投标报价，但招标文件要求提交备选投标的除外；
(5) 投标报价低于成本或者高于招标文件设定的最高投标限价；
(6) 投标文件没有对招标文件的实质性要求和条件作出响应；
(7) 投标人有串通投标、弄虚作假、行贿等违法行为。

5.4 开标、评标与中标

5.4.1 开标

开标是招标投标活动的第三个环节，是指招标人公开将所有投标人提交的投标文件拆封，并由开标主持人逐一唱读投标文件的关键内容。在完成招标和投标之后，开标活动由

招标人主持，并邀请所有投标人参加。

1. 开标时间与地点

（1）时间

开标时间应当在招标文件中事先确定，以便全部投标人都能及时知晓并参与，确保开标的公开公正。开标应当在招标文件确定的提交投标文件截止时间的同一时间公开进行。

我国《招标投标法》对于开标时间的规定与国际惯例基本一致。例如，《世界银行采购指南》规定，开标时间应该和招标公告中规定的截止时间相一致或随后马上宣布。这样的规定是为了防止招标人或投标人在截止投标到开标的这段时间内进行暗箱操作。为了避免这种不正当竞争的情况出现，法律条文尽可能缩短投标与开标之间的间隔，这样即使投标人试图串通招标人修改标书或得到其他投标人的标书内容，在时间上也没有机会。如果投标人对泄露标书有所担忧，可以到截止时间再提交。

（2）地点

开标地点应当为招标文件中预先确定的地点。招标人应当在招标文件中公布开标地点，以便全部投标人在规定时间、规定地点参与开标活动。开标地点与时间不得随意变更，如有特殊情形需要变更，应当按照招标文件的修改程序进行，并将修改内容作为招标文件的补充文件，书面通知每一个提交投标文件的投标人。

2. 开标活动出席人

开标活动的出席人包括：招标人、招标代理机构、投标人及招标投标行政监督部门。开标活动由招标人主持，邀请全体投标人参与。参与开标活动是投标人的合法权利而非义务。也就是说无论是否收到招标人邀请，投标人或其代表都有权利出席，但即使投标人不出席开标，招标人也无权否决其投标。整个开标过程将受监督部门的督查管理。

3. 开标程序

（1）检查密封情况

开标时，由投标人或者其推选的代表检查投标文件的密封情况，也可以由招标人委托的公证机构检查并公证。公证机构是国家专门设立的，依法行使国家公证职权，代表国家办理公证事务，进行公证证明活动的司法证明机构。是否需要委托公证机构到场公证由招标人视情况自行选择。投标文件在开标前应当密封完好，没有特殊标记或字样。

（2）开封并唱标

经确认无误的招标文件，由工作人员当众拆封，由开标主持人高声唱读投标人名称、投标价格和投标文件的其他主要内容，同时安排工作人员逐项记录。在招标文件要求提交投标文件的截止时间前收到的所有投标文件，招标人在开标时都应当众予以拆封、宣读。开标过程应当记录，并存档备查。

投标人对开标有异议的，应当在开标现场提出，招标人应当当场作出答复，并制作记录。

4. 公平当先

为了保障开标活动的公平公正，《招标投标法》确立了公开开标制度。

（1）开标有公开的时间和地点

开标的时间、地点都在招标文件中事先明确，这样但凡购买招标文件的潜在投标人都能获得这一公开信息，所以在信息的传达方面是公平公正的。由投标人自行决定参加与否。

(2) 开标应当以公开方式进行

《招标投标法》第三十四条规定，开标应当公开进行。招标人应当邀请所有提交投标文件的投标人参与其中，并可以邀请诸如监督机关、新闻媒体等出席。

(3) 开标应当按照法律规定程序进行

招标人或招标代理机构应当按照《招标投标法》《招标投标法实施条例》等相关文件规定的程序进行开标，充分保障开标活动的合法性和公正性。

(4) 开标全过程应当记录存档

开标过程应当安排工作人员全程记录并存档，以备投标人对开标活动提出异议时查验。

5.4.2 评标

评标是指评标委员会根据招标文件中的评价方法和评价标准对全部投标文件进行审核、比较与评审，并选出最合适的中标人的过程。评标是招标投标活动的核心步骤，评标的公平性与专业性关系着招标人是否能找到一个适合的、优秀的承包人。为了加强对评标过程的监督、保障其公平公正，我国在《招标投标法》及《招标投标法实施条例》的基础上，陆续出台了《评标专家和评标专家库管理暂行办法》和《评标委员会和评标方法暂行规定》两个具体规定。

1. 评标专家库

评标专家库由省级（含省级）以上人民政府有关部门或者依法成立的招标代理机构依照《招标投标法》《招标投标法实施条例》以及国家统一的评标专家专业分类标准和管理办法的规定自主组建。评标专家库的组建活动应当公开，接受公众监督。省级人民政府和国务院有关部门应当组建跨部门、跨地区的综合评标专家库。省级人民政府、省级以上人民政府有关部门组建评标专家库，应当有利于打破地区封锁，实现评标专家资源共享。

省级人民政府、省级以上人民政府有关部门、招标代理机构应当加强对其所建评标专家库及评标专家的管理，但不得以任何名义非法控制、干预或者影响评标专家的具体评标活动。凡政府投资项目的评标专家，必须从政府或者政府有关部门组建的评标专家库中抽取。

(1) 评标专家库的入选方法

评标专家库的入选方法包括两种，个人申请和单位推荐。采取单位推荐方式的，应事先征得被推荐人同意。个人申请书或单位推荐书应当存档备查。个人申请书或单位推荐书应当附有符合相关规定的材料。

组建评标专家库的省级人民政府、政府部门或者招标代理机构，应当对申请人或被推荐人进行评审，决定是否按受申请或者推荐，并向符合《评标专家和评标专家库管理暂行办法》第七条规定条件的申请人或被推荐人颁发评标专家证书。评审过程及结果应做成书面记录，并存档备查。组建评标专家库的政府部门，可以对申请人或者被推荐人进行必要的招标投标业务和法律知识培训。

(2) 入选评标专家库的专家必须具备如下条件：

1) 从事相关专业领域工作满8年并具有高级职称或同等专业水平；

2）熟悉有关招标投标的法律法规；
3）能够认真、公正、诚实、廉洁地履行职责；
4）身体健康，能够承担评标工作；
5）法规规章规定的其他条件。

（3）评标专家库应当具备下列条件：

1）具有符合《评标专家和评标专家库管理暂行办法》第七条规定条件的评标专家，专家总数不得少于500人；
2）有满足评标需要的专业分类；
3）有满足异地抽取、随机抽取评标专家需要的必要设施和条件；
4）有负责日常维护管理的专门机构和人员。

（4）评标专家的考核

组建评标专家库的省级人民政府、政府部门或者招标代理机构，应当建立年度考核制度，对每位入选专家进行考核。评标专家因身体健康、业务能力及信誉等原因不能胜任评标工作的，停止担任评标专家，并从评标专家库中除名。

2. 评标委员会

评标委员会由招标人或者其委托的具备资格的招标代理机构负责组建。作为业内专家，评标委员会肩负着为招标人挑选出符合要求的最出色的合作者的重要责任。

依法必须进行招标的项目，其评标委员会由招标人的代表和有关技术、经济等方面的专家组成，成员人数为5人以上单数，其中技术、经济等方面的专家不得少于成员总数的2/3。

由于需要极高的专业素养和经验才能做好评标工作，法律法规要求专家应当从事相关领域工作满8年并具有高级职称或者具有同等专业水平，由招标人从国务院有关部门或者省、自治区、直辖市人民政府有关部门提供的专家名册或者招标代理机构的专家库内的相关专业的专家名单中确定。

（1）评标专家的选取办法包括三种：

1）一般招标项目可以采取随机抽取方式；
2）特殊招标项目可以由招标人直接确定。特殊项目是指技术复杂、专业性强或者国家有特殊要求，采取随机抽取方式确定的专家难以保证胜任评标工作的项目；
3）依法必须进行招标的项目，其评标委员会的专家成员应当从评标专家库内相关专业的专家名单中以随机抽取方式确定。任何单位和个人不得以明示、暗示等任何方式指定或者变相指定参加评标委员会的专家成员。依法必须进行招标的项目的招标人非因《招标投标法》和《招标投标法实施条例》规定的事由，不得更换依法确定的评标委员会成员，即使更换评标委员会的专家成员也应当依照规定进行。

（2）有下列情形之一的，不得担任评标委员会成员：

1）投标人或者投标人主要负责人的近亲属；
2）项目主管部门或者行政监督部门的人员；
3）与投标人有其他社会关系或者经济利益关系，可能影响对投标公正评审的；
4）曾因在招标、评标以及其他与招标投标有关活动中从事违法行为而受过行政处罚或刑事处罚的。

评标委员会成员有上述四项情形之一的，应当主动提出回避。

3. 评标的准备与初步评审

（1）评标前准备

评标委员会成员应当编制供评标使用的相应表格，并在评标之前认真研究招标文件，至少应了解和熟悉以下内容：

1）招标的目标；

2）招标项目的范围和性质；

3）招标文件中规定的主要技术要求、标准和商务条款；

4）招标文件规定的评标标准、评标方法和在评标过程中考虑的相关因素。

招标人或者其委托的招标代理机构应当向评标委员会提供评标所需的重要信息和数据。若招标项目设有标底，招标人应当在开标时公布。《招标投标法》规定标底只能作为评标的参考，不得以投标报价是否接近标底作为中标条件，也不得以投标报价超过标底上下浮动范围作为否决投标的条件。

评标委员会应当根据招标文件规定的评标标准和方法，对投标文件进行系统的评审和比较。招标文件中没有规定的标准和方法不得作为评标的依据。

（2）初步评审

初步评审一般包括对投标文件进行符合性评审、技术性评审和商务性评审。

1）符合性评审是指依据招标文件的规定，从投标文件的有效性、完整性和对招标文件的响应程度进行审查，以确定是否对招标文件的实质性要求作出响应；

2）技术性评审是指对方案的可行性评估和关键工序评估，劳务、材料、机械设备、质量控制措施评估以及对施工现场环境保护措施等的评估；

3）商务性评审是指对投标报价进行校核、审查全部报价数据计算是否错漏、分析报价的合理性，并参考标底进行综合考虑。

（3）投标文件的澄清

投标文件中有含义不明确的内容、对同类问题表述不一致或有明显的文字和计算错误，评标委员会认为需要投标人作出必要澄清、说明的，应当书面通知该投标人。投标人的澄清、说明应当采用书面形式，并不得超出投标文件的范围或者改变投标文件的实质性内容。评标委员会不得暗示或者诱导投标人作出澄清、说明，不得接受投标人主动提出的澄清、说明。

投标文件中的大写金额和小写金额不一致的，以大写金额为准；总价金额与单价金额不一致的，以单价金额为准，但单价金额小数点有明显错误的除外。

（4）投标偏差

评标委员会应当根据招标文件，审查并逐项列出投标文件的全部投标偏差。投标偏差分为重大偏差和细微偏差。

重大偏差包括：

1）没有按照招标文件要求提供投标担保或者所提供的投标担保有瑕疵；

2）没有按照招标文件要求由投标人授权代表签字并加盖公章；

3）投标文件记载的招标项目完成期限超过招标文件规定的完成期限；

4）明显不符合技术规格、技术标准的要求；

5）投标文件记载的货物包装方式、检验标准和方法等不符合招标文件的要求；

6) 投标文件附有招标人不能接受的条件；

7) 不符合招标文件中规定的其他实质性要求。

重大偏差视为非实质性响应标，应按规定作废标处理。招标文件对重大偏差另有规定的，从其规定。

细微偏差是指投标文件基本上符合招标文件要求，但在个别地方存在漏项或者提供了不完整的技术信息和数据等情况，并且补正这些遗漏或者不完整不会对其他投标人造成不公平的结果。细微偏差不影响投标文件的有效性。

评标委员会应当要求存在细微偏差的投标人在评标结束前予以补正。拒不补正的，在详细评审时可以对细微偏差作不利于该投标人的量化，量化标准应当在招标文件中规定。

4. 详细评审

经初步评审合格的投标文件，评标委员会应当根据招标文件确定的评标标准和方法，对其技术部分和商务部分作进一步评审、比较。评标方法包括经评审的最低投标价法、综合评估法或者法律法规允许的其他评标方法。

(1) 经评审的最低投标价法

经评审的最低投标价法一般适用于具有通用技术、性能标准或者招标人对其技术、性能没有特殊要求的招标项目。根据经评审的最低投标价法，能够满足招标文件的实质性要求，并且经评审的最低投标价的投标，应当推荐为中标候选人。经评审的最低投标价是指经过对投标文件商务部分中的细微偏差、遗漏进行修正和调整后的投标价格。采用这种方法的项目，在初审后将以合理范围内投标报价的高低作为评审的主要因素，但需要确保报价足以保证项目质量、施工安全和环境保护。

根据经评审的最低投标价法完成详细评审后，评标委员会应当拟定一份"标价比较表"，连同书面评标报告提交招标人。"标价比较表"应当载明投标人的投标报价、对商务偏差的价格调整和说明以及经评审的最终投标报价。

(2) 综合评估法

除了经评审的最低投标价法外，还有一种常见的评标方法，即综合评估法。根据综合评估法，最大限度地满足招标文件中规定的各项综合评价标准的投标人，应当推荐为中标候选人。

衡量投标文件是否最大限度地满足招标文件中规定的各项评价标准，可以采取折算为货币的方法或者打分的方法予以量化。需量化的因素及其权重应当在招标文件中明确规定。评标委员会对各个评审因素进行量化时，应当对投标文件作必要的调整，将量化指标建立在同一基础或者同一标准上，使各投标文件具有可比性。

综合评估法较为常见的量化方法是百分法，将各项指标分别按百分比赋予权重，并在招标文件中明确分数占比和评分标准。开标后按标评分，得分最高者中标。

根据综合评估法完成评标后，评标委员会应当拟定一份"综合评估比较表"，连同书面评标报告提交招标人。"综合评估比较表"应当载明投标人的投标报价、所作的任何修正、对商务偏差的调整、对技术偏差的调整、对各评审因素的评估以及对每一投标的最终评审结果。

经评审的最低投标价法在建筑工程施工招标中会更有优势，因为施工竞标主要比较的就是投标报价，而综合评估法更适合如设计、监理等专业要求当先的招标项目，此时报价就不能成为唯一或主要的评审因素。

5. 评标的公平性原则与保密原则

评标作为招标投标活动的核心环节，它的公平公正受到业界和政府的广泛关注，更与项目的成败和人民生命财产安全息息相关。《招标投标法》及《招标投标法实施条例》等一系列法律法规明确了如下保障公平的要求：

（1）招标人应当向评标委员会提供评标所必需的信息，但不得明示或者暗示其倾向或者排斥特定投标人；

（2）评标委员会成员应当按照《招标投标法》及《招标投标法实施条例》的规定，按照招标文件规定的评标标准和方法，客观、公正地对投标文件提出评审意见，招标文件没有规定的评标标准和方法不得作为评标的依据；

（3）评标委员会成员不得私下接触投标人，不得收受投标人给予的财物或者其他好处，不得向招标人征询确定中标人的意向，不得接受任何单位或者个人明示或者暗示提出的倾向或者排斥特定投标人的要求，不得有其他不客观、不公正履行职务的行为；

（4）在确定中标人之前，招标人不得与投标人就投标价格、投标方案等实质性内容进行谈判；

（5）招标文件中规定的评标标准和评标方法应当合理，不得含有倾向性内容，不得妨碍或者限制投标人之间的竞争；

（6）评标委员会成员名单一般应于开标前确定，评标委员会成员名单在中标结果确定前应当保密；

（7）招标人应当采取必要的措施，保证评标在严格保密的情况下进行，任何单位和个人不得非法干预、影响评标的过程和结果。

5.4.3 中标

中标人的投标应当符合下列条件之一：

（1）能够最大限度地满足招标文件中规定的各项综合评价标准；

（2）能够满足招标文件的实质性要求，并且经评审的投标价格最低；但是投标价格低于成本的除外。

如是使用国有资金或者国家融资的项目，招标人应当确定排名第一的中标候选人为中标人。若排名第一的中标候选人放弃中标、未能在招标文件规定期限内提交履约保证金或者因不可抗力提出不能履行合同的，招标人可以确定排名第二的中标候选人为中标人。排名第二的中标候选人因前款规定的同样原因不能签订合同的，招标人可以确定排名第三的中标候选人为中标人。招标人也可授权评标委员会直接确定中标人。

中标人确定后，招标人应当向中标人发出中标通知书，并与中标人在 30 日之内签订合同。中标通知书对招标人和中标人具有法律约束力。中标通知书发出后，招标人改变中标结果或者中标人放弃中标的，应当承担法律责任。招标人应当与中标人按照招标文件和中标人的投标文件订立书面合同。招标人与中标人不得再行订立背离合同实质性内容的其他协议。

招标人与中标人签订合同后，应当向未中标的投标人发出中标结果通知书，同时退还投标保证金。

5.5　招标投标过程中典型违法行为

招标投标过程所涉内容广、环节多，同时又是工程建设项目前期的核心步骤，关系着工程质量问题和成百上千万的资金，一直以来都是腐败问题的高发领域。自招标投标立法以来，除了招标投标程序的逐步规范化、现代化、智能化，政府还高度重视对招标投标领域违法违纪行为的查处。国家陆续颁布了《招标投标违法行为记录公告暂行办法》（发改法规〔2008〕1531号）、《国家发展改革委办公厅关于积极应对疫情创新做好招投标工作保障经济平稳运行的通知》（发改电〔2020〕170号），以及包括工程建设、水利工程、房屋建筑和市政基础设施工程、铁路工程、通信工程、公路工程等在内的多个针对不同类别工程项目的招标投标详细管理办法。

项目的承包本应该是能者得之，招标投标市场也应是公共资源交易的开放市场，却在有心人的谋划之下成为收贿受贿、获取内幕、排挤竞争对手的秩序混乱之地。这提醒从业者必须时刻保持清醒和理智，坚定拒绝以违法违纪手段获得中标机会。坚持维护招标投标市场的公平公正是每个从业者的基本责任。本节将为读者整理归纳几类招标投标过程中典型的违法行为。

5.5.1　规避招标

《招标投标法》第四条规定，"任何单位和个人不得将依法必须进行招标的项目化整为零或者以其他任何方式规避招标"。在招标投标领域中，较为常见的违法行为就是以直接发包、化整为零或内部违规邀标等方式规避法定招标程序和监管。

直接发包是指本该进入公开招标环节的项目因建设单位人员不了解招标投标法律法规，或故意规避法律法规，私下联系承包方，直接签订施工合同。化整为零是指将完整工程项目拆分为若干小项目或分阶段实施以降低标的，达到规避招标程序的目的。内部违规邀标是指不进行公开招标而以私下邀请或询价代替，或在招标文件中设置不合理的限制条件，明招暗定。内部违规邀标应当区别于邀请招标。

相关案例

2016年初，成都龙泉驿区大面街道某社区党委副书记、筹委会副主任叶某某在负责该社区党群服务中心项目的招标投标工作期间，由于该项目费用测算在300万元以上，为规避公开招标投标，违反有关规定决定将该项目拆分成一楼为一个项目（便民服务中心），二、三楼为一个项目（党群服务中心）。2016年10月和12月先后委托某工程管理有限公司对拆分后的两个项目进行比选，确定2个中选公司。2020年3月，叶某某受到党内警告处分。

5.5.2　串标

串标是指投标人与投标人之间、投标人与招标人之间相互串通以不正当行为谋取中标的现象。在我国建筑领域，串标一直是行业发展的一大痛点，严重影响了招标投标活动的公平公正，给建筑行业的社会形象造成了恶劣影响。为了改善工程建设领域诚信缺失的问题，肃清此类不正之风，政府积极采取措施对串标行为进行查处。从业人员也应熟悉法律规定，对违法行为说不，共同维护建设工程领域的公平正义。

2021年8月31日，住房和城乡建设部出台了《关于开展工程建设领域整治工作的通知》，将针对工程建设领域恶意竞标、强揽工程等违法违规行为开展有效整治，重点包括：①投标人串通投标、以行贿的手段谋取中标、挂靠或借用资质投标等恶意竞标行为；②投标人胁迫其他潜在投标人放弃投标，或胁迫中标人放弃中标、转让中标项目等强揽工程行为。

《招标投标法》第三十二条规定，投标人不得相互串通投标报价，不得排挤其他投标人的公平竞争，损害招标人或者其他投标人的合法权益。投标人也不得与招标人串通投标，损害国家利益、社会公共利益或者他人的合法权益。此外，投标人通过向招标人或者评标委员会成员行贿的手段谋取中标的行为也是严令禁止的。

1. 禁止投标人相互串通投标

有下列情形之一的，属于投标人相互串通投标：
(1) 投标人之间协商投标报价等投标文件的实质性内容；
(2) 投标人之间约定中标人；
(3) 投标人之间约定部分投标人放弃投标或者中标；
(4) 属于同一集团、协会、商会等组织成员的投标人按照该组织要求协同投标；
(5) 投标人之间为谋取中标或者排斥特定投标人而采取的其他联合行动。

有下列情形之一的，视为投标人相互串通投标：
(1) 不同投标人的投标文件由同一单位或者个人编制；
(2) 不同投标人委托同一单位或者个人办理投标事宜；
(3) 不同投标人的投标文件载明的项目管理成员为同一人；
(4) 不同投标人的投标文件异常一致或者投标报价呈规律性差异；
(5) 不同投标人的投标文件相互混装；
(6) 不同投标人的投标保证金从同一单位或者个人的账户转出。

2. 禁止招标人与投标人串通投标

有下列情形之一的，属于招标人与投标人串通投标：
(1) 招标人在开标前开启投标文件并将有关信息泄露给其他投标人；
(2) 招标人直接或者间接向投标人泄露标底、评标委员会成员等信息；
(3) 招标人明示或者暗示投标人压低或者抬高投标报价；
(4) 招标人授意投标人撤换、修改投标文件；
(5) 招标人明示或者暗示投标人为特定投标人中标提供方便；
(6) 招标人与投标人为谋求特定投标人中标而采取的其他串通行为。

3. 串标的处罚

投标人相互串通投标或者与招标人串通投标的，投标人以向招标人或者评标委员会成员行贿的手段谋取中标的，中标无效，处中标项目金额5‰以上10‰以下的罚款，对单位直接负责的主管人员和其他直接责任人员处单位罚款数额5%以上10%以下的罚款；有违法所得的，并处没收违法所得；情节严重的，取消其1~2年内参加依法必须进行招标的项目的投标资格并予以公告，直至由工商行政管理机关吊销营业执照；构成犯罪的，依法追究刑事责任。给他人造成损失的，依法承担赔偿责任。

投标人有下列行为之一的，属于上述规定的情节严重行为，由有关行政监督部门取消其 1～2 年内参加依法必须进行招标的项目的投标资格：

(1) 以行贿谋取中标；

(2) 3 年内 2 次以上串通投标；

(3) 串通投标行为损害招标人、其他投标人或者国家、集体、公民的合法权益，造成直接经济损失 30 万元以上；

(4) 其他串通投标情节严重的行为。

投标人自上述规定的处罚执行期限届满之日起 3 年内又有上述所列违法行为之一的，或者串通投标、以行贿谋取中标情节特别严重的，由工商行政管理机关吊销营业执照。

法律、行政法规对串通投标报价行为的处罚另有规定的，从其规定。

相关案例

2020 年 6 月 3 日至 6 月 7 日，青海省西宁市城中区人民法院公开开庭审理了袁某健、袁某浩、袁某、李某华等 30 人涉嫌组织、领导、参加黑社会性质组织犯罪案件。在法院查明的犯罪事实显示，自 2005 年起，袁某健、袁某浩等人先后成立江苏某建设集团青海某建设有限公司、青海某房地产开发有限公司等多家公司，通过挂靠有建筑资质的公司承揽工程。在袁某健、袁某浩的组织、领导下，其公司在并无建筑资质、无专业施工队伍的情形下采取串通投标等手段，获取总中标价 3.4 亿余元的工程项目，严重扰乱青海建筑工程领域秩序，且在无法保证工程质量的前提下，采取恶意拖延工期、霸占工地、勒索撤场费等手段，给工程发包方造成重大经济损失。袁氏兄弟及其组织成员以暴力为后盾、"以黑护商"，排挤打击竞争对手，并采取向银行提供虚假贷款资料、向银行工作人员行贿等方式骗取贷款，还通过敲诈勒索、虚假诉讼、恶意拖欠工程款、材料款、员工工资等违法犯罪手段聚敛钱财，攫取巨额经济利益，供家族成员肆意挥霍及为组织实施违法犯罪活动提供资金支持。法庭依法对袁某健以组织、领导黑社会性质组织罪、敲诈勒索罪、寻衅滋事罪等 12 项罪名判处有期徒刑 25 年，并处没收个人全部财产。对袁某浩以组织、领导黑社会性质组织罪、敲诈勒索罪、寻衅滋事罪等 12 项罪名判处有期徒刑 23 年，并处没收个人全部财产。并对其他组织成员分别依照其在组织中的地位、所起的作用及所犯罪行依法判处有期徒刑 25 年至有期徒刑 1 年 2 个月不等的刑罚，并处 110 万元至 10 万元不等的罚金。

5.5.3 陪标

陪标一般是指，在招标投标程序之前，招标单位已经确定了意向单位，以该单位为主导投标，并联系另外几家单位陪同参与投标活动，目的是为了保障意向投标单位顺利中标。《招标投标法》规定："招标人采用邀请招标方式的，应当向三个以上具备承担招标项目的能力、资信良好的特定的法人或者其他组织发出投标邀请书"。所以为了使意向单位能够中标，同时满足招标程序的法定要求，就产生了不以中标为目的，只为了陪同意向单位投标，走完招标程序的陪标行为。

陪标属于串标的一种情形。投标单位之间或招标单位与投标单位之间，受利益驱使结成联盟，严重违背了自由竞争市场的公平公正和诚实信用原则。更恶劣的是，在招标单位和投标单位联合的陪标活动中，往往掺杂着两方之间的钱权交易，催生了大批的贪污腐败现象，对建筑行业的发展极为不利。

为了保障建筑领域公正监管、开放有序、诚信守法，形成高效规范、公平竞争的国内统一市场，国家发展改革委于 2022 年 7 月 18 日发布了《关于严格执行招标投标法规制度进一步规范招标投标主体行为的若干意见》，提出将重点打击中标率异常高的"标王"，重点关注中标率异常低的"陪标专业户"。

陪标的常见形式包括两种：

（1）招标单位主导陪标

招标单位主导陪标，即招标单位在招标投标开始之前已经事先选定合作单位，甚至私下达成协议，再联系几家单位陪同投标，经由所谓公开的招标投标程序走完形式上的流程，为其披上合法的外衣。这种形式在建筑行业较为多见，有时投标单位甚至都不需要付给陪标单位相应报酬，只需相互轮流扮演陪标角色，为本该公平透明的市场竞争笼上了灰色阴影。

（2）投标单位主导陪标

投标单位主导陪标，即以某一家投标单位为主导，为了实现中标、抬高报价或垄断等目的，主导的投标单位会联合多家甚至全部投标单位集体为它陪标。这种行为严重损害了招标单位的利益，招标单位本能够以合理的价格获得高质量的工程。糟糕的是这种行为非常隐秘，招标单位难以察觉，往往只能被动掉入陷阱。

相关案例

2015 年，被告人邓某娜作为中山市某镇分管财政、政府采购的党委委员，在该镇生活污水处理厂项目招标过程中，与邓某（另案处理）、罗某串通投标，由邓某按照罗某提供的投标公司广州市某自来水工程公司相关资料制作评分标准，罗某还找到其他公司陪标，最终广州市某自来水工程公司顺利中标，并于 2015 年 7 月 29 日与中山市环境保护局某分局、中山市某镇污水处理有限公司签订了上述项目的合同书。法院审理认为，邓某娜与投标人串通投标，损害国家、集体、公民的利益，其行为已构成串通投标罪。由于邓某娜归案后如实供述自己的罪行、积极退赃、悔罪态度较好，依法可以从轻处罚。就其串通投标罪，判处有期徒刑一年，并处罚金人民币 30 万元，其他罪责此处不表。

5.5.4 围标

围标是指多个投标单位结成联盟，共同抬高或压低报价，达到排挤其他竞争者使特定的投标单位中标，从而谋取利益的目的。围标即为陪标的第二种形式对应的行为，在由投标单位主导的陪标中，主导单位作为围标发起者被称为围标人，其他的参与投标方称为陪标人。围标也属于串标的一种表现，其本质是激烈的市场竞争导致的恶意竞争和破坏正常秩序的行为，严重损害项目招标人的利益。

建筑领域比较常见的围标形式是由几家投标单位私下达成协议，形成较为稳定的围标联盟，恶意排挤其他竞争者，轮流中标，然后按照协议约定分利。如此一来，中标的机会将会把控在少数企业手中，他们的"联盟"成为其他有实力中标的潜在投标人的中标屏障，单个企业很难突破多家企业的恶意围标。

围标严重影响了招标投标活动的公正性和严肃性，甚至给整个建筑行业的社会声誉带来了极为负面的影响。当围标这种不正当的竞争手段成为行业的不良风气，所有的企业都不再关心技术进步和提升质量，转而钻研所谓"捷径"，这无疑是行业发展的巨大阻碍。

同时，以围标形式谋取中标的企业多数都是诚信较差且实力欠缺的，多数工作都着眼于研究报价而非设计施工组织方案，这样的企业中标，无疑会给工程质量和安全留下隐患。

> **相关案例**
>
> 2008年，××高速发布招标投标公告之前，被告人汤某与时任××高速公路建设开发有限公司经理的佘某某商定，在该高速公路招标投标过程中，由汤某出面找单位参与招标投标，佘某某则利用职务之便，确保汤某所找的单位实现"围标"，中标后由汤某出面按中标价5个点再将工程以转包的形式转让，获利与佘某某两人平分。此后，汤某通过找来江西省××公路桥梁工程有限责任公司等六家单位报名参加了该高速公路29号标段的招标投标。佘某某则安排人在资格预审阶段清除其他参与投标的公司，使汤某组织的六家单位将29号标段工程围死，确保江西省××公路桥梁工程有限责任公司中标。在汤某的操作下，王某和梁某以深圳××公司的名义与江西省××公路桥梁工程有限责任公司签订了转包合同，成为该标段的实际施工者，事后王某和梁某向汤某支付了1600万元转让费。2015年9月，法院就串通投标罪，判处其有期徒刑二年，没收非法所得，并处罚金五万元，其他罪责此处不表。

5.5.5 违法责任

为了防止招标投标过程中这些违法行为的出现，从源头上打击招标单位和投标单位的恶意竞争心态，《招标投标法》《中华人民共和国反不正当竞争法》（以下简称《反不正当竞争法》）《工程建设项目施工招标投标办法》等一系列法规文件对规避招标和串标等行为作了法律界定和惩处规定。

《招标投标法》针对规避招标行为有如下规定"必须进行招标的项目而不招标的，将必须进行招标的项目化整为零或者以其他任何方式规避招标的，责令限期改正，可以处项目合同金额千分之五以上千分之十以下的罚款；对全部或者部分使用国有资金的项目，可以暂停项目执行或者暂停资金拨付；对单位直接负责的主管人员和其他直接责任人员依法给予处分"。

《反不正当竞争法》第七条规定"经营者不得采用财物或者其他手段贿赂下列单位或者个人，以谋取交易机会或者竞争优势：（一）交易相对方的工作人员；（二）受交易相对方委托办理相关事务的单位或者个人；（三）利用职权或者影响力影响交易的单位或者个人"。同时也详细规定了违反此条的罚则："经营者违反本法第七条规定贿赂他人的，由监督检查部门没收违法所得，处十万元以上三百万元以下的罚款。情节严重的，吊销营业执照"。

对于串标的惩处在《工程建设项目施工招标投标办法》有详细规定，投标人相互串通投标或者与招标人串通投标的，投标人以向招标人或者评标委员会成员行贿的手段谋取中标的，中标无效，由有关行政监督部门处中标项目金额5‰以上10‰以下的罚款，对单位直接负责的主管人员和其他直接责任人员处单位罚款数额5%以上10%以下的罚款；有违法所得的，并处没收违法所得；情节严重的，取消其1~2年的投标资格，并予以公告，直至由工商行政管理机关吊销营业执照；构成犯罪的，依法追究刑事责任。给他人造成损失的，依法承担赔偿责任。投标人未中标的，对单位的罚款金额按照招标项目合同金额依照招标投标法规定的比例计算。

政府对招标投标过程中违法行为严肃的处理态度和较大的惩治力度能对心术不正的公司产生威慑效果，当风险行为的成本远大于收益时，相信不会有企业再铤而走险。

同时《反不正当竞争法》还建立起企业信用制度。"经营者违反本法规定从事不正当竞争，受到行政处罚的，由监督检查部门记入信用记录，并依照有关法律、行政法规的规定予以公示"。将来有关部门可以建立起专门针对招标投标活动的信用公示制度，对投标人建立信用档案，进行信用评分，对于不良的投标行为予以公示并相应剥夺一定期限内重大项目或政府项目的投标资格。

上述招标投标过程中典型的违法行为都是一种投机取巧的不正当行为，追溯其根源都是由于诚信的缺失。会采用这些不正当竞争方式的企业大都只专注于眼前的短期利益而忽视了企业的长远发展。投机取巧或许一时有用，但实力和信誉才是企业的立足根基。

招标投标活动是促进行业良性竞争、持续发展的有效手段，也是目前建筑领域主流的采购形式，但在实务当中确实存在诸如上述现象等不和谐的暗流涌动，这也是我国不断完善、更新建设工程法律法规的动力之一。维护建设工程领域的良好风气和秩序，不单是政府的责任，更是每一个从业者应当承担的义务。通过这些歪门邪道获取中标机会不可能成为企业长远发展的可行之法，唯有坚持公平公正、诚实守信，树立良好的企业形象和口碑；同时加强企业内部管理，提升效率和专业水平，增强自身竞争力，才能在行业不断发展的今天占据一席之地。

5.6　案例分析

5.6.1　应招标未招标，建设合同无效

上诉人（原审被告）：承德A房地产开发有限公司（以下简称A公司）

被上诉人（原审原告）：北京B建设有限公司（以下简称B公司）

一、基本案情

2009年12月29日，A公司与B公司未经招标投标程序签订了《建设工程施工合同》，约定A公司将承德市东园林危陋房改造某小区工程发包给B公司。合同签订后，B公司按照合同要求进行施工建设，且已完成六方验收，并于2014年1月交付A公司，现已入住使用。由于A公司未按约完成全部工程款的支付，B公司遂起诉至法院。

二、案件审理

一审法院认为，案涉工程为回迁安置住宅建设项目，且使用部分国有资金，依法属于必须招标投标的项目，但B公司与A公司签订《建设工程施工合同》并未经过招标投标程序。因此本案中双方当事人未经招标投标签订的《建设工程施工合同》应认定为无效合同。因案涉工程已经竣工验收并交付入住，且双方已经签署结算协议，因此承包人有权按照结算协议的约定主张工程价款。至于原告要求的工程款利息，因其属于法定孳息，故即使合同无效也不影响利息给付。

A公司上诉称，原判决认定案涉合同为无效合同，合同中利息约定也应无效。同时A公司因未进行招标而签订无效的《建设工程施工合同》已经被河北省承德市行政主管部门处罚并缴纳了罚款。依照相关法律规定，双方都有过错的，应当各自承担相应的责任。所以，因无效合同产生的损失应由双方各自承担，A公司不应支付工程款利息。

二审法院认为，案涉工程属于必须进行招标的项目，A公司与B公司未经招标程序签订的《建设工程施工合同》无效。依照《最高人民法院关于审理建设工程施工合同纠纷案件适用法律问题的解释（一）》（法释〔2020〕25号）第二十六条规定，工程价款利息是法定孳息，发包人因占用工程价款实际受益，应向承包人支付利息。A公司主张工程款利息应作为B公司的损失自行承担，缺乏依据。

三、法律评析

招标投标制度是市场经济形成的产物，是为了使发包方和承包方都能在市场竞争机制的调节下达到双方都获得最大合理收益的均衡状态。在我国建设工程领域，建设单位对工程项目的勘察设计到施工等一系列不同阶段通过招标投标程序来选择承包人是非常常见的行为。但在实际中招标投标制度推行缓慢，缺乏规范统一的程序，使得在承包人的选定环节腐败滋生，出现了很多问题，也在民众中产生了十分恶劣的影响。为了规范建设工程市场，维护公平公正的竞争环境，打击建设工程中的腐败现象，国家以法律形式确立了一套标准完善的招标投标程序。

我国的招标投标法律体系主要由《招标投标法》《招标投标法实施条例》等一系列法律法规构成。

根据《最高人民法院关于审理建设工程施工合同纠纷案件适用法律问题的解释（一）》（法释〔2020〕25号）第一条规定，建设工程必须进行招标而未招标的，建设工程施工合同应认定为无效。《民法典》中也规定"违反法律、行政法规的强制性规定的民事法律行为无效"。显然，本案中当事人双方未经招标签订的《建设工程施工合同》是无效合同。这种无视法律程序的行为无疑是严重破坏了良性竞争的市场氛围，也有悖于《招标投标法》中弘扬的"公开、公平、公正和诚实信用"原则。从政府角度，建立健全标准的招标投标机制，完善相关法律体系是根本。从地方机关角度，招标投标制度的落实离不开各地相关部门的严格监督、严肃执法。而作为从业人员，我们应该坚守职业道德和职业规范，在工程项目建设中应该重视招标投标，学习与之相关的法律知识，明确哪些项目必须招标以及如何实施正确的招标投标程序。这样既能保证自身的合法权益、提高经济效益、保障项目质量，又能优化社会资源配置，维护国家利益和社会公共利益。

5.6.2 串标合同虽无效，质量合格应付款

原告：郑州市A建设集团有限公司（以下简称A公司）

被告：河南B置业有限公司（以下简称B公司）

一、基本案情

2015年7月，B公司作为发包人与承包人A公司签订《××项目二标段补充协议》，约定由A公司承建B公司开发建设的××项目二标段工程，并约定了工期、总价等一系列条款。A公司按照补充协议的约定进行施工。2015年8月，B公司××项目二标段建设项目施工进行招标。2015年9月10日A公司与B公司就××项目二标段签订了两份《建设工程施工合同》并在住房城乡建设主管部门备案。但双方当事人未提交案涉工程评标、中标等完整的招标投标程序文件。当事人双方均认可实际履行的是2015年7月签订的《××项目二标段补充协议》。案涉工程施工过程中，双方因工程款的支付问题产生纠纷，2018年6月A公司彻底停工。2018年8月28日，A公司以B公司为被告提起本案诉讼。

二、案件审理

法院认为，案涉工程应为强制招标工程，属于《工程建设项目招标范围和规模标准规定》（案件审理时有效）第三条规定："关系社会公共利益、公众安全的公用事业项目的范围"。A 公司与 B 公司在履行形式上的招标投标程序之前已经签订了《××项目二标段补充协议》，该补充协议对施工范围、工期及进度计划、合同价款、质量标准、竣工验收、质量保修等进行了实质性约定，且双方均认可系按照该补充协议实际履行。在依法履行招标投标程序之前，B 公司作为招标人实质已私下确定 A 公司为建设工程承包人，其行为严重违反《招标投标法》的效力性、强制性规定。双方当事人在串标之后又签订两份合同并备案，属于《招标投标法》规定的中标无效情形，补充协议和备案的两份合同均应认定为无效。

虽然当事人签订的合同均为无效合同，工程也没有进行整体竣工验收，但 A 公司已垫资修建合同约定范围内的部分工程。案涉工程的地基与基础及主体结构的分部工程质量验收合格。《最高人民法院关于审理建设工程施工合同纠纷案件适用法律问题的解释（二）》（法释〔2018〕20 号）（案件审理时有效）第十一条第一款规定："当事人就同一建设工程订立的数份建设工程施工合同均无效，但建设工程质量合格，一方当事人请求参照实际履行的合同结算建设工程价款的，人民法院应予支持"。据此，A 公司有权要求 B 公司支付欠付的工程款。

三、法律评析

（一）建设工程合同无效的认定

建设工程纠纷类案件中，首先需要判断的就是案涉合同的有效性，这也是一种常见的争议要点。建设工程合同属于《民法典》规定的十九种典型合同之一，应当遵守《民法典》中对合同效力的规定。《民法典》第一百五十三条中所述"违反法律、行政法规的强制性规定的民事法律行为无效"，即违反《招标投标法》《关于审理建设工程施工合同纠纷案件适用法律问题的解释（一）》（法释〔2020〕25 号）等规定。据此，认定建设工程合同无效的情况主要有如下几种：

（1）承包人未取得建筑施工企业资质或者超越资质等级的；
（2）没有资质的实际施工人借用有资质的建筑施工企业名义的；
（3）建设工程必须进行招标而未招标或者中标无效的；
（4）承包人非法转包、违法分包建设工程的；
（5）招标人和中标人在中标合同之外就明显高于市场价格购买承建房产、无偿建设住房配套设施、让利、向建设单位捐赠财物等另行签订合同，变相降低工程价款，一方当事人以该合同背离中标合同实质性内容为由请求确认无效的；
（6）当事人以发包人未取得建设工程规划许可证等规划审批手续为由，请求确认建设工程施工合同无效的；
（7）违反其他法律、行政法规强制性规定的。

本案中，案涉双方在进行招标投标程序之前已事先协商并达成实质性协议，属于串标行为，违反了《招标投标法》第四十三条"在确定中标人前，招标人不得与投标人就投标价格、投标方案等实质性内容进行谈判"，属于认定合同无效的第 3 种情况——中标无效。当事双方的行为让招标投标程序沦为形式，丧失了其具有的维护建设工程公平竞争的功能。这种投机取巧的行为是非常不提倡的。企业应该通过加强内部管理、提高效率与质量，达到自身竞争力的提升，通过公平正当的竞争获得中标机会，而不能抱着投机心理，这样既不利于企业的长期发展，也会影响企业在业内的信誉。

（二）串标

串标，即串通投标，是指投标人与招标人或投标人之间事先约定，通过串通报价等不当手段骗取中标的一种违法行为。

串通投标行为包括两类：一类是投标人相互串通投标报价，损害招标人或者其他投标人的利益，如投标人之间事先约定，一致抬高或压低报价，或者相互约定，在类似项目中轮流以高价位或者低价位中标等；另一类是投标人与招标人相互串通，损害国家、集体、公民的合法权益，如招标者向投标者泄露标底、招标者在公开开标前开启标书，并告知其他投标者；投标者约定给招标者标外补偿等。

《工程建设项目施工招标投标办法》中对串标行为作出了详细的认定。

下列行为均属投标人串通投标报价：

（1）投标人之间相互约定抬高或压低投标报价；

（2）投标人之间相互约定，在招标项目中分别以高、中、低价位报价；

（3）投标人之间先进行内部竞价，内定中标人，然后再参加投标；

（4）投标人之间其他串通投标报价的行为。

下列行为均属招标人与投标人串通投标：

（1）招标人在开标前开启投标文件并将有关信息泄露给其他投标人，或者授意投标人撤换、修改投标文件；

（2）招标人向投标人泄露标底、评标委员会成员等信息；

（3）招标人明示或者暗示投标人压低或抬高投标报价；

（4）招标人明示或者暗示投标人为特定投标人中标提供方便；

（5）招标人与投标人为谋求特定中标人中标而采取的其他串通行为。

串标是一种极为恶劣的扰乱竞争环境、影响社会风气的行为，它不仅侵害了其他投标人的合法权益，而且打乱了正常的招标投标程序，削弱了招标投标制度的公正性与严肃性，使得少数走偏路的投标者掌握了中标先机，而另一些更有实力、更符合要求的投标者徘徊于门外。串标行为存在的根本原因在于商人逐利而放弃了诚信守信的原则，这种不诚信的行为与社会所提倡的核心价值观念相悖，也让人很难相信这些企业的真正实力和对待工程建设的态度。

5.6.3 监督审查应需到位，职责推诿实不可取

原告：福建P市C投资有限公司（以下简称C公司）

被告：P市某区住房和城乡建设局

一、基本案情

原告C公司投资开发的××大酒店及配套设施用房二期工程项目建设采用邀请招标方式。原告将邀请招标代理工作委托给A项目管理有限公司（以下简称A公司）负责实施，并于2020年5月10日刊登招标公告，同时向五家有资质的施工单位发出邀请。2020年5月20日上午，根据招标代理机构的意见，招标工作采用"简单低价中标法"评标办法组织现场招标。最终，B建设工程有限公司摸得标示中标号的乒乓球而中标。但招标现场会

一结束,原告即接到未中标的其他参与投标单位的口头投诉,并于当天上午收到了三家未中标单位的书面质疑、投诉函等,对招标投标过程中存在弄虚作假行为,要求原告查验。原告接到质疑函件,便对标箱、标球等现场进行查验和封存,并收集现场监控录像查看,认为A公司在组织招标代理工作中,存在弄虚作假的重大嫌疑。原告出于自身利益出发,于现场会当日即请求被告对上述事项介入调查,但被告予以口头拒绝。2020年5月27日,原告通知各被邀请单位中标无效,并于次日在报纸刊登中标无效公告。此外,原告于2020年7月8日以书面《举报信》方式向被告举报A公司的上述违法违规行为,请求被告予以查处,但被告认为原告要求查处的项目属非国有资金投资项目,而由非国有建设单位自行组织招标,系民事行为,不属于行政监管范围,故决定不予受理。但原告认为,根据相关法律规定,被告是法定的监督管理单位,应当对A公司代理原告建设项目邀请招标活动中的行为依法实施监督管理。被告认为只有建设单位是国有单位、建设资金来源是国有资金的项目,才属于自己的监管范围,这是被告对履行职能的自行设置,于法无据。因此,原告对于被告决定不予受理及不予介入查处的行为不服,遂向法院提起诉讼。

二、法院审理

法院认为,案涉工程项目规划设计为十几层高层商务酒店,工程建筑主要功能为办公及商务居住使用,很可能是面向社会不特定主体开放入住使用。因此,案涉工程项目应属关系社会公共利益、公众安全的基础设施项目范围。且工程量远超《工程建设项目招标范围和规模标准规定》(案件审理时有效)中规定的200万元人民币。如此规模之项目,原告采用邀请招标的方式确定施工方,同时将招标投标事项委托A公司实施,并无不当。因其他参与投标的利害关系人提出异议,认为投标实施过程存在弄虚作假的行为,要求对招标投标过程的细节进行查验。原告据此以口头及书面形式向被告提出,并要求被告予以调查处理,但被告以"原告属于民营企业,涉及项目属非国有资金投资项目,而由非国有建设单位自行组织招标,系民事行为,故不属于行政监管范围"为由,决定对于原告的举报、投诉不予受理。该不予受理的决定明显不当。此外,即使被告认为案涉的招标投标项目为非国有资金投入不在其职责监管范围之内,但案涉招标投标代理机构的资格认定,依法由被告审查实施,故对该公司日常行为规范的指导及监管,理应是被告职责延伸所在。现原告及相关利害关系人认为A公司的代理行为不当,可能存在招标投标实施过程中的违法违规行为,继而向被告举报投诉要求予以查处,被告没有不予受理查处的理由和法律依据。

三、法律评析

(一) 公开招标与邀请招标

公开招标属于完全竞争性招标,通过公开刊登招标公告广泛吸引企业参加投标。优点在于充分开展公平、公开、公正的竞争,促进投标人节约资源、提高效率,便于择优而取。缺点在于周期长,费用大。

邀请招标属于有限竞争性招标,招标人只对符合特定要求的3家及以上企业发出招标邀请书。优点在于省去招标公告和资格审查的时间。缺点是竞争性的缺失使得招标人可能无法获得最佳竞争效益。

无论是公开招标的招标公告还是邀请招标的招标邀请书,在法律上都属于要约邀请,而投标人递交的投标文件则属于要约,其法律效力应当遵从《民法典》第三编第二章中的规定。

（二）招标投标离不开各个环节的严格要求

在《招标投标法》的第一条就说明"为了规范招标投标活动，保护国家利益、社会公共利益和招标投标活动当事人的合法权益，提高经济效益，保证项目质量，制定本法"。所以招标投标立法的宗旨便在于充分保护国家利益、社会公共利益和招标投标活动当事人的合法权益。而要做到这一点，离不开招标投标双方的坦诚相待，离不开招标代理机构和评标委员会的严肃公正，更离不开政府行政主管部门主动积极靠前服务，依法加大监督管理力度。

本案中，原告因招标代理机构行为的公正性存疑要求被告介入调查，而被告却因为项目属非国有资金投资项目、由非国有建设单位自行组织招标不予受理。被告的行为无疑严重影响了政府机关的公信力，也挫伤了一些正直诚信的企业依法招标的积极性。《招标投标法》虽然主要以国有资金项目为强制要求对象，但同样鼓励民营企业自行建设的项目通过招标投标的方式找寻最优的合作对象，营造一个公开竞争的良好市场环境。行政管理部门不能以此为由逃避职责，这样的行为不利于招标投标制度的广泛推行，且有悖法律法规本意。

国务院办公厅《关于国务院有关部门实施招标投标活动行政监督的职责分工的意见》第四条"从事各类工程建设项目招标代理业务的招标代理机构的资格，由建设行政主管部门认定"。被告作为地方行政主管部门，同时案涉招标代理机构的资格审查也由其实施，因此依法负有对其辖区内建筑工程招标投标行为及相关招标代理主体（机构）行为进行监督规范、处理处置的职责。

课后练习

(扫下方二维码自测)

第 6 章　建设工程合同法律制度

6.1　概述

6.1.1　建设工程合同的概念

我国建设领域习惯将建设工程合同的当事双方称为发包人和承包人，因此建设工程合同一般认为是承包人进行工程建设，发包人支付约定价款的合同。合同双方法律地位平等，以书面形式在合同中约定各自应承担的权利与义务，在享有权利的同时必须承担相应的义务，其核心就是承包人进行建设并获得工程款，而发包人支付工程价款并获得质量合格的标的物。工程建设行为并不单指施工行为，也包括勘察、设计、监理行为，这些活动也需要双方事先签订建设工程相关合同。

从广义上来看，建设工程合同属于承揽合同的一种，与一般的承揽合同基本一致，属于诺成合同，即自当事人双方意思表示一致时即可成立，不以一方交付标的物为合同的成立要件，当事人交付标的物属于履行合同，而与合同的成立无关。同时建设工程合同也是双务、有偿合同即合同当事人互负债务以及双方的债务有对价关系。由于建设工程的特殊性，以及它对社会经济和民众生活的重要影响，我国一直将建设工程合同列为一类独立的重要合同。但建设工程合同依然符合承揽合同的特点，都是承揽人（承包人）按照定做人（发包人）的要求完成一定工作，并由定做人支付相应报酬或价款的合同。所以在《民法典》中规定，建设工程合同中没有规定的，适用承揽合同的有关规定。

虽然依据《民法典》规定，监理合同并不属于建设工程合同，但考虑到它与工程建设紧密相关，所以本章对监理合同也有所涉及。

6.1.2　建设工程合同的类别与特征

1. 建设工程合同的类别

（1）按建设阶段分类

依照工程建设的不同阶段，建设工程合同可以分为勘察合同、设计合同和施工合同。

1）勘察合同是指承包方受委托方委托，对建设场地的地质、水文等地理环境特征和岩土工程条件进行检查、分析并作出评价，明确委托方和承包人双方权利义务关系的合同。

2）设计合同是指设计单位受建设单位委托，依据工程要求，对工程所需的技术、经济、资源、环境等条件进行全面分析和综合论证，编制工程设计文件，明确建设单位和设计单位双方权利义务关系的合同。

3）施工合同是指建设单位和施工单位为完成工程项目建设，根据工程设计文件要求，对工程进行新建、扩建、改建，明确双方权利义务关系的合同。狭义的工程合同一般就是指施工合同。

(2) 按承包范围分类

按承包范围进行分类可以将工程合同分为建设工程总承包合同、建设工程承包合同、分包合同。

1) 建设工程总承包合同是指建设单位将目标工程的全部工作，包括工程勘察、设计、施工、材料和设备采购等，全部发包给一家承包单位，由其实施工程建设的全过程，最后向建设单位交付质量合格的工程项目的合同。

2) 建设工程承包合同是指建设单位将建设工程依据不同工作内容划分为勘察、设计、施工等，再针对每一项分别发包给不同的承包单位的合同。

3) 分包合同是指在法律允许范围内，承包单位获得建设单位的准许，将其承包的工程的部分分包给其他单位而订立的合同。

(3) 按工程计价方式分类

按照计价方式不同，建设工程合同可以划分为单价合同、总价合同和成本加酬金合同。在实务操作中，由于一些工程的特殊性，不适合采用单价合同，所以在实际需要中逐步演化出多种计价方式。在签订合同时，可以依据不同条件、不同的权利义务划分，来选择最适合项目的计价方式。

1) 单价合同

单价合同一般是固定单价合同，这是建设工程领域最常用的计价模式，可以适配绝大多数项目。在这种合同中，发包人提供工程量，承包人依据发包人的工程量清单提供相应报价。因此承包人仅需承担报价风险，即对报价的正确性和合理性承担责任，而工程量变化的风险归属发包人。这种风险分配方式比较合理，且能促进发承包双方管理的积极性。

单价合同的准则是单价优先，即实际的工程款会按照实际工程量和承包人报价进行计算，而工程量清单中给出的工程量仅作为参考。因此单价是不能出错的，这关系到最后的价款结算。

单价合同的适用范围包括工作比较复杂且工程量大、施工周期长的各类工程建设项目。

2) 总价合同

总价合同是指合同总价在合同签订时已经确定，且不再随工程实际变化而变化，项目完工后，发包人以约定好的总价向承包人支付工程款。所以一般也被称为固定总价合同。

在总价合同中，发包人工作相对较少且承担风险也更少。合同双方在价款结算中较为简单，发包人避免了工程量变动导致总投资变动带来的麻烦。同时，由于一次结算且价格固定，所以承包人承担了全部的工作量和价格风险，因此报价中的不可预见风险费用也相应更高。承包人需要仔细对工程量和各项风险进行计算和复核，而发包人由于几乎不承担风险，所以只需关注总的工程目标即可。如若发包人只以初步设计资料招标，又要求采用固定总价合同承包，那承包人应当合理估计其中的风险，再决定是否投标。

固定总价合同的使用需注意：①工程范围必须清晰，工程量应尽可能准确；②工程设计比较具体详细，有完整清楚的施工图纸；③工程量较小且工期短，预计在工期内物价变动较小，工程条件稳定；④工程难度系数小，结构简单、估价方便；⑤合同中双方权利与义务明晰。

如果在要求采用总价合同的招标文件中附有工程量清单，并要求承包人提供各部分工作的报价，这也属于总价合同，而非单价合同。具体区别在于，两者的法律性质完全不同，单价合同是单价优先，若总价错漏也无伤大雅；而总价合同，即使要求提供分项的报价，最后核算也是以固定的总价核算，如果总价有错误，也不会变更。

涉及总价合同变更总价的情况一般是工程产生较大变动，如设计变更或合同约定的可以变更总价的条件。

3）成本加酬金合同

成本加酬金合同也是较为实用的一种计价方式。此类合同的最终结算价格是以承包人的实际成本加上一定的酬金比例计算，在合同订立之初无法知晓最终的总价格。由于工程价款是在实际成本的基础上加上酬金计算，所以承包人不必承担任何风险，全部工程量和物价波动的风险都由发包人承担。

此类合同的缺点是，在这种合同中，承包人往往缺少成本控制的积极性，甚至希望通过提高成本而提高自己的经济效益，从而损害发包人的利益。所以成本加酬金合同一般用在少数几种情况下，如：①实际施工前工程量无法确定，因此无法准确估价；②抢险、救灾工程等时间紧急，来不及详细研究工程量和报价问题等情况。

为了解决这一问题，业界对成本加酬金合同进行了多种改进。如，成本加固定酬金合同，即酬金不再是在成本的基础上以一定比例计算，而是一个定值；或是事先预设目标成本，在目标成本范围内按照原定比例计取酬金，若超过目标成本，酬金的计取基数依然是目标成本，若实际成本低于目标成本，可根据双方协商，另行承诺承包人一笔奖金。

在这种合同模式下，由于发包人承担的风险较大，所以需要紧密参与项目的施工环节，实施严格的管理机制，参与施工具体方案的决策，同时加大监管和审查力度，避免不必要的损失。

2. 建设工程合同的特征

虽然从广义上看，建设工程合同属于承揽合同的一种，但是仍有一些较为明显的区别。

（1）合同主体严格要求

建设工程合同的主体包括发包人和承包人双方。发包人必须是已经通过相关部门批准进行工程建设的法人，同时已经落实投资计划。承包人作为工作的具体执行人，必须是具备从事相应工作的合法资质的法人。

（2）标的仅限于建设工程

建设工程合同的标的是完成各类建设相关的承包工作的行为，包括对各类建筑物及其附属设施的建设，以及对管道、线路和设备等的安装等。因为建筑物不能移动的特殊性，所以每一个标的都是不同的，只能进行单件生产，这也造成了承包人员和施工设备、物资的流动性。而建设工程历来受政府的高度重视，对合同双方的要求也远高于一般的承揽合同，所以逐渐成为承揽合同中一个单独的类别。

（3）程序和监管严格

建设工程的标的物是建筑物，与社会经济和人民生活的方方面面息息相关，大型的建设工程一旦出现事故，可能造成社会的震荡。因此国家一直以严格的程序来计划和管理建设工程。对建设工程合同的订立也有相应的规范和要求。使用国有资金的项目，必须以国家批准的投资计划为前提；非国有资金投资项目也需要符合当年贷款规模和批准限额的要求，在合同订立前，完成所有应当完成的审批程序。

（4）合同必须是书面形式

《民法典》规定，当事人订立合同，可以自行选用书面形式、口头形式或者其他形式。但考虑到建设工程的重要影响，而且实务中关于建设工程合同的纠纷频发，所以《民法典》又规定，建设工程合同应当采用书面形式。

6.1.3 工程合同的主体及其构成

建设工程合同的主体包括发包人和承包人两方。

发包人，也即建设单位，是工程项目建设的投资方，一般也是工程的所有者。发包人负责提出工程项目的基本要求和相应标准，并为工程建设提供资金支持。也存在发包人不是资金的所有者，而是受资金所有人的委托，代其出面进行投资的情况。

承包人，是承包工程项目并进行实际落实的一方。根据工作内容可以分为勘察设计单位、施工单位、监理单位等。若无特别说明，一般承包人就是指施工单位。承包人与发包人签订建设工程合同后，有义务为发包人提供建设服务和技术咨询，并有权获取合理报酬。

在建设工程合同中，发包人主要的义务是提出要求并在完工后支付相应价款；权利就是获得建设服务，最终得到质量合格的建筑产品。而承包人的义务是依照合同要求完成提供勘察、设计、施工等建设服务；权利就是获取相应报酬。

6.1.4 建设工程合同体系

建设工程合同体系是以发包人为核心建立的，不同承包方式的差异主要在于发包人和承包人的关系构成。工程中的权利与义务分配都是基于合同约定，所以工程建设中的实际事务都会与发包人产生千丝万缕的关系。

建设工程合同体系由多种不同的合同模式组成，在实务应用中，一项工程的建设或许不止一个模式，可能是多个模式的组合，或是一个模式的灵活变更。本节将介绍几类常见的合同体系模式。

1. 工程项目总承包合同体系

工程项目总承包合同体系的核心是发包人和总承包人的合同关系。在此体系中，总承包人将同时肩负勘察设计工作和施工工作。针对不同类型的工程建设项目，该体系常见的模式分为两种：

（1）以施工为核心总承包，兼顾勘察设计工作

在一般的大型建设项目中，这种模式较为常见。由于建设工程中，施工工作耗时最长、工作量最大，并需要消耗大量的人力物力，所以往往施工过程是整个工程建设的核心部分。将施工作为总承包的核心，可以有效应对施工过程中的突发状况和实际问题，这些问题在设计阶段是无法预见、解决的。

这种模式下，发包人只需与总承包人建立合同关系，由总承包人委托勘察、设计及施工承包。施工承包人也可再将专业工程委托给专业承包人。但实务中，总承包人一般就是施工承包人，既负责统揽整个工程建设，也负责项目的施工。

（2）以设计为核心总承包，由设计指导施工

以设计为核心的总承包模式与前一种刚好相反，将设计工作作为建设的核心内容，以设计指导后续施工。这类模式往往适用于需要特殊技术或工艺极其复杂的建设项目，如核

电站等。这些特殊的工艺是施工方不熟悉的，要想完美呈现出发包人的真实需求，就需要设计单位从旁指导。

这种模式下，发包人将与设计单位建立合同关系，由总承包人委托勘察与施工单位。施工承包人也可再将专业工程委托给专业承包人。

2. 工程项目施工总承包合同体系

在工程项目施工总承包合同体系中，以发包人和施工单位签订的施工总承包合同为核心，再以发包人与勘察设计单位、监理单位等其他承包方签订的合同作为补充，共同构成的合同体系。

相比于工程项目总承包合同体系，在工程项目施工总承包合同体系中发包人对于工程的控制程度更高。虽然前者可以将发包人从繁杂的专业问题中解放出来，但缺少了对工程的介入，增加了管理风险。而在工程项目施工总承包合同体系中，工程监理代表发包人对工程进行监管，并为发包人提供专业意见。

3. 工程项目施工平行承包合同体系

在工程项目施工平行承包合同体系中不存在总承包关系，而是由发包人分别与多个承包人签订合同，再由他们合作完成整个项目的建设。为了保证各个施工段相互协调，发包人需要成立专门的管理机构进行工程总协调。

这种体系对于长线工程，如河流疏浚、管线铺设、公路铁路等，或超大型工程，如机场、水利枢纽等非常适用。因为这些工程体量极大，一个承包人往往难以完成全部建设，所以需要多个承包人协调合作，发挥各自的长处，共同完成建设任务。同时，由必要的机构来负责总体协调和不同施工段之间的沟通联系也是不可或缺的，这样才能保证工程的每一个施工段可以顺利完成衔接。

6.2 建设工程施工承包合同

6.2.1 概述

建设工程施工承包合同是建设单位和施工单位为明确双方权利、义务关系，以便完成商定的建设工程任务而签订的书面合同。建设工程施工承包合同是建设合同中最核心的一项合同，因为它是工程实际建设时进行质量控制、进度控制、资金控制等的主要依据；也是发生纠纷时厘清责任、协调经济关系的重要依据。毫不夸张地说，建设工程施工承包合同是工程建设的核心文书。

建设工程施工承包合同是建设工程合同的一种，与勘察和设计合同一样，也是一种双务合同，它的内容和程序应符合《建筑法》《民法典》及相关法律规范和行政法规的规定。发承包双方在法律上是平等的民事主体，应当具备相匹配的主体资格，符合资质要求，具备履行合同责任的能力。

6.2.2 《建设工程施工合同（示范文本）》

为规范建筑市场秩序，维护建设工程施工合同双方当事人的合法权益，根据建设工程领域的法律文件和我国的实务情况，住房和城乡建设部、国家工商行政管理总局在《建设工程施工合同（示范文本）》GF—2013—0201 的基础上进行了修订，于 2017 年 9 月 22 日印发了《建设工程施工合同（示范文本）》GF—2017—0201。

《建设工程施工合同（示范文本）》（以下简称《示范文本》）适用于房屋建筑工程、土木工程、线路管道和设备安装工程、装修工程等建设工程的施工发承包活动，合同当事人可结合建设工程具体情况，根据《示范文本》订立合同，并按照法律法规规定和合同约定承担相应的法律责任及合同权利义务。它并非强制性使用文本。

1. 《示范文本》

《示范文本》由合同协议书、通用合同条款和专用合同条款三部分组成，另包括一项协议书附件和十项专用合同条款附件。

《示范文本》合同协议书共计13条，主要包括：工程概况、合同工期、质量标准、签约合同价和合同价格形式、项目经理、合同文件构成、承诺以及合同生效条件等重要内容，集中约定了合同当事人基本的合同权利义务。它规定了双方核心的权利、责任、义务，且需要双方签字盖章，在所有的合同文件中具有最高的法律效力。

2. 通用合同条款

通用合同条款是合同当事人根据《建筑法》《民法典》等法律法规的规定，就工程建设的实施及相关事项，对合同当事人的权利义务作出的原则性约定。它是将建设工程施工合同中一些共性的内容集成为一份合同文件，因此具有很强的通用性，基本适用于各类工程项目。除双方达成一致对其中一些条款进行修改或删除外，其他条款发承包人都应严格遵守。

3. 专用合同条款

专用合同条款是对通用合同条款原则性约定的细化、完善、补充、修改或另行约定的条款。由于工程项目的特殊性和单一性，每个工程的建设条件和目标要求都是不同的，因此工期、造价等也相应变动。合同当事人可以根据不同建设工程的特点及具体情况，通过双方的谈判、协商对相应的专用合同条款进行修改补充。

4. 合同文件的优先顺序

建设工程施工合同由多个文件组成，各项文件之间应当起到相互补充、相互说明的作用。但由于参与方众多，各个文件在细节上难免会出现些许冲突或错漏。所以需要依据文件的重要程度对其进行排序，在文件的解释发生前后冲突时依据优先顺序确定正确的解释。

（1）合同协议书；

（2）中标通知书（如果有）；

（3）投标函及其附录（如果有）；

（4）专用合同条款及其附件；

（5）通用合同条款；

（6）技术标准和要求；

（7）图纸；

（8）已标价工程量清单或预算书；

（9）其他合同文件。

6.2.3　发承包双方基本权利和义务

1. 发包人的一般权利与义务

（1）权利

依据法律和合同要求，发包人的基本权利包括如下：

1) 在不妨碍正常作业的情况下，发包人可以随时检查工程的进度和质量；

2) 工程竣工后，发包人有权依据施工图纸、国家规范和合同约定的质量标准进行验收；

3) 承包人原因导致的质量不合格，发包人有权要求施工人在合理的期限内无偿修理或者返工、改建。

(2) 义务

1) 保障项目的合法性和手续齐全；

2) 为承包人提供完整的技术资料和依据，包括施工图纸等对施工过程会产生影响的一切资料；

3) 为承包人提供满足施工要求的场地，为施工需要获取现场及周边交通运输权利，并提供现场的基础资料。在施工中由于各种意外因素导致的场地不具备施工条件的情况，发包人有义务进行现场恢复。施工期间，基于施工场地的使用与占用给第三方造成的损失也由发包人负责；

4) 发包人有义务提供项目建设所需的资金，并及时支付承包人提供建筑服务的工程价款。

2. 承包人的一般权利与义务

(1) 权利

1) 完工后，承包人有权获得相应的工程价款，若发包人未按照合同约定支付价款，承包人可以催告发包人在合理期限内支付价款；

2) 若发包人未能按照合同约定的时间和要求提供原材料、场地、资金、技术资料等的，承包人可以请求顺延工期，还可以请求发包人赔偿停工、窝工的损失；

3) 享有工程价款优先受偿的权利。

(2) 义务

1) 积极完成建设工作并承担保修责任；

2) 承担由己方负责的审批责任；

3) 按照安全文明施工的要求进行施工，保障工程、工作人员和材料设备的安全；

4) 保障发包人的知识产权，一般来说发包人提供的图纸，以及为实现工程而编撰的技术资料等类似文件，著作权均归发包人所有。承包人可以为了实现合同目的复印、使用，但不能用于与合同无关的其他目的。

6.2.4 合同的订立、效力和履行

1. 合同的形式与内容

一般合同的订立可以采用书面形式、口头形式等多种形式，但建设工程合同必须以书面形式确立。

合同的内容由当事人约定，一般包括下列条款：①当事人的姓名或者名称和住所；②标的；③数量；④质量；⑤价款或者报酬；⑥履行期限、地点和方式；⑦违约责任；⑧解决争议的方法。发承包双方可以参考《示范文本》订立合同。

2. 合同的成立

当事人采用合同书形式订立合同的，自当事人均签名、盖章或者按指印时合同成立。在签名、盖章或者按指印之前，当事人一方已经履行主要义务，对方接受时，该合同成

立。法律、行政法规规定或者当事人约定合同应当采用书面形式订立，当事人未采用书面形式但是一方已经履行主要义务，对方接受时，该合同成立。采用合同书形式订立合同的，最后签名、盖章或者按指印的地点为合同成立的地点，但是当事人另有约定的除外。

3. 合同的效力

建设工程施工合同应当符合一般合同普遍的法律规定，其效力遵从民事法律行为的效力条款。依法成立的合同，自成立时生效，但是法律另有规定或者当事人另有约定的除外。依照法律、行政法规的规定，合同应当办理批准等手续的，依照其规定。未办理批准等手续影响合同生效的，不影响合同中履行报批等义务条款以及相关条款的效力。应当办理申请批准等手续的当事人未履行义务的，对方可以请求其承担违反该义务的责任。

4. 合同的履行

发承包双方应当遵循诚信原则，根据合同的性质、目的和交易习惯履行通知、协助、保密等义务。在履行合同过程中，应当避免浪费资源、污染环境和破坏生态。

合同生效后，发承包双方就质量、价款或者报酬、履行地点等内容没有约定或者约定不明确的，可以协议补充；不能达成补充协议的，按照合同相关条款或者交易习惯确定。若仍不能确定的，适用下列规定：

（1）质量要求不明确的，按照强制性国家标准履行；没有强制性国家标准的，按照推荐性国家标准履行；没有推荐性国家标准的，按照行业标准履行；没有国家标准、行业标准的，按照通常标准或者符合合同目的的特定标准履行。

（2）价款或者报酬不明确的，按照订立合同时履行地的市场价格履行；依法应当执行政府定价或者政府指导价的，依照规定履行。

（3）履行地点不明确，给付货币的，在接受货币一方所在地履行；交付不动产的，在不动产所在地履行；其他标的，在履行义务一方所在地履行。

（4）履行期限不明确的，债务人可以随时履行，债权人也可以随时请求履行，但是应当给对方必要的准备时间。

（5）履行方式不明确的，按照有利于实现合同目的的方式履行。

（6）履行费用的负担不明确的，由履行义务一方负担；因债权人原因增加的履行费用，由债权人负担。

5. 不安抗辩权

为了保障当事人的合法权益，《民法典》规定，先履行债务的当事人拥有不安抗辩权，即当先履行债务的当事人有确切证据证明对方有下列情形之一的，可以中止履行：

（1）经营状况严重恶化；

（2）转移财产、抽逃资金，以逃避债务；

（3）丧失商业信誉；

（4）有丧失或者可能丧失履行债务能力的其他情形。

若当事人没有确切证据中止履行的，应当承担违约责任。当事人依据上述规定中止履行的，应当及时通知对方。对方提供适当担保的，应当恢复履行。中止履行后，对方在合理期限内未恢复履行能力且未提供适当担保的，视为以自己的行为表明不履行主要债务，中止履行的一方可以解除合同并可以请求对方承担违约责任。

不安抗辩权在建设工程施工合同中也非常重要。因为工程建设的特殊性，一般是先承包人施工，再由发包人根据施工进度拨付工程款，而非一般交易的一手交钱一手交货。在这种交易模式下，就可能存在施工方按计划施工，但发包人因为种种原因无法如期支付价款的情况，对承包人来说存在一定的风险。而不安抗辩权给予承包人在这种情形发生之前预先采用的法律武器，合理避免己方的损失。

6.2.5 合同无效与解除

1. 合同无效的情形

《民法典》第一百五十三条规定，凡是违反法律、行政法规的强制性规定的民事法律行为均无效。但是，该强制性规定不导致该民事法律行为无效的除外。同时，违背公序良俗的民事法律行为也视为无效。

建设工程施工合同具有下列情形之一的，应当依据《民法典》第一百五十三条第一款的规定，认定无效：

（1）承包人未取得建筑业企业资质或者超越资质等级的；
（2）没有资质的实际施工人借用有资质的建筑施工企业名义的；
（3）建设工程必须进行招标而未招标或者中标无效的；
（4）承包人因转包、违法分包建设工程与他人签订的建设工程施工合同无效。

这些行为都可能会造成工程的质量缺陷，甚至是重大的安全隐患，给人民的生命财产和社会经济带来不可小觑的威胁。

另外，合同中的下列免责条款无效：

（1）造成对方人身损害的；
（2）因故意或者重大过失造成对方财产损失的。

但即使合同不生效、无效、被撤销或者终止，也不影响合同中有关解决争议方法的条款的效力。

法律也不支持将合同无效作为发包人拒绝工程价款支付的理由。《民法典》第七百九十三条规定："建设工程施工合同无效，但是建设工程经验收合格的，可以参照合同关于工程价款的约定折价补偿承包人"。也就是说，即使合同不具有法律效力，但承包人仍然为约定的工程付出了人力、物力和财力，无论工程是否已经全部完工，发包人都有义务为已完成且验收合格的部分支付价款。

若建设工程施工合同无效，且建设工程经验收不合格的，则按照以下情形处理：

（1）修复后的建设工程经验收合格的，发包人可以请求承包人承担修复费用；
（2）修复后的建设工程经验收不合格的，承包人无权请求参照合同关于工程价款的约定折价补偿。

发包人对因建设工程不合格造成的损失有过错的，应当承担相应的责任。

在实务中应当注意留存合同签订和履约情况的相关文书证明。《关于审理建设工程施工合同纠纷案件适用法律问题的解释（一）》中规定，建设工程施工合同无效，一方当事人请求对方赔偿损失的，应当就对方过错、损失大小、过错与损失之间的因果关系承担举证责任。损失大小无法确定，一方当事人请求参照合同约定的质量标准、建设工期、工程价款、支付时间等内容确定损失大小的，人民法院可以结合双方过错程度、过错与损失之间的因果关系等因素作出裁判。

2. 合同解除

合同是严肃的，不可如儿戏一般随意成立、解除，但针对一些特殊情况，法律允许通过合法的程序解除合同关系。《民法典》规定，若当事人协商一致，可以解除合同。当事人可以约定一方解除合同的事由。解除合同的事由发生时，解除权人可以解除合同。此外，《民法典》针对所有合同提出了如下五条可以解除合同的情形：

（1）因不可抗力致使不能实现合同目的；

（2）在履行期限届满前，当事人一方明确表示或者以自己的行为表明不履行主要债务；

（3）当事人一方迟延履行主要债务，经催告后在合理期限内仍未履行；

（4）当事人一方迟延履行债务或者有其他违约行为致使不能实现合同目的；

（5）法律规定的其他情形。

值得注意的是，合同成立后，若合同的基础条件发生了当事人在订立合同时无法预见的、不属于商业风险的重大变化，继续履行合同对于当事人一方明显不公平的，受不利影响的当事人可以与对方重新协商；在合理期限内协商不成的，当事人可以请求人民法院或者仲裁机构变更或者解除合同。人民法院或者仲裁机构应当结合案件的实际情况，根据公平原则变更或者解除合同。

针对建设工程合同中发承包双方的特点，《民法典》也作出了具体的规定。承包人将建设工程转包、违法分包的，发包人可以解除合同。发包人提供的主要建筑材料、建筑构配件和设备不符合强制性标准或者不履行协助义务，致使承包人无法施工，经催告后在合理期限内仍未履行相应义务的，承包人可以解除合同。合同解除后，已经完成的建设工程质量合格的，发包人应当按照约定支付相应的工程价款；已经完成的建设工程质量不合格的，参照《民法典》关于建设工程施工合同无效的规定处理（第七百九十三条）。

建设工程合同解除，当事人须满足以下三个条件：

（1）当事人享有解除权。符合《民法典》所规定的法定解除权或约定解除的情形则享有法定解除权。如果当事人不享有解除权，即使解除通知到达对方，对方未提出异议，也不发生合同解除的效果。

（2）在规定的期限内行使解除权。解除权是形成权，应当在一定的期限内行使，否则合同关系处在长期不确定的状态，会影响当事人权利的享有和义务的履行。依据《民法典》第五百六十四条，法律规定或者当事人约定解除权行使期限，期限届满当事人不行使的，该权利消灭。法律没有规定或者当事人没有约定解除权行使期限，自解除权人知道或者应当知道解除事由之日起一年内不行使，或者经对方催告后在合理期限内不行使的，该权利消灭。

（3）行使解除权应当通知对方当事人。解除的意思表示可以通过诉讼外的通知方式作出，也可以直接以提起起诉或者申请仲裁的方式作出。依据《民法典》第五百六十五条，当事人一方依法主张解除合同的，应当通知对方。合同自通知到达对方时解除；通知载明债务人在一定期限内不履行债务则合同自动解除，债务人在该期限内未履行债务的，合同自通知载明的期限届满时解除。对方对解除合同有异议的，任何一方当事人均可以请求人民法院或者仲裁机构确认解除行为的效力。当事人一方未通知对方，直接以提起诉讼或者申请仲裁的方式依法主张解除合同，人民法院或者仲裁机构确认该主张的，合同自起诉状副本或者仲裁申请书副本送达对方时解除。

合同解除后,尚未履行的,终止履行;已经履行的,根据履行情况和合同性质,当事人可以请求恢复原状或者采取其他补救措施,并有权请求赔偿损失。合同因违约解除的,解除权人可以请求违约方承担违约责任,但是当事人另有约定的除外。主合同解除后,担保人对债务人应当承担的民事责任仍应当承担担保责任,但是担保合同另有约定的除外。

6.3 建设工程施工承包合同的变更和索赔

6.3.1 建设工程施工承包合同的变更

1. 工程变更的常规原因

(1) 客观环境变更

客观环境变更是指施工现场环境的各种变化超出了合同规定的范围,施工条件发生变化,致使原定的施工组织计划和施工技术必须随之变更的情况。即使是一名合格且经验丰富的工程管理人员也无法预测这种环境因素导致的变更。

建设工程施工合同中,承包人会根据对施工现场条件的勘察、工期要求、当地季节与气候数据等资料,编制施工组织计划并据此确定报价。而一名合格且有经验的施工管理人员可以保证施工组织安排在一定的客观条件变化范围内保持较高的可行性,而不是稍有变动就要调整。但当客观环境变化较大且不在可预测的范围内时,为了保障工程高质量落实,就必须要对施工方案进行合理的变更。

如项目在施工过程中遭遇百年难见的极端暴雨天气时,虽然承包人原定的施工计划和施工进度考虑了常见的雨季天气变化,也有应对策略,但在极端暴雨天气中这显然是不够的。这种情况下,工期的变更在所难免。

(2) 发包人主观变更

发包人主观变更是指在工程建设过程中,发包人出于主观意愿变化而提出的变更。其主要包括工程内容变更和工期变更。

工程内容变更包括实质性变更和工作量变更。实质性变更是改变了承包人工作内容和工作范围的本质,需要做出较大的调整,可能需要与设计人员进行重新商讨,甚至对工程价款也会产生影响。工作量变更则是较为简单的变更,发包人只在原基础上对工作量做删减或增加。

工期变更是指对于进行中的工程建设任务的工期进度或整体进度的变更。主要表现为工期缩减、工期延长和暂停施工。这三种情况对于发包人来说都可能会带来费用的增加。工期缩减需要耗费大量人力、财力、物力赶工,而工期延长和暂停施工都会造成设备租赁费用的增加,甚至造成其他连锁反应,给发包人带来损失。

(3) 承包人合理化建议

作为工程的实际执行人,承包人权利范围内不涉及工程变更内容,一般认为承包人依据实际施工情况,可以在有必要的时候向发包人提出合理化的变更建议,具体是否实施变更则由发包人在监理人的协助下决定。未经许可,承包人不得擅自对工程的任何部分进行变更。

承包人提出合理化建议的,应向监理人提交合理化建议说明,说明建议的内容和理由，以及实施该建议对合同价格和工期的影响。除专用合同条款另有约定外，监理人应在收到承包人提交的合理化建议后 7 天内审查完毕并报送发包人，发现其中存在技术上的缺陷的，应通知承包人修改。发包人应在收到监理人报送的合理化建议后 7 天内审批完毕。合理化建议经发包人批准的，监理人应及时发出变更指示，由此引起的合同价格调整按照变更估价条款执行。发包人不同意变更的，监理人应书面通知承包人。

2. 合同变更的要件

（1）原合同关系存在

原合同关系存在是合同变更的重要前提，因为变更是在原合同基础上对其内容的改变，如果原合同关系不存在，那么变更也无意义。同时强调，可以发生变更的合同应当是已经生效且尚未履行完成的合同。未生效合同、无效合同和已经履约完成的合同不存在变更。

（2）合同变更须以变更协议确立

合同变更和合同的订立一样，都是严肃的法律过程。合同一经签订，对合同双方均产生约束作用，不得擅自更改或解除合同关系。但若出现法律允许的变更事项，合同双方可以依据实际需要达成变更协议。变更协议在法律上也属于民事合同的一种，其形式应与原合同保持一致，若原合同采用书面形式，则变更协议也应当采用书面形式。若原合同是非书面形式的合同，变更协议一般以采用书面形式为宜，以免发生争议。

3. 合同变更的分类

合同变更可以分为协议变更和法定变更两种。

协议变更是指经双方当事人商议一致后，以协议形式确定合同内容的变更。而法定变更则是指合同关系存续期间，发生法定可以变更合同的事项时，可以由当事一方提出变更要求而对合同内容进行更改。两者的区别在于，协议变更是双方合意的结果，而法定变更不需要对方当事人的同意，只需符合法律规定，即可基于一方的意愿向人民法院或仲裁机构提出变更申请。

《民法典》规定，合同成立后，合同的基础条件发生了当事人在订立合同时无法预见的、不属于商业风险的重大变化，继续履行合同对于当事人一方明显不公平的，受不利影响的当事人可以与对方重新协商；在合理期限内协商不成的，当事人可以请求人民法院或者仲裁机构变更或者解除合同。人民法院或者仲裁机构应当结合案件的实际情况，根据公平原则变更或者解除合同。

6.3.2　造成索赔的原因

索赔是指合同一方当事人因为对方未能如约履行或正确履行合同义务而蒙受损失后，要求对方做出补偿的行为。需要注意的是，索赔并不是赔偿，不存在惩罚性质，只是作为受损方所要求的对于原本属于自己物品和权益的一种主张。

在工程中，索赔是双向的。承包人可以向发包人索赔，发包人也可以向承包人索赔。但实务中，一般发包人提出的索赔实行起来较为方便，可以通过从工程款中扣除索赔金额或者没收履约保证金方式实现。而承包人提出的索赔实行起来比较麻烦，往往会造成民事纠纷。所以承包人的索赔在工程中属于重点内容，如果没有特殊说明，一般认为索赔即是承包人提出的对发包人的索赔。

承包人可以对合同履行过程中发生的非己方过错，且属发包人责任的情况造成的实际损失，凭完整证据向监理人提出索赔要求，索赔形式可以包括工期索赔和经济索赔两种。实务中，索赔的原因较为多样化，一般包括以下四种。

1. 合同理解不一致

虽然在签订合同时，双方理应详细了解合同内容并达成一致，但在对于合同条款的理解上，尤其是对权利、义务范围划分的理解方面，很难保证完全不存在差异性。这种差异很可能会带来工程建设过程中的矛盾和纠纷，造成合同争执和责任推诿。

2. 工程自身不确定性

随着科技的发展，施工技术日新月异。在高新技术的辅助下，现在的工程项目建设日渐复杂化，业主对于工程质量和安全性的要求也逐渐提高。而工程本身及其实际建设的环境是复杂而多变的，包括材料物价的变化、地质条件的变化、通货膨胀、气候的变化以及政府对于工程环保及安全的规范的变化等。这些因素都会直接影响工程的原定计划，并给实施进度和最终成本带来变化。

3. 发包人原因

发包人在工程建设过程中，可能随时会产生新的想法，这些想法会导致大量的工程变更，小到工程量的删减、增加，大到建筑功能、实施方案的变化。工程变更中难免会出现沟通不到位而产生的行为失调等情形，导致索赔事项的出现。同时发包人一方也可能由于自身疏忽而未能正确履行合同义务，造成承包人的损失。

4. 合作关系复杂

建设工程项目是一个多方参与、合作完成的过程，每一个参与方都在其中发挥着自己的优势，或是技术，或是经济，或是法律等。这些参与方相互联系，又有利益的博弈，关系错综复杂。所以在管理过程中，难免会出现失误。一方的失误可能会影响与之相关的其他合作方，进而导致工程实施受阻。

6.3.3 索赔的处理原则

1. 承包人自身无责任是其获得索赔的前提

承包人如想顺利从发包人处获得索赔，必须保证索赔事项与自身责任不相关。与承包人相关的责任包括以下三种：

（1）承包人直接责任

承包人直接责任是指由于承包人一方的原因直接导致索赔事件发生。这种情况下，出现纰漏或失误的本来就是承包人，无论从法理还是情理而言，承包人都无权向发包人提出索赔要求。此时，无论是费用增加还是工期延误都要由承包人承担。

（2）承包人间接责任

承包人间接责任是指导致索赔事件发生的并不是承包人一方的错漏，而是其分包的责任。在这种情况下，承包人本身虽然并没有过错，但依据《招标投标法》规定"中标人应当就分包项目向招标人负责"，承包人需要向发包人承担连带责任。此时，承包人对索赔事项负有间接责任，也不得提出索赔。

（3）承包人推定责任

承包人推定责任是指依据合同原则，索赔事件应推定由承包人承担责任。推定责任是三种责任中较难界定的一种，一般认为是：该事项是作为一个合格且有经验的工程技术人员或管理人员应该预先考虑到的、施工中可能遇见的问题，且在投标报价中考虑到应对措施并体现在报价中。

较为典型的承包人推定责任有如下类型：

1）承包人作为有经验的施工方，应当对发包人提供的资料信息正确合理地进行理解，如工期安排中是否包括北方寒冷季节的停工，发包人所提供的材料设备能否满足施工需要。

2）承包人应当以自己的专业知识和丰富经验对工程负责。承包人有义务发现设计图纸中不合常理的错漏，如漏画了门等，若承包人不提出质疑，而是按图施工，之后需要对墙体开洞补门，这些损失应该由承包人自己负责。

2. 发包人有责任是承包人获得索赔的前提

如果承包人想要获得索赔，单是己方没有责任还不够，还需要发包人对索赔事件有责任才可以。

（1）发包人直接责任

发包人直接责任是指索赔事件与发包人的因果关系明确，依据合同或法律应由发包人承担责任。如发包人提出的工程变更、发包人的错误指令（以承包人的经验无法判断的）等，这些事件中承包人没有任何责任，因此可以依据实情，向发包人提出工期和费用的索赔要求。

（2）发包人间接责任

发包人间接责任是指与发包人缔结合约的各方（除承包人外）工作纰漏致使承包人受损，发包人需为此承担间接责任。此时，发包人有义务为承包人补偿经济损失和工期延误。

这种情形在平行承包的合同体系中比较多见。由于发包人就工程的不同工作与多个承包人签订合约，这其中存在工作先后的协调问题，若是前序工作的失误影响了后一个承包人的工作，那么发包人就对此负有间接责任。此外，发包人委托的监理工程师和现场技术指导人员如果发生工作失误，也属于发包人的间接责任范围内。

（3）发包人推定责任

与承包人的推定责任类似，发包人的推定责任是指发包人无明显过错，但依据合同订立的原则，推定应由发包人负责。主要表现为与施工现场相关的意外状况。为承包人提供满足施工条件的现场是发包人原则上的义务，若发生意外导致现场不满足施工要求，发包人有义务承担恢复现场的费用和工期，包括道路清理、三通一平等。

3. 不可抗力损失各自承担

不可抗力也是合同签订时需要重点考虑的一方面，针对不可抗力的责任分担一般遵循工期顺延、损失各自承担的原则。若不可抗力造成合同目标无法实现，或工程已无实现必要时，可以依据法定程序解除合同，但一般不至于到合同解除的程度。因为不可抗力是事前不能预见、不能避免且不能克服的客观情况，所以出于合同的公平性，对于不可抗力持续的时间和恢复施工所需时间可以顺延工期。至于经济损失则依据产权所属各自承担。

但《民法典》规定，"当事人迟延履行后发生不可抗力的，不免除其违约责任"。也就是说，如果当事人因为自身原因延迟履行合同义务而遭遇不可抗力，那么其应该履行的义务不能以不可抗力为理由免除。因为，若当事人可以按计划履约，就不会受不可抗力影响，所以当事人应该为此造成的后果承担相应责任。若由此对合同另一方造成损失，当事人不能以"各自承担"为理由拒绝承担对方的损失补偿。因为延迟履约一方违约在先，未能按时完成自己的合同义务，致使对方遭受不可抗力造成的损失，理应对此承担相应责任。

6.3.4 《示范文本》中索赔的处理程序

1. 承包人的索赔及相应处理

（1）承包人索赔

根据合同约定，承包人认为有权得到追加付款和（或）延长工期的，应按以下程序向发包人提出索赔：

1）承包人应在知道或应当知道索赔事件发生后 28 天内，向监理人递交索赔意向通知书，并说明发生索赔事件的事由；承包人未在前述 28 天内发出索赔意向通知书的，丧失要求追加付款和（或）延长工期的权利；

2）承包人应在发出索赔意向通知书后 28 天内，向监理人正式递交索赔报告；索赔报告应详细说明索赔理由以及要求追加的付款金额和（或）延长的工期，并附必要的记录和证明材料；

3）索赔事件具有持续影响的，承包人应按合理时间间隔继续递交延续索赔通知，说明持续影响的实际情况和记录，列出累计的追加付款金额和（或）工期延长天数；

4）在索赔事件影响结束后 28 天内，承包人应向监理人递交最终索赔报告，说明最终要求索赔的追加付款金额和（或）延长的工期，并附必要的记录和证明材料。

（2）相应处理

发包人对承包人提出的索赔的处理如下：

1）监理人应在收到索赔报告后 14 天内完成审查并报送发包人。监理人对索赔报告存在异议的，有权要求承包人提交全部原始记录副本；

2）发包人应在监理人收到索赔报告或有关索赔的进一步证明材料后的 28 天内，由监理人向承包人出具经发包人签认的索赔处理结果。发包人逾期答复的，则视为认可承包人的索赔要求；

3）承包人接受索赔处理结果的，索赔款项在当期进度款中进行支付；承包人不接受索赔处理结果的，按照争议解决约定处理。

2. 发包人的索赔及相应处理

（1）发包人索赔

根据合同约定，发包人认为有权得到赔付金额和（或）延长缺陷责任期的，监理人应向承包人发出通知并附有详细的证明。

发包人应在知道或应当知道索赔事件发生后 28 天内通过监理人向承包人提出索赔意向通知书，发包人未在前述 28 天内发出索赔意向通知书的，丧失要求赔付金额和（或）延长缺陷责任期的权利。发包人应在发出索赔意向通知书后 28 天内，通过监理人向承包人正式递交索赔报告。

（2）相应处理

承包人对发包人提出的索赔的处理如下：

1）承包人收到发包人提交的索赔报告后，应及时审查索赔报告的内容、查验发包人证明材料；

2) 承包人应在收到索赔报告或有关索赔的进一步证明材料后 28 天内, 将索赔处理结果答复发包人。如果承包人未在上述期限内作出答复的, 则视为对发包人索赔要求的认可;

3) 承包人接受索赔处理结果的, 发包人可从应支付给承包人的合同价款中扣除赔付的金额或延长缺陷责任期; 发包人不接受索赔处理结果的, 按争议解决约定处理。

6.3.5 工程价款纠纷与优先受偿权

1. 工程价款的结算纠纷

（1）工程价款纠纷

《示范文本》的通用合同条款中对工程价款结算作出了约定。发包人在收到承包人提交竣工结算申请书后 28 天内未完成审批且未提出异议的, 视为发包人认可承包人提交的竣工结算申请单, 并自发包人收到承包人提交的竣工结算申请单后第 29 天起视为已签发竣工付款证书。承包人有权要求发包人依照竣工结算文件结算工程价款。除专用合同条款另有约定外, 发包人应在签发竣工付款证书后的 14 天内, 完成对承包人的竣工付款。发包人逾期支付的, 按照中国人民银行发布的同期同类贷款基准利率支付违约金; 逾期支付超过 56 天的, 按照中国人民银行发布的同期同类贷款基准利率的两倍支付违约金。

当事人对欠付工程价款利息计付标准有约定的, 按照约定处理。没有约定的, 按照同期同类贷款利率或者同期贷款市场报价利率计息。利息从应付工程价款之日开始计付。当事人对付款时间没有约定或者约定不明的, 下列时间视为应付款时间:

1) 建设工程已实际交付的, 为交付之日;
2) 建设工程没有交付的, 为提交竣工结算文件之日;
3) 建设工程未交付, 工程价款也未结算的, 为当事人起诉之日。

（2）垫资纠纷

当事人对垫资和垫资利息有约定的, 承包人请求按照约定返还垫资及其利息的, 人民法院应予支持, 但是约定的利息计算标准高于垫资时的同类贷款利率或者同期贷款市场报价利率的部分除外。当事人对垫资没有约定的, 按照工程欠款处理。当事人对垫资利息没有约定, 承包人请求支付利息的, 人民法院不予支持。

2. 优先受偿权

《民法典》对于优先受偿权进行了规定,"发包人未按照约定支付价款的, 承包人可以催告发包人在合理期限内支付价款。发包人逾期不支付的, 除根据建设工程的性质不宜折价、拍卖外, 承包人可以与发包人协议将该工程折价, 也可以请求人民法院将该工程依法拍卖。建设工程的价款就该工程折价或者拍卖的价款优先受偿"。这样一来, 原先建筑行业拖欠工程款的不良风气得到了有效的控制。

由于建筑工程所牵涉的上下游企业不计其数, 一个项目的工程款被拖欠, 可能导致与之相关的承包人、材料供应商等企业资金链的断裂, 也给建筑工人的生活造成了恶劣的影响。企业发展、人民生活甚至于社会稳定都可能因此产生波动。实务中, 建设工程先建设后付款的特殊性确实给承包人带来了不能按时按数量收到工程款的风险, 为保障先履行合同义务的一方不落入被动, 以法律条款的形式正式确立优先受偿权的法律地位, 也是一种对于合同公平性的维护。

承包人根据《民法典》第八百零七条规定享有的建设工程价款优先受偿权优于抵押权和其他债权。承包人建设工程价款优先受偿的范围依照国务院有关行政主管部门关于建设工程价款范围的规定确定。但消费者交付购买商品房的全部或大部分款项后，承包人就该商品房享有的工程价款优先受偿权不得对抗买受人。此外，2020 年出台的《关于审理建设工程施工合同纠纷案件适用法律问题的解释（一）》还延长了优先受偿权的行使期限，由原先的 6 个月变为 18 个月，自发包人应当给付建设工程价款之日起算。

承包人就逾期支付建设工程价款的利息、违约金、损害赔偿金等主张优先受偿的，人民法院不予支持。

发包人与承包人约定放弃或者限制建设工程价款优先受偿权，损害建筑工人利益，发包人根据该约定主张承包人不享有建设工程价款优先受偿权的，人民法院不予支持。

6.4　工程咨询与勘察设计合同

6.4.1　建设工程咨询合同

为了加强对工程咨询行业的管理，规范从业行为，提升工程咨询服务质量，发挥专业人员在建设领域的积极作用，促进投资科学决策、规范实施，国家发展改革委 2017 年 11 月 6 日发布了《工程咨询行业管理办法》（发改委〔2017〕第 9 号），并于 2023 年 3 月 23 日对其进行了修订。该办法将工程咨询定义为：遵循独立、公正、科学的原则，综合运用多学科知识、工程实践经验、现代科学和管理方法，在经济社会发展、境内外投资建设项目决策与实施活动中，为投资者和政府部门提供阶段性或全过程咨询和管理的智力服务。按照《工程咨询行业管理办法》规定，工程咨询的横向业务范围包括农林、水利、公路、建筑等二十一类不同专业方向，纵向服务范围包括规划咨询、具体项目咨询、评估咨询以及全过程咨询。

改革开放以来，我国形成了投资咨询、招标代理、勘察、设计、监理、造价、项目管理等专业化的咨询服务链条，但单项服务供给模式给工程整体协调带来较大难题，市场对于全过程一体化咨询服务的呼声日益壮大。面对实际需要，当务之急是推进发展以市场需求为导向、满足委托方多样化需求的全过程工程咨询服务模式。2017 年 2 月，《国务院办公厅关于促进建筑业持续健康发展的意见》（国办发〔2017〕19 号）提出要"培育全过程工程咨询"，并"制定全过程工程咨询服务技术标准和合同范本"。2019 年 3 月，《国家发展改革委住房城乡建设部关于推进全过程工程咨询服务发展的指导意见》（发改投资规〔2019〕515 号）再次明确，要在房屋建筑和市政基础设施领域"建立全过程工程咨询服务技术标准和合同体系"。

全过程工程咨询服务是指咨询人接受委托人的委托，并在合同中明确的，在项目投资决策阶段、工程建设阶段和运营维护阶段，综合运用多学科知识、工程实践经验、现代科学和管理方法，采用多种服务方式组合，为委托人提供阶段性或整体解决方案的综合性智力服务活动。

1. 建设工程咨询合同的种类

建设工程咨询合同涵盖了从项目前期策划到后期运营维护的全过程，包括项目可行性咨询、环境评估咨询、造价咨询、技术咨询、设计咨询、监理咨询、项目管理咨询、招标代理、施工咨询、法律咨询等多个方面。通过签订建设工程咨询合同，建设单位可以充分利用专业咨询单位在技术、管理、市场等方面的优势，为项目的顺利推进提供有力保障。

在建设工程项目中较为常见的几类建设工程咨询合同包括：

（1）建设工程造价咨询合同

建设工程造价咨询合同是委托人与工程造价咨询单位就建设工程项目的造价估算、控制、审核等方面达成一致签订的合同。其主要涉及项目造价的编制、审核、评估和控制等服务。

（2）建设工程技术咨询合同

建设工程技术咨询合同是一种专门针对建设项目技术方面的咨询服务合同。在合同签订过程中，建设单位与技术咨询单位就项目建设过程中所涉及的技术问题达成一致，以确保项目能够按照设计要求、技术标准和法律法规顺利进行。其主要涉及项目可行性研究、技术预测、专题技术调查、分析评价报告等科学研究活动。

（3）建设工程勘察设计合同

建设工程勘察设计合同是建设单位与勘察设计单位为完成特定项目的勘察设计任务，明确相互权利义务关系而订立的合同，又可分为建设工程勘察合同和建设工程设计合同。其主要涉及项目设计、施工图审查、设计变更、岩土工程勘察、水文地质勘察、工程测量、工程物探等服务。

（4）建设工程监理合同

建设工程监理合同是工程建设单位聘请监理单位代其对工程项目进行管理所签订的合同。其主要涉及工程质量、安全、进度、合同履行等方面的监督管理服务。

（5）建设工程项目管理合同

建设工程项目管理合同是建设单位与从事工程项目管理的企业就建设项目的项目管理达成一致签订的合同，工程项目管理企业对工程建设全过程或分阶段进行专业化管理和服务活动。其主要涉及项目策划、组织、协调、沟通、风险管理等方面的服务。

（6）建设工程招标代理委托合同

建设工程招标代理委托合同是建设单位将建设工程项目的招标工作委托给具有相应招标代理资质的招标代理机构实施，双方根据有关法律、行政法规和工程建设项目招标代理的实际需求，经协商达成一致意见所签订的合同。其主要涉及招标文件编制、投标文件审查、招标投标活动组织等方面的服务。

2. 建设工程全过程咨询合同的主要条款

（1）服务成果

服务成果应符合法律、技术标准、现行规范的强制性规定及合同约定。具体的服务成果内容和要求在合同中约定。咨询人应对其所提供的服务成果的真实性、有效性和科学性负责。因咨询人原因造成服务成果不合格的，包括由于服务成果的质量问题、数据不实、计算方法错误所导致的决策失误，委托人有权要求咨询人采取补救措施，直至达到合同要求的质量标准，并按照合同约定承担相应违约责任。

因委托人原因造成服务成果不合格的，咨询人应当采取补救措施，直至达到合同要求的质量标准，由此导致服务费用增加和（或）服务期限延长的，由委托人承担。

（2）费用计价

委托人和咨询人应当在合同及附件中明确约定服务费用的组成部分和计取方式，包括变更和调整的计取方式。除合同另有约定外，合同下约定的服务费用均已包含国家规定的增值税税金。委托人和咨询人应当在合同中明确约定咨询人为履行合同发生的差旅费、通信费、复印费、材料和设备检测费等服务开支是否已包含在服务酬金内，以及服务酬金中未包括的服务开支的计取和支付方法。

（3）利益冲突

咨询人不得与其他第三方串通损害委托人利益，除委托人另行书面同意外，不得参与和委托人利益相冲突的任何活动。

咨询人声明，在合同签订之日不存在可能使其在履行合同义务时引起利益冲突的事项，包括与项目的工程总承包、施工、材料设备供应单位之间不存在利害关系。如在合同履行期间发生利益冲突事项的，咨询人在得知该情况后应立即书面通知委托人，双方应根据诚信原则以及相关法律规定就解决方法达成一致。

（4）保密约定

任何一方对在订立和履行合同过程中知悉的另一方的保密信息负有保密责任，未经该方事先书面同意，均不得自行或允许其雇员、分包商、顾问或代理人对外泄露或用于合同以外的目的。一方泄露或者在合同以外使用该保密信息给另一方造成损失的，应承担损害赔偿责任。双方认为必要时，可签订保密协议，作为合同附件。

6.4.2　建设工程勘察设计合同

1. 建设工程勘察设计合同的概述

建设工程勘察设计合同是指发包人委托承包人完成项目建设前期勘察和设计任务，以合同方式确立双方权利义务关系。承包人的义务是依据合同约定完成发包人委托的勘察或设计工作，而发包人的义务是在承包人按时按质完成工作后接受相应成果并支付报酬。在实务中，勘察和设计是专业性较强的两类不同的工作，一般会与两方承包商分别签订勘察合同和设计合同。但这两个合同在条款和管理上较为相似，因此一般习惯将他们并称为建设工程勘察设计合同。

勘察设计合同属于建设工程合同的组成部分，《民法典》中对勘察设计合同也作了原则性的规定。住房和城乡建设部、国家工商行政管理总局于2015年3月4日制定了《建设工程设计合同示范文本（房屋建筑工程）》GF—2015—0209、《建设工程设计合同示范文本（专业建设工程）》GF—2015—0210，又于2016年9月12日印发了《建设工程勘察合同（示范文本）》GF—2016—0203。

2. 建设工程勘察、设计合同的核心条款

勘察、设计合同的核心条款一般包括提交有关基础资料和概预算等文件的期限、质量要求、费用以及其他协作条件等条款。

（1）提交基础资料期限

发包人需要向勘察、设计单位提供目标工程的基本文件资料，并对其真实性、准确性和完整性负责。勘察、设计单位进行现场勘察和设计工作将依据工程的基础文件和情况展开。发包人应当何时提交基础资料是双方必须事先协商的问题，合理期限应以不影响勘察、设计人的正常工作为限。

勘察工作需要的具体资料一般包括：工程批准文件、施工和勘察许可文件、用地（红线范围）、勘察技术要求和工作范围的基本图纸（地形图、建筑总平面布置图等）、勘察范围内地下埋藏物资料（管道、电缆、人防设施等）及具体位置。

设计工作需要的具体资料一般包括：工程选址报告等勘察资料、项目批准文件和经合同约定的特殊标准或要求等。

（2）编制依据

编制建设工程勘察、设计文件，应当以下列规定为依据：

1）项目批准文件；

2）城乡规划；

3）工程建设强制性标准；

4）国家规定的建设工程勘察、设计深度要求。

铁路、交通、水利等专业建设工程，还应当以专业规划的要求为依据。

（3）提交概预算、工作成果等文件期限

同样需要在合同中协商明确的还有提交概预算、工作成果等文件的时间。合同中应该就勘察、设计工作成果文件的名称、份数、内容与格式要求以及提交的时间作出详细约定，避免纠纷的产生。从事建设工程勘察、设计活动，应当坚持先勘察、后设计、再施工的原则，勘察、设计文件是工程建设的基础，没有勘察报告和设计图纸是无法进行施工的，所以对于勘察、设计工作的工期需要明确要求。

编制建设工程勘察文件，应当真实、准确，满足建设工程规划、选址、设计、岩土治理和施工的需要。编制方案设计文件，应当满足编制初步设计文件和控制概算的需要。编制初步设计文件，应当满足编制施工招标文件、主要设备材料订货和施工图设计文件的需要。编制施工图设计文件，应当满足设备材料采购、非标准设备制作和施工的需要，并注明建设工程合理使用年限。

（4）发包人提供质量要求

发包人应当对勘察、设计工作的质量标准提出要求，并以合同条款的形式确认，后续工作的开展将以合同条款约定的质量标准进行。但发包人不得要求承包人违反法律和工程质量、安全标准进行工程勘察和设计，降低工程质量。承包人应当按法律和技术标准的强制性规定及发包人要求进行工程勘察、设计，并对相应成果负责。作为承包人，为发包人提供质量符合要求的工作成果是合同约定的义务。

（5）勘察、设计费用的协商

建设工程勘察、设计发包方与承包方应当执行国家有关建设工程勘察费、设计费的管理规定。发包人的主要责任就是在承包人完成工作后支付对应价款，而价款问题又是最容易引发纠纷的导火索之一，因此在合同签订时需要就计费的形式、费用的数额、支付的时间、地点等问题达成一致，并以合同条款的形式确定下来。

（6）其他协作条件

除了最核心的合同义务之外，发包人和承包人还承担着为保障工作顺利完成而需要的相互协作的义务。如发包人在主要义务之外，还需要为勘察、设计工作人员提供必要的工作条件和生活条件等。而承包人还需要为后续施工工作提供辅助工作，进行设计交底并参与工程验收等。

3. 建设工程勘察、设计合同双方的权利义务

（1）发包人的义务

1）发包人需要向承包人提供必要的现场工作条件，保证合理的勘察工期，提供真实、

准确、可靠的基础资料。尤其在勘察工作中，若发包人未能就没有资料的地区提供经查明的地下埋藏物信息，造成勘察工作受阻乃至人员伤亡的，应由发包人承担相应责任。

2）发包人应为承包人提供满足工作和生活条件的场地。如完成土地征用、拆除地上地下障碍物、平整现场、疏通道路、接通电源水源等。

3）发包人不得修改建设工程勘察、设计文件；确需修改建设工程勘察、设计文件的，应当由原建设工程勘察、设计单位修改。经原建设工程勘察、设计单位书面同意，建设单位也可以委托其他具有相应资质的建设工程勘察、设计单位修改。修改单位对修改的勘察、设计文件承担相应责任。建设工程勘察、设计文件内容需要作重大修改的，建设单位应当报经原审批机关批准后，方可修改。

4）发包人应当保护承包人提供的投标书、勘察方案、报告文件、图纸资料、数据、专利技术等，未经承包人同意，不得擅自复制、泄露、向第三人转让或用于项目以外的意图。

5）发包人有义务按照法律规定和合同约定按时给付价款。

（2）发包人的权利

发包人的权利主要是享受承包人提供的工程勘察或设计服务，并对其提出质量和工期的要求。

（3）承包人的义务

1）承包人有义务按照现行国家和行业标准、规范、技术条例，以及合同条款约定，进行勘察和设计工作，并按时提交质量合格的工作成果。

2）若勘察、设计成果质量不合格，承包人有义务无偿补充完善直至合格。若承包人难以完善至合格，发包人可另寻其他单位进行补充工作，但因此产生的全部费用都应由原承包单位承担。

3）勘察单位有义务对现场进行保护，依照国家及当地有关部门的管理规定，保护好现场周围的建筑物、构筑物、绿化、地下管线、文物等。

4）设计单位有义务进行技术交底，并在施工阶段配合施工，解决与设计相关的疑难问题，并参加最终的竣工验收。

（4）承包人的权利

承包人的权利主要是在提供质量合格的服务之后，按照合同约定的期限和数额获得对应价款。若发包人推迟支付价款，承包人有权获得法律规定的相应利息。

6.5 其他工程建设相关合同

6.5.1 建设工程保险合同

1. 建设工程保险合同概述

建设工程保险是指发包人或承包人为了化解工程中遭遇人身伤害或经济损失的风险，而向保险公司投保，以保障工程的顺利完成。发包人或承包人与保险公司签订的、约定保险权利义务关系的协议就是建设工程保险合同。

建设工程领域因为投资大、周期长、技术要求高等特点，向来属于高风险行业。较为常见的风险包括政治风险、法律风险、市场风险和施工风险等。而建设工程保险合同可以将保险公司引入工程建设中，加强对工程的监督和对投保项目的审查，减轻甚至避免风险的产生。在产生风险之后也能对投保人产生的损失进行补偿。

2. 建筑工程一切险

建设工程一切险是以工程中的材料、物料、设备等为标的物，对在建造过程中因意外事故和自然灾害而造成的一切损失的保险，适用于各类民用、工业和公用事业建筑工程项目。

建筑工程一切险的投保人应是发包人，发包人委托承包人投保的，因投保产生的保险费和其他相关费用由发包人承担。凡在工程进行期间，对工程承担一定风险的各方均可作为被保险人，具体可以包括：发包人、承包人、分包商、发包人聘用的监理工程师、与工程有密切关系的单位和个人等。

建筑工程一切险的承保范围包括两个方面：一方面是物质损失，另一方面是第三者责任。物质损失是指列在工地范围内的被保险财产因自然灾害或意外事故造成的损失。第三者责任是指依法承担由于投保工程直接相关原因造成工地内或邻近区域内第三者的人身伤亡或财产损失的经济责任。

建设工程一切险的期限自工程开工之日，或用于投保工程的材料设备运抵工地之日起，至工程竣工验收之日或保单上列明的终止日为止。开始日期以两种情况的先发生者为准，而终止日期则稍微复杂，分为以下几种情况：

（1）投保工程分批次验收的，应该自某部分验收或投入使用之日起，终止保险责任。

（2）含安装工程的建筑工程项目的保单明细中应当列明对工程试车和考核的保险期限，不论施工合同中对试车和考核期如何规定，保险期限均以保单为准。

保险金额是指保险人承担赔偿或者给付保险金责任的最高限额。保险金额一般不得超过保险标的物的保险价值。在建筑工程一切险中，保险金额应不低于：

（1）建筑工程：工程造价，即投保工程的总价值，包括设计费、工程所需材料设备费、施工费、运杂费、税款等。

（2）施工机具、设备和临时工程：重置价值，即重新购置同一型号、负荷、性能机具、设备及装置的价格。

（3）第三者责任：依据与投保工程直接相关意外事故对工地内或邻近区域内第三者可能造成的最大伤害情况确定。

（4）其他责任：与被保险人与保险公司协定。

3. 安装工程一切险

安装工程一切险是指为工程中各种机器设备、装置、管道等的安装工程所投的保险，属于技术险种。

安装工程一切险和建筑工程一切险在许多方面存在相似，但也有根本性的差别。首先，风险集中度高。安装工程一切险中包含对机器安装完成后，试车和考核中机器损坏的风险。试车期内的损失率要占安装工期内损失率的一半以上。这在建筑工程一切险中并没有。其次，由于安装工程多数位于建筑物内部，所以遭受自然灾害（暴雨、洪水等）的可能性相对较小。

与建筑工程一切险一样，安装工程一切险应由发包人投保，若承包人代为投保，费用由发包人承担。安装工程一切险的被投保人包括：承包人、发包人、制造商或供应商、安装工程的信贷机构和待安装构件的买受人等。

安装工程一切险自投保工程的动工日（包含土建任务时）或第一批标的物卸至工地时起，以两者中先发生的为准。保险责任终止时点一般是标的物安装完毕验收通过之日或保单所列明的终止日。在保险期内，应包括试车考核期，考核期长短根据工程合同上的规定决定。对考核期的保险责任一般不超过 3 个月，超过的另行收费。但对于旧机器设备，安装工程一切险不包含其考核期的保险责任，也不承担维修期的保险责任。

安装工程一切险承保的损失除建筑工程一切险所含内容之外，还包括一些针对设备的特殊风险，如：

（1）短路、过电压、电弧所造成的损失；
（2）超压、压力不足和离心力引起的断裂所造成的损失；
（3）异物进入设备装置内致使的损失；
（4）其他意外事故。

4. 建筑施工人员团体意外伤害保险

建筑施工人员团体意外伤害保险，简称为建工意外险，是指为施工的建筑公司职工遭遇意外造成的人身伤害和经济损失所投保的保险，如工人施工过程中意外受伤导致的医疗残疾和身故。

建工意外险属于团体投保，分为记名和不记名两种投保方式。工程中可以采用不记名的方式进行投保，无需提供具体被保险人的名单，可以有效解决工程中各工种调动频繁、用工流动性大的问题，可作为工伤保险的良好补充。

《建设工程安全生产管理条例》第三十八条第二款规定"意外伤害保险费由施工单位支付。实行施工总承包的，由总承包单位支付意外伤害保险费。意外伤害保险期限自建设工程开工之日起至竣工验收合格止"。所以建工意外险的投保人应为承包人，被保险人是在建筑工程施工现场从事管理和作业并与施工企业建立劳动关系的人员，一般来说工程的全部施工人员均为该保险的被保险人。

5. 工伤保险

工伤保险是用人单位统一缴纳工伤保险费，建立工伤保险基金，用于在劳动中遭受意外伤害或职业病，并因此造成人身伤害、死亡、暂时或永久丧失劳动能力时，给予劳动者一定经济补偿的一种社会保险制度。工伤保险是国家通过立法强制实施的，是国家对职工履行的社会责任，也是职工应该享受的基本权利。

《建筑法》第四十八条规定："建筑施工企业应当依法为职工参加工伤保险缴纳工伤保险费。鼓励企业为从事危险作业的职工办理意外伤害保险，支付保险费"。从法律角度来看，工伤保险是强制性保险，而建工意外险是鼓励企业购买的一种补充性商业保险。实务中常见的做法是采用工伤保险和建工意外险结合的方式。

6.5.2　建设工程担保合同

1. 建设工程担保合同概述

由于建设工程投资大、工期长、风险高的特点，往往需要承包方提供相应担保，为工程的实施增加一份保障。合同担保的保证人一般是发包人指定或允许的银行或其他金融机构。

担保是为促进债务人履行债务责任，实现债权人权利而设立的法律制度，《民法典》中规定，"担保物权人在债务人不履行到期债务或者发生当事人约定的实现担保物权的情形，依法享有就担保财产优先受偿的权利"。在担保关系中，债权人被称为担保权人，债务人被称为被担保人，而第三方称为担保人。

担保的形式一般包括保证、抵押、质押、留置和定金等形式。在建设工程合同中常见的担保是保证担保。《民法典》中对保证合同也作出了具体定义，"保证合同是为保障债权的实现，保证人和债权人约定，当债务人不履行到期债务或者发生当事人约定的情形时，保证人履行债务或者承担责任的合同"。具体的担保形式包括现金担保和担保函两种。保证人为承包人开具担保其合同赔偿能力的信用文件，称为"保函"，若承包人不能按规定履行合同义务，发包人有权向担保人提出索赔。

担保制度是民法中非常重要的组成部分。通过担保制度的落实，可以有效减少经济活动中的风险因素，保障债权实现，维护合同的公平正义，促进市场健康发展和资金流动。

2. 建设工程担保类别

随着建设工程程序的推进，发承包双方之间会提供不同类别的担保。

（1）投标担保

在招标投标阶段，投标人需要在提交投标文件时提供投标担保。投标担保的意义在于两个方面：一是保证投标人在投标和评标期间不得撤销投标文件；二是保证投标人在中标后无正当理由不得拒绝与招标人签订合同。否则，招标人将没收投标保证金。

从法律角度看，投标担保不是对于合同行为的担保，而是对要约行为的担保，目的是保证投标人的要约不会撤回。依据法律规定，投标保证金不得超过招标项目估算价的2%，投标保证金有效期应当与投标有效期一致。招标人不得挪用投标保证金，若未中标，投标担保将连同投标文件一同退回。

具体投标担保的形式包括：①现金；②支票；③银行汇票；④银行保函；⑤不可撤销信用证；⑥保险公司或担保公司出具的投标保证书。

（2）履约担保

在中标后，承包人需要提供履约担保以保证己方可以遵守合同约定完成工程建设的任务和目标，并保证建成后提供有效维修服务。

履约担保的形式主要有银行履约保函、履约担保书、履约保证金、保留金四种。

银行履约保函是由商业银行开具的担保证明，通常为合同金额的10%左右。银行保函分为有条件的银行保函和无条件的银行保函。有条件的银行保函是指在承包人没有实施合同或者未履行合同义务时，由发包人或监理工程师出具证明说明情况，并由担保人对已执行合同部分和未执行部分加以鉴定，确认后才能收兑银行保函，由招标人得到保函中的款项。而无条件的银行保函是只要发包人发现承包人未履行合同义务，不需要出具任何证明，就可以对保函进行收兑。建筑行业通常倾向于采用有条件的银行保函。

履约担保书由担保公司或保险公司开具，当承包人在履行合同中违约时，开出担保书的担保公司或者保险公司用该项担保金去完成施工任务或者向发包人支付该项保证金。工程采购项目保证金提供担保形式的，其金额一般为合同价的30%~50%。

履约保证金即现金担保，可以以现金支票、保兑支票、银行汇票等多种形式呈现，额度为合同价的10%。

保留金也是工程合同中常见的一种担保形式，它是指在每次支付工程进度款时扣留一部分款项，作为承包人完成其修补缺陷责任的保障。通常而言，保留金为每次工程进度款的 10%，但总额一般不会超过合同总价款的 5%，最高不超过 10%。一般在工程移交时，发包人会将保留金的一部分支付给承包人，在质量保修期满一年后的 14 天内，支付剩下的全部。

在招标文件中，发包人应当规定使用哪一种形式的履约担保，若投标人未按要求形式提供担保，发包人可以选择位于该投标人评标排名之下的投标人。

(3) 预付款担保

预付款担保是为应对发包人给予承包人工程预付款的情况而产生的。多数工程在签订合同后，发包人会支付给承包人一定数额的预付款，作为承包人为项目采购大宗材料和设备的资金。但这笔钱不是工程款，而是发包人"借"给承包人的启动资金，随着后续工程的逐步完成，发包人会在支付工程进度款时从中扣回预付的金额。为了保障承包人将预付款正确合理地用于拟建项目，发包人要求承包人向其提供预付款担保。如果承包人中途无故终止工程，发包人有权凭预付款担保向开具银行索赔。

预付款担保主要是以银行保函的形式出现，也可由发承包双方协商约定其他方式。预付款的担保金额会随着预付款的逐期扣回而减少，只需维持与剩余预付款相等的担保金额即可。完成全部预付款的扣回之后，预付款担保效力结束。

(4) 支付担保

不同于上述三种担保，支付担保是由发包人向承包人提供，保障其能按约完成支付工程款的义务。一旦发包人违约，担保机构将代为履约。《房屋建筑和市政基础设施工程施工招标投标管理办法》第四十七条规定"招标文件要求中标人提交履约担保的，中标人应当提交。招标人应当同时向中标人提供工程款支付担保"。这种相互提供对应责任担保的方式，是合同公平原则的体现，也可有效抑制我国建筑领域拖欠工程价款的现象。

支付担保的形式包括：①银行保函；②保证金；③担保公司担保书；④抵押或质押担保。

3. 建设工程担保合同要点

(1) 担保合同应当明确责任范围

担保合同需要划分明确的责任范围，明确责任划分体系和赔偿金额。尤其要注意赔偿责任在发包人、总承包人和分包商之间的划分。

(2) 担保合同应当明确担保有效期

担保合同的重要内容之一是担保有效期，因为这关系到担保的金额是否能成功兑现。保函的担保义务只在有效期内生效，而有效期在保函中有明确说明。所以当保函将要到期时，若工程尚未完工，发包人应当及时要求承包人延长担保期限。

(3) 担保合同应当留意预付款担保的扣减方式

预付款的扣减方式关系着在每一阶段发包人将支付多少工程款、承包人能收到多少工程款，这对于发承包双方的资金流动有重要影响。

6.6 案例分析

6.6.1 拖延付款属违约，优先受尝引争议

上诉人（原审原告）：安徽 A 工程有限公司（以下简称 A 公司）

被上诉人（原审被告）：蚌埠 B 置业有限公司（以下简称 B 公司）

一、基本案情

B 公司通过招标投标选定 A 公司作为施工单位，进行××国际城 C 地块一期 C1～C5 号楼及地下室总包工程、C 地块 C6～C10 号楼及地下室总包工程、B 地块一期 B2 号、B3 号、B4 号楼及地下室工程、B 地块二期 B1 号、B5 号、B6 号、B7 号楼及地下室工程、××国际城幼儿园工程的施工建设，双方分别于 2012 年 12 月 31 日、2013 年 7 月 16 日、2013 年 10 月 15 日、2014 年 6 月 1 日、2014 年 8 月 9 日陆续签订了《建设工程施工合同》。合同签订后，原告按照合同要求进行了施工建设，建设内容相继通过竣工验收，并交付 B 公司，现已投入使用。由于 B 公司未按约完成全部工程款的支付，A 公司遂起诉至法院。

二、案件审理

一审法院认为，首先，B 公司是否应当支付 A 公司工程款 85589697 元。根据相关法律规定，建设工程合同是承包人进行工程建设，发包人支付价款的合同。工程竣工经验收合格的，发包人应当按照约定支付价款，并接收该工程。本案中，案涉工程均经过竣工验收，且已过质保期，B 公司应按照合同约定付清全部工程款。A 公司主张支付工程款的条件已成就，且尚欠的 85589697 元工程价款经双方确认，故 B 公司应向 A 公司支付尚欠的工程价款 85589697 元。

其次，A 公司主张的利息及违约金是否应予支持。根据相关法律对违约责任的规定，当事人可以约定一方违约时应根据违约情况向对方支付一定数额的违约金，也可以约定因违约产生的损失赔偿额的计算方法。

1. 关于五项主体工程款的利息。合同通用条款第 33.3 条约定，发包人收到竣工结算报告及结算资料后 28 天内无正当理由不支付工程竣工结算价款，从第 29 天起按承包人同期向银行贷款利率支付拖欠工程价款的利息。第六项第 26 条第③点约定，待楼房工程竣工验收合格并备案完成后，并经竣工决算完成后支付至总决算总价的 95%，保修金为 5%。第九项 C 款约定，承包人必须在工程竣工验收结束后 28 天内上报齐竣工验收及结算资料。发包方在收到承包人竣工验收及结算资料 90 天内完成审计；第十一项第 43 条约定，发包人根据确认的竣工结算报告向承包人支付工程竣工结算价款，保留 5% 的质量保证（保修）金，待工程质保期到期后清算。根据合同约定，A 公司与 B 公司约定了按照同期银行贷款利率计算拖欠工程价款的利息及利息计算的时间节点。

2. 关于 2019 年 2 月 28 日之后的利息。B 公司应从 2019 年 2 月 28 日以总工程价款 85589697 元为基数，按照中国人民银行同期银行贷款利率计算至 2019 年 8 月 19 日止。2019 年 8 月 20 日之后的利息，从 2019 年 8 月 20 日起以总工程价款 85589697 元为基数按同期全国银行间同业拆借中心公布的贷款市场报价利率计算至实际履行之日止。

3. 关于工程价款优先受偿权是否应予支持。根据《最高人民法院关于审理建设工程施工合同纠纷案件适用法律问题的解释（二）》（案件审理时有效）第二十二条规定，承包人行使建设工程价款优先受偿权的期限为 6 个月，自发包人应当给付建设工程价款之日起算。本案中，B 公司应按照合同约定在工程竣工验收后支付工程价款，因案涉工程已于 2016 年之前竣工验收，而 A 公司于 2018 年 9 月 4 日向该院提起诉讼主张优先受偿权，其行使权利已超过 6 个月的法定期限，故对 A 公司该诉讼请求不予支持。

关于争议焦点 3。二审中法院就本案的工程款优先受偿权提出了不同见解。二审法院认为，按照合同约定，B 公司应付工程款的时间为工程竣工验收合格且结算完成后支付。A 公司与 B 公司在一审庭审过程中才对案涉工程价款进行结算确认，本案工程结算于 2019 年 11 月 6 日完成，而 A 公司于 2018 年 9 月 4 日起诉要求 B 公司支付剩余工程款并主张工程价款优先受偿权，并未超过法律规定的期限。一审以案涉工程已于 2016 年之前竣工验收，A 公司于 2018 年 9 月 4 日起诉超过期限为由不予支持 A 公司主张的优先受偿权，不符合双方约定。因此，A 公司对剩余工程款享有优先受偿权。

三、法律评析

（一）工程款的支付条件

根据《民法典》中对建设合同的规定，工程竣工后发包人应及时组织验收，经验收合格的，发包人应当按照约定支付价款，并接收该建设工程。工程款支付条件达成与否的重点应当在于验收合格，即对工程质量的考察上，而不是合同的效力。

在实际中，经常存在发包人以合同无效为由拒付工程款的情况。虽然合同从法律上无效，但考虑到发包人实际获利，为了公平，《民法典》另规定"建设工程施工合同无效，但是建设工程经验收合格的，可以参照合同关于工程价款的约定折价补偿承包人"。《最高人民法院关于审理建设工程施工合同纠纷案件适用法律问题的解释（一）》中也规定，合同无效但竣工验收合格的，可以要求支付工程款。

为了进一步保护承包人的利益，避免一些发包人恶意拖延验收，《最高人民法院关于审理建设工程施工合同纠纷案件适用法律问题的解释（一）》第二十四条规定，当事人就同一建设工程订立的数份建设工程施工合同均无效，但建设工程质量合格，一方当事人请求参照实际履行的合同关于工程价款的约定折价补偿承包人的，人民法院应予支持。将工程款支付条件变更为"工程质量合格"，更加维护了工程建设中发承包双方的利益公平。

《民法典》第八百零六条还规定，即使发包人由于承包人转包、违法分包而解除合同，已经完成的建设工程质量合格的，发包人仍应当按照约定支付相应的工程价款。

不可否认，上述对于工程价款支付条件的规定在一定程度上弱化了施工合同的法律效力，单从逻辑来说合同无效就意味着合同所约定的权利义务无法成立，要求支付工程款作为承包人的合同权利之一应当随着合同无效而无法主张。但我国法律以条文形式明确说明即使是无效合同，只要工程质量合格，承包人便有权主张工程款的给付。从立法可以窥见我国法律体系的特殊性，法理之外仍有情理的温度。社会主义法治的价值取向是公平正义，即社会各方的利益关系得到妥善协调。工程建设发承包双方之间天然存在利益的博弈，建设工程付款在后的特殊性使得承包人在博弈中更容易处于弱势，立法对此的更多考量体现了大国法治的周全性。而建设工程法律体系的初衷就在于平衡博弈中的利益分配，维护市场的稳定与和谐。

（二）工程款的优先受偿权

《民法典》第八百零七条规定"发包人未按照约定支付价款的，承包人可以催告发包人在合理期限内支付价款。发包人逾期不支付的，除根据建设工程的性质不宜折价、拍卖外，承包人可以与发包人协议将该工程折价，也可以请求人民法院将该工程依法拍卖。建设工程的价款就该工程折价或者拍卖的价款优先受偿"。

优先受偿权是建设工程法律体系中争议非常大的一项条款，其立法本意在于保护维护社会公平正义和利益分配的合理性，切实保护承包人的利益，使其获得优先于其他债权人得到清偿的权利。但在实际操作中，由于条文规定过于简单笼统，各地法院在关于优先受偿权的案件审理中难以达成普遍共识。

1. 优先受偿权的行使应注意的要点包括：
(1) 主张优先受偿的主体是建设工程施工合同的承包人；
(2) 求偿工程款数量合法有效；
(3) 标的物为发包人所有且不属于"不宜折价、拍卖"之列；
(4) 符合优先受偿权法定行使期限；
(5) 不存在对抗消费者作为商品房买受人优先权的情况。

2. 优先受偿权行使时限

《最高人民法院关于建设工程价款优先受偿权问题的批复》第四条规定：建设工程承包人行使优先权的期限为 6 个月，自建设工程竣工之日或者建设工程合同约定的竣工之日起计算。由于以"竣工之日"作为起算点，不符合逻辑上的立法起点——保障工程款正常给付，《最高人民法院关于审理建设工程施工合同纠纷案件适用法律问题的解释（一）》将其调整为：承包人应当在合理期限内行使建设工程价款优先受偿权，但最长不得超过 18 个月，自发包人应当给付建设工程价款之日起算。

本案中，二审法院采纳了更加合理的后者。同时按照意思自治的原则，本案中当事人对建设工程价款的支付时间有约定，应尊重当事人的意愿，以合同中约定的工程价款支付之日为应当给付建设工程价款之日。故而二审法院的判决更加公正合理。

6.6.2 黑白合同属于严重违法，承包程序必须依法进行

被上诉人（一审被告）：新疆 A 房地产开发有限责任公司（以下简称 A 公司）

上诉人（一审原告）：新疆 B 建筑安装工程有限责任公司（以下简称 B 公司）

一、基本案情

麦盖提县××一期住宅楼建设项目（一标段）系 A 公司所开发，2013 年 12 月 13 日 B 公司以投标报价 13273329.57 元中标该工程，工程工期计划自 2014 年 3 月 15 日至 2014 年 7 月 30 日。然而早在 2013 年 8 月 7 日，B 公司就已与 A 公司签订《建设工程施工合同》，约定 A 公司将上述工程承包给 B 公司施工，开工日期为 2013 年 7 月 1 日，竣工日期为 2014 年 6 月 30 日，但对于工程价款未进行约定。

2013 年 12 月 20 日，双方就该工程又签订了一份《建设工程施工合同》，该合同以中标通知书为依据所订立，约定工程价款为 13273329.57 元，工期自 2014 年 3 月 15 日至 2014 年 7 月 30 日。同日，双方签订了补充说明，约定 2013 年 12 月 20 日的合同仅作为 A 公司办理工程手续及备案事宜的材料，双方以 2013 年 8 月 7 日签订的《建设工程施工合同补充协议》为最终结算依据。该工程于 2014 年 9 月 15 日竣工验收，后因工程款支付纠纷，B 公司向法院提起诉讼。

二、案件审理

一审法院认为：原告出示的在麦盖提县住房和城乡建设局备案的合同中并未说明该工程面积及工程造价，后期双方才签订的补充协议，属于"黑白合同"，违反《招标投标法》第四十六条及《最高人民法院关于审理建设工程施工合同纠纷案件适用法律问题的解释》（案件审理时有效）第二十一条的规定。故双方达成的补充协议无效，基于补充协议产生

的承诺书无法律效力。在庭审中，原告未向法庭出示主体工程四楼封顶时间及被告变更施工项目造成工期拖延的相关证据，无法确定被告未在协议约定的时间内付款70%，无法确定被告存在违约行为，原告B公司的主张无事实和法律依据，故对原告主张被告支付违约金的诉讼请求该院不予支持。

二审法院认为，承包建设工程，应当严格依法进行。双方2013年8月7日签订的补充协议和2013年12月20日备案的建设工程施工合同系同一项目，但补充协议和备案的建设工程施工合同约定的结算方式却有不同。根据《最高人民法院关于审理建设工程施工合同纠纷案件适用法律问题的解释》（案件审理时有效）第二十一条规定：当事人就同一建设工程另行订立的建设工程施工合同与经过备案的中标合同实质性内容不一致的，应当以备案的中标合同作为结算工程价款的依据。法律只认可经合法程序形成的合同文件。因此，双方2013年12月20日签订的建设工程施工合同合法有效，案涉工程应当以此备案的合同作为双方结算工程价款的依据。2013年12月20日的备案合同约定的工程价款为13273329.57元，A公司现已支付工程款1090万元。法院认可A公司曾经支付的电费、防盗门款等合计254860元应从总工程款中予以扣除。综上，经计算，A公司目前尚欠B公司未予支付的工程款数额应为2118469.57元（13273329.57元－10900000元－254860元）。

至于B公司主张的违约金100万元，其是以2013年8月7日双方签订的补充协议为依据计算得出，因该协议本院未予确认，双方2013年12月20日签订的合同中也未就违约金进行约定，且B公司并未提供因A公司的原因造成其损失的证据，故B公司的该上诉理由无合同及法律依据，本院不予支持。

三、法律评析

本案双方当事人就同一工程签订了两份不同的建设工程施工合同及补充说明，并在该补充说明中明确2013年12月20日的合同仅作为A公司办理工程手续及备案事宜的材料，双方最终结算依据以2013年8月7日签订的《建设工程施工合同补充协议》为最终结算依据。此行为即工程建设领域常见的"黑白合同"问题。

黑白合同是指，合同当事人出于某种利益驱使，针对同一工程项目双方签订两份工期、借款等实质性内容存在差异的合同，其中按《招标投标法》规定，依据中标通知书签订并交由建设工程主管部门备案的合同称为"白合同"，而另一份双方私下签订的、未经备案、程序不合法的合同称为"黑合同"。白合同只作为对外应付相关部门审查备案的形式文件，而黑合同才是双方对内真正执行的合同。此种行为是发承包双方为了个人利益，忽视市场秩序，规避政府管理的不当行为。

（一）黑白合同的效力规定

在实务中普遍存在的一种情况是，黑合同的价格低于白合同。由于建设工程行业竞争愈发激烈，承包人为了承接工程项目，往往通过将工程价格压低这种不正当的竞争手段以期获得发包人的青睐。但住房城乡建设主管部门对工程的合同价格有定额作为定价依据，如果双方按照真实合同价格报审很可能由于低于成本价而被否决。因此现实中，双方通常事先就工程价格等事项达成合同或协议，即黑合同；再由承包人依据定额正常报价中标，据此签订合同并备案，即白合同。

《招标投标法》第四十六条规定：招标人和中标人不得再行订立背离合同实质性内容

的其他协议;《最高人民法院关于审理建设工程施工合同纠纷案件适用法律问题的解释（一）》第二十三条规定：发包人将依法不属于必须招标的建设工程进行招标后，与承包人另行订立的建设工程施工合同背离中标合同的实质性内容，当事人请求以中标合同作为结算建设工程价款依据的，人民法院应予支持，但发包人与承包人因客观情况发生了在招标投标时难以预见的变化而另行订立建设工程施工合同的除外。

这种行为严重破坏了建设工程市场的正常竞争氛围。假使所有人都通过不正当的手段来获得承接项目的机会，那么企业将失去提升工程质量和效率的动力，一心只想着走捷径。这有违于国家建立招标投标制度的初衷，也对那些追求质量和公正的企业不公平。市场的良性发展需要市场运转的井然有序，而市场的秩序则需要每一个参与其中的企业通过自己正当守法的行为来维持。公平公正，不在他人，就在你我。

（二）工程变更需依法定程序

在工程建设的漫长周期中，不可避免会遇到设计变更，而设计变更必然导致合同标的数量和价格发生改变，随之而来的必然后果就是合同实质性内容的变化。从实际情况出发，应该允许双方对于合同内容的变更。因此《招标投标法》第四十六条的规定应当理解为不包括履约过程中以合法程序确认的工程变更。

黑合同无法在法律上产生效力的原因就在于其程序不符合我国法律规定，合同形式不合法，无法对白合同的法律效力产生变更作用。法律保护的是经合法程序确立的合同关系。因此当双方履约过程中出现了变更合同内容的法定事由和情况，经双方协商后应当及时到相关部门进行变更内容的备案，这样才能从法律上确定变更合同内容的有效性，避免纠纷的发生。

建设工程的特性之一在于复杂性，包括了其在技术和法律双重意义上的复杂，也正是由于这种复杂性使得建设工程相关纠纷频发。想要构建一个公平竞争、秩序井然的建设工程市场，就需要企业在合同的建立、履行、解除等各个环节依照法律的规章制度进行。我们应当铭记，无规矩，不成方圆。

6.6.3 开工遥遥无期，合同依法解除

原告：四川 A 建筑总承包有限公司（以下简称 A 公司）

被告：云南 B 生物科技有限公司（以下简称 B 公司）

一、基本案情

2014 年 4 月，被告（甲方）与原告（乙方），就××文化产业园项目订立了《建筑工程施工承包协议书》，约定了具体施工内容和保证金的缴纳和退还事项。合同订立后，原告分四次向被告缴纳了保证金共计 400 万元，被告 B 公司分别于 2014 年 6 月 11 日、9 月 24 日、11 月 19 日、12 月 18 日向原告出具了收据。保证金缴纳后，被告 B 公司于 2014 年 9 月 10 日通知原告在 11 月下旬派人前来单位完善相关手续，做好前期施工准备。后被告至今未通知原告进场施工。被告 B 公司遂于 2016 年至 2017 年退还了原告部分保证金。由于工程无法进行，A 公司遂上诉至法院。

二、案件审理

法院认为：原告所签订的合同虽然没有约定开工时间，但至今长达 5 年时间均未开工，违反合同的根本目的，且现没有履行的可能。根据《中华人民共和国合同法》（案件审理时有效）第九十四条，有下列情形之一的，当事人可以解除合同："……（四）当事

人一方迟延履行债务或者有其他违约行为致使不能实现合同目的"。原告请求解除双方订立的建设工程合同的诉求，法院予以支持。

关于保证金的退还问题。被告共计退还原告保证金186万元，剩余214万元保证金未退还。依据相关法律规定，合同解除后，尚未履行的，终止履行；已经履行的，根据履行情况和合同性质，当事人可以要求恢复原状、采取其他补救措施，并有权要求赔偿损失。原告请求被告退还保证金的诉请予以支持。被告未及时退还原告保证金，给原告造成资金占用费损失，原告有权主张资金占用费损失。其资金占用费损失的计算，根据合同约定，被告应当在合同签订后4个月内退还，逾期未退还，应当计算资金占用利息，本案酌定按照全国银行间同行拆借中心公布的贷款市场报价利率为标准计算。

关于原告主张损失赔偿问题。本案合同没有实际履行的责任在于被告，被告未能遵守诚实守信的合同精神，违反合同约定，根据相关法律规定，应当赔偿原告因履行合同而受到的损失，包括搭建活动板房及附属设施支出、人工费损失和原告损失鉴定费用，共计558255.77元。

三、法律评析

本案中纠纷责任划分非常简单，是由于建设单位未按照合同约定如期开工造成合同一拖五年，给施工单位造成了巨大的经济损失，最终导致合同无法履行被判令解除。被告毫无合约精神的行为，给认真履约的原告带来的经济损失理应得到赔偿。《民法典》第三编"合同"的立法初衷在于保护合同双方中善意相对人的合法权益。

（一）合同的解除

合同解除系属合同终止的情况之一。合同一经生效，双方必须遵守，不能随意解除，只有当法定或约定的解除事由发生时才能解除。

根据《民法典》第五百六十三条，有下列情形之一的，当事人可以解除合同：

（1）因不可抗力致使不能实现合同目的；

（2）在履行期限届满前，当事人一方明确表示或者以自己的行为表明不履行主要债务；

（3）当事人一方迟延履行主要债务，经催告后在合理期限内仍未履行；

（4）当事人一方迟延履行债务或者有其他违约行为致使不能实现合同目的；

（5）法律规定的其他情形。

本案中的解除行为属于法定解除合同的第四种情况。建设单位不能如期开工并拖延五年之久已经属于严重违约，显然合同无法履行。

（二）违约责任

本案中，施工单位本着正常履约的职责提前为开工做了准备，却由于建设单位无故不开工使得这些投入都无法收回。建设单位的违约行为明确存在，建设单位理应为此付出代价，承担违约责任。

《民法典》第五百六十六条规定，合同因违约解除的，解除权人可以请求违约方承担违约责任，但是当事人另有约定的除外。并且《民法典》还明确了违约责任的承担方式，第五百七十七条规定"当事人一方不履行合同义务或者履行合同义务不符合约定的，应当承担继续履行、采取补救措施或者赔偿损失等违约责任"。除此之外，双方还可以约定违约金或定金条款，以此来形成经济上的约束，促使双方积极履约。需要注意的是，当违约行为发生时，违约金条款和定金条款只可择一而用，不能合并使用。

建立合同关系的目的是当事双方依照合同约定完成各自的职责最终实现一个共同的目标，发承包方应该是同舟共济的紧密关系，唯有拿出合作共赢的善意，坦诚相待，才能促进建设项目高效率、高质量的完成，也才能促进形成和谐共赢的市场氛围。国家以立法的形式划分双方的责任、明确违约责任，就是为了展现法律对善意相对人的态度，促使企业将诚信守诺作为立足之本。

6.6.4 工程价款索赔，责任划分为首

上诉人（原审被告）：日照A贸易集团热电有限公司（以下简称A公司）

被上诉人（原审原告）：滕州B建设集团有限公司（以下简称B公司）

一、基本案情

2014年2月10日，A公司与B公司签订建设工程施工合同一份，约定由B公司承建A公司厂房主体和输煤斜廊工程。合同签订后，B公司按照合同进行施工。施工部分工程后，因建设单位建设资金困难，案涉工程自2014年11月停工，至今未复工。已完工的工程均经验收合格。2018年12月25日，A公司现场负责人柴某、赵某签收了B公司提交的工程结算书。2019年9月23日，B公司给A公司邮寄解除合同通知书，2019年9月25日，A公司收发室收到该邮件。B公司因工程款结算问题起诉至法院。

二、案件审理

一审法院认为，A公司将其厂区的案涉工程发包给有资质的B公司施工，双方于2014年2月10日、2014年10月1日签订的五份建设工程施工合同系双方当事人的真实意思表示，内容亦不违反法律、行政法规的强制性规定，合法有效。双方均应按合同约定全面履行各自的义务。上述合同签订后，B公司按照合同约定进行施工，案涉工程施工部分后，因A公司资金问题停工。对于已完工的工程双方均无异议，且该部分工程经过验收合格，A公司应支付B公司工程款。

案涉合同约定，工程竣工验收合格后一个月内承包人应按规定编报一套工程结算书报发包人，发包人按有关规定审查批准后，办理工程竣工结算。发包人应在接到承包人结算报告书后6个月内审核完毕，否则视同发包人认可承包人提供的结算报告。A公司签收了B公司提交的工程结算书，但至今未对结算报告审核完毕，亦未委托第三方进行审计，严重违反了合同诚信及公平原则，故按合同约定，应以B公司提交的结算报告为结算依据，案涉已完工工程款为33283864.27元，扣除B公司自认的A公司已付工程款14907200元，A公司尚欠B公司工程款18376664.27元。B公司请求A公司支付剩余工程款应予支持。A公司主张其已按合同约定的付款节点向B公司支付工程款17827999.85元，对此A公司未提交证据予以证实，一审法院不予采信。

《最高人民法院关于审理建设工程施工合同纠纷案件适用法律问题的解释》（案件审理时有效）第十八条规定，利息从应付工程价款之日计付。当事人对付款时间没有约定或者约定不明的，下列时间视为应付款时间：①建设工程已实际交付的，为交付之日；②建设工程没有交付的，为提交竣工结算文件之日；③建设工程未交付，工程价款也未结算的，为当事人起诉之日。根据案涉合同约定的结算条款及上述法律规定，2019年6月25日应视为双方的结算时间。故本案违约金应以欠付款为基数，按合同约定的日5‰自2019年6月25日起计算至实际付款之日止。

案中，B公司所提出的赔偿范围涵盖了堆料损失、机械设备租赁所发生的租金损失以及停工后所产生的人工损失三部分。A公司未明确通知B公司停工及复工时间，致使B公司不得不将施工机械停放施工现场，随时准备施工。机械设备长期停放给B公司造成台班损失，该损失应当由A公司承担。但B公司在案涉工程长期停工的情况下，未及时与A公司进行协商沟通或采取其他方式处理，怠于解决问题，放任损失扩大，对造成的损失也存在过错。综合本案案情及案涉鉴定报告确认的停工时间，一审法院酌定A公司对给B公司造成的该项损失承担50%的赔偿责任。经一审法院依法委托××公司做出鉴定，认定损失为4066407.08元，A公司应赔偿停工损失2033203.54元。

二审法院对违约金数额作出了不同认定，A公司提出案涉施工合同约定的日5‰违约金过高的主张，现有证据也不足以证明B公司因A公司延迟付款而遭受的实际损失，故本院根据案件实际，对A公司应承担的违约金调减为：以欠付工程款为基数，自2019年6月25日起至2019年8月19日止按照同期中国人民银行公布的贷款基准利率2倍计算，自2019年8月20日起至实际给付之日止按照同期全国银行间同业拆借中心公布的贷款市场报价利率（LPR）2倍计算。

三、法律评析

本案属于因工程价款不能达成一致导致法律纠纷的典型案例，发承包双方的争论围绕工程款、违约金和停工损失展开。

在庭审过程中，法院看重实证。本案中，A公司就是因为不能提供其已付款17827999.85元的有效凭证，也未能对其主张的停工损失鉴定程序违法、鉴定依据不足等提出证据，所以法院一律不予采纳。在参与建设工程过程中，务必留存完整的工程资料以及付款凭据等文件，这些证据在纠纷处理中至关重要。

同时，本案还涉及发包人过错导致损失、承包人的索赔问题。《民法典》第八百零四条规定"因发包人的原因致使工程中途停建、缓建的，发包人应当采取措施弥补或者减少损失，赔偿承包人因此造成的停工、窝工、倒运、机械设备调迁、材料和构件积压等损失和实际费用"。

一般逻辑是，发包人有过错是提出经济索赔的前提，而承包人为发包人提供相应完善有效的工作是获得全额补偿的前提，若承包人未能提供相应完善有效的工作，则只能获得折减的补偿。本案中，建设单位A公司因资金不足致使工程停工，并未明确通知B公司停工及复工时间，致使B公司必须随时准备施工，设备长期停放造成台班损失；但B公司未及时与A公司进行协商沟通，怠于解决问题，同样存在过错。所以即使B公司已完工程验收合格也要承担部分责任。

6.6.5 复杂合同关系，责任小心判别

上诉人（一审被告）：中煤A建设（集团）有限责任公司（以下简称A公司）

被上诉人（一审原告）：钱某某

被上诉人（一审被告）：安徽W经济开发区管理委员会（以下简称W经开区管委）

被上诉人（一审被告）：芜湖市J区住房和城乡建设委员会（以下简称J区住建委）

被上诉人（一审被告）：马鞍山B建设有限责任公司（以下简称B公司）

一、基本案情

2009年，A公司中标W经开区二期道路工程某标段施工。2010年1月23日，W经

开区管委与A公司签订施工合同。2010年3月17日，钱某某借用B公司某分公司名义与A公司签订《联合投标（施工）协议书》，由A公司将中标工程分包给钱某某实际施工，A公司委派项目经理协助其施工管理。2010年3月，案涉工程动工，截至2011年1月19日，除路面混凝土面层、人行道垫层及面层、路面交通设施未做外，其余施工全部结束。

自2011年1月20日至2011年4月16日、2011年5月9日至2011年11月9日及2011年12月6日至2013年3月，因道路土地审批事项及振兴路规划调整，工程处于停工待令状态。自2013年3月起，因行政区划调整，案涉工程所在地并入芜湖市J区，案涉工程也由W经开区管委移交给J区住建委。

2014年6月5日，W经开区管委、J区住建委及参与施工各单位共同签订《移交协议》，将案涉工程整体移交给J区住建委。此后，A公司作为案涉工程的承包方于2014年6月10日向J区住建委提交竣工验收报告并要求支付工程款，J区住建委一直拖延验收至今，现案涉工程已实际交付使用。

二、案件审理

一审法院认为：案议焦点为：钱某某能否作为本案的适格主体主张权利；除工程款外原告是否能主张停工损失；案涉工程余款应由谁支付。

第一，根据证据，确认钱某某为案涉工程的实际施工人。据《最高人民法院关于审理建设施工合同纠纷案件适用法律问题的解释》（案件审理时有效）第二十六条"实际施工人以发包人为被告主张权利的，人民法院可以追加转包人或者违法分包人为本案第三人。发包人只在欠付工程价款范围内对实际施工人承担责任"，钱某某作为案涉工程的实际施工人，系适格主体。

第二，A公司与W经开区管委签订的施工合同是双方当事人真实意思的表示，且符合法律规定，属有效合同。但钱某某借用无施工资质的B公司某分公司名义与A公司签订《联合投标（施工）协议书》系属无效。相关法律规定，合同无效，有过错的一方应当赔偿对方因此所受到的损失。鉴于钱某某的停窝工损失并不是自身过错导致，而是由于案涉工程延期造成，包括土地审批事项、规划变更等，故钱某某有权主张停窝工损失。

第三，W经开区管委同J区住建委及A公司共同签订《移交协议》，已将案涉施工合同的权利义务一并转让给J区住建委。依据相关法律规定，J区住建委作为案涉工程新的建设方，承继W经开区管委在原施工合同中的权利义务，W经开区管委作为原建设方，不再享受合同权利，履行合同义务，故钱某某要求W经开区管委与J区住建委连带承担支付工程款的责任于法无据，不予支持。因案涉工程已向A公司支付工程款22910000元，J区住建委尚欠A公司工程款5667373.65元（28577373.65元－22910000元），此款应由J区住建委向钱某某支付。

二审法院与一审法院持相同意见，驳回上诉。

三、法律评析

本案例分析的关键难点在于参与项目各方错综复杂的关系界定。

W经开区管委与A公司签订的施工合同是经公开招标法定程序签订的具有法律效力的合同，在这份施工合同中，W经开区管委是建设单位，A公司是施工单位。之后A公司与钱某某签订《联合投标（施工）协议书》形成分包关系，但这份合同是无法律效益的，因为钱某某假借B公司某分公司名义，同时该公司并不具备施工资质。而在建设过程中,又涉及由于行政区划变动导致建设单位的变化。在《移交协议》签订之后,案涉工程整体移交给J区住建委。这时,案涉工程的建设单位变成了J区住建委,施工单位为A公司,实际施工方为钱某某。

虽然由于违法分包,A公司与钱某某的施工合同无效,但出于维护社会公平与长治久安,法律依然对无效合同的后续处理作出规定。《民法典》第七百九十三条规定,建设工程施工合同无效,但是建设工程经验收合格的,可以参照合同关于工程价款的约定折价补偿承包人。建设工程施工合同无效,且建设工程经验收不合格的,按照以下情形处理:

(一)修复后的建设工程经验收合格的,发包人可以请求承包人承担修复费用;
(二)修复后的建设工程经验收不合格的,承包人无权请求参照合同关于工程价款的约定折价补偿。

若发包人对因建设工程不合格造成的损失有过错的,应当承担相应的责任。

6.6.6　隐蔽工程质量问题,质保期内承包担责

上诉人(原审原告、反诉被告):陕西A电力集团有限公司(以下简称A公司)
被上诉人(原审被告、反诉原告):陕西B置业有限公司(以下简称B公司)

一、基本案情

2015年8月10日,B公司作为发包人就××科技产业园项目一期工程10kV高压外线及高低压配电工程(工程地点位于陕西省西咸新区××城××镇××路),与A公司(承包人)分别签订《合同协议书》和《10kV高压外线及高低压配电工程承包合同》。现已完工,经验收并投入使用。

2019年12月18日,A公司就上述工程存在问题(××园区××沟素土回填夯实工程未做等6项)曾向B公司发送过工作联系单。2020年12月20日,因××科技产业园区内10kV电缆被机械挖断,施工作业时未见该电缆在电缆沟回填土内有警示带敷设,也未见电缆上方地面处有警示桩标识。B公司修复后花费人民币37000元。

二、案件审理

一审法院认为,案涉合同是双方真实意思的表达,属有效合同。本案争议的焦点主要为涉及××园区××沟素土回填夯实工程未做(此部分属于隐蔽工程),该部分工程完工后,因线缆没有安装警示标识、安装警示桩标识,造成其他施工时致电缆被机械挖断,给B公司造成经济损失人民币37000元的后果。

根据相关法律对隐蔽工程的规定,虽然本案原、被告双方就上述全部工程已经验收合格,质保期也已超过。但未有证据显示A公司及时通知B公司检查10kV电缆沟素土回填夯实工程(隐蔽工程),上述10kV电缆被挖断,A公司应承担此部分工程的损失人民币37000元。因上述全部工程已验收合格并经被告确认,故对A公司关于质保金一节的诉讼请求予以部分支持。涉及质保金违约金一节,因本案A公司有过错,不予支持。判令一:B公司在本判决生效后7日内支付A公司质保金人民币90046.84元;二:A公司在本判决生效后7日内赔偿B公司(隐蔽)工程款人民币47000元。

而二审法院则认为,案涉工程于2018年7月18日质保期届满,B公司未提供有效证据证明案涉工程存在质量问题,也未提供证据证明其在质保期内通知A公司维修,案涉工程质保期已过,B公司应按照约定向A公司返还质保金,故对A公司要求B公司支付质保金的诉讼请求应予支持。

对 B 公司的反诉请求不予支持。关于 B 公司提出电缆被挖断造成的损失 37000 元，因该事实发生于 2020 年 12 月 20 日，且其并未在本案中提出该项反诉请求，故本案不予审理，原判对该部分认定及判处不当，应予纠正。

关于 A 公司主张的逾期付款违约金，因 B 公司未按照合同约定的期限返还质保金，构成违约，应承担 A 公司利息损失，利息应自 2018 年 8 月 18 日起至 2019 年 8 月 19 日止按照中国人民银行同期同类贷款利率计算，自 2019 年 8 月 20 日起至款项付清之日止按照同期全国银行间同业拆借中心公布的贷款市场报价利率计算，对 A 公司该请求应部分予以支持，原判对该部分未予支持不当，应予纠正。关于原审判处 A 公司赔偿 B 公司工程款 47000 元一节，无事实依据，予以纠正。

三、法律评析

《民法典》第七百九十八条规定"隐蔽工程在隐蔽以前，承包人应当通知发包人检查。发包人没有及时检查的，承包人可以顺延工程日期，并有权请求赔偿停工、窝工等损失"。

在隐蔽工程的检查过程中，承包人具有通知发包人检查的义务，发包人具有及时检查的义务。如果承包人未履行通知义务，则后续结果应由承包人承担。如果承包人通知发包人之后，发包方未能履行检查义务或履行义务不及时，则造成的工期延误责任由发包人自行承担，同时还应付给承包人因停工、窝工造成的损失。同时在发包人未能检查的情况下，承包人可以停工等待检查，并有权主张发包人承担违约责任。

在本案中，案涉工程存在电缆沟素土回填夯实工程未做等数处隐蔽工程瑕疵，但未有证据显示由承包人及时通知发包人检查。在最终的竣工验收中，发包方也没有发现质量瑕疵存在。案涉工程于 2018 年 7 月 18 日质保期届满，B 公司未提供有效证据证明案涉工程存在质量问题，也未提供证据证明其在质保期内通知 A 公司维修，案涉工程质保期已过，B 公司应按照约定向 A 公司返还质保金。而电缆被挖断的事实发生在 2020 年 12 月 20 日，且其并未在本案中提出工程款赔偿的反诉要求。依据民事诉讼"不告不理"的原则，判决 A 公司赔偿工程款 47000 元明显超出诉请裁判。

6.6.7 违约有迹可循，不安抗辩维权

原告：青海 A 建筑安装有限公司
被告：宁夏 B 房地产开发有限公司

一、基本案情

2016 年 5 月 30 日，原告与被告签订《××六期工程施工合同》，约定由原告承建被告发包的××六期工程，总建筑面积 215000m²，资金来源为自筹，承包范围为××六期工程施工图范围内的土建、安装、消防、装饰工程等（电梯除外），具体项目以施工图纸为准。

合同签订后，原告组织人员进场施工，施工过程中，因为被告的项目手续不齐未获得施工许可证，项目还存在其他违规事项，该项目被当地政府主管单位于 2016 年 9 月关停至今。

庭审中，原告称施工过程中发包方在现场的代表撤场，原告到被告公司驻地寻找但找不到被告，原告有足够理由行使不安抗辩权，要求被告支付工程款。现工程处于烂尾状态，原告施工的工程均没有封顶。

原告因案涉项目的人工和材料欠款而诉累缠身，且该项目已烂尾经年，无奈诉至法院。

二、案件审理

法院认为：原、被告签订的《××六期工程施工合同》系双方真实意思表示，双方均应遵照履行。

按合同约定，承包方对该工程进行垫资到主体结构封顶时，发包方向承包方支付已完工程量75%的工程款，现工程虽然未达到付款条件，但因被告在施工现场的代表撤场，被告也下落不明，原告有理由行使不安抗辩权，要求被告支付已施工部分的工程款。经鉴定，案涉工程总造价为7911641.47元，原告在诉讼请求中要求被告支付垫资款500万元，本院支持500万元。

依照《中华人民共和国合同法》（案件审理时有效）第二百六十九条、第六十八条第四项、《民事诉讼法》第一百四十四条之规定，判决如下：

（一）被告宁夏B房地产开发有限公司于本判决生效后10日内，支付原告青海A建筑安装有限公司工程款500万元；

（二）驳回原告青海A建筑安装有限公司的其他诉讼请求。

三、法律评析

本案属于利用不安抗辩权合理主张自身权益的典型案例。

不安抗辩权是对合同关系中先履行责任一方权益的有力保障。合同签订后，先履行一方有证据证明另一方不能履行义务，或存在不能履行义务的可能时，在对方没有提供担保或实际履行之前，先履行一方有权中止合同义务履行。

《民法典》第五百二十七条规定，应当先履行债务的当事人，有确切证据证明对方有下列情形之一的，可以中止履行：

（一）经营状况严重恶化；

（二）转移财产、抽逃资金，以逃避债务；

（三）丧失商业信誉；

（四）有丧失或者可能丧失履行债务能力的其他情形。

当事人没有确切证据中止履行的，应当承担违约责任。

在建设工程施工合同关系中，不安抗辩权是施工方保障自身权益的有效手段。本案中，被告的项目手续不齐且未获得施工许可证，加上项目存在其他违规事项而被当地政府主管单位于2016年9月将项目关停。且原告在该项目六期施工过程中得知被告还拖欠大量前期工程款，被告方履行能力明显降低，有不能给付的现实危险，产生不安抗辩权，有效维护了合同的公平公正原则。

6.6.8 材料设备质量问题，检验合格供方担责

上诉人（原审被告）：启东市A建筑集团有限公司（以下简称A公司）

被上诉人（原审原告）：启东市B有限公司（以下简称B公司）

被上诉人（原审被告）：启东市C建筑材料有限公司（以下简称C公司）

一、基本案情

2010年8月22日，B公司与A公司签订《土建工程施工合同》一份，约定由A公司承包B公司新建项目一期土建工程。合同约定"承包人应对所有进场材料（包括甲供材料）按有关规定进行严格把关，如因材料出现的质量和安全事故由承包人负全责，并赔偿相应损失"。

2010年6月24日，B公司（甲方）与C公司（乙方）签订《启东B公司商品混凝土购销合同》，约定由C公司提供B公司工程所采用的商品混凝土。

2011年8月底，装修装潢的施工单位进行施工准备时发现案涉工程一楼五根柱混凝土存在质量问题。经检测，部分构件出现龄期混凝土强度推定值强度等级未能满足原设计C35要求，检测费292200元。B公司与原设计单位约定由其承担该工程复核、加固设计，复核、加固设计费15万元。2012年2月14日，加固工程竣工验收合格。同年2月21日，A公司承建的B公司一期土建和安装工程竣工验收合格。

2012年11月21日，B公司向法院提起诉讼，基于建设工程施工合同关系向A公司主张损害赔偿。

二、案件审理

原审法院认为，本案争议焦点在于应明确造成质量问题的原因，进而确定承担责任的主体。

由于B公司与A公司间的建设施工合同中约定，A公司对进场材料（包括甲供材料）严格把关，材料质量由其负责并赔偿损失，A公司对施工工程质量合格负责。B公司据此主张A公司承担工程质量问题而产生的相关损失及违约责任于法有据，应予支持。A公司提出B公司作为发包方直接供应的商品混凝土存在质量问题而导致工程质量缺陷，而A公司自证材料说明"按规定对甲供的混凝土进行检验分批取样验收，该混凝土强度等级及试件取样和留置初凝时间的控制均符合设计及规范要求，尽到了施工单位的验收义务"，故其抗辩因商品混凝土质量造成的建设工程缺陷，主张由C公司承担赔偿责任，由B公司承担相应的法律责任，显与事实相悖，法院不予采纳。同理，B公司要求C公司共同承担加固费、延误工程违约金缺乏事实和法律依据，法院碍难支持。

二审法院认为，本案的争议焦点如下：工程质量出现问题的原因；责任应当如何承担。

由于双方当事人在发现问题时未对质量问题形成的原因进行鉴定，现因出现质量问题的梁柱被更换，已无法鉴定。根据A公司补充提供的专家意见和当时会议记录，可以认定商品混凝土存在质量问题。A公司仅使用商品混凝土浇筑梁柱，而非进行再生产，无需改变其构成材料和含量比例，商品混凝土不合格应当是混凝土强度不足的主要考虑因素。

由于本案工程质量问题是由C公司商品混凝土的质量问题造成，按照B公司与C公司订立的商品混凝土买卖合同，C公司应当对B公司造成的损失承担违约赔偿责任，其赔偿范围既应包括B公司加固工程的直接费用，也应包括因工期延误造成的损失。关于A公司是否承担责任的问题，由于施工合同约定"承包人应对所有进场材料（包括甲供材料）按有关规定进行严格把关，如因材料出现的质量和安全事故由承包人负全责，并赔偿相应损失"，故在材料出现质量问题时，A公司仍应对B公司承担违约责任。考虑A公司和C公司存在工程质量不合格造成损失的原因因素，A公司的责任在于把关不严，造成不合格材料用于工程；C公司的责任在于提供了不合格的材料，其过错明显大于A公司。为了使责任的承担与履约过错程度相适应，本院酌定A公司与C公司承担责任的比例为3：7。

三、法律分析

建设工程材料与设备的来源分为两种：发包人提供和承包人采购。在合同没有特殊约定的情况下，项目所用材料设备，只要程序合法、检测合格、使用正确，那么一旦出现问题便应当由供应方担责,否则使用方也要承担相应责任。

　　本案中,发包人提供的商品混凝土出现了质量问题,一般情况下可参照《最高人民法院关于审理建设工程施工合同纠纷案件适用法律问题的解释(一)》第十三条规定,发包人提供建筑材料不符合强制性标准的,应当由发包人承担过错责任。

　　但本案的特殊之处在于施工合同中已明确约定,承包人应对所有进场材料(包括甲供材料)按有关规定进行严格把关,如因材料出现的质量和安全事故由承包人负全责。所以虽然A公司已经按照国家规定的标准进行检测,但该检测属抽样检测,不能检测到所有的材料。由于合同约定,A公司必须对进场材料严格把关,该条款赋予A公司在检测、使用材料时高度注意的义务,或者说是使用材料时如出现质量问题应当承担严格责任,排除了A公司按照国家标准抽样检验合格即免责的可能。

　　《民法典》第五百零九条规定,当事人应当按照约定全面履行自己的义务。既然合同对材料的责任方已作明确约定,签约便视作双方对此达成一致,那么后续的合作中自然要秉着诚信公正的原则进行,法律充分尊重双方意思的真实表示。

 课后练习

(扫下方二维码自测)

第 7 章　建设工程勘察设计及造价咨询法律制度

7.1　概述

7.1.1　建设工程的勘察与设计

依据住房和城乡建设部 2022 年 5 月 9 日发布的《"十四五"工程勘察设计行业发展规划》,"十三五"时期,我国工程勘察设计行业发展平稳,设计建成大批国家重点工程,方案独创性有所提升,勘察设计技术水平再上新台阶。工程勘察设计行业规模进一步扩大,管理水平和经济效益进一步提高,行业企业总数达 23741 家,年均增速 3.0%;从业总人数达 440.0 万,年均增速 7.7%;营业总收入达 72496.7 亿元,年均增速 21.8%。工程建设组织模式不断创新,全过程工程咨询、工程总承包快速增长,建筑师负责制试点工作取得积极成效。科技创新能力不断增强,科技活动投入年均增速达 28.8%,关键技术研究不断取得新进展,技术体系日趋完善,工程勘察设计行业绿色化、工业化、数字化转型有序推进。国际化水平取得较大提升,境外市场新签合同额比"十二五"末期增长 47%[1]。工程勘察设计行业在促进新型城镇化建设、人居环境持续改善、建筑业高质量发展等方面发挥了重要作用。

建设工程勘察,是指依据建设工程的要求,对工程建设场地的地质地貌、水文条件、土壤岩层结构等地质条件进行勘察并综合评价,形成文字资料,辅助项目选址、图纸设计和施工方案的选择。

建设工程设计,是指根据建设工程的要求,对建设工程所需的技术、经济、资源、环境等条件进行综合分析、论证,编制建设工程设计文件的活动。设计对于项目的技术先进性和合理性起到决定性作用。

勘察和设计是建设工程前期非常重要的两个阶段,勘察结果关系着工程项目的选址和设计方案,而设计关系着后续项目的施工落实、投资额大小,还影响着项目的功能性。这两个阶段是紧密联系的,同时管理方法上又有很高的相似性,所以通常将它们合并研究。在国家颁布的法律制度中,也常将这两个阶段合并管理。如《建设工程勘察设计管理条例》,该条例颁布于 2000 年 9 月 25 日,分别在 2015 年 6 月 12 日和 2017 年 10 月 7 日进行了修订。

1. 建设工程勘察分类

(1) 按时间顺序划分

1) 选址勘察

选址勘察主要在可行性研究阶段进行。依据建设条件和目标,对拟选地点进行勘察,

---

[1] 住房和城乡建设部,《"十四五"工程勘察设计行业发展规划》。

对其稳定性和适宜性作出评价，再进行技术性和经济性两个方面的论证，比选出适合的选址方案。

2）初步勘察

初步勘察是在选址勘察结果的基础上，对选定项目场地内地质条件作出岩土工程评价，同时为确定建筑总平面布置和各主要建筑物地基基础工程方案以及对不良地质现象的防治工程方案进行可行性论证，以满足初步设计的要求。

3）详细勘察

详细勘察是对选址地点作出详细具体的工程地质评价并出具报告和图表等，为地基基础设计、地基处理、加固与不良地质条件的防治工程提供工程地质资料，以满足施工图设计的要求。

(2) 按工作内容划分

1）工程测量

在勘察阶段的工程测量主要是对项目选址地进行基本情况的测量，包括平面控制测量、高程控制测量、地形测量等，并绘制成图纸资料，为项目的设计和施工提供基础资料。

2）地质勘察

地质勘察针对项目选址地的土壤岩层结构、地貌等地质情况进行勘察，对选址作出工程地质评价，并形成报告、图表等文字资料，为项目的设计、施工方案的选取、不良地质条件的防治工程方案提供基础资料。

3）水文勘察

水文勘察针对项目选址地的地下水系情况进行勘察，评价水文状况并因地制宜提出开发方案。一般包括水文地质测绘、钻探、抽水试验、地下水动态观测、水文地质参数计算、地下水资源评价和地下水资源保护方案等工作内容。

2. 建设工程设计分类

对普通建设工程项目，设计一般可以按流程分为方案设计、初步设计和施工图设计。对于技术要求高、工业复杂的项目，可以依据实际需要增加技术设计阶段。对于水利、矿区工程等工程周期长、统筹管理烦琐的大型建设项目，可以增加总体规划设计阶段。

(1) 方案设计

方案设计是咨询单位将可行性研究中提出的意见和问题，经与发包人协商认可后进行完善，提出建设项目的具体方案设计，其深度应该满足初步设计文件和控制概算需要。

(2) 初步设计

初步设计一般是工程建设项目的宏观设计，包括总体设计、布局设计、主要工艺流程设计、设备选型和安装设计、土建工程量估算、投资概算等，应满足编制施工招标文件、主要设备材料订货和编制施工图设计文件的需要，是施工图设计的基础。

(3) 施工图设计

施工图设计是根据批准的初步设计，绘制出正确、完整和尽可能详细的建筑、安装图纸，包括部分工程的详图，零部件结构明细表、验收标准、方法、施工图预算等，应当满足设备材料采购、非标准设备制作和施工需要，并注明建设工程合理使用年限。

7.1.2 建设工程造价咨询

建设工程造价咨询是工程服务的一种，指具备相应资质的造价咨询企业接受委托，对建设项目全过程造价的确定与控制提供专业咨询服务，并出具工程造价成果文件的活动。具体包括：

（1）建设项目建议书及可行性研究投资估算、项目经济评价报告、实施方案的编制和审核；

（2）建设项目概预算的编制与审核，与设计方案比选、优化设计、限额设计等工作协同进行工程造价确定与控制；

（3）建设项目合同价款的确定（包括招标工程工程量清单和最高投标限价、投标报价的编制和审核），合同价款的计算与调整（包括工程变更、工程洽商、签证和索赔费用的计算）及工程款支付，工程结算及竣工结（决）算报告的编制与审核等；

（4）与工程建设项目造价相关的经济鉴证业务，包括建设项目各阶段造价确定与控制的评审和审计；

（5）提供工程造价信息服务等。

建设项目从开始到结束都需要造价咨询企业的参与，无论是前期估算，还是中期成本管理等都离不开专业的造价服务。造价人员依据项目信息编制工程量清单，再依据工程量清单计价规范、工程计价定额、估算指标等造价信息等计算工程造价。住房和城乡建设部曾陆续组织制定了《建设工程工程量清单计价规范》GB 50500—2013、《房屋建筑与装饰工程消耗量定额》TY 01—31—2015、《通用安装工程消耗量定额》TY 02—31—2015、《全国统一安装工程基础定额》（第一～九册）GJD 201—2006～GJD 209—2006、《全国统一安装工程预算工程量计算规则》GYDGZ—201—2000等一系列国家标准文件。但由于我国疆土辽阔，区域发展水平存在参差，人工、材料、机械设备等的取费标准也有所差异，各省（直辖市、自治区）又出台了各自的标准定额以适应当地的实际情况。住房和城乡建设部及地方政府出台的定额反映了国家和地区的平均水平。在实务中，成熟的施工企业基于多年经验会自行编制一套只在本企业内流通的定额标准，企业定额代表的是企业自身的技术和管理水平。企业定额的平均造价一般会低于国家或地区现行定额，或至少与之齐平，以适应市场竞争的需要。

7.2 勘察设计标准及文件编制与实施

7.2.1 概述

建设工程勘察、设计是建设工程前期工作的重中之重，应当与社会、经济发展水平相适应，做到经济效益、社会效益和环境效益相统一。《建设工程勘察设计管理条例》要求从事建设工程勘察、设计活动，应当坚持先勘察、后设计、再施工的原则。建设工程勘察、设计单位必须依法进行建设工程勘察、设计，严格执行工程建设强制性标准，并对建设工程勘察、设计的质量负责。

为了加强对建设工程勘察质量的管理，建设部依据《建筑法》《建设工程质量管理条例》《建设工程勘察设计管理条例》等有关法律法规，于2002年出台了《建设工程勘察质量管理办法》，并分别于2007年11月22日和2021年1月26日对其进行了修订。对于工程设计，国家层面并无针对性管理法规，但建设部通过《建筑工程设计招标投标管理办法》从招标投标阶段把控设计质量，该办法颁布于2000年10月18日，并于2017年1月

24日进行了修订。

7.2.2 建设工程勘察设计原则

勘察是工程建设的基础，设计是工程建设的核心，对建筑的质量、投资效益、施工过程的顺利与否都起到关键作用。为了保障建筑的质量，使社会效益、经济效益和环境效益相统一，建设工程勘察设计应当符合以下原则：

（1）建设工程勘察设计应当符合国家经济和社会发展规划、城乡规划和产业政策的要求。国家经济和社会发展规划是一定时期内国家的整体目标和指导方针，建筑业当然也要顺应国家层面的规划。城乡规划一经批准公布就成为工程建设必须遵守的规定，勘察设计应当在城乡规划许可范围内进行。此外，勘察设计工作也要符合相关产业政策的要求。

（2）符合资源综合利用、节约能源和环境保护的要求。工程勘察设计应当因地制宜，充分考虑项目所在地农、林、牧、渔、矿产、能源的综合利用，尽量利用荒地、劣地，不占或少占用耕地。尽可能采取节约能源的勘察技术、措施和设计方案，鼓励建筑配套节水、节能设施。积极优化工艺技术，鼓励绿色勘察、绿色设计，尽可能减少对周边环境的污染。

（3）符合强制性工程建设技术标准的要求。强制性工程建设技术标准是以法律、行政法规等手段强制性保证实施的要求，若违背将会被追究法律责任。在工程勘察设计中必须严格遵守，这就要求勘察和设计企业人员必须学习并懂得强制性工程建设技术标准的含义。

（4）公共建筑和住宅建筑要符合实用、美观和协调的基本要求。建筑物的第一要求是实用，其次需要满足人们的美学要求，起到美化城市的作用，给人们带来精神层面的愉悦感。在此之外，公共建筑和住宅建筑要别致新颖，具有特色，但又能与周围环境协调，与自然景观相互呼应。

（5）注意采用新技术、新工艺、新材料和新设备，重视技术和经济相结合。建设工程勘察设计应学习吸收国内外先进科研成果和技术经验，结合我国国情和项目实际予以本土化、当地化，将新技术、新工艺、新材料和新设备融入勘察设计过程，优化勘察设计工作程序和技术，提高成果质量。鼓励工程勘察设计企业采用信息化手段，实时采集、记录、存储工程勘察数据和设计资料。

7.2.3 建设工程勘察设计标准

1. 工程建设标准

工程建设标准是指对项目建设中各类工程的勘察、规划、设计、施工、安装、验收等需要协调统一的事项所制定的共同的、重复使用的技术依据和准则。具体包括：

（1）工程建设勘察、规划、设计、施工（及安装）及验收等的技术要求与质量要求；

（2）工程建设通用的术语、符号、代号、量与单位、建筑模数和制图方法；

（3）工程建设通用的有关安全、卫生及环保的技术要求；

（4）工程建设通用的试验、检验和评定等的方法；

（5）工程建设通用的信息技术要求；

（6）国家需要控制的其他工程建设通用的技术要求。

2. 工程建设标准的分类

工程建设标准可以从不同层面进行划分。

(1) 依据标准的侧重点划分

工程建设标准可分为技术标准、管理标准和工作标准。

技术标准是指对标准化领域中需要统一的技术事项所制定的标准。它可以进一步细分为基础技术标准、产品标准、工艺标准、检验和试验方法标准、安全标准、环境保护标准、卫生标准等。

管理标准是指对标准化中需要协调统一的管理事项所制定的标准，主要是对管理目标、管理项目、管理业务、管理程序、管理方法和管理组织所作的规定。管理标准包括管理基础标准、技术管理标准、经济管理标准、行政管理标准、生产经营管理标准等。

工作标准是指对工作的责任、权利、范围、质量要求、程序、效果、检查方法、考核办法等所制定的标准，一般包括部门工作标准和岗位工作标准。若企业建立了企业标准体系，一般都会制定工作标准。部门工作标准是指企业针对各部门制定的工作要求和行为规范，起到帮助部门员工明确工作目标、规划工作流程、评估工作绩效等作用。岗位工作标准是指企业依据不同岗位特点，对上岗人员提出的综合要求，通常包括工作内容、工作任务、工作程序、工作方法、业务分工、业务联系方式、职责权限、质量要求与定额、对岗位人员的基本技术要求和考核办法等。

(2) 依据适用范围划分

按照标准的适用范围划分，可以分为国家标准、行业标准、地方标准和企业标准。

国家标准是对需要在全国范围内统一的要求制定的标准。一般由国务院批准发布或授权批准发布，或者由国务院标准化行政主管部门制定。

行业标准是对没有国家标准而又需要在全国某个行业范围内统一的要求所制定的标准，一般由国务院有关行政主管部门制定。

地方标准是对没有国家标准和行业标准而又需要在地区范围内统一的要求所制定的标准，一般由地方人民政府标准化行政主管部门制定。

企业标准是对企业生产经营活动中需要协调统一的技术要求、管理事项和工作事项所制定的标准，由企业自行制定即可。

(3) 依据执行效力划分

工程建设标准可以分为强制性标准和推荐性标准。

依据《中华人民共和国标准化法》，强制性标准是指通过法律手段强制实施的条文，一旦违反会受到法律制裁，包括：工程勘察、设计、施工及验收等通用的综合标准。设立工程建设强制性标准是为了提高工程建设的质量，降低工程建设质量事故发生的概率，减少人员伤亡和经济损失。

推荐性标准是指国家或地方政府鼓励使用的标准，企业可依据需要自愿采用，违反此类标准无需承担法律和经济方面的责任。但推荐性标准一经接受使用，或合同中规定采用，就具有法律上的约束性，成为各方必须遵守的标准。

从代号上也可以区分这两类标准，强制性国家标准的代号一般以"GB"开头，推荐性国家标准的代号一般以"GB/T"开头。

3. 勘察设计标准

工程勘察设计相关的强制性标准在一切工程类勘察设计工作中必须执行，例如，国家标准《工程勘察通用规范》GB 55017—2021；针对冻土地区工程地址勘察的《冻土工程地质勘察规范》GB 50324—2014；以及《民用建筑设计统一标准》GB 50352—2019。推荐性标准由相关单位自行选用，例如，《工程测量基本术语标准》GB/T 50228—2011；《建筑隔震设计标准》GB/T 51408—2021；《工程结构设计基本术语标准》GB/T 50083—2014。依据《建设工程勘察设计管理条例》规定，工程建设强制性标准是勘察设计文件编制的依据之一。《实施工程建设强制性标准监督规定》中也规定，"在中华人民共和国境内从事新建、扩建、改建等工程建设活动，必须执行工程建设强制性标准"。

若建设工程勘察、设计文件中规定采用的新技术、新材料可能影响建设工程质量和安全，但又没有国家技术标准，应当由国家认可的检测机构进行试验、论证，出具检测报告，并经国务院有关主管部门或者省、自治区、直辖市人民政府有关主管部门组织的建设工程技术专家委员会审定后，方可使用。

勘察、设计单位违反工程建设强制性标准进行勘察、设计的，责令改正，并处以 10 万元以上 30 万元以下的罚款。有此类行为，且造成工程质量事故的，责令停业整顿，降低资质等级；情节严重的，吊销资质证书；造成损失的，依法承担赔偿责任。如建设单位明示或者暗示设计单位或者施工单位违反工程建设强制性标准，降低工程质量的，责令改正，并处以 20 万元以上 50 万元以下的罚款。

7.2.4　勘察设计发包与承包

建设工程勘察、设计应当依照《招标投标法》《招标投标法实施条例》《建筑工程设计招标投标管理办法》等规定实行招标发包。由国务院住房城乡建设主管部门依法对全国建筑工程勘察设计招标投标活动实施监督。县级以上地方人民政府住房城乡建设主管部门依法对本行政区域内的建筑工程勘察设计招标投标活动实施监督，依法查处招标投标活动中的违法违规行为。

建设工程勘察设计招标范围和规模标准按照国家有关规定执行，有下列情形之一的，可以不进行招标：

（1）采用不可替代的专利或者专有技术的；

（2）对建筑艺术造型有特殊要求，并经有关主管部门批准的；

（3）建设单位依法能够自行设计的；

（4）建筑工程项目的改建、扩建或者技术改造，需要由原设计单位设计，否则将影响功能配套要求的；

（5）国家规定的其他特殊情形。

勘察、设计方案评标应当以投标人的业绩、信誉和勘察、设计人员的能力以及勘察、设计方案的优劣为依据，进行综合评定。建设工程勘察、设计的招标人应当在评标委员会推荐的候选方案中确定中标方案。若招标人认为评标委员会推荐的候选方案不能最大限度满足招标文件规定的要求的，应当依法重新招标。发包方不得将建设工程勘察、设计业务发包给不具有相应勘察、设计资质等级的建设工程勘察、设计单位。承包方必须在建设工程勘察、设计资质证书规定的资质等级和业务范围内承揽建设工程勘察、设计业务。

发包方可以将整个建设工程的勘察、设计发包给一个勘察、设计单位；也可以将建设工程的勘察、设计分别发包给几个勘察、设计单位。除建设工程主体部分的勘察、设计外，经发包方书面同意，承包方可以将建设工程其他部分的勘察、设计再分包给其他具有相应资质等级的建设工程勘察、设计单位。但建设工程勘察、设计单位不得将所承揽的建设工程勘察、设计转包。

建设工程勘察、设计的发包方与承包方，应当执行国家规定的建设工程勘察、设计程序和勘察费、设计费的管理规定。

7.2.5 勘察设计文件编制的依据与具体要求

1. 编制依据

编制建设工程勘察、设计文件，应当以下列规定为依据：

(1) 项目批准文件；

(2) 城乡规划；

(3) 工程建设强制性标准；

(4) 国家规定的建设工程勘察、设计深度要求。

铁路、交通、水利等专业建设工程，还应当以专业规划的要求为依据。

2. 勘察文件编制的具体要求

编制建设工程勘察文件，应当真实、准确，满足建设工程规划、选址、设计、岩土治理和施工的需要。

依据《建设工程勘察质量管理办法》，勘察文件的编制还应满足以下要求：

(1) 工程勘察企业应当按照有关建设工程质量的法律、法规、工程建设强制性标准和勘察合同进行勘察工作，并对勘察质量负责。勘察文件应当符合国家规定的勘察深度要求，必须真实、准确。

(2) 建设单位应当为勘察工作提供必要的现场工作条件，保证合理的勘察工期，提供真实、可靠的原始资料。

(3) 建设单位应当加强履约管理，及时足额支付勘察费用，不得迫使工程勘察企业以低于成本的价格承揽任务。

(4) 工程勘察企业应当健全勘察质量管理体系和质量责任制度，建立勘察现场工作质量责任可追溯制度。工程勘察企业将勘探、试验、测试等技术服务工作交由具备相应技术条件的其他单位承担的，工程勘察企业对相关勘探、试验、测试工作成果质量全面负责。

(5) 工程勘察企业应当拒绝用户提出的违反国家有关规定的不合理要求，有权提出保证工程勘察质量所必需的现场工作条件和合理工期。

(6) 工程勘察工作的原始记录应当在勘察过程中及时整理、核对，确保取样、记录的真实和准确，禁止原始记录弄虚作假。钻探、取样、原位测试、室内试验等主要过程的影像资料应当留存备查。司钻员、描述员、土工试验员等作业人员应当在原始记录上签字。工程勘察企业项目负责人应当对原始记录进行验收并签字。

3. 设计文件编制的具体要求

编制的方案设计文件应当满足编制初步设计文件和控制概算的需要。编制的初步设计文件应当满足编制施工招标文件、主要设备材料订货和编制施工图设计文件的需要。编制的施工图设计文件应当满足设备材料采购、非标准设备制作和施工的需要，并注明建设工程合理使用年限。同时，设计文件中选用的材料、构配件、设备应当注明其规格、型号、性能等技术指标，其质量要求必须符合国家规定的标准。除有特殊要求的建筑材料、专用设备和工艺生产线等外，设计单位不得指定生产商、供应商。

7.2.6 勘察设计文件的实施

建设工程勘察、设计单位应当在建设工程施工前，向施工单位和监理单位说明建设工程勘察、设计意图，解释建设工程勘察、设计文件，并及时解决施工中出现的勘察、设计问题。工程勘察单位应当向设计、施工和监理等单位进行勘察技术交底，参与施工验槽。设计单位应向施工和监理单位进行设计交底。

建设单位、施工单位、监理单位不得修改建设工程勘察、设计文件；确需修改建设工程勘察、设计文件的，应当由原建设工程勘察、设计单位修改。经原建设工程勘察、设计单位书面同意，建设单位也可以委托其他具有相应资质的建设工程勘察、设计单位修改。修改单位对修改的勘察、设计文件承担相应责任。

施工单位、监理单位发现建设工程勘察、设计文件不符合工程建设强制性标准、合同约定的质量要求的，应当报告建设单位，建设单位有权要求建设工程勘察、设计单位对建设工程勘察、设计文件进行补充、修改。

建设工程勘察、设计文件内容需要作重大修改的，建设单位应当报经原审批机关批准后，方可修改。

工程勘察企业的法定代表人、项目负责人、审核人、审定人等相关人员，应当在勘察文件上签字或者盖章，并对勘察质量负责。工程勘察企业法定代表人对本企业勘察质量全面负责；项目负责人对项目的勘察文件负主要质量责任；项目审核人、审定人对其审核、审定项目的勘察文件负审核、审定的质量责任。

7.3 勘察设计文件的审查与监管

7.3.1 概述

勘察文件和设计文件审查与监管的要点有很多相同之处，因此法规通常将这两者合并进行规范管理。施工图设计文件审查是指施工图设计文件审查机构按照有关法律、法规，对施工图设计阶段的勘察文件、设计文件中涉及公共利益、公众安全和工程建设强制性标准的内容进行的审查。我国施工图设计文件审查制度的设立源于 2000 年颁布的《建设工程质量管理条例》。2004 年《房屋建筑和市政基础设施工程施工图设计文件审查管理办法》（建设部令第 134 号）进一步细化和完善了这项制度。但随着经济社会和审查行业的发展，在实施过程中，也出现了一些需要解决的问题，比如审查工作的公正性和公平性在建设单位自行选择审查机构的行业环境下发生了动摇。为了实现更好的监管，2013 年住房和城乡建设部出台了新版《房屋建筑和市政基础设施工程施工图设计文件审查管理办法》。为贯彻落实国务院深化"放管服"改革、优化营商环境的要求，2018 年住房和城乡建设部又对其进行了针对性修改。2019 年，为了落实建筑业"放管服"改革，国务院对《建设工程质量管理条例》第十三条中工程质量监督手续的办理进行了简化。此外，住房和城乡建设部还印发了《建筑工程施工图设计文件技术审查要点》和《岩土工程勘察文件技术审查要点》以辅助勘察设计文件的审查工作。

在多年的建设实践中，施工图设计文件审查工作取得了长足进步。审查事业不断发展，政府相继出台了房屋建筑工程、市政基础设施工程施工图设计文件审查要点等技术性指导文件，对技术审查内容及要点作出规范。各地住房城乡建设主管部门积极探索，创新管理机制，强化对审查工作的管理，获得了很好的效果。住房和城乡建设部还启动了施工图设计文件数字化审查工作，制定了《全国房屋建筑和市政基础设施工程施工图设计文件审查信息系统数据标准（试行）》，以促进各级住房城乡建设主管部门施工图设计文件审查信息共享，提高勘察设计质量监管效能。施工图设计文件审查工作已逐步走上了一条科学化、规范化发展的道路。

7.3.2 勘察设计文件审查内容与处理

1. 勘察设计文件审查内容

审查机构应当对勘察设计文件审查下列内容：

（1）是否符合工程建设强制性标准；

（2）地基基础和主体结构的安全性；

（3）消防安全性；

（4）人防工程（不含人防指挥工程）防护安全性；

（5）是否符合民用建筑节能强制性标准，对执行绿色建筑标准的项目，还应当审查是否符合绿色建筑标准；

（6）岩土层分布、地下水条件、岩土的工程特征是否基本查明；

（7）对特殊性岩土、不良地质作用、地基承载力和变形特性、水和土的腐蚀性、场地地震效应等重要的岩土工程问题是否正确评价；

（8）勘察设计企业和注册执业人员以及相关人员是否按规定在施工图设计文件上加盖相应的图章和签字；

（9）法律、法规、规章规定必须审查的其他内容。

2. 审查时限

施工图设计文件审查原则上不超过下列时限：大型房屋建筑工程、市政基础设施工程为15个工作日，中型及以下房屋建筑工程、市政基础设施工程为10个工作日。

工程勘察文件审查原则上不超过下列时限：甲级项目为7个工作日，乙级及以下项目为5个工作日。

以上时限不包括施工图设计文件修改时间和审查机构的复审时间。

3. 审查后处理

审查机构对施工图设计文件进行审查后，应当根据下列情况分别作出处理：

审查合格的，审查机构应当向建设单位出具审查合格书，并在全套施工图设计文件上加盖审查专用章。审查合格书应当有各专业的审查人员签字，经法定代表人签发，并加盖审查机构公章。审查机构应当在出具审查合格书后5个工作日内，将审查情况报工程所在地县级以上地方人民政府住房城乡建设主管部门备案。

审查不合格的，审查机构应当将施工图设计文件退建设单位并出具审查意见告知书，说明不合格原因。同时，应当将审查意见告知书及审查中发现的建设单位、勘察设计单位和注册执业人员违反法律、法规和工程建设强制性标准的问题，报工程所在地县级以上地方人民政府住房城乡建设主管部门。

文件退建设单位后，建设单位应当要求原勘察设计单位进行修改，并将修改后的文件送原审查机构复审。

4. 勘察设计文件的修改

建设单位、施工单位、监理单位不得修改建设工程勘察、设计文件；确需修改建设工程勘察、设计文件的，应当由原建设工程勘察、设计单位修改。经原建设工程勘察、设计单位书面同意，建设单位也可以委托其他具有相应资质的建设工程勘察、设计单位修改。修改单位对修改的勘察、设计文件承担相应责任。

施工单位、监理单位发现建设工程勘察、设计文件不符合工程建设强制性标准、合同约定的质量要求的，应当报告建设单位，建设单位有权要求建设工程勘察、设计单位对建设工程勘察、设计文件进行补充、修改。

建设工程勘察、设计文件内容需要作重大修改的，建设单位应当报经原审批机关批准后，方可修改。

7.3.3 勘察设计文件审查机构

《房屋建筑和市政基础设施工程施工图设计文件审查管理办法》规定，施工图设计文件审查机构是专门从事施工图设计文件审查业务、不以营利为目的的独立法人。审查机构应当建立、健全内部管理制度。施工图设计文件审查应当有经各专业审查人员签字的审查记录。审查记录、审查合格书、审查意见告知书等有关资料应当归档保存。

1. 审查机构的确定

省、自治区、直辖市人民政府住房城乡建设主管部门应当会同有关主管部门按照《房屋建筑和市政基础设施工程施工图设计文件审查管理办法》规定的审查机构条件，结合本行政区域内的建设规模，确定相应数量的审查机构，逐步推行以政府购买服务方式开展施工图设计文件审查。省、自治区、直辖市人民政府住房城乡建设主管部门应当将审查机构名录报国务院住房城乡建设主管部门备案，并向社会公布。

2. 审查机构的等级划分

施工图设计文件审查机构的等级分为两类。

（1）一类审查机构应当具备下列条件：

1）有健全的技术管理和质量保证体系；

2）审查人员应当有良好的职业道德；有 15 年以上所需专业勘察、设计工作经历；主持过不少于 5 项大型房屋建筑工程、市政基础设施工程相应专业的设计或者甲级工程勘察项目相应专业的勘察；已实行执业注册制度的专业，审查人员应当具有一级注册建筑师、一级注册结构工程师或者勘察设计注册工程师资格，并在本审查机构注册；未实行执业注册制度的专业，审查人员应当具有高级工程师职称；近 5 年内未因违反工程建设法律法规和强制性标准受到行政处罚；

3）在本审查机构专职工作的审查人员数量：从事房屋建筑工程施工图审查的，结构专业审查人员不少于 7 人，建筑专业不少于 3 人，电气、暖通、给水排水、勘察等专业审查人员各不少于 2 人；从事市政基础设施工程施工图审查的，所需专业的审查人员不少于 7 人，其他必须配套的专业审查人员各不少于 2 人；专门从事勘察文件审查的，勘察专业审查人员不少于 7 人；

4）承担超限高层建筑工程施工图审查的，还应当具有主持过超限高层建筑工程或者 100m 以上建筑工程结构专业设计的审查人员不少于 3 人；

5）60 岁以上审查人员不超过该专业审查人员规定人数的 1/2。

（2）二类审查机构应当具备下列条件：

1）有健全的技术管理和质量保证体系；

2）审查人员应当有良好的职业道德；有 10 年以上所需专业勘察设计工作经历；主持过不少于 5 项中型以上房屋建筑工程、市政基础设施工程相应专业的设计或者乙级以上工程勘察项目相应专业的勘察；已实行执业注册制度的专业，审查人员应当具有一级注册建筑师、一级注册结构工程师或者勘察设计注册工程师资格，并在本审查机构注册；未实行执业注册制度的专业，审查人员应当具有高级工程师职称；近 5 年内未因违反工程建设法律法规和强制性标准受到行政处罚；

3）在本审查机构专职工作的审查人员数量：从事房屋建筑工程施工图审查的，结构专业审查人员不少于 3 人，建筑、电气、暖通、给水排水、勘察等专业审查人员各不少于 2 人；从事市政基础设施工程施工图审查的，所需专业的审查人员不少于 4 人，其他必须配套的专业审查人员各不少于 2 人；专门从事勘察文件审查的，勘察专业审查人员不少于 4 人；

4）60 岁以上审查人员不超过该专业审查人员规定数的 1/2。

3. 审查机构的业务范围

依据审查机构的等级划分，其承接业务范围也分两类，一类机构承接房屋建筑、市政基础设施工程审查业务范围不受限制；二类机构可以承接中型及以下房屋建筑、市政基础设施工程的施工图设计文件审查。房屋建筑、市政基础设施工程的规模划分，按照国务院住房城乡建设主管部门的有关规定执行。

7.3.4 勘察设计文件的监管

1. 针对勘察设计企业的监督

勘察设计企业应当依法进行建设工程勘察、设计，严格执行工程建设强制性标准，并对建设工程勘察、设计的质量负责。

（1）违反资质要求

违反勘察设计资质等级许可范围要求的，责令其停止违法行为，处合同约定的勘察费、设计费 1 倍以上 2 倍以下的罚款，有违法所得的，予以没收；可以责令停业整顿，降低资质等级；情节严重的，吊销资质证书。

未取得资质证书承揽工程的，予以取缔，依照上述规定处以罚款；有违法所得的，予以没收。以欺骗手段取得资质证书承揽工程的，吊销资质证书，依照上述规定处以罚款；有违法所得的，予以没收。

未经注册，擅自以注册建设工程勘察、设计人员的名义从事建设工程勘察、设计活动的，责令停止违法行为，没收违法所得，处违法所得 2 倍以上 5 倍以下的罚款；给他人造成损失的，依法承担赔偿责任。

建设工程勘察、设计注册执业人员和其他专业技术人员未受聘于一个建设工程勘察、设计单位或者同时受聘于两个以上建设工程勘察、设计单位，从事建设工程勘察、设计活动的，责令停止违法行为，没收违法所得，处违法所得 2 倍以上 5 倍以下的罚款；情节严重的，可以责令停止执行业务或者吊销资格证书；给他人造成损失的，依法承担赔偿责任。

（2）违反文件质量要求

依据《建设工程勘察设计管理条例》，勘察、设计单位未依据项目批准文件、城乡规划及专业规划、国家规定的建设工程勘察、设计深度要求编制建设工程勘察、设计文件的，责令限期改正；逾期不改正的，处 10 万元以上 30 万元以下的罚款；造成工程质量事故或者环境污染和生态破坏的，责令停业整顿，降低资质等级；情节严重的，吊销资质证书；造成损失的，依法承担赔偿责任。

勘察设计单位有下列行为之一的，依照《建设工程质量管理条例》第六十三条的规定给予处罚：

1) 勘察单位未按照工程建设强制性标准进行勘察的；
2) 设计单位未根据勘察成果文件进行工程设计的；
3) 设计单位指定建筑材料、建筑构配件的生产厂、供应商的；
4) 设计单位未按照工程建设强制性标准进行设计的。

2. 针对建设单位的监督

相关法规也对建设单位提出了规范要求。建设单位将建设工程勘察、设计业务发包给不具有相应资质等级的建设工程勘察、设计单位的，责令改正，处 50 万元以上 100 万元以下的罚款。

建设单位应在施工图设计文件完成后，将其送审查机构审查，但审查机构不得与所审查项目的建设单位、勘察、设计单位有隶属关系或者其他利害关系。建设单位应当向审查机构提供下列资料并对所提供资料的真实性负责：

（1）作为勘察、设计依据的政府有关部门的批准文件及附件；
（2）全套施工图；
（3）其他应当提交的材料。

建设单位不得明示或者暗示审查机构违反法律法规和工程建设强制性标准进行施工图审查，不得压缩合理审查周期、压低合理审查费用。

建设单位有下列行为之一的，由县级以上地方人民政府住房城乡建设主管部门责令改正，处 3 万元罚款；情节严重的，予以通报：

（1）压缩合理审查周期的；
（2）提供不真实送审资料的；
（3）对审查机构提出不符合法律、法规和工程建设强制性标准要求的。

建设单位为房地产开发企业的，还应当依照《房地产开发企业资质管理规定》进行处理。

3. 针对审查机构的监督

审查机构对施工图审查工作负责，承担审查责任。施工图经审查合格后，仍有违反法律、法规和工程建设强制性标准的问题，给建设单位造成损失的，审查机构依法承担相应的赔偿责任。

审查机构有下列行为之一的，依据《房屋建筑和市政基础设施工程施工图设计文件审查管理办法》规定，由县级以上地方人民政府住房城乡建设主管部门责令改正，处 3 万元罚款，并记入信用档案；情节严重的，省、自治区、直辖市人民政府住房城乡建设主管部门不再将其列入审查机构名录：

（1）超出范围从事施工图审查的；
（2）使用不符合条件审查人员的；

(3) 未按规定的内容进行审查的；

(4) 未按规定上报审查过程中发现的违法违规行为的；

(5) 未按规定填写审查意见告知书的；

(6) 未按规定在审查合格书和施工图上签字盖章的；

(7) 已出具审查合格书的施工图，仍有违反法律、法规和工程建设强制性标准的。

审查机构出具虚假审查合格书的，审查合格书无效，县级以上地方人民政府住房城乡建设主管部门处 3 万元罚款，省、自治区、直辖市人民政府住房城乡建设主管部门不再将其列入审查机构名录。

审查人员在虚假审查合格书上签字的，终身不得再担任审查人员；对于已实行执业注册制度的专业的审查人员，还应当依照《建设工程质量管理条例》第七十二条、《建设工程安全生产管理条例》第五十八条规定予以处罚。

4. 监督单位

国务院住房城乡建设行政主管部门对全国的建设工程勘察、设计活动实施统一监督管理。国务院铁路、交通、水利等有关部门按照国务院规定的职责分工，负责对全国的有关专业建设工程勘察、设计活动的监督管理。县级以上地方人民政府住房城乡建设行政主管部门对本行政区域内的建设工程勘察、设计活动实施监督管理。县级以上地方人民政府交通、水利等有关部门在各自的职责范围内，负责对本行政区域内的有关专业建设工程勘察、设计活动的监督管理。

国务院住房城乡建设主管部门负责对全国的施工图审查工作实施指导、监督。县级以上地方人民政府住房城乡建设主管部门负责对本行政区域内的施工图审查工作实施监督管理。

任何单位和个人对建设工程勘察、设计活动中的违法行为都有权检举、控告、投诉。

7.4 造价咨询法律制度

7.4.1 概述

工程造价、质量、进度是工程建设管理的三大核心要素。改革开放以来，工程造价管理坚持市场化改革方向，在工程发承包计价环节探索引入竞争机制，全面推行工程量清单计价，完善各项工程计价制度，并随着市场和科技发展不断革新工程造价管理手段和办法。2014 年住房和城乡建设部曾发布《关于进一步推进工程造价管理改革的指导意见》，提出将在 2020 年前实现的五项主要目标：健全市场决定工程造价机制，建立与市场经济相适应的工程造价管理体系；完成国家工程造价数据库建设，构建多元化工程造价信息服务方式；完善工程计价活动监管机制，推行工程全过程造价服务；改革行政审批制度，建立造价咨询业诚信体系，形成统一开放、竞争有序的市场环境；实施人才发展战略，培养与行业发展相适应的人才队伍。为了充分发挥市场在资源配置中的决定性作用，进一步推进工程造价市场化改革，2020 年住房和城乡建设部又提出了新阶段的工程造价改革工作，印发了《工程造价改革工作方案》，提出改进工程计量和计价规则、完善工程计价依据发布机制、加强工程造价数据积累、强化建设单位造价管控责任、严格施工合同履约管理五项主要任务。

早在 2006 年，建设部就发布了《工程造价咨询企业管理办法》和《注册造价工程师管理办法》，以加强对工程造价咨询企业和注册造价工程师的管理，规范注册造价工程师执业行为，提高工程造价咨询工作质量，维护建设市场秩序和社会公共利益。为了更好地规范工程造价咨询市场，针对工程造价咨询行业的法律法规也随着行业的发展变化几经修改、完善。住房和城乡建设部分别在 2015 年、2016 年和 2020 年对《工程造价咨询企业管理办法》进行了三次修正，在 2016 年和 2020 年对《注册造价工程师管理办法》进行了两次修正。自施行以来，两部法规对规范工程造价咨询行为，加强行业管理发挥了重要作用。但近年来，随着国务院行政审批制度改革不断推进，这两部法规虽然多次修正，但部分条款仍需调整才能适应新的工作需要。

7.4.2 工程造价咨询企业管理

工程造价咨询企业，是指取得工商营业执照，按照经营范围接受委托，依法对建设项目投资、工程造价的确定与控制提供专业咨询服务的企业。

1. 针对工程造价咨询企业的要求

工程造价咨询企业应当按照营业执照经营范围开展相关业务，并具备与承接业务相匹配的能力和注册造价工程师，其范围不受行政区域限制。

工程造价咨询企业从事工程造价咨询活动，应当遵循独立、客观、公正、诚实信用的原则，不得损害社会公共利益和他人的合法权益。任何单位和个人不得非法干预依法进行的工程造价咨询活动。

工程造价咨询企业应当建立完整的质量管理体系、内部操作规程和档案管理制度，确保咨询成果质量。

2. 工程造价咨询企业的禁止行为

依据《工程造价咨询企业管理办法》规定，工程造价咨询企业不得有下列行为：

（1）涂改、倒卖、出租、出借资质证书，或者以其他形式非法转让资质证书；

（2）超越资质等级业务范围承接工程造价咨询业务；

（3）同时接受招标人和投标人或两个以上投标人对同一工程项目的工程造价咨询业务；

（4）以给予回扣、恶意压低收费等方式进行不正当竞争；

（5）转包承接的工程造价咨询业务；

（6）法律、法规禁止的其他行为。

7.4.3 注册造价工程师管理

注册造价工程师，是指通过土木建筑工程或者安装工程专业造价工程师职业资格考试取得造价工程师职业资格证书或者通过资格认定、资格互认，并按照相关办法注册后，从事工程造价活动的专业人员。

注册造价工程师实行注册执业管理。取得职业资格证书的人员，应当经过注册方能按注册专业和级别以注册造价工程师名义执业。注册造价工程师按级别分为一级注册造价工程师和二级注册造价工程师。取得职业资格证书的人员，可自职业资格证书签发之日起 1 年内申请初始注册。逾期未申请者，须符合继续教育的要求后方可申请初始注册。注册造价工程师的初始注册有效期为 4 年，每一注册期内应当满足继续教育要求。注册有效期满需继续执业的，应当在注册有效期满 30 日前，按照《注册造价工程师管理办法》第八条规定的程序申请延续注册。延续注册的有效期亦为 4 年。

注册造价工程师的注册条件为：

（1）取得职业资格；

（2）受聘于一个工程造价咨询企业或者工程建设领域的建设、勘察设计、施工、招标代理、工程监理、工程造价管理等单位；

（3）无法律规定不予注册的情形。

有下列情形之一的，不予注册：

（1）不具有完全民事行为能力的；

（2）申请在两个或者两个以上单位注册的；

（3）未达到造价工程师继续教育合格标准的；

（4）前一个注册期内工作业绩达不到规定标准或未办理暂停执业手续而脱离工程造价业务岗位的；

（5）受刑事处罚，且尚未执行完毕的；

（6）因工程造价咨询活动受刑事处罚，自刑事处罚执行完毕之日起至申请注册之日止不满 5 年的；

（7）因工程造价咨询活动以外原因受刑事处罚，自处罚决定之日起至申请注册之日止不满 3 年的；

（8）被吊销注册证书，自被处罚决定之日起至申请注册之日止不满 3 年的；

（9）以欺骗、贿赂等不正当手段获准注册被撤销，自被撤销注册之日起至申请注册之日止不满 3 年的；

（10）法律、法规规定不予注册的其他情形。

注册造价工程师应当履行下列义务：

（1）遵守法律、法规、有关管理规定，恪守职业道德；

（2）保证执业活动成果的质量；

（3）接受继续教育，提高执业水平；

（4）执行工程造价计价标准和计价方法；

（5）与当事人有利害关系的，应当主动回避；

（6）保守在执业中知悉的国家秘密和他人的商业、技术秘密。

一级注册造价工程师可以开展建设项目全过程工程造价管理与造价咨询活动，并可独立编制、审核工程造价成果文件。具体内容包括：

（1）项目建议书、可行性研究投资估算与审核，项目评价造价分析；

（2）建设工程设计概算、施工预算编制和审核；

（3）建设工程招标投标文件工程量和造价的编制与审核；

（4）建设工程合同价款、结算价款、竣工决算价款的编制与管理；

（5）建设工程审计、仲裁、诉讼、保险中的造价鉴定，工程造价纠纷调解；

（6）建设工程计价依据、造价指标的编制与管理；

（7）与工程造价管理有关的其他事项。

二级注册造价工程师协助一级注册造价工程师开展上述相关工作，并可以独立开展以下工作：

（1）建设工程工料分析、计划、组织与成本管理，施工图预算、设计概算编制；

（2）建设工程工程量清单、最高投标限价、投标报价编制；

（3）建设工程合同价款、结算价款和竣工决算价款的编制。

造价工程师注册证书、执业印章的样式以及编码规则由国务院住房城乡建设主管部门统一制定。注册证书和执业印章是注册造价工程师的执业凭证，由注册造价工程师本人保管、使用。

注册造价工程师有下列情形之一的，其注册证书失效：

（1）已与聘用单位解除劳动合同且未被其他单位聘用的；

（2）注册有效期满且未延续注册的；

（3）死亡或者不具有完全民事行为能力的；

（4）其他导致注册失效的情形。

国务院住房城乡建设主管部门对全国土木建筑工程、安装工程专业的注册造价工程师的注册、执业活动实施统一监督管理。省、自治区、直辖市人民政府住房城乡建设主管部门对本行政区域内注册造价工程师的执业活动实施监督管理，并实施本行政区域二级注册造价工程师的注册。

7.4.4 工程造价成果文件管理

工程造价成果文件是指工程造价咨询企业接受委托，由注册造价工程师编制、审核完成的与工程造价有关的文件。

工程造价咨询企业应当按照有关规定，在出具的工程造价成果文件上加盖企业公章，并对工程造价成果文件负责。注册造价工程师应当在本人编制的工程造价成果文件上签字，加盖执业印章，并承担相应的法律责任。最终出具的工程造价成果文件应当由一级注册造价工程师审核、签字盖章，并承担相应的法律责任。工程造价成果文件的编制人与审核人不得为同一注册造价工程师。

修改经注册造价工程师签字盖章的工程造价最终成果文件，应当由签字盖章的注册造价工程师本人进行；本人因特殊情况不能进行修改的，应当由其他注册造价工程师修改，并签字盖章。修改工程造价成果文件的注册造价工程师对修改部分承担相应的法律责任。

除法律、法规另有规定外，未经委托人书面同意，工程造价咨询企业和注册造价工程师不得对外提供工程造价咨询服务过程中获知的当事人的商业秘密和业务资料。

7.4.5 信用信息管理

国务院住房城乡建设主管部门负责建立全国工程造价咨询管理系统，指导开展信用信息相关管理工作。省、自治区、直辖市人民政府住房城乡建设主管部门负责制定本行政区域工程造价咨询业信用信息管理制度，实施信用信息动态管理，执行统计报告制度。县级以上人民政府住房城乡建设主管部门负责联合有关部门，管理、记录、归集、共享本行政区域内工程造价咨询业信用信息。

信用信息内容包括工程造价咨询企业和注册造价工程师的基本信息、从业信息（含工程造价成果文件）、守信信息和失信信息等。工程造价咨询企业和注册造价工程师应当及时向企业注册所在地县级以上人民政府住房城乡建设主管部门提供相关信用信息，并承诺提供的信息真实、准确、完整，接受社会监督。鼓励委托方从全国工程造价咨询管理系统中选择工程造价咨询企业和注册造价工程师开展工程造价咨询活动。

县级以上人民政府住房城乡建设主管部门应当依照有关法律、法规，建立健全工程造价咨询活动投诉举报的处理机制，加强投诉举报核查工作，并按照有关规定将查处工程造价咨询企业、注册造价工程师的违法行为和行政处罚结果记入其失信信息，并向社会公布。工程造价咨询业组织应当加强行业自律管理，鼓励工程造价咨询企业和注册造价工程师加入工程造价咨询业组织，遵守行约、行规，诚实守信经营。

7.4.6 监督管理

1. 监督单位

国务院住房城乡建设主管部门负责全国工程造价咨询活动的监督管理，指导和规范全国工程造价咨询业的发展。县级以上地方人民政府住房城乡建设主管部门负责本行政区域内工程造价咨询行业的监督管理，可委托所属的工程造价管理机构负责具体事务工作。

工程造价咨询企业和注册造价工程师应当接受县级以上人民政府住房城乡建设主管部门依法实施的监督检查，如实提供相关资料，不得拒绝、延误、阻挠、逃避检查，不得谎报、隐匿、销毁相关资料。

县级以上人民政府住房城乡建设主管部门进行监督检查时，应当有两名以上监督检查人员参加，并出示执法证件，不得妨碍被检查单位的正常经营活动，不得索取或者收受财物、谋取其他利益。

2. 监督措施

监督检查机关履行监督检查职责时，有权采取下列措施：

（1）要求被检查单位提供工程造价咨询企业资质证书、造价工程师注册证书，有关工程造价咨询业务的文档，有关技术档案管理制度、质量控制制度、财务管理制度的文件；

（2）进入被检查单位进行检查，查阅工程造价咨询成果文件以及工程造价咨询合同等相关资料；

（3）纠正违反有关法律、法规及执业规程规定的行为。

监督检查机关应当将监督检查的处理结果向社会公布。

3. 违法处理

工程造价咨询企业和注册造价工程师违法从事工程造价咨询活动的，工程项目所在地县级以上地方人民政府住房城乡建设主管部门或者其他有关部门应当依法查处，并将违法事实、处理结果告知企业注册所在地省级人民政府住房城乡建设主管部门；依法撤销造价工程师注册的，应当将违法事实、处罚建议及有关材料告知注册机关。

工程造价咨询企业有 7.4.2 节中禁止行为之一的，由县级以上地方人民政府住房城乡建设主管部门或者有关专业部门给予警告，责令限期改正，并处以 1 万元以上 3 万元以下的罚款。

申请人隐瞒有关情况或者提供虚假材料申请工程造价咨询企业资质的，不予受理或者不予资质许可，并给予警告，申请人在 1 年内不得再次申请工程造价咨询企业资质。以欺骗、贿赂等不正当手段取得工程造价咨询企业资质的，由县级以上地方人民政府住房城乡建设主管部门或者有关专业部门给予警告，并处以 1 万元以上 3 万元以下的罚款，申请人 3 年内不得再次申请工程造价咨询企业资质。未取得工程造价咨询企业资质从事工程造价咨询活动或者超越资质等级承接工程造价咨询业务的，出具的工程造价成果文件无效，由县级以上地方人民政府住房城乡建设主管部门或者有关专业部门给予警告，责令限期改正,并处以 1 万元以上 3 万元以下的罚款。

注册造价工程师资质相关的违法处理与工程造价咨询企业的十分类似,只有以下两种情形的罚款数额有所差别。第一种,以欺骗、贿赂等不正当手段取得造价工程师注册的,由注册机关撤销其注册,3 年内不得再次申请注册,并由县级以上人民政府住房城乡建设主管部门或者其他有关部门处以罚款。其中,没有违法所得的,处以 1 万元以下罚款;有违法所得的,处以违法所得 3 倍以下且不超过 3 万元的罚款。第二种,未经注册而以注册造价工程师的名义从事工程造价咨询活动的,所签署的工程造价成果文件无效,由县级以上人民政府住房城乡建设主管部门或者其他有关部门给予警告,责令停止违法活动,并可处以 1 万元以上 3 万元以下的罚款。

此外,若注册造价工程师未办理变更注册而继续执业,由县级以上人民政府住房城乡建设主管部门或者其他有关部门责令限期改正;逾期不改的,可处以 5000 元以下的罚款。

有下列情形之一的,注册机关或者其上级行政机关依据职权或者根据利害关系人的请求,可以撤销注册造价工程师的注册:

(1) 资质许可机关工作人员滥用职权、玩忽职守作出准予工程造价咨询企业资质许可的;

(2) 超越法定职权作出准予注册许可的;

(3) 违反法定程序作出准予注册许可的;

(4) 对不具备行政许可条件的申请人作出准予工程造价咨询企业资质许可的;

(5) 依法可以撤销注册的其他情形。

注册造价工程师在企业承接被审核、被评审、被审计单位与本企业有利害关系的工程造价咨询业务时,在工程造价成果文件上签字盖章,且造成委托方重大经济损失的,由注册机关吊销其注册,终身禁止注册执业。注册造价工程师未按照有关规定提供信用信息或提供虚假信息的,由县级以上人民政府住房城乡建设主管部门或者其他有关部门责令限期改正;逾期未改正的,可处以 1 万元以下的罚款。

注册造价工程师有下列行为之一的,由县级以上人民政府住房城乡建设主管部门或者其他有关部门给予警告,责令改正,没有违法所得的,处以 1 万元以下罚款;有违法所得的,处以违法所得 3 倍以下且不超过 3 万元的罚款:

(1) 不履行注册造价工程师义务;

(2) 在执业过程中,索贿、受贿或者谋取合同约定费用外的其他利益;

(3) 在执业过程中实施商业贿赂;

(4) 签署有虚假记载、误导性陈述的工程造价成果文件;

(5) 以个人名义承接工程造价业务;

(6) 允许他人以自己的名义从事工程造价业务;

(7) 同时在两个或者两个以上单位执业;

(8) 涂改、倒卖、出租、出借或者以其他形式非法转让注册证书或者执业印章;

(9) 超出注册专业和级别范围执业;

(10) 法律、法规、规章禁止的其他行为。

县级以上人民政府住房城乡建设主管部门有下列情形之一的,由其上级行政主管部门或者监察机关责令改正,对直接负责的主管人员和其他直接责任人员依法给予处分;构成犯罪的，依法追究刑事责任：

（1）对不符合注册条件的申请人准予注册许可或者超越法定职权作出注册许可决定的；

（2）对符合注册条件的申请人不予注册许可或者不在法定期限内作出注册许可决定的；

（3）对符合法定条件的注册申请不予受理的；

（4）利用职务之便，收取他人财物或者其他好处的；

（5）不依法履行监督管理职责，或者发现违法行为不了查处的。

7.5 案例分析

7.5.1 造价服务，自愿有偿

上诉人（原审被告）：大连 A 房地产集团有限公司

被上诉人（原审原告）：大连 B 工程造价咨询有限公司

一、基本案情

2012 年 2 月 25 日，原告（咨询人）与被告（委托人）签订《建设工程造价咨询合同》，约定原告就被告开发的××工程向被告提供建设工程造价咨询服务，服务类别为 B 类，咨询业务范围：竣工结算（预算）审核。合同工期自 2012 年 2 月 25 日开始实施，至 2012 年 12 月 31 日终结。此后原告以被告欠付咨询服务费为由，于 2017 年 5 月 18 日向大连仲裁委提交仲裁申请书提起仲裁。次日，该仲裁委予以受理。2017 年 12 月 7 日，被告就原告申请仲裁事项中的部分提出仲裁管辖异议。此后，原告将被告仲裁异议事项向法院提起诉讼。

二、案件审理

一审法院认为，本案争议的焦点是：原被告双方是否存在委托合同的关系；案涉争议的委托合同系有偿还是无偿；原告服务成果是否存在效力问题。

对于双方之间是否存在委托服务关系的问题，双方于 2012 年 2 月 25 日签订的《建设工程造价咨询合同》虽然约定的合同工期是自 2012 年 2 月 25 日至 2012 年 12 月 31 日，且在此之后未续签合同或补充协议延续合同工期，但是在合同约定期限之外，被告一直向原告委派工作，原告也一直提供服务并交付工作成果，就双方之间的合同性质而言属于委托合同关系。

关于案涉的委托合同系有偿或无偿的问题。双方之间签订的《建设工程造价咨询合同》约定需要支付报酬，工程造价咨询服务收费是经营性服务收费，应遵循"自愿有偿、谁委托谁付费"的原则。被告并未提供相应证据证明双方有无偿的约定，所以对被告所称无偿服务的说法不予采信。

对于原告的资质等级和经营范围是否影响委托合同及工作成果的效力问题，首先，原告提供咨询服务均系工程造价范围的内容，并未超出其经营范围。其次，原告的资质等级并不影响其接受被告的委托提供咨询服务。根据《工程造价咨询企业管理办法》（2016 年修订，案件审理时有效）第十九条的规定分析，该办法并没有禁止乙级工程造价咨询企业从事 5000 万元以上的工程造价服务。

二审法院认为，本案争议的焦点是关于序号 36、47、92、93、94、96、200~204、57 共十二个项目的相关咨询费。双方就该十二个项目并未签订书面的委托服务合同，但上述项目系上诉人委托被上诉人进行审核，被上诉人对此也实际提供咨询服务并提交工作成果，且被上诉人提供的审定签署表中委托单位一栏有上诉人加盖印章，工程决（结）算审批表中有上诉人工作人员签字确认。双方签订的《建设工程造价咨询合同》第三十二条中约定"简单项目，咨询人免费为委托人出具审核报告"，但该合同中并未明确约定何种项目属于"简单项目"，且该十二个项目的咨询费中多数为千元、万元甚至几十万元，咨询费数额较大。根据相关法律规定，合同生效后，当事人就质量、价款或者报酬、履行地点等内容没有约定或者约定不明确的，可以协议补充；不能达成补充协议的，按照合同有关条款或者交易习惯确定。双方当事人此后并未签订补充协议，也未协商达成一致，根据等价有偿的原则，上诉人应向被上诉人支付一审确定的该十二个项目的咨询费共计 444741 元。

三、法律评析

本案属于工程造价咨询公司与建设单位由于建设工程造价咨询合同引发的纠纷。除此之外，在工程建设中建设工程顾问类合同还包括勘察设计合同、项目管理合同和工程监理合同等。相对于建设工程施工合同而言，造价咨询的纠纷较为少见。

（一）造价咨询服务遵循自愿有偿原则

《辽宁省工程造价咨询企业服务收费管理办法》第四条规定，工程造价咨询服务应遵循"公正、公平、合理、诚信"和"自愿委托、有偿服务"的原则，第五条规定，工程造价咨询服务收费是经营性服务收费，遵循"自愿有偿、谁委托谁付费"的原则，工程造价咨询服务应当以有偿为原则，原告作为注册的造价咨询公司，其开展经营业务提供有偿服务符合行业惯例。

（二）造价咨询企业资质管理

《工程造价咨询企业管理办法》（2016 年修订，案件审理时有效）第十九条规定，工程造价咨询企业资质等级分为甲、乙两级，甲级工程造价咨询企业可以从事各类建设项目的工程造价咨询业务。乙级工程造价咨询企业可以从事工程造价 5000 万元人民币以下的各类建设项目的工程造价咨询业务。在本案中，法院对这条规定的理解是，规定中仅指明了不同资质等级可以承接的工程范围，却没有禁止越级提供造价咨询服务。不能证明合同无效。同时被告已经接收并使用原告提交的服务成果，而且从未就服务成果提出瑕疵异议，在被告已经使用工作成果且从未提出异议的情况下，被告认为原告提交的工作成果使用价值降低的说法不符合交易的公平原则。

在目前的建设工程实践中，工程造价咨询企业越级承接造价咨询业务的情况时常存在，但各地法院对此的看法并不一致，对《工程造价咨询企业管理办法》（2016 年修订，案件审理时有效）第十九条规定的解读也不尽相同。面对这方面的法律模糊，目前国家已经在找寻改革的办法。2021 年 5 月 19 日公布的《国务院关于深化"证照分离"改革进一步激发市场主体发展活力的通知》决定在全国范围内推行"证照分离"改革全覆盖，中央层面设定的涉企经营许可事项改革清单中取消了工程造价咨询企业甲级、乙级资质认定。

7.5.2 合同有效惹争论，主体资质须留意

再审申请人（一审原告、二审被上诉人）：深圳市 A 建筑设计有限公司（以下简称 A 公司）江西分公司

被申请人（一审被告、二审上诉人）：江西大余B银行股份有限公司（以下简称B银行）
一审第三人：C城乡规划设计研究院（以下简称C设计院）大余分院

一、基本案情

2013年8月19日，B银行书面通知C设计院中标其办公大楼建筑及景观工程设计项目。2013年11月19日，B银行（甲方）与C设计院大余分院（乙方）、A公司江西分公司（乙方）签订《设计合同》。2014年1月23日，B银行向A公司江西分公司支付设计费20万元。2014年7月1日，B银行签收了C设计院大余分院送达的正式成果，签收了A公司江西分公司送达的公寓楼、地下室、B银行大楼施工图。2016年11月14日，A公司江西分公司向B银行送达律师函，催促B银行支付设计费784000元。然后，A公司江西分公司向法院提起诉讼。C设计院大余分院与A公司江西分公司确认，案涉工程系由双方联合设计，A公司江西分公司负责施工图设计，C设计院大余分院负责其他设计工作。

二、案件审理

本案最大的争议在于案涉《设计合同》的效力，关于此一审、二审和再审法院观点如下：

一审法院认为，C设计院大余分院是C设计院的非法人分支机构，经营范围包括城市规划设计、土建工程建筑设计等；A公司总公司的资质等级为建筑行业（建筑工程）甲级，A公司江西分公司是A公司总公司领取营业执照的分公司，故可认定A公司江西分公司具有相应设计资质，对B银行关于设计单位不具备资质的抗辩理由不予支持。案涉合同系经过招标投标程序后，由双方当事人自行签订，系当事人的真实意思表示，且未违反法律的禁止性规定，应认定合法有效。

而二审法院认为，《建设工程勘察设计管理条例》第八条严格规定，建设工程勘察、设计单位应当在其资质等级许可的范围内承揽建设工程勘察、设计业务。C设计院大余分院是C设计院的分支机构，其业务仅是咨询服务，并不具有勘察设计资质。而A公司江西分公司系有限责任公司分公司，其经营业务是为隶属公司联系业务，也不具有设计资质。分支机构、分公司所联系的业务应当以总公司名义签订并履行合同，而不能以分支机构、分公司的名义签订并履行合同，否则就不具备相应的资质。案涉合同中两位乙方所加盖的印章并不是两个总公司的印章。因此案涉合同无效。

同时A公司江西分公司承担的是施工图的设计，案涉合同中一期工程施工图设计费用的支付时间为"一期工程施工图通过审查后7天内"。但目前案涉项目因立项规划等原因停滞，A公司江西分公司的设计仅停留在设计初稿的阶段，并没有完成图审工作。故A公司江西分公司的施工图设计费用尚没有到合同约定的支付时间。由于前期B银行已经支付给A公司江西分公司20万元，该部分费用可视为A公司江西分公司完成的前期设计初稿的对价。

再审法院认为，根据《中华人民共和国民法总则》（案件审理时有效）第七十四条第二款的规定，"分支机构以自己的名义从事民事活动，产生的民事责任由法人承担"。A公司江西分公司作为领取营业执照的法人分支机构可以以自己的名义与B银行签订案涉《设计合同》，但产生的相应民事责任仍由法人A公司总公司承担；且本案的设计成果，案涉工程施工图纸也是由A公司总公司署名编制并出具。所以案涉合同系两分支机构代表A公司总公司和C设计院签订，A公司总公司及C设计院均具有相应设计资质，案涉合同有效。

三、法律评析

我国对于勘察设计企业实行严格的资质管理制度，不具有相应资质的企业禁止承接勘察设计业务，订立的勘察设计合同也没有法律效力。《建设工程勘察设计管理条例》第八条规定"建设工程勘察、设计单位应当在其资质等级许可的范围内承揽建设工程勘察、设计业务。禁止建设工程勘察、设计单位超越其资质等级许可的范围或者以其他建设工程勘察、设计单位的名义承揽建设工程勘察、设计业务。禁止建设工程勘察、设计单位允许其他单位或者个人以本单位的名义承揽建设工程勘察、设计业务"。该条例第十七条规定"发包方不得将建设工程勘察、设计业务发包给不具有相应勘察、设计资质等级的建设工程勘察、设计单位"。分别从勘察设计的承包方和发包方两方面强调了资质的重要性。

勘察设计不是工程中的小事，虽然其工作量和金额在工程中只占非常小的一部分，但却是整个工程能否安全、高质量完成的重要因素。勘察工作关系到地质条件、水文条件等，直接影响地基是否安全牢固；而设计则决定了建筑物的结构是否正确合理、荷载设计是否安全。任何一个方面的错漏都可能直接导致工程的失败，因此勘察设计企业是否具有相应的资格，能否担得起人民生命财产安全的重托，就显得至关重要。从业者在今后的工作中，应当明确勘察设计工作的重要性，安全无小事，千万不能掉以轻心，对勘察设计承包方资质的核查绝不是无用之举。

7.5.3 付款责任不可推诿，诚信交易铭记心间

原告：广西 A 勘察工程有限责任公司（以下简称 A 公司）

被告：桂林 B 房地产开发有限公司（以下简称 B 公司）

一、基本案情

2017 年 8 月 1 日，发包人 B 公司与承包人 A 公司就兴安县××项目工程勘察签订《建设工程勘察合同》。合同签订后，A 公司于 2017 年 8 月 1 日进场勘察，同年 9 月 22 日完成了合同约定的勘察任务。2017 年 10 月 9 日，A 公司对其所完成的××项目岩土工程勘察进行单方结算，确定该项目的工程款为 50502 元，并在该结算单上注明按 42342 元的优惠价格收取勘察费。2018 年 1 月 27 日 A 公司将《××项目岩土工程勘察报告》《××岩土项目工程勘察结算单》等材料一并交付给 B 公司职工蔡某某。蔡某某代表公司在结算书上签名确认。B 公司于 2018 年 1 月 27 日收到上述材料后仍未予支付工程款。A 公司遂诉至法院。

二、案件审理

法院归纳的争议焦点如下：《建设工程勘察合同》的效力问题；原告的诉请是否有事实及法律依据。

（一）关于《建设工程勘察合同》的效力问题

本院认为，原告 A 公司具有勘察、钻探施工资质，其与被告 B 公司签订的《建设工程勘察合同》，不违反我国法律及现行行政法规等强制性规定，且该合同系原告 A 公司与被告 B 公司自愿签订。因此，原告 A 公司与被告 B 公司签订的《建设工程勘察合同》合法有效。

（二）关于原告的诉请是否有事实及法律依据的问题

《建设工程勘察合同》签订后，原告 A 公司于 2017 年 8 月 1 日进场勘察，并于同年 9

月 22 日完成了勘察任务。原告 A 公司完成勘察任务后，其就兴安县××项目岩土勘察工程价款进行了单方结算，被告 B 公司于 2018 年 1 月 27 日收到结算书后，其职工蔡某某签名确认。故本院确认原告 A 公司完成的工程价款为 42342 元。由于合同中对工程款的给付时间未明确约定，为此，本院确定 2018 年 1 月 27 日被告 B 公司确认结算单的日期为其支付工程款之日。因被告 B 公司在上述时间未支付原告 A 公司工程款，其行为构成违约。原告要求被告 B 公司及时支付其工程款 42342 元之诉请的事实清楚，于法有据，本院予以支持。被告 B 公司在履行合同过程中，未在 2018 年 1 月 27 日支付原告工程款，其行为给原告成了一定的损失，构成违约，应承担违约责任，应当依照相关法律规定，承担赔偿原告 A 公司损失等违约责任。但由于合同中对违约金的计算方法和欠付工程款利息计付标准等没有约定，被告 B 公司应按照《最高人民法院关于审理建设工程施工合同纠纷案件适用法律问题的解释》（案件审理时有效）第十七条规定计付利息。因此，被告 B 公司应从 2018 年 1 月 28 日起按 2018 年度中国人民银行发布的 1～5 年的贷款年利率 4.75％计付利息损失给原告至全部工程款付清时止。

三、法律评析

根据《建设工程勘察设计管理条例》规定，禁止建设工程勘察、设计单位超越其资质等级许可的范围或者以其他建设工程勘察、设计单位的名义承揽建设工程勘察、设计业务。禁止建设工程勘察、设计单位允许其他单位或者个人以本单位的名义承揽建设工程勘察、设计业务。对勘察设计企业资质的严格考察体现的是政府对人民生命财产安全高度负责的态度，时刻将保障人民的根本利益作为本职工作。在绝大多数的建设工程纠纷案件中，法院首先要审查的就是承包人是否具有承接此项工作的资质，是否存在越级承包或挂靠等违法行为，以此来判断案涉合同的有效性。

本案中原告公司手续齐全、资质符合，双方法律上的合同关系是成立的。因此合同规定的权利义务应该依照约定执行。原告 A 公司完成了约定的工作，并交付了完整的勘察材料，而被告 B 公司也对此进行了签字确认，在工作质量方面不存在任何争议，没有拒绝付款的抗辩理由。在市场交易中，合同双方应该遵守诚实信用原则，被告拖延付款的行为是违法违约的，也有悖于合约精神和交易公平原则。《民法典》第五百七十七条规定"当事人一方不履行合同义务或者履行合同义务不符合约定的，应当承担继续履行、采取补救措施或者赔偿损失等违约责任"。被告在享受了勘察公司劳动成果的同时不肯履行合同约定的付款义务，理应承担违约责任。从资金的时间价值来看，被告非法占有本应用于付款的资金也会获得经济利益，赔偿利息损失合情合理。

(扫下方二维码自测)

第 8 章　建设工程安全生产法律制度

8.1　概　述

8.1.1　建设工程安全生产的概念

安全生产是关系人民群众生命财产安全的大事，是经济社会高质量发展的重要标志，是党和政府对人民利益高度负责的重要体现。"管行业必须管安全、管业务必须管安全、管生产经营必须管安全"，各级党委政府务必把安全生产摆到重要位置，统筹发展和安全，坚持人民至上、生命至上，树牢安全发展理念，严格落实安全生产责任制，强化风险防控，从根本上消除事故隐患，切实把确保人民生命安全放在第一位落到实处。

建设工程安全生产是指在工程建设过程中通过多方面的综合管理措施实现对安全事故的防控与应对，以保障全体工程人员的生命安全与身体健康，避免人员、财产损失以及对周边环境的破坏。安全与生产之间存在辩证统一的关系：生产务必安全，安全保障生产。生产务必安全的意思是，劳动生产必须要建立在对劳动者生命安全的保护之上，施工单位和建设单位有义务为施工人员扫清不安全、不稳定的因素，防止工程事故发生。安全保障生产的意思是，安全稳定的环境可以促使劳动人员顺利完成生产工作，因此安全措施应当围绕生产活动展开，不仅要保障安全，还要保障生产活动的正常进行。

在市场经济体制下，从事建设工程的企业以利润最大化为目标是人之常情，但决不能以工程人员乃至公众的生命财产安全为代价去换得利润最大化。安全事故的发生不仅不可避免地造成人员伤亡和财产损失，更重要的是还会引起社会紧张和恐慌蔓延，对建筑业的平稳发展极为不利。而且，为了利润而裁减安全措施的行为从经济角度也不够理智。因为事故一旦发生，对施工企业而言也会造成严重损失，还会给企业形象带来极大的负面效应。因此，安全与生产是相互依存、相互促进的。虽然安全生产管理会耗费相应的人力、财力、物力，但可以避免重大损失发生，保障施工顺利进行，增进效益。

安全与质量是工程建设过程中的重中之重。《建筑法》在总则中明确写道："建筑活动应当确保建筑工程质量和安全，符合国家的建筑工程安全标准"。我国还颁布了专门针对安全生产问题的法律——《中华人民共和国安全生产法》（以下简称《安全生产法》）。该法于 2002 年公布施行，分别于 2009 年、2014 年和 2021 年进行了三次修正，在预防和减少生产安全事故、保障人民群众生命财产安全方面发挥了重要作用。为了防范化解新时代不断涌现的新的重大安全风险，最新版本的《安全生产法》从以下三个方面着重强调了安全责任制度与监管体系：一是将关于安全生产工作一系列重要指示批示精神和党中央、国务院有关决策部署转化为法律规定，确保落地见效；二是强化企业安全生产主体责任，建立完善安全风险预防控制体系，加大违法处罚力度，提高违法成本，推进依法治理；三是完善政府安全监管体制机制和责任制度，强化基础保障能力，依靠法治力量推进安全生产治理体系和治理能力现代化。

8.1.2　建设工程安全生产管理方针

《安全生产法》规定，安全生产工作应当以人为本，坚持人民至上、生命至上，把保护人民生命安全摆在首位，树牢安全发展理念，坚持安全第一、预防为主、综合治理的方针，从源头上防范化解重大安全风险。《建设工程安全生产管理条例》再次强调"建设工程安全生产管理，坚持安全第一、预防为主的方针"，为建设工程的安全生产管理指明了方向。

"安全第一"是指建设工程管理应该将工程所涉人员的安全置于首位。安全是劳动生产的基础，唯有保障了人员的基本安全才能使生产顺利进行。生产经营单位必须遵守有关安全生产的法律、法规，加强安全生产管理，建立健全全员安全生产责任制和安全生产规章制度，加大对安全生产资金、物资、技术、人员的投入保障力度，改善安全生产条件，加强安全生产标准化、信息化建设，构建安全风险分级管控和隐患排查治理双重预防机制，健全风险防范化解机制，提高安全生产水平，确保安全生产。

"预防为主"是指安全管理应当注重事前管理，而不是事前不重视，等安全事故发生之后再手忙脚乱组织抢救、调查原因、追究责任。安全管理是希望通过对安全风险的事先预判，采取合理的风险预防和控制措施，建立预教、预测、预想、预报、预警、预防的递进式、立体化事故隐患预防体系，以实现未雨绸缪，合理避祸，做到防患于未然，将安全事故扼杀于摇篮之中。《安全生产法》要求：生产经营单位应当建立健全并落实生产安全事故隐患排查治理制度，采取技术、管理措施，及时发现并消除事故隐患。事故隐患排查治理情况应当如实记录，并通过职工大会或者职工代表大会、信息公示栏等方式向从业人员通报。其中，重大事故隐患排查治理情况应当及时向负有安全生产监督管理职责的部门和职工大会或者职工代表大会报告。

"综合治理"是指适应我国安全生产形势的要求，自觉遵循安全生产规律，正视安全生产工作的长期性、艰巨性和复杂性，抓住安全生产工作中的主要矛盾和关键环节。在安全生产工作过程中采用经济、法律、行政、教育、文化等多方面措施，通过人防、物防、技防多举措综合防治、多管齐下，从各个方面着手解决影响安全生产的深层次问题，做到思想、制度、技术、监督检查、事故处理和应急救援上的综合管理，充分发挥社会、职工、舆论监督各方面的作用，实现安全生产的有效治理。

"安全第一、预防为主、综合治理"的安全生产方针是一个有机统一的整体。安全第一是预防为主、综合治理的统帅和灵魂，没有安全第一的思想，预防为主就失去了思想支撑，综合治理就失去了整治依据。预防为主是实现安全第一的根本途径。只有把安全生产的重点放在建立事故隐患预防体系上，超前防范，才能有效减少事故损失，实现安全第一。综合治理是落实安全第一、预防为主的手段和方法。只有不断健全和完善综合治理工作机制，才能有效贯彻安全生产方针，真正把安全第一、预防为主落到实处，不断开创安全生产工作的新局面。

8.1.3　建设工程各阶段的安全管理

在各阶段的安全管理过程中，住房城乡建设行政主管部门负责建筑安全生产的管理，并依法接受劳动行政主管部门对建筑安全生产的指导和监督。建筑施工企业的法定代表人对本企业的安全生产负责。施工现场安全由建筑施工企业负责。实行施工总承包的，由总承包单位负责。分包单位向总承包单位负责，服从总承包单位对施工现场的安全生产管理。

1. 设计阶段

建筑工程设计应当符合按照国家规定制定的建筑安全规程和技术规范，保证工程的安全性能。建筑施工企业在编制施工组织设计时，应当根据建筑工程的特点制定相应的安全技术措施；对专业性较强的工程项目，应当编制专项安全施工组织设计，并采取安全技术措施。

2. 施工阶段

建设单位应当向建筑施工企业提供与施工现场相关的地下管线资料，建筑施工企业应当采取措施加以保护。如需要进行爆破作业，建设单位应当按照国家有关规定办理申请批准手续。涉及建筑主体和承重结构变动的装修工程，建设单位应当在施工前委托原设计单位或者具有相应资质条件的设计单位提出设计方案；没有设计方案的，不得施工。

建筑施工企业必须依法加强对建筑安全生产的管理，执行安全生产责任制度，采取有效措施，防止伤亡和其他安全生产事故的发生。建筑施工企业应当在施工现场采取维护安全、防范危险、预防火灾等措施；有条件的，应当对施工现场实行封闭管理。施工现场对毗邻的建筑物、构筑物和特殊作业环境可能造成损害的，建筑施工企业应当采取安全防护措施。建筑施工企业应当依法为职工参加工伤保险缴纳工伤保险费。鼓励企业为从事危险作业的职工办理意外伤害保险，支付保险费。

建筑施工企业和作业人员在施工过程中，应当遵守有关安全生产的法律、法规和建筑行业安全规章、规程，不得违章指挥或者违章作业。作业人员有权对影响人身健康的作业程序和作业条件提出改进意见，有权获得安全生产所需的防护用品。作业人员对危及生命安全和人身健康的行为有权提出批评、检举和控告。

3. 拆除阶段

房屋拆除应当由具备保证安全条件的建筑施工单位承担，由建筑施工单位负责人对安全负责。拆除工程需要事先进行良好的整体统筹，人工拆除工作应当分层进行，由上至下。建筑的栏杆、楼梯等构件拆除应当与建筑整体拆除进度相配合，承重的梁柱必须在全部构件拆除完成后再行拆除。机械拆除同样需遵循"先上后下、先非承重结构再承重结构"的顺序原则。拆除机械设备的选择和吊装方案应当严格按照施工组织设计。进行爆破拆除时，必须核实承揽单位的许可证等级和从事爆破工作人员的爆破工程技术人员安全作业证。

8.2 建设工程各参与方的安全责任

8.2.1 概述

安全管理建设并不是建设工程中某一参与方的责任，而是包括勘察单位、设计单位、建设单位、施工单位、监理单位、供应商等在内的多个参与方都应承担的职责。比如，作为业主方，建设单位在工程项目的建设过程中拥有极高的话语权和决策权，可以对设计单位、施工单位、监理单位等合作方进行选择。建设单位是否依法开展招标投标活动选择合适的合作方？是否能保障安全资金到位？是否能向施工单位提供完整、详尽、准确的资料？是否在无正当理由的情况下擅自要求压缩合同约定工期？这些都关系到项目的安全性。如果仅把安全责任视作施工现场的安全管理和施工单位一方的责任，必然会导致安全管理工作的不完整、不彻底，使工程存在极大的安全隐患。

8.2.2 建设单位的安全责任

1. 前期准备阶段

建设单位在编制工程概算时，应当确定建设工程安全作业环境及安全施工措施所需费用。

建设单位在申请领取施工许可证时，应当提供建设工程有关安全施工措施的资料。依法批准开工报告的建设工程，建设单位应当自开工报告批准之日起 15 日内，将保证安全施工的措施报送建设工程所在地的县级以上地方人民政府住房城乡建设行政主管部门或者其他有关部门备案。

2. 施工阶段

建设单位应当向施工单位提供施工现场及毗邻区域内供水、排水、供电、供气、供热、通信、广播电视等地下管线资料，气象和水文观测资料，相邻建筑物和构筑物、地下工程的有关资料，并保证资料的真实、准确、完整。建设单位因建设工程需要，向有关部门或者单位查询上述规定的资料时，有关部门或者单位应当及时提供。

建设单位不得对勘察、设计、施工、工程监理等单位提出不符合建设工程安全生产法律、法规和强制性标准规定的要求，不得压缩合同约定的工期。建设单位不得明示或者暗示施工单位购买、租赁、使用不符合安全施工要求的安全防护用具、机械设备、施工机具及配件、消防设施和器材。

建设单位应当将拆除工程发包给具有相应资质等级的施工单位。建设单位应当在拆除工程施工 15 日前，将下列资料报送建设工程所在地的县级以上地方人民政府住房城乡建设行政主管部门或者其他有关部门备案：

（1）施工单位资质等级证明；

（2）拟拆除建筑物、构筑物及可能危及毗邻建筑的说明；

（3）拆除施工组织方案；

（4）堆放、清除废弃物的措施。

实施爆破作业的，应当遵守国家有关民用爆炸物品管理的规定。

8.2.3 施工单位的安全责任

施工单位从事建设工程的新建、扩建、改建和拆除等活动，应当具备国家规定的注册资本、专业技术人员、技术装备和安全生产等条件，依法取得相应等级的资质证书，并在其资质等级许可的范围内承揽工程。

1. 安全管理制度

建设工程实行施工总承包的，由总承包单位对施工现场的安全生产负总责。总承包单位应当自行完成建设工程主体结构的施工。总承包单位依法将建设工程分包给其他单位的，分包合同中应当明确各自在安全生产方面的权利、义务。总承包单位和分包单位对分包工程的安全生产承担连带责任。分包单位应当服从总承包单位的安全生产管理，分包单位不服从管理导致生产安全事故的，由分包单位承担主要责任。

施工单位主要负责人依法对本单位的安全生产工作全面负责。施工单位应当建立健全安全生产责任制度和安全生产教育培训制度，制定安全生产规章制度和操作规程，保证本单位安全生产条件所需资金的投入，对所承担的建设工程进行定期和专项安全检查，并做好安全检查记录。施工单位的项目负责人应当由取得相应执业资格的人员担任，对建设工程项目的安全施工负责，落实安全生产责任制度、安全生产规章制度和操作规程，确保安全生产费用的有效使用，并根据工程的特点组织制定安全施工措施，消除安全事故隐患，及时、如实报告生产安全事故。

施工单位应当设立安全生产管理机构，配备专职安全生产管理人员。专职安全生产管理人员负责对安全生产进行现场监督检查。发现安全事故隐患，应当及时向项目负责人和安全生产管理机构报告；对违章指挥、违章操作的，应当立即制止。专职安全生产管理人员的配备办法由国务院住房城乡建设行政主管部门会同国务院其他有关部门制定。

施工单位应当在施工现场建立消防安全责任制度，确定消防安全责任人，制定用火、用电、使用易燃易爆材料等各项消防安全管理制度和操作规程，设置消防通道、消防水源，配备消防设施和灭火器材，并在施工现场入口处设置明显标志。

2. 安全技术措施

施工单位应当在施工组织设计中编制安全技术措施和施工现场临时用电方案，对下列达到一定规模的危险性较大的分部分项工程编制专项施工方案，并附具安全验算结果，经施工单位技术负责人、总监理工程师签字后实施，由专职安全生产管理人员进行现场监督：

（1）基坑支护与降水工程；

（2）土方开挖工程；

（3）模板工程；

（4）起重吊装工程；

（5）脚手架工程；

（6）拆除、爆破工程；

（7）国务院住房城乡建设行政主管部门或者其他有关部门规定的其他危险性较大的工程。

对上述所列工程中涉及深基坑、地下暗挖工程、高大模板工程的专项施工方案，施工单位还应当组织专家进行论证、审查。对于规定的"达到一定规模的危险性较大工程"的标准，由国务院住房城乡建设行政主管部门会同国务院其他有关部门制定。

建设工程施工前，施工单位负责项目管理的技术人员应当对有关安全施工的技术要求向施工作业班组、作业人员作出详细说明，并由双方签字确认。

3. 施工现场安全管理

施工单位应当在施工现场入口处、施工起重机械、临时用电设施、脚手架、出入通道口、楼梯口、电梯井口、孔洞口、桥梁口、隧道口、基坑边沿、爆破物及有害危险气体和液体存放处等危险部位，设置明显的安全警示标志。安全警示标志必须符合国家标准。施工单位应当根据不同施工阶段和周围环境及季节、气候的变化，在施工现场采取相应的安全施工措施。施工现场暂时停止施工的，施工单位应当做好现场防护，所需费用由责任方承担，或者按照合同约定执行。

施工单位应当将施工现场的办公、生活区与作业区分开设置，并保持安全距离；办公、生活区的选址应当符合安全性要求。职工的膳食、饮水、休息场所等应当符合卫生标准。施工单位不得在尚未竣工的建筑物内设置员工集体宿舍。施工现场临时搭建的建筑物应当符合安全使用要求。施工现场使用的装配式活动房屋应当具有产品合格证。

施工单位应当遵守有关环境保护法律、法规的规定，在施工现场采取措施，防止或者减少粉尘、废气、废水、固体废物、噪声、振动和施工照明对人和环境的危害和污染。施工单位对因建设工程施工可能造成损害的毗邻建筑物、构筑物和地下管线等，应当采取专项防护措施。在城市市区内的建设工程，施工单位应当对施工现场实行封闭围挡。

4. 施工机械安全管理

施工单位在使用施工起重机械和整体提升脚手架、模板等自升式架设设施前，应当组织有关单位进行验收，也可以委托具有相应资质的检验检测机构进行验收；使用承租的机械设备和施工机具及配件的，由施工总承包单位、分包单位、出租单位和安装单位共同进行验收，验收合格的方可使用。施工单位应当自施工起重机械和整体提升脚手架、模板等自升式架设设施验收合格之日起 30 日内，向住房城乡建设行政主管部门或者其他有关部门登记。登记标志应当置于或者附着于该设备的显著位置。《特种设备安全监察条例》规定的施工起重机械，在验收前应当经有相应资质的检验检测机构监督检验合格。

5. 安全保障

施工单位对列入建设工程概算的安全作业环境及安全施工措施所需费用，应当用于施工安全防护用具及设施的采购和更新、安全施工措施的落实、安全生产条件的改善，不得挪作他用。

施工单位应当向作业人员提供安全防护用具和安全防护服装，并书面告知危险岗位的操作规程和违章操作的危害。作业人员有权对施工现场的作业条件、作业程序和作业方式中存在的安全问题提出批评、检举和控告，有权拒绝违章指挥和强令冒险作业。在施工中发生危及人身安全的紧急情况时，作业人员有权立即停止作业或者在采取必要的应急措施后撤离危险区域。

作业人员应当遵守安全施工的强制性标准、规章制度和操作规程，正确使用安全防护用具、机械设备等。

施工单位采购、租赁的安全防护用具、机械设备、施工机具及配件，应当具有生产（制造）许可证、产品合格证，并在进入施工现场前进行查验。施工现场的安全防护用具、机械设备、施工机具及配件必须由专人管理，定期进行检查、维修和保养，建立相应的资料档案，并按照国家有关规定及时报废。

施工单位应当为施工现场从事危险作业的人员办理意外伤害保险。意外伤害保险费由施工单位支付。实行施工总承包的，由总承包单位支付意外伤害保险费。意外伤害保险期限自建设工程开工之日起至竣工验收合格之日止。

6. 安全培训

施工单位的主要负责人、项目负责人、专职安全生产管理人员应当经住房城乡建设行政主管部门或者其他有关部门考核合格后方可任职。施工单位应当对管理人员和作业人员每年至少进行一次安全生产教育培训，其教育培训情况记入个人工作档案。安全生产教育培训考核不合格的人员，不得上岗。

作业人员进入新的岗位或者新的施工现场前，应当接受安全生产教育培训。未经教育培训或者教育培训考核不合格的人员，不得上岗作业。施工单位在采用新技术、新工艺、新设备、新材料时，应当对作业人员进行相应的安全生产教育培训。

垂直运输机械作业人员、安装拆卸工、爆破作业人员、起重信号工、登高架设作业人员等特种作业人员，必须按照国家有关规定经过专门的安全作业培训，并取得特种作业操作资格证书后，方可上岗作业。

8.2.4 勘察、设计、工程监理及其他有关单位的安全责任

1. 勘察设计单位

勘察单位应当按照法律、法规和工程建设强制性标准进行勘察，提供的勘察文件应当真实、准确，满足建设工程安全生产的需要。勘察单位在勘察作业时，应当严格执行操作规程，采取措施保证各类管线、设施和周边建筑物、构筑物的安全。

设计单位应当按照法律、法规和工程建设强制性标准进行设计，防止因设计不合理导致生产安全事故的发生。设计单位应当考虑施工安全操作和防护的需要，对涉及施工安全的重点部位和环节在设计文件中注明，并对防范生产安全事故提出指导意见。对采用新结构、新材料、新工艺的建设工程和特殊结构的建设工程，设计单位应当在设计中提出保障施工作业人员安全和预防生产安全事故的措施建议。设计单位和注册建筑师等注册执业人员应当对其设计负责。

2. 工程监理单位

工程监理单位应当审查施工组织设计中的安全技术措施或者专项施工方案是否符合工程建设强制性标准。工程监理单位在实施监理过程中，发现存在安全事故隐患的，应当要求施工单位整改；情况严重的，应当要求施工单位暂时停止施工，并及时报告建设单位。施工单位拒不整改或者不停止施工的，工程监理单位应当及时向有关主管部门报告。工程监理单位和监理工程师应当按照法律、法规和工程建设强制性标准实施监理，并对建设工程安全生产承担监理责任。

3. 供应单位

为建设工程提供机械设备和配件的单位，应当按照安全施工的要求配备齐全有效的保险、限位等安全设施和装置。

出租的机械设备和施工机具及配件，应当具有生产（制造）许可证、产品合格证。出租单位应当对出租的机械设备和施工机具及配件的安全性能进行检测，在签订租赁协议时，应当出具检测合格证明。禁止出租检测不合格的机械设备和施工机具及配件。

4. 安装拆卸单位

在施工现场安装、拆卸施工起重机械和整体提升脚手架、模板等自升式架设设施，必须由具有相应资质的单位承担。安装、拆卸施工起重机械和整体提升脚手架、模板等自升式架设设施，应当编制拆装方案、制定安全施工措施，并由专业技术人员现场监督。

施工起重机械和整体提升脚手架、模板等自升式架设设施安装完毕后，安装单位应当自检，出具自检合格证明，并向施工单位进行安全使用说明，办理验收手续并签字。

5. 设备检测单位

施工起重机械和整体提升脚手架、模板等自升式架设设施的使用达到国家规定的检验检测期限的，必须经具有专业资质的检验检测机构检测。经检测不合格的，不得继续使用。检验检测机构对检测合格的施工起重机械和整体提升脚手架、模板等自升式架设设

施，应当出具安全合格证明文件，并对检测结果负责。

8.2.5 对安全责任的监督管理

国务院负责安全生产监督管理的部门依照《安全生产法》的规定，对全国建设工程安全生产工作实施综合监督管理。县级以上地方人民政府负责安全生产监督管理的部门依照《安全生产法》的规定，对本行政区域内建设工程安全生产工作实施综合监督管理。

国务院住房城乡建设行政主管部门对全国的建设工程安全生产实施监督管理。国务院铁路、交通、水利等有关部门按照国务院规定的职责分工，负责有关专业建设工程安全生产的监督管理。县级以上地方人民政府住房城乡建设行政主管部门对本行政区域内的建设工程安全生产实施监督管理。县级以上地方人民政府交通、水利等有关部门在各自的职责范围内，负责本行政区域内的专业建设工程安全生产的监督管理。

住房城乡建设行政主管部门和其他有关部门应当将拆除工程和建设工程有关安全施工措施的资料和主要内容抄送同级负责安全生产监督管理的部门。住房城乡建设行政主管部门在审核发放施工许可证时，应当对建设工程是否有安全施工措施进行审查，对没有安全施工措施的，不得颁发施工许可证。住房城乡建设行政主管部门或者其他有关部门对建设工程是否有安全施工措施进行审查时，不得收取费用。

住房城乡建设行政主管部门或者其他有关部门可以将施工现场的监督检查委托给建设工程安全监督机构具体实施。

县级以上人民政府负有建设工程安全生产监督管理职责的部门在各自的职责范围内履行安全监督检查职责时，有权采取下列措施：

（1）要求被检查单位提供有关建设工程安全生产的文件和资料；
（2）进入被检查单位施工现场进行检查；
（3）纠正施工中违反安全生产要求的行为；
（4）对检查中发现的安全事故隐患，责令立即排除；重大安全事故隐患排除前或者排除过程中无法保证安全的，责令从危险区域内撤出作业人员或者暂时停止施工。

县级以上人民政府住房城乡建设行政主管部门和其他有关部门应当及时受理对建设工程生产安全事故及安全事故隐患的检举、控告和投诉。

8.3 建设工程安全生产重要制度

8.3.1 概述

建设工程的安全问题贯穿建设全过程，渗透在每一个环节、每一道工序当中。安全生产管理和各参与方安全责任的落实除了法律、法规的明确之外，还需要健全相关管理制度体系，这样才能保障法律、法规深入细节、切实起效。

8.3.2 安全生产责任制度

安全生产责任制度是指从企业主要负责人、各级管理人员、各职能部门，到岗位操作人员，层层明确、层层负责的安全制度，是企业管理中最基本的一项安全制度。建设工程的安全生产责任制同样是由工程企业中各级人员的安全责任组合而成的安全生产责任体系。这一制度可使安全责任明确到各个部门、各级人员，避免相互推诿、职责模糊导致无人负责。

建筑施工单位应当全面落实安全生产责任制，明确各岗位的责任人员、责任范围和考核标准等内容，设置安全生产管理机构或者配备专职安全生产管理人员。从业人员超过100人的，应当设置安全生产管理机构或者配备专职安全生产管理人员；从业人员在100人以下的，应当配备专职或者兼职的安全生产管理人员。安全生产管理机构以及安全生产管理人员应当恪尽职守，依法履行职责。生产经营单位作出涉及安全生产的经营决策，应当听取安全生产管理机构以及安全生产管理人员的意见。生产经营单位的主要负责人和安全生产管理人员必须具备与本单位所从事的生产经营活动相应的安全生产知识和管理能力。

此外，生产经营单位还应担负安全生产所需的资金责任以保障安全生产条件的落实，由生产经营单位的决策机构、主要负责人或者个人经营的投资人予以保证，并对由于安全生产所必需的资金投入不足导致的后果承担责任。有关生产经营单位应当按照规定提取和使用安全生产费用，专门用于改善安全生产条件。安全生产费用在成本中据实列支。安全生产费用提取、使用和监督管理的具体办法由国务院财政部门会同国务院应急管理部门征求国务院有关部门意见后制定。

1. 企业主要负责人的安全责任

《安全生产法》规定，生产经营单位应当具备本法和有关法律、行政法规和国家标准或者行业标准规定的安全生产条件；不具备安全生产条件的，不得从事生产经营活动。生产经营单位可以设置专职安全生产分管负责人，协助本单位主要负责人履行安全生产管理职责。

生产经营单位的主要负责人对本单位安全生产工作负有下列职责：

（1）建立健全并落实本单位全员安全生产责任制，加强安全生产标准化建设；

（2）组织制订并实施本单位安全生产规章制度和操作规程；

（3）组织制订并实施本单位安全生产教育和培训计划；

（4）保证本单位安全生产投入的有效实施；

（5）组织建立并落实安全风险分级管控和隐患排查治理双重预防工作机制，督促、检查本单位的安全生产工作，及时消除生产安全事故隐患；

（6）组织制订并实施本单位的生产安全事故应急救援预案；

（7）及时、如实报告生产安全事故。

2. 安全管理机构与人员的责任

生产经营单位的安全生产管理机构以及安全生产管理人员履行下列职责：

（1）组织或者参与拟订本单位安全生产规章制度、操作规程和生产安全事故应急救援预案；

（2）组织或者参与本单位安全生产教育和培训，如实记录安全生产教育和培训情况；

（3）组织开展危险源辨识和评估，督促落实本单位重大危险源的安全管理措施；

（4）组织或者参与本单位应急救援演练；

（5）检查本单位的安全生产状况，及时排查生产安全事故隐患，提出改进安全生产管理的建议；

（6）制止和纠正违章指挥、强令冒险作业、违反操作规程的行为；

（7）督促落实本单位安全生产整改措施。

3. 从业人员的安全责任

从业人员是指从事生产经营活动的人员，是与生产工序和施工工序息息相关的人员。安全生产不只是管理人员需要明确和关注的问题，更是每一个基层施工人员需要时刻铭记的。只有尽力保障每一道工序、每一次衔接、每一次配合都是安全、高质量的，才能让整个工程自下而上都是安全、高质量的。从业人员谨守安全生产职责也是职业道德的要求之一。具体的安全生产责任如下：

（1）从业人员在作业过程中，应当严格落实岗位安全责任，遵守本单位的安全生产规章制度和操作规程，服从管理，正确佩戴和使用劳动防护用品；

（2）从业人员应当接受安全生产教育和培训，掌握本职工作所需的安全生产知识，提高安全生产技能，增强事故预防和应急处理能力；

（3）从业人员发现事故隐患或者其他不安全因素，应当立即向现场安全生产管理人员或者本单位负责人报告，接到报告的人员应当及时予以处理。

8.3.3 教育与培训制度

教育与培训制度是安全生产的重要保障之一，也是安全生产管理的基础性内容。意外事故不可控制，但企业可以从人员的安全意识和安全知识入手，尽力减少工作人员的不安全行为，降低安全事故发生的可能性。通过系统完善的安全教育与培训，企业各级人员可以掌握建筑安全生产规章制度和安全操作流程，认识施工中潜在的危险因素，了解科学的防范措施，及时发现工作中的安全隐患并报告处理，保障工程建设的安全。《安全生产法》规定，生产经营单位应当教育和督促从业人员严格执行本单位的安全生产规章制度和安全操作规程，并向从业人员如实告知作业场所和工作岗位存在的危险因素、防范措施以及事故应急措施。

1. 教育与培训的基本内容

建筑施工企业对全体员工的安全生产教育与培训的基本内容包括：

（1）工程建设安全生产相关法律、法规；

（2）安全生产技术知识；

（3）建筑安全生产检查制度。

2. 本单位人员的教育与培训

生产经营单位应当对从业人员进行安全生产教育和培训，保证从业人员具备必要的安全生产知识，熟悉有关的安全生产规章制度和安全操作规程，掌握本岗位的安全操作技能，了解事故应急处理措施，知悉自身在安全生产方面的权利和义务。未经安全生产教育和培训合格的从业人员，不得上岗作业。

3. 外来人员的教育与培训

生产经营单位使用被派遣劳动者的，应当将被派遣劳动者纳入本单位从业人员统一管理，对被派遣劳动者进行岗位安全操作规程和安全操作技能的教育和培训。劳务派遣单位应当对被派遣劳动者进行必要的安全生产教育和培训。生产经营单位接收中等职业学校、高等学校学生实习的，应当对实习学生进行相应的安全生产教育和培训，提供必要的劳动防护用品。学校应当协助生产经营单位对实习学生进行安全生产教育和培训。生产经营单位应当建立安全生产教育和培训档案，如实记录安全生产教育和培训的时间、内容、参加人员以及考核结果等情况。

4. 特种作业人员的教育与培训

特种作业比普通作业具有更高的危险性，一旦操作不当，对操作者、周围人员与设施都有可能造成伤害。生产经营单位的特种作业人员必须按照国家有关规定经专门的安全作业培训，取得相应资格，方可上岗作业。特种作业人员的范围由国务院应急管理部门会同国务院有关部门确定。

5. 采用新工艺、新技术、新材料或者使用新设备的教育与培训

施工人员和管理人员不熟悉新工艺、新技术、新材料以及新设备的特点和需要注意的危险因素，因此尤其需要注重前期培训，使相关人员了解其安全技术特性。生产经营单位采用新工艺、新技术、新材料或者使用新设备，必须了解、掌握其安全技术特性，采取有效的安全防护措施，并对从业人员进行专门的安全生产教育和培训，未经教育不得上岗操作。

8.3.4 检查与监督制度

1. 政府部门的检查与监督

县级以上地方各级人民政府应当根据本行政区域内的安全生产状况，组织有关部门按照职责分工，对本行政区域内容易发生重大生产安全事故的生产经营单位进行严格检查。

2. 安全监督部门的检查与监督

应急管理部门应当按照分类分级监督管理的要求，制订安全生产年度监督检查计划，并按照年度监督检查计划进行监督检查，发现事故隐患应当及时处理。

负有安全生产监督管理职责的部门依照有关法律、法规的规定，对涉及安全生产的事项需要审查批准（包括批准、核准、许可、注册、认证、颁发证照等，下同）或者验收的，必须严格依照有关法律、法规和国家标准或者行业标准规定的安全生产条件和程序进行审查；对不符合有关法律、法规和国家标准或者行业标准规定的安全生产条件的，不得批准或者验收通过。对未依法取得批准或者验收合格的单位擅自从事有关活动的，负责行政审批的部门发现或者接到举报后应当立即予以取缔，并依法予以处理。对已经依法取得批准的单位，负责行政审批的部门发现其不再具备安全生产条件的，应当撤销原批准。对涉及安全生产的事项进行审查、验收，不得收取费用；不得要求接受审查、验收的单位购买其指定品牌或者指定生产、销售单位的安全设备、器材或者其他产品。

负有安全生产监督管理职责的部门在监督检查中，应当互相配合，实行联合检查；确需分别进行检查的，应当互通情况，发现存在的安全问题应当由其他有关部门进行处理的，应当及时移送其他有关部门并形成记录备查，接受移送的部门应当及时进行处理。

负有安全生产监督管理职责的部门依法对存在重大事故隐患的生产经营单位作出停产停业、停止施工、停止使用相关设施或者设备的决定，生产经营单位应当依法执行，及时消除事故隐患。生产经营单位拒不执行，有发生生产安全事故的现实危险的，在保证安全的前提下，经本部门主要负责人批准，负有安全生产监督管理职责的部门可以采取通知有关单位停止供电、停止供应民用爆炸物品等措施，强制生产经营单位履行决定。通知应当采用书面形式，有关单位应当予以配合。负有安全生产监督管理职责的部门依照规定采取停止供电措施的，除有危及生产安全的紧急情形外，应当提前 24 小时通知生产经营单位。生产经营单位依法履行行政决定、采取相应措施消除事故隐患的，负有安全生产监督管理职责的部门应当及时解除规定的措施。

应急管理部门和其他负有安全生产监督管理职责的部门依法开展安全生产行政执法工作，对生产经营单位执行有关安全生产的法律、法规和国家标准或者行业标准的情况进行监督检查，但监督检查不得影响被检查单位的正常生产经营活动。应急管理部门和其他负有安全生产监督管理职责的部门具有以下职权：

（1）进入生产经营单位进行检查，调阅有关资料，向有关单位和人员了解情况；

（2）对检查中发现的安全生产违法行为，当场予以纠正或者要求限期改正；对依法应当给予行政处罚的行为，依照《安全生产法》和其他有关法律、行政法规的规定作出行政处罚决定；

（3）对检查中发现的事故隐患，应当责令立即排除；重大事故隐患排除前或者排除过程中无法保证安全的，应当责令从危险区域内撤出作业人员，责令暂时停产停业或者停止使用相关设施、设备；重大事故隐患排除后，经审查同意，方可恢复生产经营和使用；

（4）对有根据认为不符合保障安全生产的国家标准或者行业标准的设施、设备、器材以及违法生产、储存、使用、经营、运输的危险物品予以查封或者扣押，对违法生产、储存、使用、经营危险物品的作业场所予以查封，并依法作出处理决定。

3. 安全生产监督检查人员的检查与监督

安全生产监督检查人员应当忠于职守，坚持原则，秉公执法。安全生产监督检查人员执行监督检查任务时，必须出示有效的行政执法证件；对涉及被检查单位的技术秘密和业务秘密，应当为其保密。

安全生产监督检查人员应当将检查的时间、地点、内容、发现的问题及其处理情况，做出书面记录，并由检查人员和被检查单位的负责人签字；被检查单位的负责人拒绝签字的，检查人员应当将情况记录在案，并向负有安全生产监督管理职责的部门报告。

4. 生产经营单位的检查与监督

生产经营单位应当建立相应的机制，加强对全员安全生产责任制落实情况的监督考核，保证全员安全生产责任制的落实。

生产经营单位的安全生产管理人员应当根据本单位的生产经营特点，对安全生产状况进行经常性检查；对检查中发现的安全问题，应当立即处理；不能处理的，应当及时报告本单位有关负责人，有关负责人应当及时处理。检查及处理情况应当如实记录在案。

安全生产管理人员若在检查中发现重大事故隐患，应依照规定向本单位有关负责人报告，有关负责人不及时处理的，安全生产管理人员可以向主管的负有安全生产监督管理职责的部门报告，接到报告的部门应当依法及时处理。

国家对严重危及生产安全的工艺、设备实行淘汰制度，具体目录由国务院应急管理部门会同国务院有关部门制定并公布。生产经营单位不得使用应当淘汰的危及生产安全的工艺、设备。

生产经营单位生产、经营、运输、储存、使用危险物品或者处置废弃危险物品，必须执行有关法律、法规和国家标准或者行业标准，建立专门的安全管理制度，采取可靠的安全措施，接受有关主管部门依法实施的监督管理。

生产经营单位对重大危险源应当登记建档，进行定期检测、评估、监控，并制订应急预案,告知从业人员和相关人员在紧急情况下应当采取的应急措施。

5. 安全生产诚信监督

负有安全生产监督管理职责的部门应当建立安全生产违法行为信息库,如实记录生产经营单位及其有关从业人员的安全生产违法行为信息;对违法行为情节严重的生产经营单位及其有关从业人员,应当及时向社会公告,并通报行业主管部门、投资主管部门、自然资源主管部门、生态环境主管部门、证券监督管理机构以及有关金融机构。有关部门和机构应当对存在失信行为的生产经营单位及其有关从业人员采取加大执法检查频次、暂停项目审批、上调有关保险费率、行业或者职业禁入等联合惩戒措施,并向社会公示。

负有安全生产监督管理职责的部门应当加强对生产经营单位行政处罚信息的及时归集、共享、应用和公开,对生产经营单位作出处罚决定后7个工作日内在监督管理部门公示系统予以公开曝光,强化对违法失信生产经营单位及其有关从业人员的社会监督,提高全社会安全生产的诚信水平。

6. 其他监督

任何单位或者个人对事故隐患或者安全生产违法行为,均有权向负有安全生产监督管理职责的部门报告或者举报。居民委员会、村民委员会发现其所在区域内的生产经营单位存在事故隐患或者安全生产违法行为时,应当向当地人民政府或者有关部门报告。县级以上各级人民政府及其有关部门对报告重大事故隐患或者举报安全生产违法行为的有功人员,给予奖励。具体奖励办法由国务院应急管理部门会同国务院财政部门制定。

因安全生产违法行为造成重大事故隐患或者导致重大事故,致使国家利益或者社会公共利益受到侵害的,人民检察院可以根据民事诉讼法、行政诉讼法的相关规定提起公益诉讼。

新闻、出版、广播、电影、电视等单位有进行安全生产公益宣传教育的义务,有对违反安全生产法律、法规的行为进行舆论监督的权利。

8.3.5 其他制度

生产经营单位应当建立安全风险分级管控制度,按照安全风险分级采取相应的管控措施。

生产经营单位应当建立健全并落实生产安全事故隐患排查治理制度,采取技术、管理措施,及时发现并消除事故隐患。事故隐患排查治理情况应当如实记录,并通过职工大会或者职工代表大会、信息公示栏等方式向从业人员通报。其中,重大事故隐患排查治理情况应当及时向负有安全生产监督管理职责的部门和职工大会或者职工代表大会报告。

县级以上地方各级人民政府负有安全生产监督管理职责的部门应当将重大事故隐患纳入相关信息系统,建立健全重大事故隐患治理督办制度,督促生产经营单位消除重大事故隐患。

地方人民政府应当落实建筑安全法律责任追究制度,对违反《安全生产法》《建设工程安全生产管理条例》及其他相关法律、法规的行为依法追究其责任。因违法行为造成事故导致人员伤亡和财产损失的,依据情节轻重给予停业整顿、吊销资质证书、降低资质等级或罚款等处罚,构成犯罪的,依照刑法有关规定追究刑事责任。

8.4 建设工程安全生产许可与安全保障

8.4.1 概述

建设工程安全生产许可是对建筑施工企业安全生产条件的考察，也是从业人员能够实现安全生产的保障。建筑行业存在高危险性，因此施工企业的安全生产条件更加需要高标准、高要求，尽可能制定充分的事前预防措施，避免或减少事故发生。建筑施工企业有义务为从业人员提供完备的安全保障，包括安全保障用品、工伤保险和建筑工程意外伤害保险等安全保险。从业人员也应当了解自身的安全保障权利，充分认识工作中潜在的危险因素和应对措施，按要求穿戴安全用具并依照规章制度进行施工操作。施工企业为员工提供安全保障和安全的施工环境是一方面，更重要的是提高员工自身的安全意识。

8.4.2 安全生产许可证

我国对建筑施工企业实行安全生产许可制度，建筑施工企业未取得安全生产许可证的，不得从事建筑施工活动。为了确保这一点，法律、法规将安全生产许可证与施工许可证紧密关联起来。依据《建筑施工企业安全生产许可证管理规定》，住房城乡建设主管部门在审核发放施工许可证时，应当对已经确定的建筑施工企业是否有安全生产许可证进行审查，对没有取得安全生产许可证的，不得颁发施工许可证。这样就能过滤安全措施不足的企业，做到事前预防。

建筑施工企业申请安全生产许可证，应当对申请材料实质内容的真实性负责，不得隐瞒有关情况或者提供虚假材料。建筑施工企业不得转让、冒用安全生产许可证或者使用伪造的安全生产许可证。

1. 安全生产许可证的申请条件

建筑施工企业取得安全生产许可证，应当具备下列安全生产条件：

（1）建立、健全安全生产责任制，制定完备的安全生产规章制度和操作规程；

（2）保证本单位安全生产条件所需资金的投入；

（3）设置安全生产管理机构，按照国家有关规定配备专职安全生产管理人员；

（4）主要负责人、项目负责人、专职安全生产管理人员经住房城乡建设主管部门或者其他有关部门考核合格；

（5）特种作业人员经有关业务主管部门考核合格，取得特种作业操作资格证书；

（6）管理人员和作业人员每年至少进行一次安全生产教育培训并考核合格；

（7）依法参加工伤保险，依法为施工现场从事危险作业的人员办理意外伤害保险，为从业人员缴纳保险费；

（8）施工现场的办公、生活区及作业场所和安全防护用具、机械设备、施工机具及配件符合有关安全生产法律、法规、标准和规程的要求；

（9）有职业危害防治措施，并为作业人员配备符合国家标准或者行业标准的安全防护用具和安全防护服装；

（10）有对危险性较大的分部分项工程及施工现场易发生重大事故的部位、环节的预防、监控措施和应急预案；

（11）有生产安全事故应急救援预案、应急救援组织或者应急救援人员，配备必要的应急救援器材、设备；

（12）法律、法规规定的其他条件。

2. 安全生产许可证的申请与颁发流程

（1）申请

建筑施工企业从事建筑施工活动前，应当依照规定向省级以上住房城乡建设主管部门申请领取安全生产许可证。中央管理的建筑施工企业（集团公司、总公司）应当向国务院住房城乡建设主管部门申请领取安全生产许可证。其他建筑施工企业，包括中央管理的建筑施工企业（集团公司、总公司）下属的建筑施工企业，应当向企业注册所在地省、自治区、直辖市人民政府住房城乡建设主管部门申请领取安全生产许可证。

建筑施工企业申请安全生产许可证时，应当向住房城乡建设主管部门提供下列材料：①建筑施工企业安全生产许可证申请表；②企业法人营业执照；③《建筑施工企业安全生产许可证管理规定》中规定的其他相关文件、材料。

（2）材料审查

住房城乡建设主管部门应当自受理建筑施工企业的申请之日起 45 日内审查完毕；经审查符合安全生产条件的，颁发安全生产许可证；不符合安全生产条件的，不予颁发安全生产许可证，书面通知企业并说明理由。企业自接到通知之日起应当进行整改，整改合格后方可再次提出申请。住房城乡建设主管部门审查建筑施工企业安全生产许可证申请，涉及铁路、交通、水利等有关专业工程时，可以征求铁路、交通、水利等有关部门的意见。

（3）颁发与管理

国务院住房城乡建设主管部门负责中央管理的建筑施工企业安全生产许可证的颁发和管理。省、自治区、直辖市人民政府住房城乡建设主管部门负责本行政区域内上述规定以外的建筑施工企业安全生产许可证的颁发和管理，并接受国务院住房城乡建设主管部门的指导和监督。市、县人民政府住房城乡建设主管部门负责本行政区域内建筑施工企业安全生产许可证的监督管理，并将监督检查中发现的企业违法行为及时报告安全生产许可证颁发管理机关。

（4）延期申请

安全生产许可证的有效期为 3 年。安全生产许可证有效期满需要延期的，企业应当于期满前 3 个月向原安全生产许可证颁发管理机关申请办理延期手续。企业在安全生产许可证有效期内，严格遵守有关安全生产的法律、法规，未发生死亡事故的，安全生产许可证有效期届满时，经原安全生产许可证颁发管理机关同意，不再审查，安全生产许可证有效期延期 3 年。

（5）变更与意外

建筑施工企业变更名称、地址、法定代表人等，应当在变更后 10 日内，到原安全生产许可证颁发管理机关办理安全生产许可证变更手续。

建筑施工企业破产、倒闭、撤销的，应当将安全生产许可证交回原安全生产许可证颁发管理机关予以注销。

建筑施工企业遗失安全生产许可证，应当立即向原安全生产许可证颁发管理机关报告，并在公众媒体上声明作废后，方可申请补办。

3. 安全生产许可证的监督管理

县级以上人民政府住房城乡建设主管部门应当加强对建筑施工企业安全生产许可证的监督管理。跨省从事建筑施工活动的建筑施工企业有违反法律规定行为的，由工程所在地的省级人民政府住房城乡建设主管部门将建筑施工企业在本地区的违法事实、处理结果和处理建议抄告原安全生产许可证颁发管理机关。

建筑施工企业取得安全生产许可证后，不得降低安全生产条件，并应当加强日常安全生产管理，接受住房城乡建设主管部门的监督检查。为了防止施工企业在取得安全生产许可证之后放松要求，相关法规规定，安全生产许可证颁发管理机关发现企业不再具备安全生产条件的，应当暂扣或者吊销安全生产许可证。建筑施工企业应当时刻保持高标准的安全生产要求，不可松懈、轻视安全问题。

安全生产许可证颁发管理机关或者其上级行政机关发现有下列情形之一的，可以撤销已经颁发的安全生产许可证：

（1）安全生产许可证颁发管理机关工作人员滥用职权、玩忽职守颁发安全生产许可证的；

（2）超越法定职权颁发安全生产许可证的；

（3）违反法定程序颁发安全生产许可证的；

（4）对不具备安全生产条件的建筑施工企业颁发安全生产许可证的；

（5）依法可以撤销已经颁发的安全生产许可证的其他情形。

依照规定撤销安全生产许可证，建筑施工企业的合法权益受到损害的，住房城乡建设主管部门应当依法给予赔偿。

安全生产许可证颁发管理机关应当建立、健全安全生产许可证档案管理制度，定期向社会公布企业取得安全生产许可证的情况，每年向同级安全生产监督管理部门通报建筑施工企业安全生产许可证颁发和管理情况。住房城乡建设主管部门工作人员在安全生产许可证颁发、管理和监督检查工作中，不得索取或者接受建筑施工企业的财物，不得谋取其他利益。

8.4.3 建设工程中的安全保障

1. 建筑施工企业的劳动保护责任

（1）劳动保护措施

劳动保护措施是从业者安全保障的一道重要防线。生产经营单位必须为从业人员提供符合国家标准或者行业标准的劳动防护用品，包括安全防护用具和安全防护服装等，并监督、教育从业人员按照使用规则佩戴、使用。生产经营单位还应当关注从业人员的身体、心理状况和行为习惯，加强对从业人员的心理疏导、精神慰藉，严格落实岗位安全生产责任，防止从业人员行为异常导致事故发生。

（2）相关保险

《建筑法》第四十八条规定，"建筑施工企业应当依法为职工参加工伤保险缴纳工伤保险费。鼓励企业为从事危险作业的职工办理意外伤害保险，支付保险费"。工伤保险是法律强制要求施工企业为全部从业人员缴纳的保险，不仅包括施工企业的在职员工，还包括不能按用人单位参保的、施工现场所用的农民工等从业人员。全部费用由施工企业缴纳，无需个人缴纳。施工企业申请办理施工许可证时，需要提交建设工程的工伤保险参保证明，否则住房城乡建设主管部门将不予发放施工许可证。

工伤保险可以按用人单位参保或按建设项目参保。按用人单位参保的建筑施工企业应以工资总额为基数依法缴纳工伤保险费。以建设项目为单位参保的，可以按照项目工程总造价的一定比例计算缴纳工伤保险费。若以建设项目为单位参保，工伤保险将自动覆盖项目相关的全部从业人员，只要是在该项目中发生的事故，经认定为工伤的，均可按照《工伤保险条例》规定享受相应等级的工伤保险待遇。

建筑工程意外伤害保险（以下简称"建工意外险"）早在1998年的《建筑法》中就被规定为强制要求施工企业为从业人员投保的安全保险险种。虽然2011年《建筑法》的修订，使得工伤保险替代建工意外险成为强制险种，但建工意外险因为多年的实践基础仍然很受市场认可。《建设工程安全生产管理条例》第三十八条规定，"施工单位应当为施工现场从事危险作业的人员办理意外伤害保险。意外伤害保险费由施工单位支付。实行施工总承包的，由总承包单位支付意外伤害保险费。意外伤害保险期限自建设工程开工之日起至竣工验收合格止"。

（3）对女职工和未成年工的特殊保护

由于女职工存在特殊的生理原因，而未成年工身体发育尚未完全，《中华人民共和国劳动法》（以下简称《劳动法》）对女职工和未成年工实行特殊劳动保护。

未成年工是指年满16周岁未满18周岁的劳动者，我国严禁用人单位招用未满16周岁的未成年人，文艺、体育和特种工艺单位招用未满16周岁的未成年人，必须依照国家有关规定，履行审批手续，并保障其接受义务教育的权利。不得安排未成年工从事矿山井下、有毒有害、国家规定的第四级体力劳动强度的劳动和其他禁忌从事的劳动。用人单位应当对未成年工定期进行健康检查。

禁止安排女职工从事矿山井下、国家规定的第四级体力劳动强度的劳动和其他禁忌从事的劳动。不得安排女职工在经期从事高处、低温、冷水作业和国家规定的第三级体力劳动强度的劳动。不得安排女职工在怀孕期间从事国家规定的第三级体力劳动强度的劳动和孕期禁忌从事的活动。对怀孕7个月以上的女职工，不得安排其延长工作时间和夜班劳动。女职工生育享受不少于90天的产假。不得安排女职工在哺乳未满1周岁的婴儿期间从事国家规定的第三级体力劳动强度的劳动和哺乳期禁忌从事的其他劳动，不得安排其延长工作时间和夜班劳动。女职工在孕期、产期、哺乳期内的，不能以裁减人员需要或《劳动法》第二十六条规定为理由解除劳动合同。此外，自2012年起，国务院通过了《女职工劳动保护特别规定》，专门关注女职工的劳动保护问题。

2. 从业人员的自我保护权利

（1）对违反法规的危险作业要求的拒绝权

《安全生产法》和《建设工程安全生产管理条例》均规定，从业人员有权对本单位安全生产工作中存在的问题提出批评、检举、控告；有权拒绝违章指挥和强令冒险作业。生产经营单位不得因此降低其工资、福利等待遇或者解除与其订立的劳动合同。

（2）意外发生时的避险权利

《安全生产法》和《建设工程安全生产管理条例》均规定，在施工中发生危及人身安全的紧急情况时，作业人员有权立即停止作业或者在采取必要的应急措施后撤离危险区域。生产经营单位不得因从业人员在紧急情况下停止作业或者采取紧急撤离措施而降低其工资、福利等待遇或者解除与其订立的劳动合同。

（3）知情权利

从业人员有权知晓相关岗位和工作场所中潜在的危险因素、防范措施和事故应急措施，法律要求施工单位书面告知其危险岗位的操作规程和违章操作的危害。

（4）获赔权利

《安全生产法》规定，因生产安全事故受到损害的从业人员，除依法享有工伤保险外，依照有关民事法律尚有获得赔偿的权利的，有权提出赔偿要求。

8.5 建设工程安全生产事故报告与处理

8.5.1 概述

当安全生产事故不幸发生时，施工单位的负责人应当及时、详尽地向上级报告事故的具体情况，以便后续实施救援和调查处理。建设工程安全生产事故报告与处理有利于落实生产安全事故责任追究制度，时刻警醒施工企业和从业人员，防止和减少生产安全事故的发生。

依据《生产安全事故报告和调查处理条例》规定，根据造成的人员伤亡或者直接经济损失，生产安全事故一般分为以下四个等级：

（1）特别重大事故，是指造成 30 人以上死亡，或者 100 人以上重伤（包括急性工业中毒，下同），或者 1 亿元以上直接经济损失的事故；

（2）重大事故，是指造成 10 人以上 30 人以下死亡，或者 50 人以上 100 人以下重伤，或者 5000 万元以上 1 亿元以下直接经济损失的事故；

（3）较大事故，是指造成 3 人以上 10 人以下死亡，或者 10 人以上 50 人以下重伤，或者 1000 万元以上 5000 万元以下直接经济损失的事故；

（4）一般事故，是指造成 3 人以下死亡，或者 10 人以下重伤，或者 1000 万元以下直接经济损失的事故。

事故报告应当及时、准确、完整，任何单位和个人对事故不得迟报、漏报、谎报或者瞒报。事故调查处理应当坚持实事求是、尊重科学的原则，及时、准确地查清事故经过、事故原因和事故损失，查明事故性质，认定事故责任，总结事故教训，提出整改措施，并对事故责任者依法追究责任。任何单位和个人不得阻挠和干涉对事故的报告和依法调查处理。

8.5.2 建设工程安全生产事故的报告

施工单位发生生产安全事故，应当按照国家有关伤亡事故报告和调查处理的规定，及时、如实地向负责安全生产监督管理的部门、住房城乡建设行政主管部门或者其他有关部门报告；特种设备发生事故的，还应当同时向特种设备安全监督管理部门报告。接到报告的部门应当按照国家有关规定，如实上报。实行施工总承包的建设工程，由总承包单位负责上报事故。

1. 报告对象

事故发生后，事故现场有关人员应当立即向本单位负责人报告；单位负责人接到报告后，应当于 1 小时内向事故发生地县级以上人民政府安全生产监督管理部门和负有安全生产监督管理职责的有关部门报告。若情况紧急，事故现场有关人员可以直接向事故发生地县级以上人民政府安全生产监督管理部门和负有安全生产监督管理职责的有关部门报告。

安全生产监督管理部门和负有安全生产监督管理职责的有关部门接到事故报告后，应当依照下列规定上报事故情况，并通知公安机关、劳动保障行政部门、工会和人民检察院：

（1）特别重大事故、重大事故逐级上报至国务院安全生产监督管理部门和负有安全生产监督管理职责的有关部门；

（2）较大事故逐级上报至省、自治区、直辖市人民政府安全生产监督管理部门和负有安全生产监督管理职责的有关部门；

（3）一般事故上报至设区的市级人民政府安全生产监督管理部门和负有安全生产监督管理职责的有关部门。

安全生产监督管理部门和负有安全生产监督管理职责的有关部门依照规定上报事故情况，应当同时报告本级人民政府。国务院安全生产监督管理部门和负有安全生产监督管理职责的有关部门以及省级人民政府接到发生特别重大事故、重大事故的报告后，应当立即报告国务院。必要时，安全生产监督管理部门和负有安全生产监督管理职责的有关部门可以越级上报事故情况。安全生产监督管理部门和负有安全生产监督管理职责的有关部门逐级上报事故情况时，每级上报的时间不得超过2小时。

2. 报告内容

报告事故应当包括下列内容：①事故发生单位概况；②事故发生的时间、地点以及事故现场情况；③事故的简要经过；④事故已经造成或者可能造成的伤亡人数（包括下落不明的人数）和初步估计的直接经济损失；⑤已经采取的措施；⑥其他应当报告的情况。

若事故报告后出现新情况，应当及时补报。自事故发生之日起30日内，事故造成的伤亡人数发生变化的，应当及时补报。道路交通事故、火灾事故自发生之日起7日内，事故造成的伤亡人数发生变化的，应当及时补报。

8.5.3 建设工程安全生产事故的应急救援

县级以上地方人民政府住房城乡建设行政主管部门应当根据本级人民政府的要求，制定本行政区域内建设工程特大生产安全事故应急救援预案。施工单位应当制定本单位生产安全事故应急救援预案，建立应急救援组织或者配备应急救援人员，配备必要的应急救援器材、设备，并定期组织演练。

施工单位应当根据建设工程施工的特点、范围，对施工现场易发生重大事故的部位、环节进行监控，制定施工现场生产安全事故应急救援预案。实行施工总承包的，由总承包单位统一组织编制建设工程生产安全事故应急救援预案，工程总承包单位和分包单位按照应急救援预案，各自建立应急救援组织或者配备应急救援人员，配备救援器材、设备，并定期组织演练。

事故发生单位负责人接到事故报告后，应当立即启动事故相应应急预案，或者采取有效措施，组织抢救，防止事故扩大，减少人员伤亡和财产损失。事故发生地有关地方人民政府、安全生产监督管理部门和负有安全生产监督管理职责的有关部门接到事故报告后，其负责人应当立即赶赴事故现场，组织事故救援。

参与事故抢救的部门和单位应当服从统一指挥，加强协同联动，采取有效的应急救援措施,并根据事故救援的需要采取警戒、疏散等措施,防止事故扩大和次生灾害的发生,减少人员伤亡和财产损失。事故抢救过程中应当采取必要措施,避免或者减少对环境造成的危害。任何单位和个人都应当支持、配合事故抢救,并提供一切便利条件。

8.5.4 建设工程安全生产事故的调查处理

事故调查处理应当按照科学严谨、依法依规、实事求是、注重实效的原则,及时、准确地查清事故原因,查明事故性质和责任,评估应急处置工作,总结事故教训,提出整改措施,并对事故责任单位和人员提出处理建议。

发生生产安全事故后,施工单位应当采取措施防止事故扩大。有关单位和人员应当妥善保护事故现场以及相关证据,任何单位和个人不得破坏事故现场、毁灭相关证据。因抢救人员、防止事故扩大以及疏通交通等原因,需要移动事故现场物件的,应当做出标志,绘制现场简图并做出书面记录,妥善保存现场重要痕迹、物证。

1. 调查单位

特别重大事故由国务院或者国务院授权有关部门组织事故调查组进行调查。重大事故、较大事故、一般事故分别由事故发生地省级人民政府、设区的市级人民政府、县级人民政府负责调查。省级人民政府、设区的市级人民政府、县级人民政府可以直接组织事故调查组进行调查,也可以授权或者委托有关部门组织事故调查组进行调查。未造成人员伤亡的一般事故,县级人民政府也可以委托事故发生单位组织事故调查组进行调查。

上级人民政府认为必要时,可以调查由下级人民政府负责调查的事故。自事故发生之日起 30 日内(道路交通事故、火灾事故自发生之日起 7 日内),因事故伤亡人数变化导致事故等级发生变化,依照法规规定应当由上级人民政府负责调查的,上级人民政府可以另行组织事故调查组进行调查。

特别重大事故以下等级事故,事故发生地与事故发生单位不在同一个县级以上行政区域的,由事故发生地人民政府负责调查,事故发生单位所在地人民政府应当派人参加。

2. 事故调查组

事故调查组的组成应当遵循精简、效能的原则。根据事故的具体情况,事故调查组由有关人民政府、安全生产监督管理部门、负有安全生产监督管理职责的有关部门、监察机关、公安机关以及工会派人组成,并应当邀请人民检察院派人参加。事故调查组可以聘请有关专家参与调查。

事故调查组组长由负责事故调查的人民政府指定。事故调查组组长主持事故调查组的工作,事故调查组成员应当具有事故调查所需要的知识和专长,并与所调查的事故没有直接利害关系。成员在事故调查工作中应当诚信公正、恪尽职守,遵守事故调查组的纪律,保守事故调查的秘密。未经事故调查组组长允许,事故调查组成员不得擅自发布有关事故的信息。

事故调查组有权向有关单位和个人了解与事故有关的情况,并要求其提供相关文件、资料,有关单位和个人不得拒绝。事故发生单位的负责人和有关人员在事故调查期间不得擅离职守,并应当随时接受事故调查组的询问,如实提供有关情况。事故调查中发现涉嫌犯罪的,事故调查组应当及时将有关材料或者其复印件移交司法机关处理。

事故调查组履行下列职责:

(1)查明事故发生的经过、原因、人员伤亡情况及直接经济损失;

(2) 认定事故的性质和事故责任；
(3) 提出对事故责任者的处理建议；
(4) 总结事故教训，提出防范和整改措施；
(5) 提交事故调查报告。

事故调查中需要进行技术鉴定的，事故调查组应当委托具有国家规定资质的单位进行技术鉴定。必要时，事故调查组可以直接组织专家进行技术鉴定。技术鉴定所需时间不计入事故调查期限。

3. 事故调查报告

事故调查报告应当包括下列内容：①事故发生单位概况；②事故发生经过和事故救援情况；③事故造成的人员伤亡和直接经济损失；④事故发生的原因和事故性质；⑤事故责任的认定以及对事故责任者的处理建议；⑥事故防范和整改措施。

事故调查组应当自事故发生之日起60日内提交事故调查报告；特殊情况下，经负责事故调查的人民政府批准，提交事故调查报告的期限可以适当延长，但延长的期限最长不超过60日。事故调查报告应当附具有关证据材料。事故调查组成员应当在事故调查报告上签名。事故调查报告报送负责事故调查的人民政府后，事故调查工作即告结束。事故调查的有关资料应当归档保存。

4. 事故处理

重大事故、较大事故、一般事故，负责事故调查的人民政府应当自收到事故调查报告之日起15日内做出批复；特别重大事故，30日内做出批复，特殊情况下，批复时间可以适当延长，但延长的时间最长不超过30日。

有关机关应当按照人民政府的批复，依照法律、行政法规规定的权限和程序，对事故发生单位和有关人员进行行政处罚，对负有事故责任的国家工作人员进行处分。事故发生单位应当按照负责事故调查的人民政府的批复，对本单位负有事故责任的人员进行处理。负有事故责任的人员涉嫌犯罪的，将依法追究刑事责任。

事故处理的情况由负责事故调查的人民政府或者其授权的有关部门、机构向社会公布，依法应当保密的除外。

事故发生单位应当认真吸取事故教训，及时全面落实整改措施，防止事故再次发生。防范和整改措施的落实情况应当接受工会和职工的监督。安全生产监督管理部门和负有安全生产监督管理职责的有关部门应当对事故发生单位落实防范和整改措施的情况进行监督检查。负责事故调查处理的国务院有关部门和地方人民政府应当在批复事故调查报告后一年内，组织有关部门对事故整改和防范措施落实情况进行评估，并及时向社会公开评估结果；对不履行职责导致事故整改和防范措施没有落实的有关单位和人员，应当按照有关规定追究责任。

8.5.5 建设工程安全生产事故处理中的违法行为和处罚

安全生产事故发生后，事故负责人有及时组织抢救和如实报告的责任，监督调查单位有秉公办理、严格调查的责任。任何迟报、漏报、瞒报、谎报等行为都会使违法情节更加严重，必将受到法律的严惩。

1. 事故单位负责人的违法行为和处罚

事故发生单位主要负责人有下列行为之一的，处上一年年收入40%~80%的罚款；属

于国家工作人员的,并依法给予处分;构成犯罪的,依法追究刑事责任:

(1) 不立即组织事故抢救的;

(2) 迟报或者漏报事故的;

(3) 在事故调查处理期间擅离职守的。

事故发生单位及其有关人员有下列行为之一的,对事故发生单位处 100 万元以上 500 万元以下的罚款;对主要负责人、直接负责的主管人员和其他直接责任人员处上一年年收入 60%~100%的罚款;属于国家工作人员的,并依法给予处分;构成违反治安管理行为的,由公安机关依法给予治安管理处罚;构成犯罪的,依法追究刑事责任:

(1) 谎报或者瞒报事故的;

(2) 伪造或者故意破坏事故现场的;

(3) 转移、隐匿资金、财产,或者销毁有关证据、资料的;

(4) 拒绝接受调查或者拒绝提供有关情况和资料的;

(5) 在事故调查中作伪证或者指使他人作伪证的;

(6) 事故发生后逃匿的。

生产经营单位的主要负责人未履行《安全生产法》规定的安全生产管理职责,导致发生生产安全事故的,由应急管理部门依照下列规定处以罚款:

(1) 发生一般事故的,处上一年年收入 40%的罚款;

(2) 发生较大事故的,处上一年年收入 60%的罚款;

(3) 发生重大事故的,处上一年年收入 80%的罚款;

(4) 发生特别重大事故的,处上一年年收入 100%的罚款。

生产经营单位的其他负责人和安全生产管理人员未履行规定的安全生产管理职责的,责令限期改正,处 1 万元以上 3 万元以下的罚款;导致发生生产安全事故的,暂停或者吊销其与安全生产有关的资格,并处上一年年收入 20%以上 50%以下的罚款;构成犯罪的,依照刑法有关规定追究刑事责任。

发生生产安全事故,对负有责任的生产经营单位除要求其依法承担相应的赔偿等责任外,由应急管理部门依照下列规定处以罚款:

(1) 发生一般事故的,处 30 万元以上 100 万元以下的罚款;

(2) 发生较大事故的,处 100 万元以上 200 万元以下的罚款;

(3) 发生重大事故的,处 200 万元以上 1000 万元以下的罚款;

(4) 发生特别重大事故的,处 1000 万元以上 2000 万元以下的罚款。

发生生产安全事故,情节特别严重、影响特别恶劣,应急管理部门可以按照罚款数额的 2 倍以上 5 倍以下对负有责任的生产经营单位处以罚款。

2. 督查机构的违法行为和处罚

有关地方人民政府、安全生产监督管理部门和负有安全生产监督管理职责的有关部门有下列行为之一的,对直接负责的主管人员和其他直接责任人员依法给予处分;构成犯罪的,依法追究刑事责任:

(1) 不立即组织事故抢救的;

(2) 迟报、漏报、谎报或者瞒报事故的;

(3) 阻碍、干涉事故调查工作的;

(4) 在事故调查中作伪证或者指使他人作伪证的。

参与事故调查的人员在事故调查中有下列行为之一的，依法给予处分；构成犯罪的，依法追究刑事责任：

(1) 对事故调查工作不负责任，致使事故调查工作有重大疏漏的；
(2) 包庇、袒护负有事故责任的人员或者借机打击报复的。

8.6 案例分析

8.6.1 安全责任各方均有，意外责任依法划分

上诉人（原审被告）：××铁艺店邢某
被上诉人（原审原告）：浙江 A 游乐设备有限公司（以下简称 A 公司）
原审被告：克拉玛依市 B 旅游开发有限公司（以下简称 B 公司）
原审被告：张某

一、基本案情

2019 年 5 月，A 公司（乙方）与 B 公司（甲方）签订玻璃桥工程施工合同。合同约定，由乙方为甲方设计、制造、安装某景区玻璃桥。2019 年 7 月，A 公司的工作人员吴某找到张某，让其为玻璃桥做雪莲花铁艺造型。同年 7 月下旬，张某将铁艺造型转包给××铁艺店。此后，张某与该铁艺店经营者邢某一起到景区施工工地，当时玻璃栈道尚未铺玻璃。邢某认为上桥测量尺寸存在危险，两人离开施工现场。后由于 A 公司催促，张某要求邢某去现场量尺寸，因张某没有时间，邢某与其雇工徐某一起前往施工工地。到达现场后，邢某与徐某看到栈道上铺了玻璃，但是否铺完不清楚，现场也未有安全人员及警示标志。当时二人看到有人在栈道上走动，以为玻璃已铺满，就从脚手架爬上玻璃栈道，从玻璃栈道由北向南往中间走准备量尺寸，徐某走在邢某的前面，在行走过程中，徐某从栈道上没有铺玻璃的位置坠落，于当日死亡。A 公司的现场施工负责人余某在公安局向其调查时也认可现场未设有警示标志，也未有安全监护人员。

2019 年 8 月 23 日，A 公司与 B 公司（甲方）及死者徐某家属（乙方）达成调解协议，约定死亡赔偿金、丧葬费、精神损害抚慰金等共赔付金额 1000000 元，上述款项先由 B 公司、A 公司各筹措 480000 元，邢某筹措 40000 元，共同向乙方垫付后，两公司有权各自向其他责任主体追偿。邢某参与了事故协商过程，但未在协议上签字。A 公司就甲方存在的过错比例以及追偿问题向事故发生地法院起诉。

当地应急管理局事故调查报告认为邢某、徐某未系挂安全带，在未对风险进行辨识的情况下进入未铺设完成的玻璃栈桥是造成事故的直接原因；A 公司安排临时工余某担任现场临时安全生产负责人，未在该项目设置安全生产管理机构，未在现场设置安全警示牌，未对施工人员进行安全教育培训，致使员工安全意识淡薄，未对现场的陌生人进行劝阻；××铁艺店经营者邢某未向从业人员提供劳动防护用品是事故发生的间接原因。该事故为生产安全事故。同时该报告认为被告 B 公司对施工单位监督不到位。

二、案件审理

一审法院认为，关于对本次事故赔偿的责任划分问题。徐某作为从事铁艺安装工作的雇员和能辨别自己行为的具有完全民事行为能力的人，应对其在高空作业的风险有一定辨

识,负有谨慎作业的义务。其在高空作业时未系挂安全带,在未对周围风险进行辨识和防范的情况下进入未铺设完成的玻璃栈桥,自行承担20%的责任。邢某未向雇员提供劳动防护用品,也没有为雇员提供安全的施工条件,对事故的发生负有相应责任,应承担25%的赔偿责任。张某非法转包以牟利本就违反法律规定,其作为转包人没有为实际施工人提供安全的施工条件,应承担5%的赔偿责任。A公司作为施工企业,严重缺乏从业资格意识和安全防范意识,安排临时工担任现场临时安全生产负责人,未在该项目设置安全生产管理机构,在玻璃未铺满的玻璃栈桥旁未设置安全警示牌,同时未对施工人员进行安全教育培训,未对进入现场的邢某、徐某进行劝阻,应负45%的赔偿责任。B公司作为该项目的发包人,负有安全施工的责任,对施工单位的安全施工监督不到位,应负5%的赔偿责任。

二审法院认可一审判决,驳回了邢某的上诉请求。

三、法律评析

(一) 工程建设中应严把从业资格关卡

《建设工程安全生产管理条例》第二十一条规定,"施工单位的项目负责人应当由取得相应执业资格的人员担任,对建设工程项目的安全施工负责,落实安全生产责任制度、安全生产规章制度和操作规程,确保安全生产费用的有效使用,并根据工程的特点组织制定安全施工措施,消除安全事故隐患",《安全生产法》第二十七条规定"生产经营单位的主要负责人和安全生产管理人员必须具备与本单位所从事的生产经营活动相应的安全生产知识和管理能力"。

本案中,余某作为临时工显然不具备担任安全负责人的资质和能力。从其对现场安全的松散管理和未对邢某等进入施工现场进行阻止的表现也可以看出这一点。施工单位对建设工程安全防护的疏忽和不作为应是这次事故中的重要原因。

《建设工程安全生产管理条例》第二十三条规定"施工单位应当设立安全生产管理机构,配备专职安全生产管理人员。专职安全生产管理人员负责对安全生产进行现场监督检查。发现安全事故隐患,应当及时向项目负责人和安全生产管理机构报告;对违章指挥、违章操作的,应当立即制止"。而本案中,在案涉工程现场未设置安全生产管理机构,未设置安全警示牌,未对施工人员进行安全教育培训,也未制止徐某高空作业未挂安全带的违章操作。以上种种可以看出,施工单位自上而下安全意识淡薄,项目负责人忽视了对安全生产负责人资质的考察,导致对实际施工人员安全教育不足、现场安全防护和警示亦缺失,以至于最后发生这样的悲剧。

这就是为什么我国法律体系中如此强调从业资格制度,在《建设工程安全生产管理条例》第四章"施工单位的安全责任"中第一条就是对施工单位资质等级的规定。从业资质所代表的不仅是企业或个人拥有实施工程操作的能力,更重要的是说明其具有与之相符的责任意识和安全意识。

(二) 建设单位安全责任

《建设工程安全生产管理条例》中对建设单位的安全责任规定包括以下方面:

(1) 向施工单位提供真实、准确、完整的资料;

(2) 不得提出违法违规的要求,不得压缩工期;

(3) 将施工安全费用纳入工程概算;

(4) 提供安全合规的材料器具;

(5) 向相关部门提供安全措施资料；
(6) 合法进行拆除工程的发包、备案。

在本案中，建设单位主要的责任在于安全监督工作的缺失。虽然《建设工程安全生产管理条例》中并未明确写出对建设单位监督职责的规定，但是建设单位作为工程的所有者，也是施工单位的发包人，理应对安全施工负有监督责任。在现场安全警示和防护措施缺失的情况下，应该指出施工单位安全生产组织的不足并责令改正。法院判处5%的事故责任既能彰显建设单位对工程安全不可推诿的责任，也能体现出法律对责任的划分主次分明。令其他建设单位引以为戒，加强对施工现场的监督巡查，与施工单位通力合作做好工程安全保障，减少意外的发生。

(三) 施工操作人员安全责任

《建设工程安全生产管理条例》第二十五条规定"垂直运输机械作业人员、安装拆卸工、爆破作业人员、起重信号工、登高架设作业人员等特种作业人员，必须按照国家有关规定经过专门的安全作业培训，并取得特种作业操作资格证书后，方可上岗作业"和第三十三条规定"作业人员应当遵守安全施工的强制性标准、规章制度和操作规程，正确使用安全防护用具、机械设备等"。

作为实际操作人员，尤其是危险作业人员，首先应该通过相应培训和考核，具备操作资格；其次应该严格按照规章和操作手册进行施工并配好护具，具有"安全第一，预防为主"的安全作业意识。既要对工作负责，也要对自己的人身安全负责。唯有施工中的每一个实际操作人员都有高度的安全自觉，才能保证工程整体安全保障制度的切实执行和群防群治制度发挥其应有的作用。

8.6.2 工程保险不可少，安全意识记心间

上诉人（原审被告）：辽宁A汽车工业有限责任公司
被上诉人（原审原告）：本溪市B建筑工程有限公司

一、基本案情

2018年7月18日，本溪市B建筑工程有限公司（乙方）与辽宁A汽车工业有限责任公司（甲方）就房车产业园建设及技术改造（一期）项目厂房签订《主体工程人工费分包协议书》和《施工承包补充协议书》，两份协议中均约定：甲方应在乙方进场前给工人支付意外保险。后本溪市B建筑工程有限公司因人员不够，将架工施工分包给李某。李某进场施工后，雇佣齐某为架子工。2018年9月2日，齐某在工作中不慎将右手锯伤，住院治疗18天，住院及换药复诊等费用共计66274.69元。诉讼中，经鉴定齐某右手损伤鉴定程序为九级，鉴定费1000元。

2019年11月关于齐某意外伤害赔偿案，本溪市溪湖区人民法院判令：被告李某于本判决生效后10日内赔偿原告齐某医疗费、精神损害抚慰金等，共计247954.69元的70%，计173568.28元；被告本溪市B建筑工程有限公司对第一款中李某承担的赔偿义务承担连带赔偿责任。

本溪市B建筑工程有限公司以辽宁A汽车工业有限责任公司违约，未给工人支付意外保险为由向法院起诉。

二、案件审理

一审法院认为，双方签订的《主体工程人工费分包协议书》和《施工承包补充协议

书》是双方真实意思表示，未违反法律强制性规定，合法有效，法院充分尊重双方的自主协议权。协议约定：甲方应在乙方进场前给工人支付意外保险。由于辽宁 A 汽车工业有限责任公司违约给本溪市 B 建筑工程有限公司造成经济损失，如果辽宁 A 汽车工业有限责任公司给施工人员参加意外伤害保险，此损失应由保险公司支付。原告的经济损失是由于被告未能遵守诚信合作原则，依法依约为施工人员参加意外伤害险造成的。故对本溪市 B 建筑工程有限公司合理的诉讼请求，予以支持。

二审中争议焦点为：齐某的保险能否投保；保险义务由谁承担。

本案的特殊之处在于齐某是被上诉人非法转包行为下而进场参与施工的人，并非为被上诉人的职工身份。首先，关于齐某的保险能否投保的问题，《建设工程安全生产管理条例》第三十八条规定：施工单位应当为施工现场从事危险作业的人员办理意外伤害保险。保险作为转移施工风险的有效手段，也是对施工人员生命安全的有力保障，施工单位应当对施工人员实现应保尽保。齐某虽非本溪市 B 建筑工程有限公司的员工，但其作为在施工现场从事危险作业的人员，按照法律规定应当为其投保意外伤害保险。其次，关于保险义务承担问题，双方当事人签订的协议约定：上诉人应在被上诉人进场前给工人支付意外保险。该协议是双方真实意思表示，未违反法律强制性规定，合法有效，故本案保险义务应由上诉人承担。

三、法律评析

建筑行业作为传统的高风险行业，由于其工程周期长、专业性强、复杂度高等特点使得工程建设中面临着自然风险、市场风险等多方面的风险，其中最受业内关注的当属施工安全风险。安全事故多数伴随着人员伤亡以及随之而来的赔偿纠纷，为了使人民的生命财产安全和公民的正当权利得到保障，工程建设中应当建立预防与保险并行的安全体系。在安全生产责任制和群防群治等制度的事先防范之外，还应依法给现场施工人员办理意外伤害险等相关保险。立法对此的规定体现了国家在建筑工程安全生产中对劳动者权利的保障。

（一）保险是转移工程风险的有效手段

《建设工程安全生产管理条例》第三十八条规定：施工单位应当为施工现场从事危险作业的人员办理意外伤害保险。意外伤害保险费由施工单位支付。实行施工总承包的，由总承包单位支付意外伤害保险费。意外伤害保险期限自建设工程开工之日起至竣工验收合格止。建设施工最重要的是施工人员的人身安全，参加意外伤害保险就是保护其人身权利，也是对建设工程风险的有效转移方法。本案中，由于双方在协议中约定参保义务由施工单位转移到了建设单位，而建设单位没有给施工人员办理意外伤害保险、支付保险费的行为违反协议和法律规定，属违法违约。《民法典》第五百八十四条规定，"当事人一方不履行合同义务或者履行合同义务不符合约定，造成对方损失的，损失赔偿额应当相当于因违约所造成的损失，包括合同履行后可以获得的利益；但是，不得超过违约一方订立合同时预见到或者应当预见到的因违约可能造成的损失"。根据此条规定，建设单位应当承担其违约给施工单位带来的经济损失。

（二）建设工程意外伤害保险

建设工程意外伤害保险是指施工人员和管理人员等现场人员在保险有限期内，遭遇非本意的、外来的、突然的意外事故，以至于身体受到伤害而残疾乃至死亡时，保险人依照合同给付保险金的保险。建设工程意外伤害保险是工程建设保险中非常重要的一项，在《建筑法》和《建设工程安全生产管理条例》中均对此有明确规定。依据《中华人民共和国保险法》对保险种类的划分，建设工程意外伤害保险作为将人员身体作为保险标的的保险，应属于人身保险。

建设工程意外伤害保险诞生的初衷在于为建筑施工人员的人身安全提供保障并转移企业的安全事故风险。最初建设工程意外伤害保险是作为法定强制性保险出现在1998年颁布的《建筑法》中，而后由于建筑领域保险制度的完善，2004年工伤保险出现，代替了建设工程意外伤害保险的很大一部分作用。在2011年对《建筑法》的修订中，将工伤保险作为新的法定强制险列入第四十八条，而建设工程意外伤害保险则变成了鼓励企业办理的保险。

目前建筑行业实际工程中采用的多数是工伤保险和建设工程意外伤害保险并存的保险方式。对于现场人员来说，一旦意外发生，要面临的除了身体伤害之外必然是巨大的经济压力，法定强制保险和补充保险组合的保险模式能最大程度上照顾到这一点。企业也应当体现对安全风险的规避意识，开工前就应当对该办理的保险应保尽保，既对企业自身负责，也对他人负责。同时鼓励企业从员工角度出发，以人为本，充分展现同理心，将建设工程意外伤害保险作为补充保险为员工办理。我们的社会不应是冰冷的利益社会，而应该是充满悲悯的温情社会。

8.6.3 安全生产责任制，自上而下要落实

上诉人（原审被告）：陈某某
上诉人（原审被告）：榆中A建筑材料有限公司（以下简称A公司）
上诉人（原审被告）：甘肃B隧道工程有限公司（以下简称B公司）
被上诉人（原审原告）：李某某

一、基本案情

B公司作为榆中县××改扩建工程的总承包人与A公司签订了《建设工程施工分包合同》，合同约定A公司作为分包人负责该工程的土方施工。A公司向陈某某租赁压路机从事土方作业。2018年7月25日21时20分许，李某某作为陈某某雇佣的压路机司机将压路机停放至距施工现场50m外的拖挂平板车上，锁好压路机车门准备离开拖车时不慎跌落至地面，当场昏迷。李某某受伤后被送至榆中县××人民医院救治。2019年3月13日，甘肃某司法鉴定所出具司法鉴定意见书，鉴定：①李某某伤残程度评定为一级；②李某某后续治疗费评定为130000~170000元人民币；③护理期24个月、营养期24个月、误工期24个月；④李某某属完全护理依赖；⑤李某某需2人护理。本次事故给李某某造成的损失总计为1533327.66元。陈某某已赔偿52212元、A公司已赔偿60000元、B公司已赔偿420000元。

二、案件审理

公民的人身权利受法律保护，任何组织和个人不得侵犯。法院审理认定，本案系一起施工安全事故。李某某作为陈某某雇佣的压路机驾驶员，未经安全生产教育培训，安全意识淡薄，超龄上岗作业，对驾驶压路机退出作业场所并停放至拖挂平板车上存在的危险因素认识不足，在无人监护和没有防护设备的情况下独自作业致发生事故，具有一定过错，酌定承担30%的赔偿责任。陈某某作为李某某的雇主，安全意识淡薄，聘用压路机司机时审查把关不严，聘用超龄且无特种车辆操作证的驾驶人员，违规驾驶压路机进入施工现

场，退出作业场所时未安排专人进行监护，对事故的造成有一定的责任，酌定承担20%的赔偿责任。B公司作为案涉工程的总承包人，A公司作为分包人，均未按照国家安全生产法律、法规要求制定全员安全生产责任制，未制定生产安全事故隐患排查治理制度、岗位标准化管理制度、危险作业管理制度，未对从业人员进行规范的安全教育培训，施工现场使用超龄无特种车辆操作证人员，退场作业未安排专人进行现场安全管理和监护，酌定分别承担30%、15%的赔偿责任。金某某作为拖板车司机负有一定的安全保障义务，未告知李某某可能存在的危险隐患及注意事项，未起到提醒注意的义务，酌定承担5%赔偿责任。

二、法律评析

案涉工程建设过程中，自发承包双方到实际操作人员都极度忽视安全生产的重要性，严重违反了法律中对安全生产责任制度的规定，最终酿成悲剧。

安全生产责任制度是工程建设中最基本也是最核心的安全管理制度。《建设工程安全生产管理条例》中规定，施工单位应当建立健全安全生产责任制度和安全生产教育培训制度，制定安全生产规章制度和操作规程。安全生产工作涉及施工的方方面面，任何一个细节都不能放过。只有企业自上而下，各级管理人员、技术人员和各个岗位的实际施工操作人员都明确自己的安全生产责任，人人提高施工安全意识、处处落实安全施工操作，这样才能形成完备的安全管理体系，企业的安全生产才能得到切实保障。

当然要落实安全生产责任制还需要其他制度进行配合，安全生产法律体系中除了安全生产责任制，还要求企业实行群防群治制度和安全生产教育培训制度。群防群治制度体现了安全工作中的群众路线，发动每个参与施工人员关心工程建设的安全性，发现隐患及时汇报，提高员工安全意识，发挥群众的力量。而安全生产教育培训制度则是提高建筑企业职工安全意识的有效手段，通过定期的安全教育和考核，使员工掌握科学有效的安全生产技术，把"安全第一、预防为主"的方针深植于每一个员工心里，力求做到自觉遵守、相互监督。

纵观诸多建筑安全事故，大多数都是原本可以避免的悲剧，却往往因为企业安全教育不足，施工人员安全意识淡薄，造成了令人痛惜的结果。我们应该从中吸取教训，企业在施工过程中应将安全管理放到第一位，坚持"安全第一、预防为主"的方针，严格落实安全生产责任制、群防群治制度和安全生产教育培训制度，将可能的不安全因素扼杀于萌芽之中，确保人员的安全与健康。而员工更不能掉以轻心，应该对自己的生命健康负责，严格遵守安全生产规章制度，做到持证上岗、正确操作、发现隐患、立即上报。

(扫下方二维码自测)

第9章 建设工程质量法律制度

9.1 概述

9.1.1 工程质量概念

人们所熟知的建设工程质量往往是狭义上的概念，也就是工程实体建筑的质量，具体来说工程质量是指在国家现行的有关法律、法规、技术标准、设计文件和合同中，对工程的安全、适用、经济、环保、美观等特性的综合要求。广义上的建设工程质量除却建筑本身之外，还包括建设过程中所提供的建筑服务质量和工作质量。具体反映在参与主体是否诚实守信、服务是否全面及时、管理水平是否先进、工作效率是否高效、保修责任是否认真履行等多个方面的综合水平上。决策、勘察、设计、施工、监理等各个环节、全方位的服务质量与工作质量将综合反映到建筑实体的最终质量上，因此国内外都更加认可从广义上来理解和管理建设工程质量。

建设工程质量是建设工程管理的核心内容之一。一方面，建筑质量不佳的后果严重，建筑一旦发生质量问题，通常会造成巨大的经济损失和人员伤亡，甚至会对生态环境产生不可逆转的影响。另一方面，影响建筑质量的因素众多，包括决策、设计、材料、设备、地质条件、施工技术、人员水平、管理水平等多个方面。因此，质量管理是一个贯穿工程建设全过程、全方位的核心工作，与工程建设质量管理相关的法律法规内容也是建设法规体系中的重中之重。

9.1.2 工程质量管理原则

工程质量管理是为了保障工程的质量能达到国家相关的质量、安全与技术标准，因此《建筑法》规定，建筑工程勘察、设计、施工的质量必须符合国家有关建筑工程安全标准的要求。有关建筑工程安全的国家标准不能适应确保建筑安全的要求时，应当及时修订。

国家规定的质量、安全与技术标准是工程质量管理的底线，不可逾越。当投资、进度与质量发生冲突时，应当以实现质量标准为首要目的，万不可为了缩短工期或者节省资金而在工程质量要求上退步。质量不合格的建筑如果投入使用，将会给人民的生命财产安全和社会稳定埋下极大的隐患。建筑行业的从业人员应该时刻铭记"质量为先"的从业原则，不让投资人的期望和社会公众的期待落空。另一方面，我国建筑行业目前实行责任追究制度，工程建设中质量管理的疏忽无疑会断送从业人员的职业生涯。因此，时刻谨记工程质量管理的原则，既是对国家社会负责，也是对自己的职业生涯负责。

从广义的质量管理角度，客户满意、持续改进是另外两个重要原则。客户满意是指广义的质量管理不止关注物质上的建筑质量，客户在建筑服务过程中所获得的体验同样值得关注。客户满意是一种心理活动，是客户的需求被满足后形成的愉悦感或状态，即一种主观感受。唯有在提供建筑服务时，坚持用户至上、以人为本，才能有效提升客户满意度。

持续改进是指在施工中检查质量缺陷之处，确定改进目标，实施选定的改进方案，并不断重复这个改进过程。持续改进的经典方法是 PDCA 循环，它包括计划（Plan）、执行（Do）、检查（Check）、处理（Action），是一种不断循环改进、螺旋上升的科学管理办法。客户满意是持续改进的目标和动力，持续改进是提升客户满意度的途径。

9.1.3 全过程质量管理体系

目前我国工程质量管理体系包含了从前期调研到使用阶段的整个建设周期，搭建了工程全过程的质量管理框架，在每个阶段都有不同的管理重心。

1. 决策阶段质量管理

决策阶段质量管理的主要内容是在广泛搜集资料、调查研究的基础上研究、分析、比较，决定项目的可行性并选择最佳方案。此时，前期调研的质量和精细程度是质量管理的重中之重，关系着后续工程项目的设计与落实。

2. 勘察设计阶段质量管理

勘察设计阶段质量管理的主要内容是保障地质、水文等勘察工作的准确与仔细程度、工程设计文件编制的经济、社会与环境合理性。这一阶段的质量管理也非常重要，高质量的勘察工作有助于地下工程施工方案的选择，也可以避免很多施工中的麻烦；高质量的设计工作则为整个建筑施工过程奠定了坚实的基础。建设单位应当组织专家对勘察设计文件进行审核，确保质量过关。

3. 施工前质量管理

施工前质量管理的主要内容包括：

（1）合作方资质审核。对施工队伍的资质重新进行审查，包括对各个分包商的资质审查。如果发现施工单位与投标时的情况不符，必须采取有效措施予以纠正。

（2）文件审核。对所有的合同和技术文件、报告进行详细的审阅。如图纸是否完备，有无错漏空缺，各个设计文件之间有无矛盾之处，技术标准是否齐全等。应该重点审查的技术文件除合同以外，主要包括：有关单位的技术资质证明文件；施工单位质量保证体系或质量保证措施文件；施工方案、施工组织设计和技术措施；有关材料、半成品的质量检验报告；主要施工机具、设备的组织配备；拟采用的新材料、新结构、新工艺、新技术的技术鉴定文件等。

（3）配备检测实验设备和仪器，审查合同中关于检验的方法、标准、次数和取样的规定。

（4）审阅进度计划和施工方案。

（5）审核施工中将要采取的新技术、新材料、新工艺，核查鉴定书和实验报告。

（6）检查材料和工程设备。从建筑材料、设备的质量入手，明确所需材料的质量要求和技术标准，尤其是加强对建筑工程项目关键材料如水泥、钢材等的控制。检查材料、设备的采购是否符合规定，在材料、设备进场时组织人员进行质量检验和出厂合格证明检查，尤其是对关键材料、设备和新型材料、设备更需严格检查。

（7）协助完善质量保证体系。

（8）进一步审核工地各方面负责人和主要的施工机械质量。

（9）在施工之前进行图纸会审和设计交底工作，务必使现场施工管理人员和技术人员对图纸和设计要求有明确的认识，确定工程各个部分的质量要求，并从实际施工的角度对图纸提出改进建议。

(10) 准备好质量管理表格。

(11) 准备好担保和保险工作。

(12) 全面检查开工条件。

4. 施工中质量管理

(1) 工序质量管理

施工过程中的质量管理采取自下而上的管理方式，把握每一道工序的质量从而逐层完成质量管理体系的搭建。工序质量控制包括施工操作质量控制和施工技术管理质量控制，具体可分为：

1) 确定工程质量控制的流程；

2) 主动控制工序活动条件，主要指影响工序质量的因素；

3) 及时检查工序质量，提出对后续工作的要求和改进措施；

4) 严格检查工序间的交接。对于重要工序和主要工序，必须在规定的时间内进行检查，确认其达到相关质量要求，才能进行下一道工序；

5) 设置工序质量控制点。质量控制点是指对技术要求高、施工难度大的某个工序或环节，设置技术和监理的重点，着重控制操作人员、材料、设备、施工工艺等；针对质量通病或容易产生不合格产品的工序，提前制定有效的措施，重点控制；对于新工艺、新材料、新技术也需要特别重视。

(2) 质量检查

质量检查应做到自下而上、层层展开，具体包括操作者的自检、班组内互检、各个工序之间的交接检查；施工员的检查和质检员的巡视检查；监理和政府质检部门的检查。

(3) 成品保护

施工中应当依据施工方案，合理安排施工顺序，避免破坏已有产品。对前期完成的工作要采取适当的保护措施，避免恶劣天气和后续施工对其造成负面影响。同时，需要加强成品保护的检查工作，确保成品保护质量。

(4) 工程资料的保管

工程相关的技术和施工资料在施工中应当妥善保管，一旦发生质量缺陷或意外事故，这些资料将在事故调查与分析中发挥巨大作用。如果建设单位与施工单位发生民事纠纷，工程资料也可作为厘清真相的重要证据。其包括：材料和产品出厂合格证或者检验证明、设备维修证明；施工记录；隐蔽工程验收记录；设计变更，技术核定，技术洽商；工程价款支付凭证；水、暖、电、声讯、设备的安装记录；质检报告；竣工图，竣工验收表等。

(5) 工程变更

在施工过程中，对于重要的工程变更或者图纸修改，必须通过相应的审查，在组织专业人员进行研究、分析、讨论、确认后，才予发布变更指令并实施。

5. 施工后质量管理

施工完成后，应当依照法律和合同的约定进行竣工验收，检查是否存在未完成的工作或质量缺陷，及时解决质量问题，制作竣工图和竣工资料。同时，施工单位应在保修期内承担相应的维修责任。

9.1.4 工程质量法律立法现状

由于建设工程质量的高度重要性，我国建设法规体系中，质量相关法律一直是立法的重点，政府陆续出台了多个环节的质量管理法规。在《建筑法》中，建筑工程质量管理占据了单独一章内容，对工程建设各参与主体质量管理责任的核心内容进行了规定。在2021年施行的《民法典》中也有关于隐蔽工程检查、竣工验收、勘察设计质量和保修制度相关的条款。

为了加强对建设工程质量的管理，2000年1月10日国务院第25次常务会议通过了《建设工程质量管理条例》。作为《建筑法》的配套法规，《建设工程质量管理条例》在《建筑法》的基础上对其进行了补充规定，对各参与主体的责任和权利进行了详细的界定。凡在中华人民共和国境内从事建设工程新建、扩建、改建等有关活动及实施对建设工程质量监督管理的，必须遵守此条例。国务院分别在2017年10月7日和2019年4月23日通过了对《建设工程质量管理条例》修改的决定。

除此之外，还有一些针对具体环节的规章制度和一般规范性文件。例如，2000年6月26日建设部施行的《房屋建筑工程质量保修办法》对境内新建、扩建、改建各类房屋建筑工程（包括装修工程）的质量保修进行规范。2002年12月4日建设部发布的《建设工程勘察质量管理办法》对勘察活动的质量进行监督管理，由于该办法发布时间较早，不能很好地适应不断发展的建筑市场，于是2021年1月26日住房和城乡建设部对《建设工程勘察质量管理办法》进行了大幅修改。2005年11月1日建设部施行的《建设工程质量检测管理办法》对申请从事涉及建筑物、构筑物结构安全的试块、试件以及有关材料检测的工程质量检测机构资质进行了规范，对实施建设工程质量检测活动进行监督管理，该办法于2023年发布新版。2013年12月2日，住房和城乡建设部印发了《房屋建筑和市政基础设施工程竣工验收规定》代替2000年发布的《房屋建筑工程和市政基础设施工程竣工验收暂行规定》，用以规范房屋建筑和市政基础设施工程的竣工验收。

9.2 建设工程质量责任与义务

9.2.1 概述

建设工程的质量并非哪一方的责任，也不是一方的努力就能够保障的，而是需要工程的全体参与方各在其位、各尽其责，才能落实每个环节的质量管理，从而保障最终的建筑物质量。《建筑法》规定，建筑工程勘察、设计、施工的质量必须符合国家有关建筑工程安全标准的要求。建设单位、勘察单位、设计单位、施工单位、工程监理单位依法对建设工程质量负责。县级以上人民政府住房城乡建设行政主管部门和其他有关部门应当加强对建设工程质量的监督管理。为保证工程质量，保护人民生命和财产安全，工程建设必须严格执行基本建设程序，坚持先勘察、后设计、再施工的原则。县级以上人民政府及其有关部门不得超越权限审批建设项目或者擅自简化基本建设程序。

9.2.2 建设单位的建设工程质量责任与义务

1. 合法发包

建设单位应当将工程发包给具有相应资质等级的单位。建设单位不得将建设工程肢解发包。建设单位应当依法对工程建设项目的勘察、设计、施工、监理以及与工程建设有关的重要设备、材料等的采购进行招标。

建设工程发包单位不得迫使承包方以低于成本的价格竞标，不得任意压缩合理工期。建设单位不得明示或者暗示设计单位或者施工单位违反工程建设强制性标准，降低建设工程质量。

2. 施工图设计文件审查

2000年发布的《建设工程质量管理条例》要求，施工图设计文件必须要由建设单位报县级以上人民政府建设行政主管部门或者其他有关部门审查。设计文件的审查被视作是政府把控建设工程质量的重要关口。2017年对《建设工程质量管理条例》的修订删去了这一条，但仍保留了"施工图设计文件审查的具体办法，由国务院建设行政主管部门、国务院其他有关部门制定"，并延续了"施工图设计文件未经审查批准的，不得使用"的规定。在目前的最新版（2019年修订）中同样如此。住房和城乡建设部也早在2013年就出台了《房屋建筑和市政基础设施工程施工图设计文件审查管理办法》，用以专门管理施工图设计文件审查工作，可见施工图设计文件依然是政府重点关注的质量关卡。

3. 委托监理

建设单位有义务对工程建设的全过程进行监督管理。建设单位虽未必有亲自监管工程建设的能力和技术水平，但可以委托具有相应资质的监理单位负责监理工作。实行委托监理的建设工程，建设单位应当委托具有相应资质等级的工程监理单位进行监理，也可以委托具有工程监理相应资质等级并与被监理工程的施工承包单位没有隶属关系或者其他利害关系的该工程的设计单位进行监理。

下列建设工程必须实行监理：①国家重点建设工程；②大中型公用事业工程；③成片开发建设的住宅小区工程；④利用外国政府或者国际组织贷款、援助资金的工程；⑤国家规定必须实行监理的其他工程。

建设单位在领取施工许可证或者开工报告前，应当按照国家有关规定办理工程质量监督手续。

4. 提供资料和材料设备

建设单位必须向有关勘察、设计、施工、工程监理等单位提供与建设工程有关的原始资料。建设单位必须保障原始资料真实、准确、齐全。

按照合同约定，由建设单位采购建筑材料、建筑构配件和设备的，建设单位应当保证建筑材料、建筑构配件和设备符合设计文件和合同要求。建设单位不得明示或者暗示施工单位使用不合格的建筑材料、建筑构配件和设备。

5. 依照程序变动建筑主体和承重结构

涉及建筑主体和承重结构变动的装修工程，建设单位应当在施工前委托原设计单位或者具有相应资质等级的设计单位提出设计方案；没有设计方案的，不得施工。房屋建筑使用者在装修过程中，不得擅自变动房屋建筑主体和承重结构。

6. 组织竣工验收

建设单位收到建设工程竣工报告后，应当组织设计、施工、工程监理等有关单位进行竣工验收。建设工程经验收合格的，方可交付使用。

建设工程竣工验收应当具备下列条件：

（1）完成建设工程设计和合同约定的各项内容；

（2）有完整的技术档案和施工管理资料；
（3）有工程使用的主要建筑材料、建筑构配件和设备的进场试验报告；
（4）有勘察、设计、施工、工程监理等单位分别签署的质量合格文件；
（5）有施工单位签署的工程保修书。

7. 妥善管理工程资料

建设单位应当严格按照国家有关档案管理的规定，及时收集、整理建设项目各环节的文件资料，建立、健全建设项目档案，并在建设工程竣工验收后，及时向住房城乡建设行政主管部门或者其他有关部门移交建设项目档案。

9.2.3 施工单位的建设工程质量责任与义务

1. 具备承揽工程的相应资质

施工单位应当依法取得相应等级的资质证书，并在其资质等级许可的范围内承揽工程。禁止施工单位超越本单位资质等级许可的业务范围或者以其他施工单位的名义承揽工程。禁止施工单位允许其他单位或者个人以本单位的名义承揽工程。

2. 依法分包

施工单位不得转包或者违法分包工程。总承包单位依法将建设工程分包给其他单位的，分包单位应当按照分包合同的约定对其分包工程的质量向总承包单位负责，总承包单位与分包单位对分包工程的质量承担连带责任。

3. 按图施工

施工单位必须按照工程设计图纸和施工技术标准施工，不得擅自修改工程设计，不得偷工减料。倘若施工单位在施工过程中发现设计文件和图纸有差错，有义务及时提出意见和建议。

4. 保障施工质量

施工单位对建设工程的施工质量负责。施工单位应当建立质量责任制，确定工程项目的项目经理、技术负责人和施工管理负责人。建设工程实行总承包的，总承包单位应当对全部建设工程质量负责；建设工程勘察、设计、施工、设备采购的一项或者多项实行总承包的，总承包单位应当对其承包的建设工程或者采购的设备的质量负责。

施工单位必须建立、健全施工质量的检验制度，严格工序管理，做好隐蔽工程的质量检查和记录。隐蔽工程在隐蔽前，施工单位应当通知建设单位和建设工程质量监督机构。施工人员对涉及结构安全的试块、试件以及有关材料，应当在建设单位或者工程监理单位监督下现场取样，并送具有相应资质等级的质量检测单位进行检测。

施工单位必须按照工程设计要求、施工技术标准和合同约定，对建筑材料、建筑构配件、设备和商品混凝土进行检验，检验应当有书面记录和专人签字；未经检验或者检验不合格的，不得使用。

施工单位对施工中出现质量问题的建设工程或者竣工验收不合格的建设工程，应当负责返修。

5. 职工培训

施工单位应当建立、健全教育培训制度，加强对职工的教育培训；未经教育培训或者考核不合格的人员，不得上岗作业。

9.2.4 监理单位的建设工程质量责任与义务

1. 具备相应资质

工程监理单位应当依法取得相应等级的资质证书，并在其资质等级许可的范围内承担工程监理业务。

禁止工程监理单位超越本单位资质等级许可的范围或者以其他工程监理单位的名义承担工程监理业务。禁止工程监理单位允许其他单位或者个人以本单位的名义承担工程监理业务。工程监理单位不得转让工程监理业务。

工程监理单位与被监理工程的施工承包单位以及建筑材料、建筑构配件和设备供应单位有隶属关系或者其他利害关系的，不得承担该项建设工程的监理业务。

2. 依法监督

工程监理单位应当依照法律、法规以及有关技术标准、设计文件和建设工程承包合同，代表建设单位对施工质量实施监理，并对施工质量承担监理责任。

工程监理单位应当选派具备相应资格的总监理工程师和监理工程师进驻施工现场。未经监理工程师签字，建筑材料、建筑构配件和设备不得在工程上使用或者安装，施工单位不得进行下一道工序的施工。未经总监理工程师签字，建设单位不拨付工程款，不进行竣工验收。

监理工程师应当按照工程监理规范的要求，采取旁站、巡视和平行检验等形式，对建设工程实施监理。

9.2.5 勘察、设计单位的建设工程质量责任与义务

1. 具备相应资质

从事建设工程勘察、设计的单位应当依法取得相应等级的资质证书，并在其资质等级许可的范围内承揽工程。

禁止勘察、设计单位超越其资质等级许可的范围或者以其他勘察、设计单位的名义承揽工程。禁止勘察、设计单位允许其他单位或者个人以本单位的名义承揽工程。勘察、设计单位不得转包或者违法分包所承揽的工程。

2. 保障勘察、设计文件质量

勘察、设计单位必须按照工程建设强制性标准进行勘察、设计，并对其勘察、设计的质量负责。注册建筑师、注册结构工程师等注册执业人员应当在设计文件上签字，对设计文件负责。

勘察单位提供的地质、测量、水文等勘察成果必须真实、准确。设计单位应当根据勘察成果文件进行建设工程设计。设计文件应当符合国家规定的设计深度要求，注明工程合理使用年限。

3. 采用合法合规材料

设计单位在设计文件中选用的建筑材料、建筑构配件和设备，应当注明规格、型号、性能等技术指标，其质量要求必须符合国家规定的标准。除有特殊要求的建筑材料、专用设备、工艺生产线等外，设计单位不得指定生产厂、供应商。

4. 图纸交底并辅助事故分析

设计单位应当就审查合格的施工图设计文件向施工单位作出详细说明。设计单位应当参与建设工程质量事故分析，并对因设计造成的质量事故，提出相应的技术处理方案。

9.2.6 违背法定质量责任与义务的处罚

1. 建设单位

涉及建筑主体或者承重结构变动的装修工程，没有设计方案擅自施工的，责令改正，处 50 万元以上 100 万元以下的罚款；房屋建筑使用者在装修过程中擅自变动房屋建筑主体和承重结构的，责令改正，处 5 万元以上 10 万元以下的罚款。

建设单位有下列行为之一的，责令改正，处 20 万元以上 50 万元以下的罚款：
（1）迫使承包方以低于成本的价格竞标的；
（2）任意压缩合理工期的；
（3）明示或者暗示设计单位或者施工单位违反工程建设强制性标准，降低工程质量的；
（4）施工图设计文件未经审查或者审查不合格，擅自施工的；
（5）建设项目必须实行工程监理而未实行工程监理的；
（6）未按照国家规定办理工程质量监督手续的；
（7）明示或者暗示施工单位使用不合格的建筑材料、建筑构配件和设备的；
（8）未按照国家规定将竣工验收报告、有关认可文件或者准许使用文件报送备案的。

建设单位有下列行为之一的，责令改正，处工程合同价款 2% 以上 4% 以下的罚款；造成损失的，依法承担赔偿责任：
（1）未组织竣工验收，擅自交付使用的；
（2）验收不合格，擅自交付使用的；
（3）对不合格的建设工程按照合格工程验收的。

建设工程竣工验收后，建设单位未向住房城乡建设行政主管部门或者其他有关部门移交建设项目档案的，责令改正，处 1 万元以上 10 万元以下的罚款。

2. 施工单位

施工单位在施工中偷工减料的，使用不合格的建筑材料、建筑构配件和设备的，或者有不按照工程设计图纸或者施工技术标准施工的其他行为的，责令改正，处工程合同价款 2% 以上 4% 以下的罚款；造成建设工程质量不符合规定的质量标准的，负责返工、修理，并赔偿因此造成的损失；情节严重的，责令停业整顿，降低资质等级或者吊销资质证书。

施工单位未对建筑材料、建筑构配件、设备和商品混凝土进行检验，或者未对涉及结构安全的试块、试件以及有关材料取样检测的，责令改正，处 10 万元以上 20 万元以下的罚款；情节严重的，责令停业整顿，降低资质等级或者吊销资质证书；造成损失的，依法承担赔偿责任。

施工单位不履行保修义务或者拖延履行保修义务的，责令改正，处 10 万元以上 20 万元以下的罚款，并对在保修期内因质量缺陷造成的损失承担赔偿责任。

3. 勘察、设计单位

勘察、设计单位有下列行为之一的，责令改正，处 10 万元以上 30 万元以下的罚款：
（1）勘察单位未按照工程建设强制性标准进行勘察的；
（2）设计单位未根据勘察成果文件进行工程设计的；
（3）设计单位指定建筑材料、建筑构配件的生产厂、供应商的；
（4）设计单位未按照工程建设强制性标准进行设计的。

若勘察、设计单位的上述行为造成工程质量事故的，责令停业整顿，降低资质等级；情节严重的，吊销资质证书；造成损失的，依法承担赔偿责任。

4. 监理单位

工程监理单位与被监理工程的施工承包单位以及建筑材料、建筑构配件和设备供应单位有隶属关系或者其他利害关系承担该项建设工程的监理业务的，责令改正，处 5 万元以上 10 万元以下的罚款，降低资质等级或者吊销资质证书；有违法所得的，予以没收。

工程监理单位有下列行为之一的，责令改正，处 50 万元以上 100 万元以下的罚款，降低资质等级或者吊销资质证书；有违法所得的，予以没收；造成损失的，承担连带赔偿责任：

（1）与建设单位或者施工单位串通，弄虚作假、降低工程质量的；
（2）将不合格的建设工程、建筑材料、建筑构配件和设备按照合格签字的。

5. 专业人员与管理人员

注册建筑师、注册结构工程师、监理工程师等注册执业人员因过错造成质量事故的，责令停止执业 1 年；造成重大质量事故的，吊销执业资格证书，5 年以内不予注册；情节特别恶劣的，终身不予注册。

建设单位、设计单位、施工单位、工程监理单位违反国家规定，降低工程质量标准，造成重大安全事故，构成犯罪的，对直接责任人员依法追究刑事责任。

若因违法违规行为导致单位受到罚款处罚的，对单位直接负责的主管人员和其他直接责任人员处单位罚款数额 5% 以上 10% 以下的罚款。

建设、勘察、设计、施工、工程监理单位的工作人员因调动工作、退休等原因离开该单位后，被发现在该单位工作期间违反国家有关建设工程质量管理规定，造成重大工程质量事故的，仍应当依法追究法律责任。

6. 其他相关单位

供水、供电、供气、公安消防等部门或者单位明示或者暗示建设单位或者施工单位购买其指定的生产供应单位的建筑材料、建筑构配件和设备的，责令改正。

国家机关工作人员在建设工程质量监督管理工作中玩忽职守、滥用职权、徇私舞弊，构成犯罪的，依法追究刑事责任；尚不构成犯罪的，依法给予行政处分。

9.3 建设工程质量监督体系

9.3.1 概述

建设工程质量的保障除却各参与方的共同努力、各尽其责之外，国家和行业的监督也不可或缺。一方面，需要建立健全完善的质量认证体系。另一方面，需要落实并强化质量监督机制。严肃查处违反质量相关法律法规、造成工程质量事故的相关企业与个人，加大质量责任追究的力度，使从事建筑活动的企业与个人不敢轻视质量责任。

在传统的质量监督体系建设之外，也要与时俱进，推进信用平台建设。住房和城乡建设部发布的《关于完善质量保障体系提升建筑工程品质指导意见的通知》中提到，要加强信息归集，健全违法违规行为记录制度，及时公示相关市场主体的行政许可、行政处罚、抽查检查结果等信息，并与国家企业信用信息公示系统、全国信用信息共享平台等实现数据共享交换。建立建筑市场主体黑名单制度，对违法违规的市场主体实施联合惩戒，将工程质量违法违规等记录作为企业信用评价的重要内容。

9.3.2 质量认证体系

1. 国内质量认证体系建设

为了加强对产品质量的监督管理，提高产品质量水平，明确产品质量责任，保护消费者的合法权益，维护社会经济秩序，早在1991年，国务院就发布了《产品质量认证管理条例》，后于1993年颁布了《中华人民共和国产品质量法》（以下简称《产品质量法》），并分别在2000年、2009年和2018年依据实际国情对《产品质量法》进行了修订。凡在中华人民共和国境内从事产品生产、销售活动的，均需遵从《产品质量法》。建设工程虽不适用《产品质量法》规定，但建设工程使用的建筑材料、建筑构配件和设备依然属于《产品质量法》规定的产品范围，适用其规定。2003年，国务院第18次常务会议通过了《中华人民共和国认证认可条例》（以下简称《认证认可条例》），《产品质量认证管理条例》同时废止。《认证认可条例》曾于2016年和2020年两度修订。

我国的质量认证体系由《产品质量法》和《认证认可条例》规定的企业质量体系认证制度和产品质量认证制度组成。

国家根据国际通用的质量管理标准，推行企业质量体系认证制度。企业根据自愿原则可以向国务院市场监督管理部门认可的或者国务院市场监督管理部门授权的部门认可的认证机构申请企业质量体系认证。经认证合格的，由认证机构颁发企业质量体系认证证书。

国家参照国际先进的产品标准和技术要求，推行产品质量认证制度。企业根据自愿原则可以向国务院市场监督管理部门认可的或者国务院市场监督管理部门授权的部门认可的认证机构申请产品质量认证。经认证合格的，由认证机构颁发产品质量认证证书，准许企业在产品或者其包装上使用产品质量认证标志。

自愿原则是指企业可自由选择是否申请质量认证。如申请，企业可自由选择受国家认可的认证机构，不存在部门和地方的限制。企业为了提高自身和产品的市场竞争力，往往会自愿申请质量认证。当然，不受国家强制要求认证的产品，即使不进行质量认证也不会影响产品正常进入市场。

除自愿认证之外，我国还对部分影响人身安全、健康或其他法律法规规定的特殊情形进行强制认证要求。强制性产品认证制度由《强制性产品认证管理规定》进行具体规范。我国于2001年首次公布了《强制性产品认证管理规定》，建立起中国强制性产品认证（China Compulsory Certification，CCC），即"3C"认证。2009年，国家质量监督检验检疫总局出台了新的《强制性产品认证管理规定》，2022年国家市场监督管理总局对该规定进行了修订。自2002年5月1日起，国家认证认可监督管理委员会开始受理列入强制性产品目录的产品认证申请。目前强制性产品目录共有22大类157种产品，包括电线电缆、建筑用安全玻璃、装饰装修产品等。"3C"认证是我国认证体系与国际标准接轨的里程碑，它按照世贸组织有关协议和国际通行规则，结合我国法律法规进行编撰，对国内产品打开国外市场具有重要意义。需要注意的是"3C"认证代表的是产品基础安全质量合格，而非使用性能的质量认证。

《认证认可条例》规定，国家对必须经过认证的产品，统一产品目录，统一技术规范的强制性要求、标准和合格评定程序，统一标志，统一收费标准。统一的产品目录由国务院认证认可监督管理部门会同国务院有关部门制定、调整，由国务院认证认可监督管理部门发布，并会同有关方面共同实施。列入目录的产品，必须经国务院认证认可监督管理部门指定的认证机构进行认证。

国务院认证认可监督管理部门指定的从事列入目录产品认证活动的认证机构以及与认证有关的实验室（以下简称指定的认证机构、实验室），应当是长期从事相关业务、无不良记录，且已经依照《认证认可条例》的规定取得认可、具备从事相关认证活动能力的机构。国务院认证认可监督管理部门指定从事列入目录产品认证活动的认证机构，应当确保在每一列入目录产品领域至少指定两家符合《认证认可条例》规定条件的机构。

国务院认证认可监督管理部门指定上述规定的认证机构、实验室，应当事先公布有关信息，并组织在相关领域公认的专家组成专家评审委员会，对符合上述规定要求的认证机构、实验室进行评审；经评审并征求国务院有关部门意见后，按照资源合理利用、公平竞争和便利、有效的原则，在公布的时间内作出决定。

国务院认证认可监督管理部门应当公布指定的认证机构、实验室名录及指定的业务范围。未经指定的认证机构、实验室不得从事列入目录产品的认证以及与认证有关的检查、检测活动。

针对建筑行业，《建筑法》明确规定，国家对从事建筑活动的单位推行质量体系认证制度。从事建筑活动的单位根据自愿原则可以向国务院产品质量监督管理部门或者国务院产品质量监督管理部门授权的部门认可的认证机构申请质量体系认证。经认证合格的，由认证机构颁发质量体系认证证书。建筑工程勘察、设计、施工的质量必须符合国家有关建筑工程安全标准的要求。虽然《建筑法》中对此的规定是企业自愿采用质量认证体系，但自招标投标体制推行以来，建筑行业市场竞争加剧，企业基本上都主动申请质量认证以提高自身在竞标中的竞争力，而且绝大多数情况下招标单位都会要求投标单位具有健全的质量保证。因此，建筑行业的质量认证体系也在市场需求的推动下迅速建立起来。

2. 我国现行质量标准

我国市场目前常用的质量标准包括国际标准、国家标准、行业标准和企业标准等。

（1）国际标准

国际标准是指国际标准化组织（ISO）等国际组织制定的质量标准，这些标准在世界各国的市场上都备受认可。国际标准化组织成立于1947年，是目前世界上最大、最权威的国际标准化组织，现有165个成员（包括国家和地区），已经发布了超过17000个国际标准。中国于1978年加入ISO，在2008年10月的第31届国际化标准组织大会上，中国正式成为ISO的常任理事国。

ISO质量体系标准包括ISO9000、ISO9001、ISO9004。ISO9000标准明确了质量管理和质量保证体系，适用于生产型及服务型企业。ISO9001标准为审核质量管理和质量保证体系提供了指导方针。ISO9004标准以八项质量管理原则为基础，帮助组织有效满足客户及其相关方的需求和期望，从而改进组织业绩。

（2）国家标准

国家标准是在我国范围内规范统一的要求，由国务院标准化行政主管部门制订。为了使产品质量标准与国际同轨，从1993年起，我国实施等同采用ISO9000系列标准，编号为：GB/T 19000—ISO9000系列，其技术内容和编写方法与ISO9000系列相同。最新实施的国家质量标准包括：《质量管理 项目质量管理指南》GB/T 19016—2021、《质量管理 质量计划指南》GB/T 19015—2021、《质量管理 顾客满意 组织行为规范指南》GB/T 19010—2021。

(3) 行业标准

行业标准是在该行业内规范统一的要求，由国务院有关行政主管部门制定并报国务院标准行政主管部门备案。当某些产品没有国家标准而又需要在全国某个行业范围内有统一的技术要求，则可以制定行业标准。

(4) 企业标准

企业标准只在某一企业内部进行规范统一要求，由企业自行制定，但须报当地政府标准化行政主管部门和有关行政主管部门备案。企业标准主要针对企业生产的产品没有国家标准和行业标准的，已有国家标准或者行业标准的，国家鼓励企业制定严于国家标准或者行业标准的企业标准。企业标准只能在企业内部适用。

9.3.3 建设工程质量的监督管理

1. 质量监督机构

国务院住房城乡建设行政主管部门对全国的建设工程质量实施统一监督管理。国务院铁路、交通、水利等有关部门按照国务院规定的职责分工，负责对全国的有关专业建设工程质量的监督管理。县级以上地方人民政府住房城乡建设行政主管部门对本行政区域内的建设工程质量实施监督管理。县级以上地方人民政府交通、水利等有关部门在各自的职责范围内，负责对本行政区域内的专业建设工程质量的监督管理。

国务院发展改革部门按照国务院规定的职责，组织稽察特派员，对国家出资的重大建设项目实施监督检查。国务院经济贸易主管部门按照国务院规定的职责，对国家重大技术改造项目实施监督检查。

国务院住房城乡建设行政主管部门和国务院铁路、交通、水利等有关部门应当加强对有关建设工程质量的法律、法规和强制性标准执行情况的监督检查。县级以上地方人民政府住房城乡建设行政主管部门和其他有关部门应当加强对有关建设工程质量的法律、法规和强制性标准执行情况的监督检查。

建设工程质量监督管理，可以由住房城乡建设行政主管部门或者其他有关部门委托的建设工程质量监督机构具体实施。从事房屋建筑工程和市政基础设施工程质量监督的机构，必须按照国家有关规定经国务院住房城乡建设行政主管部门或者省、自治区、直辖市人民政府住房城乡建设行政主管部门考核；从事专业建设工程质量监督的机构，必须按照国家有关规定经国务院有关部门或者省、自治区、直辖市人民政府有关部门考核。经考核合格后，方可实施质量监督。

县级以上人民政府住房城乡建设行政主管部门和其他有关部门履行监督检查职责时，有权采取下列措施：

(1) 要求被检查的单位提供有关工程质量的文件和资料；

(2) 进入被检查单位的施工现场进行检查；

(3) 发现有影响工程质量的问题时，责令改正。

2. 监督管理程序与内容

我国各地设有建筑工程质量监督检测中心站，主要工作就是对当地工程建设质量进行全程监督管理。质监站的检查与企业内部质量检查并不可相互替代。施工过程中日常检查由企业完成，但最终建筑质量等级的认定由质监站来进行。因此，为了提高工程质量，即使有质监站存在，企业自检也不应懈怠。

在工程开工前，质监站有义务依法审核工程的勘察设计与施工单位是否具有勘察设计证书和营业执照；是否符合核定的营业范围。凡未经质监站核查或核查不符合要求的，均不得发给开工执照。质监站还需对施工图纸进行安全、防火、卫生等方面的核查，并检查施工现场的安全生产条件，以保证其符合相应标准要求。

在施工中，质监站应当按计划对工程质量进行抽检，重点关注房屋建筑的地基基础、主体结构、安全性能等。

工程完成后，建设单位应当自建设工程竣工验收合格之日起15日内，将建设工程竣工验收报告和规划、公安消防、环保等部门出具的认可文件或者准许使用文件报住房城乡建设行政主管部门或者其他有关部门备案。住房城乡建设行政主管部门或者其他有关部门发现建设单位在竣工验收过程中有违反国家有关建设工程质量管理规定行为的，责令停止使用，重新组织竣工验收。在验收之后，质监站将对工程质量等级进行核验。

建设工程发生质量事故，有关单位应当在24小时内向当地住房城乡建设行政主管部门和其他有关部门报告。对重大质量事故，事故发生地的住房城乡建设行政主管部门和其他有关部门应当按照事故类别和等级向当地人民政府和上级住房城乡建设行政主管部门及其他有关部门报告。特别重大质量事故的调查程序按照国务院有关规定办理。

任何单位和个人对建设工程的质量事故、质量缺陷都有权检举、控告、投诉。

9.3.4 建设工程质量的检测制度

建设工程质量检测，是指在新建、扩建、改建房屋建筑和市政基础设施工程活动中，建设工程质量检测机构（以下简称检测机构）接受委托，依据国家有关法律、法规和标准，对建设工程涉及结构安全、主要使用功能的检测项目，进入施工现场的建筑材料、建筑构配件、设备，以及工程实体质量等进行的检测。

1. 质量检测机构的资质

质量检测机构应是具有独立法人资格的企业、事业单位，或者依法设立的合伙企业，并具备相应的人员、仪器设备、检测场所、质量保证体系等条件。检测机构从事相关质量检测业务，应当依据《建设工程质量检测管理办法》取得相应的资质证书。检测机构资质按照其承担的检测业务内容分为综合类资质和专项类资质。未取得相应的资质证书的，不得承担质量检测业务。

申请检测机构资质应当向登记地所在省、自治区、直辖市人民政府住房城乡建设主管部门提交检测机构资质申请表、主要检测仪器与设备清单、检测场所不动产权属证书或者租赁合同、技术人员的职称证书、检测机构管理制度以及质量控制措施。

资质许可机关受理申请后，应当进行材料审查和专家评审，在20个工作日内完成审查并作出书面决定。对符合资质标准的，自作出决定之日起10个工作日内颁发检测机构资质证书，并报国务院住房城乡建设主管部门备案。专家评审时间不计算在资质许可期限内。

检测机构资质证书实行电子证照，由国务院住房城乡建设主管部门制定格式。资质证书有效期为5年。检测机构需要延续资质证书有效期的，应当在资质证书有效期届满30个工作日前向资质许可机关提出资质延续申请。对符合资质标准且在资质证书有效期内无

《建设工程质量检测管理办法》第三十条规定行为的检测机构，经资质许可机关同意，有效期延续5年。

检测机构在资质证书有效期内名称、地址、法定代表人等发生变更的，应当在办理营业执照或者法人证书变更手续后30个工作日内办理资质证书变更手续。资质许可机关应当在2个工作日内办理完毕。若检测机构检测场所、技术人员、仪器设备等事项发生变更影响其符合资质标准的，提出资质重新核定申请的时间限制也是30个工作日内，但资质许可机关完成审查的时间延长为20个工作日内，以确保审核准确，资质许可机关应对变更作出书面决定。

检测机构取得检测机构资质后，不再符合相应资质标准的，资质许可机关应当责令其限期整改并向社会公开。检测机构完成整改后，应当向资质许可机关提出资质重新核定申请。重新核定符合资质标准前出具的检测报告不得作为工程质量验收资料。

2. 质量检测程序

建设单位委托检测机构开展建设工程质量检测活动的，施工人员应当在建设单位或者监理单位的见证人员监督下现场取样。见证人员应当制作见证记录，记录取样、制样、标识、封志、送检以及现场检测等情况，并签字确认。提供检测试样的单位和个人，应当对检测试样的符合性、真实性及代表性负责。检测试样应当具有清晰的、不易脱落的唯一性标识、封志。

现场检测或者检测试样送检时，应当由检测内容提供单位、送检单位等填写委托单。委托单应当由送检人员、见证人员等签字确认。检测机构接收检测试样时，应当对试样状况、标识、封志等符合性进行检查，确认无误后方可进行检测。

检测报告经检测人员、审核人员、检测机构法定代表人或者其授权的签字人等签署，并加盖检测专用章后方可生效。检测报告中应当包括检测项目代表数量（批次）、检测依据、检测场所地址、检测数据、检测结果、见证人员单位及姓名等相关信息。检测结果利害关系人对检测结果存在争议的，可以委托共同认可的检测机构复检。非建设单位委托的检测机构出具的检测报告不得作为工程质量验收资料。

任何单位和个人不得明示或者暗示检测机构出具虚假检测报告，不得篡改或者伪造检测报告。建设、施工、监理等单位如有此类行为，由县级以上地方人民政府住房城乡建设主管部门责令改正，处3万元以上10万元以下罚款；造成危害后果的，处10万元以上20万元以下罚款；构成犯罪的，依法追究刑事责任。

3. 质量检测制度的监督

县级以上人民政府住房城乡建设主管部门应当对检测机构实行动态监管，通过"双随机、一公开"等方式开展监督检查。在实施监督检查时，有权采取下列措施：

（1）进入建设工程施工现场或者检测机构的工作场地进行检查、抽测；
（2）向检测机构、委托方、相关单位和人员询问、调查有关情况；
（3）对检测人员的建设工程质量检测知识和专业能力进行检查；
（4）查阅、复制有关检测数据、影像资料、报告、合同以及其他相关资料；
（5）组织实施能力验证或者比对试验；
（6）法律、法规规定的其他措施。

建立监管信息系统与信用管理制度。县级以上地方人民政府住房城乡建设主管部门应当加强对建设工程质量检测活动的监督管理,建立建设工程质量检测监管信息系统,提高信息化监管水平。县级以上地方人民政府住房城乡建设主管部门应当依法将建设工程质量检测活动相关单位和人员受到的行政处罚等信息予以公开,建立信用管理制度,实行守信激励和失信惩戒。县级以上地方人民政府住房城乡建设主管部门对检测机构实施行政处罚的,应当自行政处罚决定书送达之日起 20 个工作日内告知检测机构的资质许可机关和违法行为发生地省、自治区、直辖市人民政府住房城乡建设主管部门。

9.3.5 建筑材料的质量监督制度

建筑材料的质量是建筑工程质量的基石,不合格的建筑材料会给工程建设过程和后续使用埋下安全事故的隐患,威胁人民群众的生命财产安全。

1. 建筑材料生产许可制度

为了保证直接关系公共安全、人身健康、生命财产安全的重要工业产品的质量安全,国务院于 2005 年发布了《中华人民共和国工业产品生产许可证管理条例》,并于 2023 年进行了修订,对生产重要工业产品的企业实行生产许可证制度。国务院工业产品生产许可证主管部门会同国务院有关部门制定,并在征求消费者协会和相关产品行业协会的意见之后,公布了实行生产许可证制度的工业产品目录。建筑业作为关系社会民生与经济发展的重要行业,水泥、钢筋、防水卷材、耐火材料等关键的建筑材料自然也位列目录之中。

随着市场化的发展,国家逐渐提倡管理下放、缩减行政程序,分别在 2017 年、2018 年和 2019 年对原定工业产品目录进行了逐步调整,取消了大部分产品的生产许可制度并简化了生产许可证审批程序。但同时国家也要求加大对取消生产许可证管理产品的监督抽查力度,扩大监督抽查覆盖面,增加抽查频次,依法及时公开抽查信息,加大对不合格产品的查处力度。继续实施许可证管理的产品目前已减少至 10 类,但水泥和建筑用钢筋仍在目录之中,可见建筑材料的质量仍然是国家和社会关注的重点。

2. 建筑材料产品质量认证制度

我国对重要的建筑材料、设备采用产品质量认证制度,经认证合格的,认证机构将颁发质量认证证书,企业可在产品或其包装上使用质量认证标志。对于部分取消生产许可证制度的产品,考虑到涉及安全、健康、环保,国家将其转为强制性产品认证管理。

3. 建筑材料进场检验制度

建筑材料、设备在进入施工现场时需要进行进场检验,质量不合格的,不可以使用。建筑材料的使用应当严格遵守"先检后用"原则,做到"谁使用谁负责、谁验收谁负责、谁签字谁负责"。建设单位、施工单位和监理单位都要严把建筑材料关卡。建设单位不得暗示或明示采用不合格的建筑材料;施工单位采购材料时必须保障材料的合格、合规、合约,对不合格的材料应当及时清退;监理单位应当对建筑材料的质量证明材料进行审核,并对进场检验进行全程见证并记录。

虽然针对建筑材料进场检验制度暂无国家层面的具体法律法规,但各省市都十分重视并作了相应要求。广州市在 2010 年印发了《广州市建设工程材料进场检验管理规定》;浙江省住房和城乡建设厅在 2021 年发布了《关于进一步加强建筑工程进场建筑材料质量管理的通知》,强调了建筑材料质量管理工作的重要性;温州市住房和城乡建设局在 2021 年发布了《关于进一步做好我市建筑工程进场建筑材料质量管理的通知》,明确了关键建筑材料进场检验要求。

9.4 建设后质量保证制度

9.4.1 概述

依据《建筑法》规定,我国建设工程实行质量保修制度。建筑物在合理使用寿命内,必须确保地基基础工程和主体结构的质量。在竣工验收环节中必不可少的一项资料就是由施工单位提供的工程质量保修书。对于建设工程完工交付后缺陷责任期内产生的质量缺陷,应当依据法律和合同保修条款约定进行返修并赔偿经济损失。缺陷是指建设工程质量不符合工程建设强制性标准、设计文件,以及承包合同的约定。缺陷责任期一般为1年,最长不超过2年,由发承包双方在合同中约定。

在《建筑法》和《建设工程质量管理条例》中都对保修制度与相关责任的划分进行了规定,同时住房和城乡建设部和财政部还发布了《建设工程质量保证金管理办法》,用以规范质量保证金制度的施行程序。

9.4.2 竣工验收

竣工验收是工程建设的最后一道程序,也是工程正式转入使用阶段的标志,是对建筑质量和安全的重要检验环节。《建设工程质量管理条例》规定,建设单位收到建设工程竣工报告后,应当组织设计、施工、工程监理等有关单位进行竣工验收。竣工验收的目的是为了确认建筑物是否达到了国家规定和合同要求的质量水平以及是否符合规划设计要求。

依据《最高人民法院关于审理建设工程施工合同纠纷案件适用法律问题的解释(一)》(法释〔2020〕25号)第十四条规定,"建设工程未经竣工验收,发包人擅自使用后,又以使用部分质量不符合约定为由主张权利的,人民法院不予支持;但是承包人应当在建设工程的合理使用寿命内对地基基础工程和主体结构质量承担民事责任"。

工程竣工验收应当按以下程序进行:

(1) 工程完工后,施工单位向建设单位提交工程竣工报告,申请工程竣工验收。实行监理的工程,工程竣工报告须经总监理工程师签署意见。

(2) 建设单位收到工程竣工报告后,对符合竣工验收要求的工程,组织勘察、设计、施工、监理等单位组成验收组,制订验收方案。对于重大工程和技术复杂工程,根据需要可邀请有关专家参加验收组。

(3) 建设单位应当在工程竣工验收7个工作日前将验收的时间、地点及验收组名单书面通知负责监督该工程的工程质量监督机构。

(4) 建设、勘察、设计、施工、监理单位分别汇报工程合同履约情况和在工程建设各个环节执行法律、法规和工程建设强制性标准的情况。

(5) 审阅建设、勘察、设计、施工、监理单位的工程档案资料。

(6) 实地查验工程质量。

(7) 对工程勘察、设计、施工、设备安装质量和各管理环节等方面作出全面评价,形成经验收组人员签署的工程竣工验收意见。

参与工程竣工验收的建设、勘察、设计、施工、监理等各方不能形成一致意见时,应当协商提出解决的方法,待意见一致后,重新组织工程竣工验收。

工程竣工验收合格后,建设单位应当及时提出工程竣工验收报告。工程竣工验收报告主要包括工程概况，建设单位执行基本建设程序情况，对工程勘察、设计、施工、监理等方面的评价，工程竣工验收时间、程序、内容和组织形式，工程竣工验收意见等内容。

建筑工程竣工时，屋顶、墙面不得留有渗漏、开裂等质量缺陷；对已发现的质量缺陷，建筑施工企业应当修复。交付竣工验收的建筑工程，必须符合规定的建筑工程质量标准，有完整的工程技术经济资料和经签署的工程保修书，并具备国家规定的其他竣工条件。建筑工程竣工经验收合格后，方可交付使用；未经验收或者验收不合格的，不得交付使用。

9.4.3 保修制度

建筑物是一类特殊的商品，具有耐久性。为了保障使用者的安全并尽可能延长建筑的使用寿命，使投资收益最大化，在竣工验收时发现的质量问题必须经过修复达到可交付的标准才能通过验收；在交付后一段时间内逐渐暴露出来的质量问题，施工企业需要依法承担保修责任。质量保修制度就是由施工单位对工程交付使用后约定期限内发现的工程质量缺陷承担修复责任的制度。依据《最高人民法院关于审理建设工程施工合同纠纷案件适用法律问题的解释（一）》（法释〔2020〕25号）第十二条规定，"因承包人的过错造成建设工程质量不符合约定，承包人拒绝修理、返工或者改建，发包人请求减少支付工程价款的，人民法院应予支持"。

建设工程承包单位在向建设单位提交工程竣工验收报告时，应当向建设单位出具质量保修书。质量保修书是施工单位提供给建设单位和使用者的质量保修责任的书面承诺。质量保修书中应当明确建设工程的保修范围、保修期限和保修责任等。

1. 保修范围

建筑工程的保修范围应当包括地基基础工程、主体结构工程、屋面防水工程和其他土建工程，以及电气管线、上下水管线的安装工程，供热、供冷系统工程等项目；保修的期限应当按照保证建筑物合理寿命年限内正常使用，维护使用者合法权益的原则确定。具体的保修范围和最低保修期限由国务院规定。

2. 保修期限

建设工程的保修期，自竣工验收合格之日起计算。在正常使用条件下，建设工程的最低保修期限为：

（1）基础设施工程、房屋建筑的地基基础工程和主体结构工程，为设计文件规定的该工程的合理使用年限；

（2）屋面防水工程、有防水要求的卫生间、房间和外墙面的防渗漏，为5年；

（3）供热与供冷系统，为2个采暖期、供冷期；

（4）电气管线、给水排水管道、设备安装和装修工程，为2年。

其他项目的保修期限由发包方与承包方约定。

建设工程在超过合理使用年限后需要继续使用的，产权所有人应当委托具有相应资质等级的勘察、设计单位鉴定，并根据鉴定结果采取加固、维修等措施，重新界定使用期。

3. 经济责任

依据《建设工程质量管理条例》规定，建设工程在保修范围和保修期限内发生质量问题的，施工单位应当履行保修义务，并对造成的损失承担赔偿责任。因此，无论何种原因导致的质量问题，承包方都负有法定的保修义务，但保修费用和因此造成的损失应该由责任方承担。《最高人民法院关于审理建设工程施工合同纠纷案件适用法律问题的解释（一）》（法释〔2020〕25号）中对此进行了说明：因保修人未及时履行保修义务，导致建筑物毁损或者造成人身损害、财产损失的，保修人应当承担赔偿责任。保修人与建筑物所有人或者发包人对建筑物毁损均有过错的，各自承担相应的责任。

质量缺陷的赔偿依据问题发生的原因而对不同主体追究经济责任，如：

（1）设计原因：因设计不合理等情况导致的质量缺陷，由设计单位承担经济责任。施工单位负责具体维修工作，建设单位再按照相关规定向设计单位索赔维修费用，不足部分由建设单位负责。

（2）施工原因：因施工单位未按国家相关规定、标准或设计要求施工而导致的质量缺陷，由施工单位负责返修并承担经济责任。

（3）材料设备原因：因建筑材料、构配件或设备质量不合格导致的质量缺陷分为两种情况：一是由建设单位负责采购的，由建设单位自行承担经济责任；二是由施工单位负责采购或经其验收同意采用的，由施工单位承担经济责任。

（4）使用不当原因：因使用单位使用不当造成的质量缺陷，由使用单位自行负责。

（5）不可抗力原因：因地震、海啸、洪水、台风等不可抗力因素导致的质量缺陷，一般由业主自行承担，不存在对某个主体进行经济责任的追究。

9.4.1 质量保证金制度

为了提高施工单位对工程质量的关注，我国施行质量保证金制度。质量保证金亦称为质量保修金，是指发包人与承包人在建设工程承包合同中约定，从应付的工程款中预留，用以保证承包人在缺陷责任期内对建设工程出现的缺陷进行维修的资金。目前建筑业中推行银行保函制度，承包人可以银行保函替代预留保证金。

发包人应当在招标文件中明确保证金预留、返还等内容，并与承包人在合同条款中对涉及保证金的下列事项进行约定：

（1）保证金预留、返还方式；

（2）保证金预留比例、期限；

（3）保证金是否计付利息，如计付利息，利息的计算方式；

（4）缺陷责任期的期限及计算方式；

（5）保证金预留、返还及工程维修质量、费用等争议的处理程序；

（6）缺陷责任期内出现缺陷的索赔方式；

（7）逾期返还保证金的违约金支付办法及违约责任。

1. 保证金的管理

缺陷责任期内，实行国库集中支付的政府投资项目，保证金的管理应按国库集中支付的有关规定执行。其他政府投资项目，保证金可以预留在财政部门或发包方。缺陷责任期内，如发包方被撤销，保证金随交付使用资产一并移交使用单位管理，由使用单位代行发包人职责。

社会投资项目采用预留保证金方式的，发承包双方可以约定将保证金交由第三方金融机构托管。

2. 保证金的提取

发包人应按照合同约定方式预留保证金，保证金总预留比例不得高于工程价款结算总额的 3%。合同约定由承包人以银行保函替代预留保证金的,保函金额不得高于工程价款结算总额的 3%。

在工程项目竣工前,已经缴纳履约保证金的,发包人不得同时预留工程质量保证金。采用工程质量保证担保、工程质量保险等其他保证方式的,发包人不得再预留保证金。

3. 保证金的用途

缺陷责任期内,由承包人原因造成的缺陷,承包人应负责维修,并承担鉴定及维修费用。如承包人不维修也不承担费用,发包人可按合同约定从保证金或银行保函中扣除,费用超出保证金额的,发包人可按合同约定向承包人进行索赔。承包人维修并承担相应费用后,不免除对工程的损失赔偿责任。由他人原因造成的缺陷,发包人负责组织维修,承包人不承担费用,且发包人不得从保证金中扣除费用。

缺陷责任期从工程通过竣工验收之日起计。由于承包人原因导致工程无法按规定期限进行竣工验收的,缺陷责任期从实际通过竣工验收之日起计。由于发包人原因导致工程无法按规定期限进行竣工验收的,在承包人提交竣工验收报告 90 天后,工程自动进入缺陷责任期。

4. 保证金的返还

缺陷责任期内,承包人认真履行合同约定的责任,到期后,承包人向发包人申请返还保证金。发包人在接到承包人返还保证金的申请后,应于 14 天内会同承包人按照合同约定的内容进行核实。如无异议,发包人应当按照约定将保证金返还给承包人。对返还期限没有约定或者约定不明确的,发包人应当在核实后 14 天内将保证金返还承包人,逾期未返还的,依法承担违约责任。发包人在接到承包人返还保证金申请后 14 天内不予答复,经催告后 14 天内仍不予答复,视同认可承包人的返还保证金申请。

9.4.5 损害责任

建筑物质量缺陷得不到及时的修复处理就可能引发建筑倒塌等情况,导致使用者或第三方的生命财产安全受到损害。《民法典》第一千二百五十二条规定,建筑物、构筑物或者其他设施倒塌、塌陷造成他人损害的,由建设单位与施工单位承担连带责任,但是建设单位与施工单位能够证明不存在质量缺陷的除外。建设单位、施工单位赔偿后,有其他责任人的,有权向其他责任人追偿。因所有人、管理人、使用人或者第三人的原因,建筑物、构筑物或者其他设施倒塌、塌陷造成他人损害的,由所有人、管理人、使用人或者第三人承担侵权责任。

《最高人民法院关于审理建设工程施工合同纠纷案件适用法律问题的解释(一)》(法释〔2020〕25 号)第十八条规定,"因保修人未及时履行保修义务,导致建筑物毁损或者造成人身、财产损失的,保修人应当承担赔偿责任。保修人与建筑物所有人或者发包人对建筑物毁损均有过错的,各自承担相应的责任"。

考虑到建设工程质量与一般产品质量有所不同,它关系到人民的生命安全和财产安全、社会资源的合理利用和整个社会的效率,因此建设工程质量的规定不适用于主要针对一般产品的《产品质量法》,而单独适用《建设工程质量管理条例》。但损害责任的合理赔偿在《产品质量法》中可以得到一定的支持,《产品质量法》第四十三条规定,因产品存在缺陷造成人身、他人财产损害的,受害人可以向产品的生产者要求赔偿,也可以向产品的销售者要求赔偿。属于产品生产者的责任,产品销售者赔偿的,产品销售者有权向产品生产者追偿。属于产品销售者的责任，产品生产者赔偿的，产品生产者有权向产品销售者追偿。

9.5 案例分析

9.5.1 质量责任辨原因，司法鉴定来帮忙

上诉人（一审原告）：满洲里市 A 经贸有限责任公司（以下简称 A 公司）

上诉人（一审被告）：满洲里市 B 房屋住宅建筑有限责任公司（以下简称 B 公司）

一、基本案情

A 公司与 B 公司在 2003 年 6 月 26 日签订《建设工程施工合同》，约定 B 公司承建 A 公司建设的满洲里市××木材经营加工厂工程。合同签订后，B 公司依约进场施工；2003 年 11 月 3 日，B 公司以冬季无法施工为由向 A 公司申请停工，在 B 公司作出的《停工报告》中，注明 2003 年度未完成的分项工程是 A 公司原因所导致，A 公司在《停工报告》上加盖公章并确认"情况属实"。该工程从此未再复工，其后，A 公司与 B 公司解除了就案涉工程签订的《建设工程施工合同》，欠付工程款已另案厘清。A 公司于 2011 年 9 月 14 日对 B 公司提起因质量问题请求赔偿损失 10424318 元的诉讼（含加固修复费用 1400521 元，租金损失 8708717 元，质量检验费 65080 元，质量违约金 50000 元，以及案件受理费和全部鉴定费）。

二、案件审理

一审法院认为，本案争议的焦点为：B 公司是否应赔偿 A 公司因案涉工程产生质量问题所需的房屋加固修复费 1400521 元；B 公司是否应赔偿 A 公司自行质量检验的质检费 65080 元。

（一）关于房屋加固修复费的问题

2013 年 11 月 10 日，黑龙江省某建筑科学研究院司法鉴定所鉴定结论为"抽检屋架下弦 ab 角钢的截面尺寸符合设计要求；斜杆和立杆角钢边宽及边厚的负偏差值不同程度存在超标现象，其截面尺寸和尺寸偏差不符合设计与相关标准要求"。2016 年 3 月 1 日，天津市某建筑工程质量检测中心鉴定结论为"工程外观质量：该工程办公楼、食堂和宿舍楼部分现浇混凝土构件的外观质量存在不同程度的缺陷，不符合规范要求"。一审法院委托内蒙古某工程项目管理有限公司对案涉工程质量做加固修复造价鉴定，结论为"满洲里××木材加工厂办公楼、宿舍、食堂加固工程造价合计 1400521 元"。案涉工程属于未完工程，2013 年的鉴定与交工时间相距 10 年之多，A 公司对案涉工程客观存在没有妥善保护的事实。其次，在 A 公司提出对案涉工程质量进行鉴定时，虽然依据双方质量保修书约定，除地基基础工程和主体结构工程外，其他工程内容均已超过保修期，但是，一审法院是根据 A 公司提出的对 B 公司施工的案涉工程进行的鉴定，所以，B 公司提出案涉工程已经过保修期，不应再对工程质量进行鉴定的抗辩主张不能成立。再次，案涉工程通过鉴定需要加固修复 1400521 元，其中包括外观质量问题，而外观质量出现问题，与 A 公司在接收工程后十多年的时间里未能尽到有效保护的职责有一定关系，因此 A 公司存在一定程度的过错。一审法院酌定 A 公司承担 30% 的过错责任，B 公司应承担 70% 的责任。

（二）关于质量检验费 65080 元的问题

其一，A 公司 2011 年 3 月自行委托国家建筑工程质量监督检验中心，就案涉工程质

量进行检验。虽然，该鉴定结论存在案涉工程质量不合格的内容，但是没有被一审法院采信；其二，鉴定费发票的出具机构与鉴定机构存在瑕疵，在工程质量出现问题不全部是因B公司原因所导致的情况下，该鉴定费由A公司自行承担。

二审争议主要在于B公司是否应赔偿A公司房屋加固修复费1400521元。二审法院认为，从交付之日起至起诉之日止，除地基基础工程和主体结构工程外，其余部分已超过了建设工程施工合同的质保期。B公司仅对地基基础工程和主体结构工程中砂浆质量不合格部分承担保修责任。一审依据本案查明的具体事实，酌情按照三七比例划分责任份额，未考虑质保期内与质保期外的工程在整体维修金中所占的比例，有违责任划分的公平性。除主体结构工程外，已过质保期工程的维修义务应由A公司负担，鉴于此，应当再酌情减轻B公司20%的责任，各自承担50%的责任。

三、法律评析

（一）工程质量纠纷司法鉴定

由于大多工程质量引发的纠纷往往涉及非常专业的材料、力学等方面的知识，并非肉眼之见、口舌之辩可以取信，为了保证判决的公平公正，往往需要求助于专业的第三方鉴定机构。根据《民事诉讼法》第七十九条规定"当事人可以就查明事实的专门性问题向人民法院申请鉴定。当事人申请鉴定的，由双方当事人协商确定具备资格的鉴定人；协商不成的，由人民法院指定"。一般而言，经司法鉴定程序，法院才会认定工程质量问题。

建设工程司法鉴定主要可分为工程造价鉴定、工程质量鉴定和工期鉴定三种。

工程造价鉴定由造价鉴定机构进行，主要内容为对案涉工程争议的工程量和工程款进行鉴定确认。

工程质量鉴定可分为三个阶段。第一阶段是质量缺陷是否存在，如存在缺陷，应确定造成缺陷的原因和责任划分，以及是否可以修复。这一步一般由质量鉴定机构完成。第二阶段是针对可以修复的工程，应明确具体修复或加固方案，由设计单位或质量鉴定机构完成。第三阶段是鉴定修复或加固方案的工程价款，一般由造价鉴定机构完成。

工期鉴定可分为两个阶段。首先是确认工期是否应顺延和具体顺延日程，一般由工期鉴定部门进行；其次是鉴定因工期顺延造成的损失金额，由造价鉴定机构完成。比起另外两种鉴定，工期鉴定在实际中较为少见。

本案涉及司法鉴定属于工程质量鉴定。在我国的法律程序中，一切判令须以证据为立足、以法条为准绳。《民事诉讼法》第六十七条第一款规定"当事人对自己提出的主张，有责任提供证据"。司法鉴定结果在此类案件中属于非常重要的实证，几乎可以左右责任的划分。我们在从业过程中，如果涉及法律纠纷，应当重视司法鉴定的力量，通过正确的司法程序主张自身的合法权益。

（二）发包人对工程质量缺陷存在过错的情形

依据《建筑法》和《民法典》关于建设工程合同的规定，工程质量应由施工单位负责，承包人作为合同当事人，其最重要的合同义务就是交付质量合格的工程。但工程是双方合作的成果，发包人在项目建设中同样肩负着不可推卸的责任，如果是因发包方原因造成的质量问题，那么自然应由发包方承担相应法律责任。实务中，发包人原因导致质量缺陷的情况很是常见，法律出于公平正义自然也考虑到实际情况的复杂并对此做出了法律补充解释。根据《最高人民法院关于审理建设工程施工合同纠纷案件适用法律问题的解释（一）》

（法释〔2020〕25号）第十三条规定，发包人具有下列情形之一，造成建设工程质量缺陷，应当承担过错责任：

（1）提供的设计有缺陷；

（2）提供或者指定购买的建筑材料、建筑构配件、设备不符合强制性标准；

（3）直接指定分包人分包专业工程。

承包人有过错的，也应当承担相应的过错责任。

9.5.2 工程维修惹争论，保修责任需分明

上诉人（一审被告、反诉原告）：齐齐哈尔A房地产开发有限公司（以下简称A公司）

被上诉人（一审原告、反诉被告）：黑龙江省B建工集团有限公司（以下简称B公司）

一、基本案情

2009年4月18日，发包人A公司与承包人B公司签订《建设工程施工合同》，约定B公司承建××小区2号、3号、4号、5号、12号、13号楼工程；同时双方又签订了《建设工程施工补充协议》，对工程进度款拨付时间及方式进行了具体的约定。合同签订后，B公司按合同约定进行了施工。2010年12月30日，经建设单位组织监理单位、勘察单位、设计单位、施工单位对B公司承建的××小区2号、3号、4号、5号楼进行验收，该楼工程质量符合国家有关标准和设计要求，但按合同约定的竣工时间已超期14个月。B公司承建的12号、13号楼工程只施工一层后，再未施工，由A公司收回。后A公司就质量保证金退还和工程质量问题向一审法院提起诉讼。A公司称工程交付使用后2~5号楼屋面防水存在渗漏现象、13号楼出现外墙裂缝，曾给B公司打过电话要求维修，B公司没有维修，遂自行垫付资金进行维修。

二、案件审理

一审法院认为：关于B公司要求A公司返还工程质量保证金2828658.27元。根据双方工程质量保修书中约定以及《建设工程质量管理条例》第四十条规定，屋面防水工程、有防水要求的卫生间、房间和外墙面的防渗漏保修期为5年。截至2017年5月24日立案，工程质保期最长5年已经超过，B公司要求A公司按照合同约定返还施工质量保证金2828658.27元的条件已成就，应予支持。由于双方未约定是否返还质量保证金支付利息，A公司在返还质量保证金的同时应给付B公司相应的利息，利息计算标准，可以参照中国人民银行同期同类贷款利率确定。质量保证金系属扣留应给付B公司的部分工程款，A公司在扣留期间必然产生相应的利息，出于公平考虑理应支付利息。

关于A公司主张为B公司垫付维修费90312元是否应从质量保证金中扣除问题。A公司主张2~5号楼屋面防水存在渗漏现象、13号楼出现漏外墙裂缝现象，为住户进行维修发生维修费90312元，此费用发生于质保期内，根据双方施工合同中的约定，应由B公司承担。

就垫付维修费问题，二审法院提出了不同意见。二审法院认为，案涉工程于2010年12月30日竣工验收合格后，至A公司主张维修责任的时间，已经超过《建设工程质量管理条例》规定的最长5年工程质保期，而A公司主张存在屋面防水工程渗漏现象，要求B公司维修的有效证据均在该期限之后，其自行委托鉴定13号楼出现漏外墙裂缝非B公司施工，鉴定中无该质量问题与B公司施工的地基部分存在因果关系的结论，且B公司对其

单方委托作出的鉴定不予认可,故对 A 公司主张 B 公司承担维修责任,本院不予支持。

三、法律评析

我国对于建设工程质量的要求一向十分严格,因为建设工程投资体量大、质量不合格的建筑危险性高,密切关系着国家利益和公共安全。作为建筑领域的从业人员应当明白除了个人利益之外我们还肩负着人民群众的生命财产安全,这份对他人、对社会的责任感须时刻铭记在心。

(一)缺陷责任期与保修期

我国建设工程严格落实质量保修制度,双方签订的施工合同中应当就缺陷责任和保修问题作出约定。《建设工程质量管理条例》中规定,建设工程承包单位在向建设单位提交工程竣工验收报告时,应当向建设单位出具质量保修书。质量保修书中应当明确建设工程的保修范围、保修期限和保修责任等。

一般来说缺陷责任期包含于保修期,因为根据《建设工程质量保证金管理办法》规定:"缺陷责任期一般为 1 年,最长不超过 2 年,由发、承包双方在合同中约定"。而保修期的时间跨度较长,电气管线、给水排水管道、设备安装和装修工程为 2 年,屋面防水工程、有防水要求的卫生间、房间和外墙面的防渗漏为 5 年,地基基础工程和主体结构工程保修期限更长。

另外需要注意的是,根据《建设工程质量保证金管理办法》中对质量保证金的定义,质量保证金是指发包人与承包人在建设工程承包合同中约定,从应付的工程款中预留,用以保证承包人在缺陷责任期内对建设工程出现的缺陷进行维修的资金。因此缺陷责任期与质量保证金息息相关。而若是保修期间出现了工程质量问题,施工单位应当履行保修义务并承担赔偿损失的责任。

尽管我们在建设过程中严格把关工程质量,但工程建设不可能尽善尽美,设置缺陷责任期便是为了及时修复质量缺陷,而质量保证金则是对施工单位的一种约束。缺陷责任期出现的质量问题,承包人若拒不承担,那么发包人便有权从质量保证金中扣除相应费用。

综上,质量缺陷损失的承担分为两种,缺陷责任期内出现的质量缺陷,一般由质量保证金来承担;保修期内出现的,则由承包人承担损失的赔偿责任。

(二)工程修复费用

工程质量出现问题,无论是哪方原因造成,发包人首先都应当通知承包人进行修复。根据《民法典》第八百零一条规定"因施工人的原因致使建设工程质量不符合约定的,发包人有权请求施工人在合理期限内无偿修理或者返工、改建"。《建设工程质量管理条例》第三十二条规定"施工单位对施工中出现质量问题的建设工程或者竣工验收不合格的建设工程,应当负责返修"。只有在承包人表示拒绝或无力维修时,才能另找他人进行修复工作。因为发承包双方存在保修合同关系,若无正当理由、未经承包人同意,发包人不得擅自委托第三方修复。同时考虑到承包人作为工程的施工单位,对工程具体情况最为了解,修复效率更高。

《建设工程施工合同(示范文本)》通用条款中就存在这一约定,"因承包人原因造成工程的缺陷或损坏,承包人拒绝维修或未能在合理期限内修复缺陷或损坏,且经发包人书面催告后仍未修复的,发包人有权自行修复或委托第三方修复,所需费用由承包人承担。但修复范围超出缺陷或损坏范围的,超出范围部分的修复费用由发包人承担"。

由此可见，在实务中工程质量出现问题，首先应该想到承包人是法律规定和合同要求的修复义务承担者，修复工作于承包人而言责无旁贷。但由此产生的修复费用该由谁来承担，则要看质量缺陷产生的原因，由过错方来担责，合情合理。如果是其他原因造成，发承包双方都没有过错，则由发包人承担修复费用，委托承包人修复，并支付承包人合理费用，再由发包人向第三责任方追讨损失赔偿。

9.5.3 未经验收擅自使用，质量风险自行承担

上诉人（原审被告、反诉原告）：中国某建设集团F电力建设有限公司

被上诉人（原审原告、反诉被告）：吉林H机电安装集团有限公司

一、基本案情

吉林H机电安装集团有限公司通过招标投标程序中标，于2015年8月17日与中国某建设集团F电力建设有限公司签订《工程施工专业分包合同》，分包工程为某可再生能源科技有限公司30MW光伏发电项目厂区集电线路工程A。2015年12月10日，双方又签订《工程施工专业分包合同》，分包工程为某可再生能源科技有限公司30MW光伏发电项目厂区集电线路工程B。合同签订后，吉林H机电安装集团有限公司立即组织进行施工。集电线路工程A于2016年3月18日由被告各部门会签竣工。2018年1月23日中国某建设集团F电力建设有限公司将集电线路工程B竣工结算书通过邮件形式发给吉林H机电安装集团有限公司，之后双方未予签字盖章。原告施工范围工程项目于2016年8月31日部分设备投入使用，2016年12月30日全部投产使用。

二、案件审理

《工程施工专业分包合同》系双方真实意思表示，合同内容明确，形式合法，属有效合同，双方之间成立建设工程合同法律关系。

一审法院认为：本案争议之主要焦点为违约责任由谁承担。据查明事实，案涉工程已于2016年12月30日全部投产使用，依据双方合同约定，工程质量保修期为2年，中国某建设集团F电力建设有限公司应于2018年12月底付清原告工程款，然未能按约定如期付清，显属违约，理应承担相应违约责任。至于被告认为吉林H机电安装集团有限公司未依合同约定处理尾工及缺陷应承担相应违约责任的问题，法院认为，关于尾工问题，案涉工程于2016年12月30日全部投产使用，被告认为存在尾工未予完成情况，显属不合理。关于缺陷问题，被告称因原告的施工缺陷造成被告损失100万元。法院认为，本案中原告是部分承包，且施工均依据被告要求进行施工，缺陷问题即便存在，亦不能明确是由哪方原因造成，故一审法院对此不予确认。

二审焦点为：上诉人是否应向被上诉人支付工程款292809元。二审法院认为，建设工程经竣工验收合格后，发包人负有支付工程款的义务，对未经竣工验收发包人擅自使用的，视为发包人认可使用部分工程符合竣工验收合格条件，依法应负有支付工程款的义务。本案工程虽未经验收，但上诉人已实际投入使用，应视为其对案涉工程符合约定的竣工验收条件的认可，无论是从法律角度，还是从公平正义角度，上诉人均负有支付工程款的义务。现上诉人以被上诉人未完成合同约定的全部义务、案涉工程存在缺陷为由抗辩，主张不应支付工程款，根据上述法律法规的相关规定，其抗辩事由不成立，其应当就违法使用建设工程承担相应的风险责任。

三、法律评析

建设工程过程中情形复杂，常常因为种种原因不能顺利进行竣工验收程序，依照《建筑法》第六十一条的规定，未经验收的工程是不得交付使用的。《民法典》中同样规定，"建设工程竣工后，发包人应当根据施工图纸及说明书、国家颁发的施工验收规范和质量检验标准及时进行验收。验收合格的，发包人应当按照约定支付价款，并接收该建设工程"。这是法律对工程交付程序的强制性规定。一来，未经验收的工程质量和安全性无法得到保障，可能存在隐患；二来，不经竣工验收便使用工程，对承包人来说是不公平的，实务中发包人擅自占用工程却拖欠工程款的情况时有发生。

《最高人民法院关于审理建设工程施工合同纠纷案件适用法律问题的解释（一）》（法释〔2020〕25号）第十四条规定："建设工程未经竣工验收，发包人擅自使用后，又以使用部分质量不符合约定为由主张权利的，人民法院不予支持；但是承包人应当在建设工程的合理使用寿命内对地基基础工程和主体结构质量承担民事责任"。由此，若发包人擅自使用未经验收的工程，便视作对工程质量的认可，默认工程质量风险转移给自身。本案中便存在这种情况，发包人擅自使用未经验收的工程后又以工程质量缺陷作为拒绝支付工程款的抗辩理由，显然这是不合法，也是相当不道德的。

合同的订立遵守公平公正、合作共赢的合约精神，双方应当拿出同舟共济、相互扶持的诚挚态度。既然承包人按质按量地完成了合约义务，理应获得主张工程款的权利。发包人擅自占用工程，本就有悖于法律法规，由此造成的后果不应由承包人担责。

在实务中，另有一些情形需要我们注意：

（1）虽然发包人擅自使用工程，承包人应当在建设工程的合理使用寿命内对地基基础工程和主体结构质量承担民事责任；

（2）发包人仅擅自使用了部分工程，则仅在擅自使用的工程范围内自行承担质量责任，其他部分仍由承包人承担质量责任；

（3）上述"擅自使用"不包括：承包人退出现场后工程由发包人实际控制的情形。《最高人民法院关于审理建设工程施工合同纠纷案件适用法律问题的解释（一）》（法释〔2020〕25号）第十四条的应用中，发包人须得实际使用了未经验收的工程。

课后练习

（扫下方二维码自测）

第 10 章　建设工程环境保护法律制度

10.1　概述

10.1.1　建设工程环境保护的概念

环境是指影响人类生存和发展的各种天然的和经过人工改造的自然因素的总体,包括大气、水、海洋、土地、矿藏、森林、草原、湿地、野生生物、自然遗迹、人文遗迹、自然保护区、风景名胜区、城市和乡村等。保护环境是我国的基本国策,其含义是为解决环境问题、协调人类与自然环境的关系,人类有意识地保护自然环境。这种保护包括三个层面的含义:一是使自然环境免受污染和破坏;二是保护并合理利用自然资源,坚持可持续发展道路;三是对遭受污染和破坏的自然环境进行修复与治理。树立和践行"绿水青山就是金山银山"的理念,坚持节约资源和保护环境的基本国策,在促进社会与经济发展的同时,不忘强调人与自然和谐共生的重要性。

《中华人民共和国环境保护法》(以下简称《环境保护法》)规定,一切单位和个人都有保护环境的义务。地方各级人民政府应当对本行政区域的环境质量负责。企事业单位和其他生产经营者应当防止、减少环境污染和生态破坏,对所造成的损害依法承担责任。公民应当增强环境保护意识,采取低碳、节俭的生活方式,自觉履行环境保护义务。

从节约资源与保护环境的基本国策,到生态文明建设,再到建设美丽中国,我国政府始终把环境问题放在与发展同等重要的位置。党的二十大报告指出,大自然是人类赖以生存发展的基本条件。尊重自然、顺应自然、保护自然,是全面建设社会主义现代化国家的内在要求。我们要推进美丽中国建设,坚持山水林田湖草沙一体化保护和系统治理,统筹产业结构调整、污染治理、生态保护,应对气候变化,协同推进降碳、减污、扩绿,推进生态优先、节约集约、绿色低碳发展。要加快推动产业结构、能源结构、交通运输结构等调整优化。实施全面节约战略,推进各类资源节约集约利用,加快构建废弃物循环利用体系。有计划、分步骤地实施碳达峰行动,推动能源清洁、低碳、高效利用,推进工业、建筑、交通等领域向清洁、低碳转型。

10.1.2　我国环境污染现状

近年来,我国的大气、淡水、土壤、海洋、声环境、自然生态等多方面都有了长足的进步。从顶层设计的构建到具体细节的落实,2020 年以来,我国政府对生态环境治理给予了高度重视,投入大量财力物力支持环保工作,为建设环境友好型社会奠定了坚实基础。2022 年,我国污染物排放量持续下降,生态环境质量明显改善,生态系统的稳定性不断增强,经济社会发展向着全面绿色转型大步前进,生态环境领域国家治理体系和治理能力现代化加速推进。尽管目前生态环境保护工作逐渐迈入正轨,但我们依然不能放松警惕,更不能小觑全体人类正在经历的环境污染与资源短缺问题。

依据 2023 年 5 月发布的《2022 中国生态环境状况公报》,在大气污染方面,2022 年 339 个城市环境空气质量优良天数比例在 24.9%～100% 之间，平均为 86.5%，比 2021 年下降 1.0 个百分点。我国遭受酸雨侵袭的区域面积约 48.4 万 km²，占陆域国土面积的 5.0%，比 2021 年上升 1.2 个百分点，主要分布在长江以南至云贵高原以东地区。在海洋污染方面，2022 年我国近岸海域劣四类水质海域面积占比 8.9%，比 2021 年下降 0.7 个百分点，主要超标指标为无机氮和活性磷酸盐。海湾地区，面积大于 100km² 的 44 个海湾中，10 个海湾春季、夏季、秋季三期均为优良水质，20 个海湾三期均未出现劣四类水质。在土壤方面，依据 2021 年水土流失动态监测成果（目前最新数据），国水土流失面积为 267.42 万 km²。第六次全国荒漠化和沙化调查（目前最新数据）结果显示，全国荒漠化土地面积为 257.37 万 km²，沙化土地面积为 168.78 万 km²。土壤环境风险不可忽视。在噪声污染方面，2022 年全国地级及以上城市声环境功能区昼间达标率为 96.0%、夜间达标率为 86.6%，比 2021 年分别上升 0.6 个百分点、3.7 个百分点。《2023 年中国环境噪声污染防治报告》指出，全国地级及以上城市各渠道各部门合计受理的噪声投诉举报约 450.3 万件，从投诉类型来看，社会生活噪声投诉举报最多，占 67.5%；建筑施工噪声次之，占 25.1%；交通运输噪声占 4.3%；工业噪声占 3.1%。

2022 年全国污染物排放与治理现状见表 10-1。

2022 年全国污染物排放与治理现状[1]　　　　　　　　　表 10-1

污染物类别	各类指标	总量	单位
废水	化学需氧量排放	2530.98	万 t
	氨氮排放	86.75	万 t
	工业废水治理设施运行费用	713.81	亿元
废气	二氧化硫排放	274.80	万 t
	氮氧化物排放	988.40	万 t
	颗粒物排放总量	537.40	万 t
	工业废气治理设施运行费用	2222.00	亿元
固体废弃物	工业固体废物产生量	397006.00	万 t
	危险废物产生量	8653.60	万 t
	工业固体废物综合利用量	226659.00	万 t
	危险废物利用处置量	8461.20	万 t

2022 年全国工业污染源治理投资组成如图 10-1 所示。

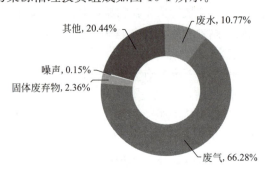

图 10-1　2022 年全国工业污染源治理投资组成[1]

---

[1] 国家统计局，生态环境部. 2022 中国环境统计年鉴 [M]. 北京：中国统计出版社，2023.

10.1.3 环境保护原则

依据《环境保护法》，环境保护坚持"保护优先、预防为主、综合治理、公众参与、损害担责"的原则。

保护优先是指将生态环境保护置于优先地位，当其他利益与环境利益发生冲突时，应当优先考虑生态环境安全，作出有利于生态环境健康的选择。因为生态环境的质量决定着人类社会未来的发展。良好的生态环境能为人类提供健康的生活环境和可持续的物质资源。如果环境一再恶化，生态平衡失调，人类难以成为覆巢之下的完卵。

预防为主是指依据可能发生的环境问题的原因和特点，在污染实际发生之前，进行预测、分析并采取相应的防范措施，预防环境问题的发生或减小污染的损害。通常情况下，当环境遭受污染和破坏之后再想进行补救，所需投入的物质成本和时间成本将是极其巨大的，甚至很多环境污染是不可逆的，事后处理的成效微乎其微。因此，前期的预防措施就成为环境保护的重要部分。

综合治理是指针对已经发生的环境问题，综合采用行政、法律、经济、教育、科技手段对其进行整体的、系统的、全过程的分析和整治，以改善污染现状。环境治理是复杂的、长期的，需要多方力量的合作和多策略的结合才能达到良好的治理效果。

公众参与是指公众有权通过合法程序参与一切涉及公共环境利益的开发决策等活动，防止有关部门做出利用公共环境利益换取经济利益的决策行为。公民的参与权利受到法律的支持和保护。公众参与可以被视为发挥群众主观能动性以实现基层监督和群众环境保护的原则，是"人民当家作主"在环境保护方面的体现。环境问题涉及每一个人的切身利益，关系到整个社会的和谐稳定，只有广泛的公众参与才能确保环保目标的落实。

损害担责是指对生态环境造成污染或破坏的行为者应当对环境损害承担责任，即污染者担责。生产经营行为产生的污染不应当转嫁给政府和社会，应当由企业自己承担，污染处理本就是企业成本的一部分。非法排水排污等破坏环境的行为无疑会损害公共利益和社会公平。《环境保护法》和《民法典》均规定，企事业单位或其他生产经营者对所造成的环境损害依法承担责任，包括惩罚性赔偿、行政处罚、行政拘留和刑事责任。

10.1.4 建设工程中存在的环境污染

建设工程的全生命周期中存在大量环境污染行为。建筑材料的生产会排放二氧化碳、氮氧化物、二氧化硫等污染性气体；建筑施工过程中会造成大气污染、水污染、噪声污染和固体废弃物污染；建筑使用过程中，供暖、制冷和照明等需要也会对环境产生影响；建筑拆除过程中会排放固体废弃物，并可能引发大气污染。

1. 大气污染

在砖块砌体、混凝土、水泥、钢筋等建筑材料的生产过程中，二氧化碳、氮氧化物、二氧化硫等污染性气体的产生和排放是不可避免的。这些污染物会造成温室效应和酸雨，进而破坏自然环境。建筑施工过程中的大气污染主要是粉尘污染，因为施工涉及土方工程和拆除工程，现场往往堆积着挖出的土方和固体废物，车辆来往时会不可避免地产生对大气造成污染的悬浮颗粒物，即施工扬尘。建筑扬尘主要是由二氧化硅、碳酸钙、氧化钙、氧化铝等物质构成，在雾天很容易同其他城市污染源产生的二氧化碳、氮氧化物等气体结合转化为颗粒物污染，催生雾霾天气。因此，2014年安徽省针对建筑施工的扬尘污染出台了针对性规章《安徽省建筑工程施工扬尘污染防治规定》。此外，施工现场使用的油漆、涂料等化学品可能产生有毒有害气体，对施工人员的健康造成影响。鉴于此，《中华人民共和国大气污染防治法》规定，从事房屋建筑、市政基础设施建设、河道整治以及建筑物拆除等施工单位，应当向负责监督管理扬尘污染防治的主管部门备案。施工单位应当在施工工地设置硬质围挡，并采取覆盖、分段作业、择时施工、洒水抑尘、冲洗地面和车辆等有效防尘降尘措施。建筑土方、工程渣土、建筑垃圾应当及时清运；在场地内堆存的，应当采用密闭式防尘网遮盖。工程渣土、建筑垃圾应当进行资源化处理。暂时不能开工的建设用地，建设单位应当对裸露地面进行覆盖；超过3个月的，应当进行绿化、铺装或者遮盖。

2. 水污染

建筑施工过程中的水污染包括地表水污染和地下水污染。地表水污染是由于施工中的材料碎屑、挖掘淤泥、化学品和施工机械用油的残余混入地表水资源，造成水体污染。地下水污染是由于地下工程施工时不注重地下水的监测和保护，造成水体污染。随着高层建筑的普遍化，地基不可避免地越来越深，开挖深度的增加意味着接触地下水的可能性越大。为了防止地下水对基坑的损坏和对建筑物基础的侵蚀作用，施工中一般采取止水法或排水法进行处理。止水法成本高、难度大，排水法相对简单，但会造成地下水的大量流失。区域内地下水位的下降也会加速地表受污染的水源渗入地下，造成更严重的污染。《城镇排水与污水处理条例》规定，新建、改建、扩建建设工程，不得影响城镇排水与污水处理设施安全。建设工程开工前，建设单位应当查明工程建设范围内地下城镇排水与污水处理设施的相关情况，城镇排水主管部门及其他相关部门和单位应当及时提供相关资料。建设工程施工范围内有排水管网等城镇排水与污水处理设施的，建设单位应当与施工单位、设施维护运营单位共同制定设施保护方案，并采取相应的安全保护措施。因建设工程需要拆除、改动城镇排水与污水处理设施的，建设单位应当制定拆除、改动方案，报城镇排水主管部门审核，并承担重建、改建和采取临时措施的费用。

3. 噪声污染

建筑施工过程中需要大量使用大型动力机械，因此许多工序和环节都会产生噪声，比如土方挖掘和爆破、打夯、打桩、搅拌混凝土、吊装构件、钢筋切割等现场处理、频繁的车辆往来等。由于建筑施工多是露天作业，四周没有遮挡物，无法物理隔绝噪声，容易对施工现场周边的居民带来困扰。因此，2022年6月5日起施行的《中华人民共和国噪声污染防治法》规定，在噪声敏感建筑物集中区域，禁止夜间进行产生噪声的建筑施工作业，但抢修、抢险施工作业，或因生产工艺要求或者其他特殊需要必须连续施工作业的除外。因特殊需要必须连续施工作业的，应当取得地方人民政府住房城乡建设、生态环境主管部门或者地方人民政府指定的部门的证明，并在施工现场显著位置公示或者以其他方式公告附近居民。倘若是在人口密集的城市中进行建筑施工，噪声污染会表现得更加突出。2021年上半年，深圳市全市共作出建筑施工噪声行政处罚762宗，共立案处罚施工企业238家，处罚金额2462万元。

4. 固体废物污染

建筑施工需要大量材料，钢筋切割、混凝土浇筑等工序中也可能产生大量废弃材料。建筑拆除过程中，建筑主体被破坏成碎块，也会造成大量固体废弃物。如果得不到妥善处理，这些固体废弃物将会侵占土地，严重影响环境。施工企业应该提高建筑材料的使用效率，减少浪费；针对拆除废弃物，可以将其破碎处理，重新成为骨料，在保障质量的前提下实现循环利用。在 2020 年 4 月新修订的《中华人民共和国固体废物污染环境防治法》中，"建筑垃圾"从"生活垃圾"中被单独分出来，作为单一大类进行管理，从而有利于"建筑垃圾"在各个领域的独立管理。

10.2 我国现行环境保护法律法规体系

10.2.1 概述

我国向来重视环境保护立法，在《中华人民共和国宪法》中就有"国家保障自然资源的合理利用，保护珍贵的动物和植物。禁止任何组织或者个人用任何手段侵占或者破坏自然资源""国家保护和改善生活环境和生态环境，防治污染和其他公害"等规定。环境保护法律法规体系就是指以《环境保护法》为基础，以多部针对性法律、行政法规为主体，以环境标准、环境保护部门规章、地方环境保护规定等为补充，所构成的和谐统一的环境保护相关法律法规的有机整体。

10.2.2 法律体系

《环境保护法》是环境保护法律的核心，其目的是为了保护和改善环境，防治污染和其他公害，保障公众健康，推进生态文明建设，促进经济社会可持续发展。围绕着《环境保护法》，我国颁布了《中华人民共和国黄河保护法》（2023 年）、《中华人民共和国野生动物保护法》（2022 年）、《中华人民共和国湿地保护法》（2021 年）、《中华人民共和国噪声污染防治法》（2021 年）、《中华人民共和国长江保护法》（2020 年）、《中华人民共和国固体废物污染环境防治法》（2020 年）、《中华人民共和国森林法》（2019 年）、《中华人民共和国土地管理法》（2019 年）、《中华人民共和国环境影响评价法》（2018 年）、《中华人民共和国节约能源法》（2018 年）、《中华人民共和国环境保护税法》（2018 年）、《中华人民共和国大气污染防治法》（2018 年）、《中华人民共和国土壤污染防治法》（2018 年）、《中华人民共和国海洋环境保护法》（2023 年）、《中华人民共和国水污染防治法》（2017 年）、《中华人民共和国清洁生产促进法》（2012 年）、《中华人民共和国可再生能源法》（2009 年）等数十部法律。其中包括专门针对土壤、水资源、噪声、能源等各个污染防治和环境保护对象的法律，以及针对环境影响评价和环境保护税法的相关法律，分门别类地对生态环境进行统筹管理和监督。

我国的环境保护法律体系在 2000 年左右就已经初具雏形，出台了一系列重要的法律文件，可见我国政府在大力推动经济建设的同时，也从未忘记保护环境这一基本国策。在世界能源日趋紧张、环境状况堪忧的现在，我国作为世界大国之一，时刻关注着环境和生态问题，积极为环境保护和生态健康做出努力，展现了大国担当。近年来，我国陆续对上述重要的环境保护法律作了修订，使之更加符合新时期的中国国情和环保目标。

10.2.3 行政法规

在法律条文的基础上，我国针对不同防治和保护对象颁布了多项行政法规，用以具体化法律条款规定。

针对水资源保护，我国颁布了《地下水管理条例》（2021 年）、《城镇排水与污水处理条例》（2013 年）、《太湖流域管理条例》（2011 年）和《淮河流域水污染防治暂行条例》（2011 年）。

针对废弃物和污染物处理，我国颁布了《排污许可管理条例》（2020 年）、《废弃电器电子产品回收处理管理条例》（2019 年）、《全国污染源普查条例》（2019 年）、《放射性废物安全管理条例》（2011 年）和《医疗废物管理条例》（2011 年）。

针对海洋生态环境保护，我国颁布了《防治船舶污染海洋环境管理条例》（2018 年）、《防治海洋工程建设项目污染损害海洋环境管理条例》（2018 年）、《防治海岸工程建设项目污染损害海洋环境管理条例》（2018 年）和《海洋倾废管理条例》（2017 年）。

针对动植物保护，我国颁布了《濒危野生动植物进出口管理条例》（2019 年）、《野生植物保护条例》（2017 年）和《陆生野生动物保护实施条例》（2016 年）。

针对环境影响评价，我国颁布了《规划环境影响评价条例》（2009 年）。

针对工程建设项目，我国于 1998 年 11 月 29 日颁布了《建设项目环境保护管理条例》。为减轻企业不必要的行政负担、激发企业和社会创业创新的活力，党的十八大以来政府陆续取消和下放了数百项审批事项，简化大量审批流程，尤其在建筑行业。政府对环境保护工作的监管重心逐步转移到了事中和事后管理。2016 年，国务院提请全国人大常委会对《中华人民共和国环境影响评价法》作了修改，调整了建设项目环境影响评价审批流程，并将环境影响登记表由审批制改为备案制，随后在 2017 年，《建设项目环境保护管理条例》也对相关内容作出了修订，以适应简政放权的新政策。

10.2.4 规章制度

为了配合法律和行政法规的规定并进行合理补充，生态环境部陆续出台了多项规章制度，以落实相关法律法规、完善环境保护法律体系。其中包括：针对采矿污染的《尾矿污染环境防治管理办法》（2022 年）和《工矿用地土壤环境管理办法（试行）》（2018 年）等；针对土壤污染的《农用地土壤环境管理办法（试行）》（2017 年）和《污染地块土壤环境管理办法（试行）》（2016 年）等；针对废物处理的《排污许可管理办法（试行）》（2019 年）、《电子废物污染环境防治管理办法》（2007 年）和《医疗废物管理行政处罚办法》（2010 年）等；针对环境保护监督管理的《生态环境行政处罚办法》（2023 年）、《环境影响评价审查专家库管理办法》（2021 年）、《生态环境部建设项目环境影响报告书（表）审批程序规定》（2020 年）、《环境监察执法证件管理办法》（2013 年）、《环境监察办法》（2012 年）和《环境行政处罚办法》（2010 年）等；针对公众参与的《环境影响评价公众参与办法》（2018 年）和《环境保护公众参与办法》（2015 年）等；针对碳排放的《碳排放权交易管理办法（试行）》（2020 年）；针对国家自然保护区的《国家级自然保护区监督检查办法》（2021 年）和针对海洋生态环境保护的《近岸海域环境功能区管理办法》（2010 年）。

针对建设项目的规章更是其中重点，包括《建设项目环境影响报告书（表）编制监督管理办法》（2019 年）、《建设项目环境影响评价行为准则与廉政规定》（2021 年）和《建设项目环境影响后评价管理办法（试行）》（2015 年）等。《环境影响评价公众参与办法》主要关注的也是建设工程的环境影响评价。可以看出建筑行业作为材料消耗和能源消耗双高的行业，如何监管并降低其对环境的负面影响是我国生态环境保护法律体系的重中之重。

10.2.5 公众参与

为畅通参与渠道，促进公众参与在环境保护中的依法有序进行，《环境保护法》《环境影响评价公众参与办法》和《环境保护公众参与办法》保障公民、法人和其他组织获取环境信息、参与和监督环境保护的权利。环境保护公众参与应当遵循依法、有序、自愿、便利的原则。公民、法人和其他组织依法享有获取环境信息、参与和监督环境保护的权利。各级人民政府生态环境主管部门和其他负有环境保护监督管理职责的部门，应当依法公开环境信息、完善公众参与程序，为公民、法人和其他组织参与和监督环境保护提供便利。

1. 环境保护相关信息知情权

国务院生态环境主管部门统一发布国家环境质量、重点污染源监测信息及其他重大环境信息。省级以上人民政府生态环境主管部门定期发布环境状况公报。县级以上人民政府生态环境主管部门和其他负有环境保护监督管理职责的部门，应当依法公开环境质量、环境监测、突发环境事件以及环境行政许可、行政处罚、排污费的征收和使用情况等信息。县级以上地方人民政府生态环境主管部门和其他负有环境保护监督管理职责的部门，应当将企事业单位和其他生产经营者的环境违法信息记入社会诚信档案，及时向社会公布违法者名单。

重点排污单位应当如实向社会公开其主要污染物的名称、排放方式、排放浓度和总量、超标排放情况，以及防治污染设施的建设和运行情况，接受社会监督。

对依法应当编制环境影响报告书的建设项目，建设单位应当在编制时向可能受影响的公众说明情况，充分征求意见。负责审批建设项目环境影响评价文件的部门在收到建设项目环境影响报告书后，除涉及国家秘密和商业秘密的事项外，应当全文公开；发现建设项目未充分征求公众意见的，应当责成建设单位征求公众意见。

法律、法规规定应当听证的事项，生态环境主管部门应当向社会公告，并举行听证。生态环境主管部门组织听证应当遵循公开、公平、公正和便民的原则，允分听取公民、法人和其他组织的意见，并保证其陈述意见、质证和申辩的权利。除涉及国家秘密、商业秘密或者个人隐私外，听证应当公开举行。

2. 举报权

公民、法人和其他组织发现任何单位和个人有污染环境和破坏生态行为的，有权向生态环境主管部门或者其他负有环境保护监督管理职责的部门举报，可以通过信函、传真、电子邮件、"12369"环保举报热线、政府网站等途径进行举报。公民、法人和其他组织发现地方各级人民政府、县级以上人民政府生态环境主管部门和其他负有环境保护监督管理职责的部门不依法履行职责的，有权向其上级机关或者监察机关举报。接受举报的生态环境主管部门应当依照有关法律、法规规定调查核实举报的事项，并将调查情况和处理结果告知举报人。接受举报的机关应当对举报人的相关信息予以保密，保护举报人的合法权益。

对污染环境、破坏生态、损害社会公共利益的行为，符合下列条件的社会组织可以向人民法院提起诉讼：

（1）依法在设区的市级以上人民政府民政部门登记；

（2）专门从事环境保护公益活动连续5年以上且无违法记录。

符合这两条规定的社会组织向人民法院提起诉讼，人民法院应当依法受理。提起诉讼的社会组织不得通过诉讼牟取经济利益。生态环境主管部门可以通过提供法律咨询、提交书面意见、协助调查取证等方式，支持符合法定条件的环境保护社会组织依法提起环境公益诉讼。

3. 公众意见收集

生态环境主管部门可以通过征求意见、问卷调查、组织召开座谈会、专家论证会、听证会等方式征求公民、法人和其他组织对环境保护相关事项或者活动的意见和建议。公民、法人和其他组织可以通过电话、信函、传真、网络等方式向生态环境主管部门提出意见和建议。

生态环境主管部门向公民、法人和其他组织征求意见时，应当公布以下信息：

（1）相关事项或者活动的背景资料；
（2）征求意见的起止时间；
（3）公众提交意见和建议的方式；
（4）联系部门和联系方式。

公民、法人和其他组织应当在征求意见的时限内提交书面意见和建议。

生态环境主管部门拟组织问卷调查征求意见的，应当对相关事项的基本情况进行说明。调查问卷所设问题应当简单明确、通俗易懂。调查的人数及其范围应当综合考虑相关事项或者活动的环境影响范围和程度、社会关注程度、组织公众参与所需要的人力和物力资源等因素。

生态环境主管部门拟组织召开座谈会、专家论证会征求意见的，应当提前将会议的时间、地点、议题、议程等事项通知参会人员，必要时可以通过政府网站、主要媒体等途径予以公告。参加专家论证会的参会人员应当以相关专业领域专家、环保社会组织中的专业人士为主，同时应当邀请可能受相关事项或者活动直接影响的公民、法人和其他组织的代表参加。

4. 环境影响评价中的公众参与

对于可能造成不良环境影响并直接涉及公众环境权益的工业、农业、畜牧业、林业、能源、水利、交通、城市建设、旅游、自然资源开发的有关专项规划的环境影响评价，法律要求保障公众的充分参与。专项规划编制机关应当在规划草案报送审批前举行论证会、听证会，或者采取其他形式征求有关单位、专家和公众对环境影响报告书草案的意见。专项规划编制机关和建设单位负责组织环境影响报告书编制过程的公众参与，对公众参与的真实性和结果负责。专项规划编制机关和建设单位可以委托环境影响报告书编制单位或者其他单位承担环境影响评价公众参与的具体工作。

编制有关开发利用规划，建设对环境有影响的项目，应当依法进行环境影响评价。未依法进行环境影响评价的开发利用规划，不得组织实施；未依法进行环境影响评价的建设项目，不得开工建设。建设单位应当依法听取环境影响评价范围内的公民、法人和其他组织的意见，鼓励建设单位听取环境影响评价范围之外的公民、法人和其他组织的意见。建设项目环境影响评价公众参与相关信息应当依法公开，涉及国家秘密、商业秘密、个人隐私的，依法不得公开。法律法规另有规定的，从其规定。生态环境主管部门公开建设项目环境影响评价公众参与相关信息，不得危及国家安全、公共安全、经济安全和社会稳定。

10.2.6 监督管理

1. 环境保护规划编制

国务院生态环境主管部门会同有关部门，根据国民经济和社会发展规划编制国家环境保护规划,报国务院批准并公布实施。县级以上地方人民政府生态环境主管部门会同有关部门,根据国家环境保护规划的要求,编制本行政区域的环境保护规划,报同级人民政府批准并公布实施。环境保护规划的内容应当包括生态保护和污染防治的目标、任务、保障措施等,并与主体功能区规划、土地利用总体规划和城乡规划等相衔接。县级以上人民政府应当将环境保护工作纳入国民经济和社会发展规划。

2. 环境质量标准制定

国务院生态环境主管部门制定国家环境质量标准。省、自治区、直辖市人民政府对国家环境质量标准中未作规定的项目,可以制定地方环境质量标准;对国家环境质量标准中已作规定的项目,可以制定严于国家环境质量标准的地方环境质量标准。地方环境质量标准应当报国务院生态环境主管部门备案。国家鼓励开展环境基准研究。

国务院生态环境主管部门根据国家环境质量标准和国家经济、技术条件,制定国家污染物排放标准。省、自治区、直辖市人民政府对国家污染物排放标准中未作规定的项目,可以制定地方污染物排放标准;对国家污染物排放标准中已作规定的项目,可以制定严于国家污染物排放标准的地方污染物排放标准。地方污染物排放标准应当报国务院生态环境主管部门备案。

3. 环境质量监测制度

国家建立、健全环境监测制度。国务院生态环境主管部门制定监测规范,会同有关部门组织监测网络,统一规划国家环境质量监测站(点)的设置,建立监测数据共享机制,加强对环境监测的管理。有关行业、专业等各类环境质量监测站(点)的设置应当符合法律法规规定和监测规范的要求。

监测机构应当使用符合国家标准的监测设备,遵守监测规范。监测机构及其负责人对监测数据的真实性和准确性负责。

4. 环境调查与跨行政区防治

省级以上人民政府应当组织有关部门或者委托专业机构,对环境状况进行调查、评价,建立环境资源承载能力监测预警机制。

国家建立跨行政区域的重点区域、流域环境污染和生态破坏联合防治协调机制,实行统一规划、统一标准、统一监测、统一的防治措施。除此以外的跨行政区域的环境污染和生态破坏的防治,由上级人民政府协调解决,或者由有关地方人民政府协商解决。

5. 对生产经营单位的监督

企事业单位和其他生产经营者在污染物排放符合法定要求的基础上进一步减少污染物排放的,人民政府应当依法采取财政、税收、价格、政府采购等方面的政策和措施予以鼓励和支持。企事业单位和其他生产经营者为改善环境,依照有关规定转产、搬迁、关闭的,人民政府应当予以支持。

县级以上人民政府生态环境主管部门及其委托的环境监察机构和其他负有环境保护监督管理职责的部门,有权对排放污染物的企事业单位和其他生产经营者进行现场检查。被检查者应当如实反映情况,提供必要的资料。实施现场检查的部门、机构及其工作人员应当为被检查者保守商业秘密。

企事业单位和其他生产经营者违反法律法规规定排放污染物,造成或者可能造成严重污染的,县级以上人民政府生态环境主管部门和其他负有环境保护监督管理职责的部门可以查封、扣押造成污染物排放的设施、设备。

6. 对政府机关的监督

国家实行环境保护目标责任制和考核评价制度。县级以上人民政府应当将环境保护目标完成情况纳入对本级人民政府负有环境保护监督管理职责的部门及其负责人和下级人民政府及其负责人的考核内容，作为对其考核评价的重要依据。考核结果应当向社会公开。

县级以上人民政府应当每年向本级人民代表大会或者人民代表大会常务委员会报告环境状况和环境保护目标完成情况，对发生的重大环境事件应当及时向本级人民代表大会常务委员会报告，依法接受监督。

10.3 建设工程环境保护制度

10.3.1 概述

工程项目建设过程中既需要消耗大量能源和材料，同时向自然环境中排放大量废气、废水、粉尘、固体废物，并产生噪声污染，对环境造成的负面影响不可忽视。为了降低工程建设所造成的环境污染，平衡社会发展与环境保护之间的关系，真正落实绿色建筑与绿色施工，通过法律法规建立健全工程建设中的环境保护制度十分必要。在环境恶化和能源危机的挑战面前，政府、企业和社会公众都应当提升环境保护意识，肩负起建设可持续发展的建筑行业的责任。政府应当不断完善优化环境保护相关体制机制，企业应当依法建设、绿色施工，公民应当积极参与监督政府和企业的行为，三方合力共同搭建绿色、健康、可持续的工程建设氛围。

10.3.2 环境影响评价制度

《环境保护法》确立了建设项目环境影响评价制度在我国的法律地位。未依法进行环境影响评价的开发利用规划，不得组织实施；未依法进行环境影响评价的建设项目，不得开工建设。

1. 建设项目环境保护管理分类

根据建设项目对环境的影响程度，将建设项目的环境保护管理分为以下三类：

（1）建设项目对环境可能造成重大影响的，应当编制环境影响报告书，对建设项目产生的污染和对环境的影响进行全面、详细的评价；

（2）建设项目对环境可能造成轻度影响的，应当编制环境影响报告表，对建设项目产生的污染和对环境的影响进行分析或者专项评价；

（3）建设项目对环境影响很小，不需要进行环境影响评价的，应当填报环境影响登记表。

建设项目环境影响评价分类管理名录，由国务院生态环境行政主管部门在组织专家进行论证和征求有关部门、行业协会、企事业单位、公众等意见的基础上制定并公布。

2. 建设项目环境影响报告书的编制与审批

（1）内容与格式

建设项目环境影响报告书，应当包括下列内容：①建设项目概况；②建设项目周围环境现状；③建设项目对环境可能造成影响的分析和预测；④环境保护措施及其经济、技术论证；⑤环境影响经济损益分析；⑥对建设项目实施环境监测的建议；⑦环境影响评价结论。

建设项目环境影响报告表、环境影响登记表的具体内容和格式，由国务院生态环境行政主管部门规定。

（2）一般项目审批

依法应当编制环境影响报告书、环境影响报告表的建设项目，建设单位应当在开工建设前将环境影响报告书、环境影响报告表报有审批权的生态环境行政主管部门审批；建设项目的环境影响评价文件未依法经审批部门审查或者审查后未予批准的，建设单位不得开工建设。依法应当填报环境影响登记表的建设项目，建设单位应当按照国务院生态环境行政主管部门的规定，将环境影响登记表报建设项目所在地县级生态环境行政主管部门备案。

生态环境行政主管部门审批环境影响报告书、环境影响报告表，应当重点审查建设项目的环境可行性、环境影响分析预测评估的可靠性、环境保护措施的有效性、环境影响评价结论的科学性等，并分别自收到环境影响报告书之日起60日内、收到环境影响报告表之日起30日内，作出审批决定并书面通知建设单位。生态环境行政主管部门应当开展环境影响评价文件网上审批、备案和信息公开。

生态环境行政主管部门可以组织技术机构对建设项目环境影响报告书、环境影响报告表进行技术评估，并承担相应费用；技术机构应当对其提出的技术评估意见负责，不得向建设单位、从事环境影响评价工作的单位收取任何费用。

建设项目环境影响报告书、环境影响报告表经批准后，建设项目的性质、规模、地点、采用的生产工艺或者防治污染、防止生态破坏的措施发生重大变动的，建设单位应当重新报批建设项目环境影响报告书、环境影响报告表。

建设项目环境影响报告书、环境影响报告表自批准之日起满5年，建设项目方开工建设的，其环境影响报告书、环境影响报告表应当报原审批部门重新审核。原审批部门应当自收到建设项目环境影响报告书、环境影响报告表之日起10日内，将审核意见书面通知建设单位；逾期未通知的，视为审核同意。

（3）特殊项目审批

国务院生态环境行政主管部门负责审批下列建设项目环境影响报告书、环境影响报告表：

1）核设施、绝密工程等特殊性质的建设项目；
2）跨省、自治区、直辖市行政区域的建设项目；
3）国务院审批的或者国务院授权有关部门审批的建设项目。

除此以外的建设项目环境影响报告书、环境影响报告表的审批权限，由省、自治区、直辖市人民政府规定。

建设项目造成跨行政区域环境影响，有关生态环境行政主管部门对环境影响评价结论有争议的，其环境影响报告书或者环境影响报告表由共同上一级生态环境行政主管部门审批。

（4）不予审批的情形

建设项目有下列情形之一的，生态环境行政主管部门应当对环境影响报告书、环境影响报告表作出不予批准的决定：

1）建设项目类型及其选址、布局、规模等不符合环境保护法律法规和相关法定规划；

2）所在区域环境质量未达到国家或者地方环境质量标准，且建设项目拟采取的措施不能满足区域环境质量改善目标管理要求；

3）建设项目采取的污染防治措施无法确保污染物排放达到国家和地方排放标准，或者未采取必要措施预防和控制生态破坏；

4）改建、扩建和技术改造项目，未针对项目原有环境污染和生态破坏提出有效防治措施；

5）建设项目的环境影响报告书、环境影响报告表的基础资料数据明显不实，内容存在重大缺陷、遗漏，或者环境影响评价结论不明确、不合理。

3. 环境影响评价的公众参与

国家鼓励公众参与环境影响评价。环境影响评价公众参与遵循依法、有序、公开、便利的原则。建设单位编制环境影响报告书，应当依照有关法律规定，征求建设项目所在地有关单位和居民的意见。

（1）建设单位主动公开信息

建设单位应当在确定环境影响报告书编制单位后7个工作日内，通过其网站、建设项目所在地公共媒体网站或者建设项目所在地相关政府网站（以下统称网络平台），公开下列信息：

1）建设项目名称、选址选线、建设内容等基本情况，改建、扩建、迁建项目应当说明现有工程及其环境保护情况；

2）建设单位名称和联系方式；

3）环境影响报告书编制单位的名称；

4）公众意见表的网络链接；

5）提交公众意见表的方式和途径。

形成建设项目环境影响报告书征求意见稿后，建设单位应公开下列信息，征求与该建设项目环境影响有关的意见：

1）环境影响报告书征求意见稿全文的网络链接及查阅纸质报告书的方式和途径；

2）征求意见的公众范围；

3）公众意见表的网络链接；

4）公众提出意见的方式和途径；

5）公众提出意见的起止时间。

建设单位应当通过下列三种方式同步公开：①通过网络平台公开，且持续公开期限不得少于10个工作日；②通过建设项目所在地公众易于接触的报纸公开，且在征求意见的10个工作日内公开信息不得少于2次；③通过在建设项目所在地公众易于知悉的场所张贴公告的方式公开，且持续公开期限不得少于10个工作日。此外，鼓励建设单位通过广播、电视、微信、微博及其他新媒体等多种形式发布信息。建设单位征求公众意见的期限不得少于10个工作日。

建设单位向生态环境主管部门报批环境影响报告书前，应当组织编写建设项目环境影响评价公众参与说明，并通过网络平台公开拟报批的环境影响报告书全文和公众参与说明。公众参与说明应当包括下列主要内容：

1）公众参与的过程、范围和内容；
2）公众意见收集整理和归纳分析情况；
3）公众意见采纳情况，或者未采纳情况、理由及向公众反馈的情况等。
（2）公众主动参与

在环境影响报告书征求意见稿编制过程中，公众均可向建设单位提出与环境影响评价相关的意见。公众可以通过信函、传真、电子邮件或者建设单位提供的其他方式，在规定时间内将填写的公众意见表等提交建设单位，反映与建设项目环境影响有关的意见和建议。公众提交意见时，应当提供有效的联系方式。鼓励公众采用实名方式提交意见并提供常住地址。对公众提交的相关个人信息，建设单位不得用于环境影响评价公众参与之外的用途，未经个人信息相关权利人允许不得公开。法律法规另有规定的除外。

在生态环境主管部门受理环境影响报告书后和作出审批决定前的信息公开期间，公民、法人和其他组织可以依照规定的方式、途径和期限，提出对建设项目环境影响报告书审批的意见和建议，举报相关违法行为。生态环境主管部门对收到的举报，应当依照国家有关规定处理。必要时，生态环境主管部门可以通过适当方式向公众反馈意见采纳情况。

（3）深度公众参与

公众对环境影响方面质疑性意见多的建设项目，建设单位应当按照下列方式组织开展深度公众参与：

1）公众质疑性意见主要集中在环境影响预测结论、环境保护措施或者环境风险防范措施等方面的，建设单位应当组织召开公众座谈会或者听证会。座谈会或者听证会应当邀请在环境方面可能受建设项目影响的公众代表参加；

2）公众质疑性意见主要集中在环境影响评价相关专业技术方法、导则、理论等方面的，建设单位应当组织召开专家论证会。专家论证会应当邀请相关领域专家参加，并邀请在环境方面可能受建设项目影响的公众代表列席。

建设单位可以根据实际需要，向建设项目所在地县级以上地方人民政府报告，并请求县级以上地方人民政府加强对公众参与的协调指导。县级以上生态环境主管部门应当在同级人民政府指导下配合做好相关工作。

（4）生态环境主管部门主动公开信息

生态环境主管部门受理建设项目环境影响报告书后，应当通过其网站或者其他方式向社会公开：环境影响报告书全文；公众参与说明和公众提出意见的方式和途径。公开期限不得少于10个工作日。

生态环境主管部门对环境影响报告书作出审批决定前，应当通过其网站或者其他方式向社会公开下列信息：

1）建设项目名称、建设地点；
2）建设单位名称；
3）环境影响报告书编制单位名称；
4）建设项目概况、主要环境影响和环境保护对策与措施；
5）建设单位开展的公众参与情况；
6）公众提出意见的方式和途径。

生态环境主管部门公开信息时，应当通过其网站或者其他方式同步告知建设单位和利害关系人享有要求听证的权利。公开期限不得少于5个工作日。

生态环境主管部门应当对建设单位提供的公众参与说明的内容和格式是否符合要求、公众参与程序是否符合相关规定进行审查。生态环境主管部门参考收到的公众意见，依照相关法律法规、标准和技术规范等审批建设项目环境影响报告书。综合考虑收到的公众意见、相关举报及处理情况、公众参与审查结论等信息后，生态环境主管部门发现建设项目未充分征求公众意见的，应当责成建设单位重新征求公众意见，退回环境影响报告书。

10.3.3 环境保护设施建设

建设项目需要配套建设的环境保护设施，必须与主体工程同时设计、同时施工、同时投产使用，且不得擅自拆除或者闲置。

建设项目的初步设计，应当按照环境保护设计规范的要求，编制环境保护篇章，落实防治环境污染和生态破坏的措施以及环境保护设施投资概算。建设单位应当将环境保护设施建设纳入施工合同，保证环境保护设施建设进度和资金，并在项目建设过程中同时组织实施环境影响报告书、环境影响报告表及其审批部门审批决定中提出的环境保护对策与措施。

编制环境影响报告书、环境影响报告表的建设项目竣工后，建设单位应当按照国务院生态环境行政主管部门规定的标准和程序，对配套建设的环境保护设施进行验收，编制验收报告。建设单位在环境保护设施验收过程中，应当如实查验、监测、记载建设项目环境保护设施的建设和调试情况，不得弄虚作假。除按照国家规定需要保密的情形外，建设单位应当依法向社会公开验收报告。分期建设、分期投入生产或者使用的建设项目，其相应的环境保护设施应当分期验收。

编制环境影响报告书、环境影响报告表的建设项目，其配套建设的环境保护设施经验收合格，方可投入生产或者使用；未经验收或者验收不合格的，不得投入生产或者使用。建设项目投入生产或者使用后，应当按照国务院生态环境行政主管部门的规定开展环境影响后评价。

生态环境行政主管部门应当对建设项目环境保护设施的设计、施工、验收、投入生产或者使用情况，以及有关环境影响评价文件确定的其他环境保护措施的落实情况进行监督检查。生态环境行政主管部门应当将建设项目有关环境违法信息记入社会诚信档案，及时向社会公开违法者名单。

10.3.4 环境影响后评价

编制环境影响报告书的建设项目在通过环境保护设施竣工验收且稳定运行一定时期后，应当对其实际产生的环境影响以及污染防治、生态保护和风险防范措施的有效性进行跟踪监测和验证评价，并提出补救方案或者改进措施，以及提高环境影响评价有效性的方法与制度。这个环节称为环境影响后评价。环境影响后评价应当遵循科学、客观、公正的原则，全面反映建设项目的实际环境影响，客观评估各项环境保护措施的实施效果。

建设项目环境影响后评价应当在建设项目正式投入生产或者运营后3~5年内开展。原审批环境影响报告书的生态环境主管部门也可以根据建设项目的环境影响和环境要素变化特征，确定开展环境影响后评价的时限。

对未按规定要求开展环境影响后评价，或者不落实补救方案、改进措施的建设单位或者生产经营单位，审批该建设项目环境影响报告书的生态环境主管部门应当责令其限期改正，并向社会公开。

（1）需进行环境影响后评价的项目范围

下列建设项目运行过程中产生不符合经审批的环境影响报告书情形的，应当开展环境影响后评价：

1）水利、水电、采掘、港口、铁路行业中实际环境影响程度和范围较大，且主要环境影响在项目建成运行一定时期后逐步显现的建设项目，以及其他行业中穿越重要生态环境敏感区的建设项目；

2）冶金、石化和化工行业中有重大环境风险，建设地点敏感，且持续排放重金属或者持久性有机污染物的建设项目；

3）审批环境影响报告书的生态环境主管部门认为应当开展环境影响后评价的其他建设项目。

（2）负责主体

建设项目环境影响后评价的管理，由审批该建设项目环境影响报告书的生态环境主管部门负责。生态环境部组织制定环境影响后评价技术规范，指导跨行政区域、跨流域和重大敏感项目的环境影响后评价工作。

建设单位或者生产经营单位负责组织开展环境影响后评价工作，编制环境影响后评价文件，并对环境影响后评价结论负责。建设单位或者生产经营单位可以委托环境影响评价机构、工程设计单位、大专院校和相关评估机构等编制环境影响后评价文件。编制建设项目环境影响报告书的环境影响评价机构，原则上不得承担该建设项目环境影响后评价文件的编制工作。建设单位或者生产经营单位应当将环境影响后评价文件报原审批环境影响报告书的生态环境主管部门备案，并接受生态环境主管部门的监督检查。

（3）环境影响后评价内容

建设项目环境影响后评价文件应当包括以下内容：

1）建设项目过程回顾：包括环境影响评价、环境保护措施落实、环境保护设施竣工验收、环境监测情况，以及公众意见收集调查情况等；

2）建设项目工程评价：包括项目地点、规模、生产工艺或者运行调度方式，环境污染或者生态影响的来源、影响方式、程度和范围等；

3）区域环境变化评价：包括建设项目周围区域环境敏感目标变化、污染源或者其他影响源变化、环境质量现状和变化趋势分析等；

4）环境保护措施有效性评估：包括环境影响报告书规定的污染防治、生态保护和风险防范措施是否适用、有效，能否达到国家或者地方相关法律、法规、标准的要求等；

5）环境影响预测验证：包括主要环境要素的预测影响与实际影响差异，原环境影响报告书内容和结论有无重大漏项或者明显错误，持久性、累积性和不确定性环境影响的表现等；

6）环境保护补救方案和改进措施；

7）环境影响后评价结论。

10.3.5 建筑固体废物与噪声污染防治

1. 建筑固体废物污染防治

县级以上地方人民政府应当加强建筑垃圾污染环境的防治，建立建筑垃圾分类处理制度。县级以上地方人民政府应当制定包括源头减量、分类处理、消纳设施和场所布局及建设等在内的建筑垃圾污染环境防治工作规划。

国家鼓励采用先进技术、工艺、设备和管理措施，推进建筑垃圾源头减量，建立建筑垃圾回收利用体系。县级以上地方人民政府应当推动建筑垃圾综合利用产品应用。

县级以上地方人民政府环境卫生主管部门负责建筑垃圾污染环境防治工作，建立建筑垃圾全过程管理制度，规范建筑垃圾产生、收集、贮存、运输、利用、处置行为，推进综合利用，加强建筑垃圾处置设施、场所建设，保障处置安全，防止污染环境。

工程施工单位应当编制建筑垃圾处理方案，采取污染防治措施，并报县级以上地方人民政府环境卫生主管部门备案。工程施工单位应当及时清运工程施工过程中产生的建筑垃圾等固体废物，并按照环境卫生主管部门的规定进行利用或者处置。工程施工单位不得擅自倾倒、抛撒或者堆放工程施工过程中产生的建筑垃圾。

2. 建筑施工噪声污染防治

建筑施工噪声，是指在建筑施工过程中产生的干扰周围生活环境的声音。

建设单位应当按照规定将噪声污染防治费用列入工程造价，在施工合同中明确施工单位的噪声污染防治责任。施工单位应当按照规定制定噪声污染防治实施方案，采取有效措施以减少振动、降低噪声。建设单位应当监督施工单位落实噪声污染防治实施方案。

在噪声敏感建筑物集中区域施工作业，应当优先使用低噪声施工工艺和设备。国务院工业和信息化主管部门会同国务院生态环境、住房城乡建设、市场监督管理等部门，公布低噪声施工设备指导名录并适时更新。建设单位应当按照国家规定，设置噪声自动监测系统，与监督管理部门联网，保存原始监测记录，对监测数据的真实性和准确性负责。在此区域内，禁止夜间进行产生噪声的建筑施工作业，但抢修、抢险施工作业，因生产工艺要求或者其他特殊需要必须连续施工作业的除外。因特殊需要必须连续施工作业的，应当取得地方人民政府住房城乡建设、生态环境主管部门或者地方人民政府指定部门的证明，并在施工现场显著位置公示或者以其他方式公告附近居民。

在城市市区范围内，建筑施工过程中使用机械设备，可能产生环境噪声污染的，施工单位必须在工程开工 15 日以前向工程所在地县级以上地方人民政府生态环境主管部门申报该工程的项目名称、施工场所和期限、可能产生的环境噪声值以及所采取的环境噪声污染防治措施的情况。

10.4 案例分析

10.4.1 配套设备须经验收，排污在后许可先行

上诉人（原审原告）：A 无害化处理有限公司（以下简称 A 公司）
被上诉人（原审被告）：沧州市生态环境局 P 市分局
被上诉人（原审被告）：P 市人民政府

一、基本案情

2019 年 6 月 17 日，沧州市生态环境局 P 市分局（下称 P 分局）行政执法人员对原告进行现场检查时，发现原告车间内存放有关产品及原料，冷藏机、冷凝机正在运行，该单位涉嫌未办理排污许可证排放污染物和建设项目未经验收即投入生产或使用。2019 年 6 月

19 日，被告对原告的上述违法行为予以立案，经调查询问原告法定代表人韩某，其认可自 2019 年 3 月份就开始进行生产活动，已有排污行为。2019 年 7 月 8 日，被告向原告送达了行政处罚事先告知书和听证告知书，告知原告有提出陈述申辩和要求听证的权利。原告在法定期限内未提出陈述申辩和要求听证。2019 年 7 月 18 日，被告作出行政处罚决定，对 A 公司罚款 30 万元。原告不服，向被告 P 市人民政府申请行政复议，被告 P 市人民政府于 2019 年 10 月 21 日作出行政复议决定书，维持原行政处罚决定。原告不服遂起诉至一审法院。

二、案件审理

一审法院认为，本案原告未办理排污许可证排放污染物和建设项目未经验收即投入生产或使用的环境违法行为，有被告对原告的询问笔录、现场照片等证据相互印证，证据确凿充分。被告依法履行了立案、调查取证、处罚告知、听证告知、处罚审批等程序，并依法送达行政处罚决定，程序合法。对原告的环境违法行为，被告依法决定对原告罚款 30 万元的行政处罚，适用法律正确。被告 P 市人民政府的复议决定，符合《中华人民共和国行政复议法》及《行政复议法实施条例》规定的程序。

二审法院认为，P 分局关于《A 无害化处理有限公司 P 市病死畜禽无害化处理项目环境影响报告书》的批复第六条规定：该排污单位通过排污权交易或者有偿方式获得排污权，在设备调试、投入生产或使用并产生实际排污行为之前 30 日内申请领取排污许可证。根据 A 公司与卖方的合同约定，A 公司从 2019 年 4 月 1 日起开始设备调试，因此 A 公司应在 2019 年 3 月申请领取排污许可证，A 公司在 2019 年 6 月 12 日才申请领取排污许可证，违反了《中华人民共和国大气污染防治法》第十九条的规定，P 分局根据《中华人民共和国大气污染防治法》第九十九条第（一）项的规定，给予 A 公司罚款 10 万元的处罚认定事实清楚，适用法律正确。

此外，案涉环保设施未经验收已经使用，违反了《建设项目环境保护管理条例》规定，所以 A 公司的行为应依据条例第二十三条受到行政处罚。P 分局适用了从轻处罚，将罚款数额裁量确定为《建设项目环境保护管理条例》规定的最低限，即 20 万元。至于罚款数量是否适宜，二审法院认为：第一，由于上诉人是据 P 市政府职能部门动物卫生监督所的通知实施的行为，主观过错较轻；第二，其处理病死动物所造成的环境危害远小于任其腐坏，可以认定 A 公司的案涉违法行为社会危害性较小；第三，如果 A 公司不根据动物卫生监督所的通知收集处理病死动物，会使人民群众对于 P 市许可动物无害化处理企业建立的必要性产生怀疑，也会打击人民群众举报乱丢弃病死动物的积极性。由此可见，处以 20 万元罚款明显不当。根据本案前述具体情况，将罚款数额变更为 3 万元以达到教育与处罚相结合的目的。

三、法律评析

建设项目是一项牵涉广泛的工程，其中包括对环境的影响。我国高度重视对建设项目环境影响的管控，为此专门出台了《中华人民共和国环境影响评价法》《建设项目环境保护管理条例》等一系列法律法规，并且《中华人民共和国大气污染防治法》等环保专项法中也有针对建设项目的条文规定，用以落实"防治结合"的环保原则。

本案中，A 公司未按法定程序领取排污许可证便已产生实际排污行为，且项目未经验收便投入使用，同时违反了《中华人民共和国大气污染防治法》和《建设项目环境保管理条例》的规定。为了保障项目的有序进行，项目建设每个环节都有严格的程序要求，都应当按照法律和规章制度来进行。作为建设领域从业人员，我们应当时刻保持高度的规则意识和程序意识。配套建设的环境保护设施未经验收即投入使用，不仅可能起不到保护环境的作用，而且可能产生新的污染，导致环境质量下降，危害人身健康，与环保本意背道而驰。

另外，在本案中违反《建设项目环境保护管理条例》规定而导致的20万元罚款合乎规定却不够适宜。A公司的违法行为并非出于私心利益，而是由于动物卫生监督所的通知要求。在依法判罚的同时，环境管理部门应当明确法律的初衷，《建设项目环境保护管理条例》是一部防止建设项目产生新的污染、破坏生态环境的行政法规，其初衷就是为了减少环境污染。而A公司建设项目的性质是病死畜禽无害化处理，符合国家产业政策、清洁生产和环境保护要求，此次处理病死动物的行为同样是出于环保善意，当然程序违法是绝对错误的。但对于A公司的处罚，应当考虑体现教育与处罚相结合的原则。

10.4.2　小区电梯噪声成污染，物业管理不当应担责

上诉人（原审被告）：北京A物业管理有限公司（以下简称A公司）

被上诉人（原审原告）：苏某

被上诉人（原审被告）：北京B房地产开发有限公司（以下简称B公司）

一、基本案情

苏某于2015年5月从他人手中购买北京市丰台区××701号房屋（以下简称701号房屋）。B公司系该房屋小区开发商，系案涉电梯的建设单位，B公司于2006年将案涉小区电梯移交给A公司，由A公司负责案涉电梯的维修保养等物业服务至今。2017年3月和11月，苏某两次委托北京C环境质量检测中心对701室电梯进行噪声检测，两份报告均显示在22：00—23：00卧室的检测频率超过《社会生活环境噪声排放标准》GB 22337—2008中的参考值。苏某以案涉房屋电梯的噪声影响其正常生活为由向一审法院起诉。

二、案件审理

一审法院认为，双方主要争议的焦点为苏某所提供的检测报告的标准是否应予采用、责任主体的确定及责任承担问题。

显然电梯运行噪声属于社会生活噪声，《社会生活环境噪声排放标准》明确规定了A类房间指的是以睡眠为主要目的、需要保证夜间安静的房间，包括住宅卧室、医院病房等。在国家尚无相应的标准对居民楼内电梯产生噪声进行评价的情况下，当电梯等楼内设备在运行过程中所产生的低频噪声确实对楼内居民造成影响时，从切实依法保护公民权利的角度出发，法院认为此种情况下可以参照适用《社会生活环境噪声排放标准》作为检测及评价依据。

B公司在2006年已将案涉小区移交B公司进行管理，现已超过了保质期。B公司无须承担产品责任，且电梯作为建筑物的附属设施在交付后已由业主共有，B公司亦无须承担产权方责任，故苏某要求B公司承担责任没有法律依据，法院不予支持。而A公司系案涉小区的物业服务公司，系案涉电梯的管理单位，负责案涉电梯的日常运营维护，应当依法负担起对处于其公司所管理下的物不得侵害他人权益的法律义务。因此，法院依法认定A公司作为管理方未尽到对案涉电梯的维护管理义务，使电梯的噪声超出了国家的标准，影响苏某居住房屋的生活环境，已构成对苏某正常生活环境的侵害，且长期可能导致

对人身健康的影响，故 A 公司应依法承担消除噪声、停止侵害的责任。苏某所支出检测费用系因受到侵权所导致的举证损失，应由侵害方予以赔偿。

A 公司上诉称其仅是电梯运营维护管理者，并非噪声发出者，作为本案被告主体不适格。对此二审法院认为：A 公司作为案涉小区的物业服务公司，对案涉电梯具有日常维护管理义务。现因其未尽到该义务，使电梯噪声超出国家标准，影响了苏某居住房屋的生活环境，构成对苏某正常生活环境的侵害，其作为本案被告主体适格，应对由此造成的损害后果承担相应法律责任。关于苏某支出的检测费用，该检测报告虽系苏某单方面作出，但 A 公司并未提供充分证据予以反驳，检测报告亦作为本案认定侵权事实的依据，在 A 公司对苏某已构成侵权的情况下，一审法院认定苏某支付的检测费用应由侵权人 A 公司予以赔偿并无不当，本院不持异议。

三、法律评析

（一）本案侵权责任的判定

本案系属建成小区中电梯运行噪声污染造成的纠纷。首先，苏某作为小区业主、房屋的所有权人，有权排除噪声对其正常生活的妨害。《中华人民共和国噪声污染防治法》第二条第二款规定："本法所称噪声污染，是指超过噪声排放标准或者未依法采取防控措施产生噪声，并干扰他人正常生活、工作和学习的现象"。苏某主张正确、举证明晰。

《民法典》第一千二百二十九条规定："因污染环境、破坏生态造成他人损害的，侵权人应当承担侵权责任"。那么本案关键就在于谁应当作为侵权人承担这份侵权责任。

本案的两位被告中，B 公司是该小区开发商，同时也是案涉电梯的建设单位，在本案成立之时电梯已经超过质保期，其对电梯不再负有质量保障责任，且案涉电梯并不归其所有，所以开发商自然无需承担由电梯噪声导致的侵权责任。

电梯由建设单位完成建设、验收交付之后，所有权是归全体业主共有的，但物业公司作为物业管理者，承担着对电梯运营维护的责任，业主聘请物业管理公司，合同约定的管理内容之一就是对社区中各项设施进行日常管理维护，保障业主的正常生活不受影响。显然本案中物业公司未能尽到运营维护的义务，是物业公司的失职与不作为导致苏某受电梯噪声之扰，因果成立。

（二）依法追责与合同相对性

权利和义务的概念是对于合同当事人而言的，合同缔结了当事双方的法律关系，赋予了他们相应的权利和义务，并由此产生合同责任。因此在纠纷中追责的对象只能是合同当事人。《民法典》第四百六十五条第二款规定，"依法成立的合同，仅对当事人具有法律约束力，但是法律另有规定的除外"。这一条款强化了这种合同的相对性。

本案中，开发商与业主的合同属于购房合同，双方主要的责任就是银货两讫，开发商提供质量合格的房屋，业主缴纳购房款。证据证明案涉电梯在交付时是验收合格的。而业主和物业公司的合同是物业服务合同，《民法典》中解释称其是物业服务人在物业服务区域内，为业主提供建筑物及其附属设施的维修养护、环境卫生和相关秩序的管理维护等物业服务，业主支付物业费的合同。因此，关于电梯噪声的纠纷系属物业服务合同范围内，由业主和物业公司就其合同约定追究责任，建设单位并不属于这一段合同关系中。

在建设工程纠纷中，应当留意合同的相对性，在合同范围内针对合同当事人主张权利,如果涉及第三方,应由另案追责。

10.4.3 工厂未建环保设施,违法生产终酿苦果

上诉人(原审原告):H市F汽车配件厂(以下简称F汽配厂)
被上诉人(原审被告):H市某区环境保护局
被上诉人(原审被告):H市某区人民政府

一、基本案情

2018年11月14日,原H市某区环境保护局(以下简称区环保局)接到F汽配厂院内气味扰民的投诉。2018年11月27日,区环保局工作人员至现场勘查发现:F汽配厂未经环评审批的客车雨刮器项目于2001年4月擅自投入生产,并有废气、废水排放。厂区内未建设污染防治设施。区环保局执法人员对F汽配厂负责人袁某进行了调查询问,袁某陈述"该厂没有经过环保'三同时'验收"。

2018年12月10日,区环保局责令F汽配厂在60日内改正违法行为。同日向F汽配厂送达了行政处罚事先(听证)告知书。F汽配厂于同年12月12日向区环保局提出听证申请,区环保局于12月26日公开听证。听证会上,F汽配厂提出反对处罚的申辩意见,但经复核,区环保局认为该申辩意见不影响违法事实的认定,于2019年2月18日作出行政处罚决定书,对F汽配厂处以罚款20万元。2019年2月25日,区环保局将该行政处罚决定书送达F汽配厂。同年3月1日,F汽配厂向该区政府申请行政复议。区政府受理后,于2019年3月11日要求区环保局10日内提交书面答复及作出行政处罚决定时的证据和依据。2019年3月19日,区环保局提交了上述证据、依据。后区政府举行了行政复议听证会并将行政复议决定书送达F汽配厂及区环保局。F汽配厂不服处罚决定和复议决定,遂提起本案行政诉讼。

二、案件审理

一审法院认为,F汽配厂的生产经营活动属于应当进行环境影响评价而没有进行。从现场的调查情况看,在客车雨刮器生产过程中产生了废气、废水,但F汽配厂没有建设环境保护设施。F汽配厂于2001年4月投入生产或使用,其行为同时构成"未批先建""未验先投"的违法行为,依法应受到行政处罚。因未批先建行为已经超过2年处罚时效,故未予处罚。

区环保局依据《建设项目环境保护管理条例》对F汽配厂处以20万元罚款,是适用了法律条款规定的最低下限处罚幅度,该处罚幅度已经考虑了企业自行整改的情形,符合当前环保优先的发展理念和推进生态文明建设的新形势,也合乎教育与惩戒并重的理念。

区政府在行政复议过程中认定事实清楚,适用法律法规正确,复议程序合法正当,复议决定结果正确,予以支持。

二审法院认为,依据《中华人民共和国环境影响评价法》第十六条并参照生态环境部《建设项目环境影响评价分类管理名录》的规定,F汽配厂的经营范围为汽车配件制造、销售,属汽车制造类,应当编制环境影响报告书或报告表,但F汽配厂至区环保局现场勘察时,一直未编制环境影响报告书或报告表。且其违反了2017年修改后的《建设项目环境保护管理条例》第十五条的"三同时"规定,实施项目需要配套建设的环境保护设施,未与主体工程同时设计、同时施工、同时投产,违反了"未批先建"和"未验先投"制度。

环境保护部发布的《关于建设项目"未批先建"违法行为法律适用问题的意见》第二点第三项规定，建设单位同时构成"未批先建"和违反环保设施"三同时"验收制度两个违法行为的，应当分别依法作出相应处罚。因此，本案中，F汽配厂"未批先建"的行为虽然已经超过追溯期限，但其"未验先投"的违法状态一直持续，环保部门仍可以其违反"三同时"验收制度对其作出行政处罚，不受"未批先建"违法行为行政处罚追溯期限的影响。依据《建设项目环境保护管理条例》第二十三条第一款规定，在法定幅度范围内对其处以20万元的罚款，并无不当。

三、法律评析

《建设项目环境保护管理条例》确立了建筑的环境影响评价制度，要求建设单位应当在建设项目可行性研究阶段报批建设项目环境影响报告书、环境影响报告表或者环境影响登记表；不需要进行可行性研究的建设项目，建设单位应当在建设项目开工前报批建设项目环境影响报告书、环境影响报告表或者环境影响登记表；其中，需要办理营业执照的，建设单位应当在办理营业执照前报批建设项目环境影响报告书、环境影响报告表或者环境影响登记表。

先于实际建设的环境影响评价制度，便于国家严格控制建设领域的生态污染程度，也有利于激发企业优化建设过程的主观能动性，使建筑业整体向着绿色节能的方向改进。生态建设是时代的大势所趋，也是国家的政策导向、民心所指。

除此之外，《建设项目环境保护管理条例》中还针对环境保护设施确立了"三同时"制度，要求建设项目需要配套建设的环境保护设施，必须与主体工程同时设计、同时施工、同时投产使用。大多数工业建筑在后续的生产过程中不可避免会产生一些废气、废水、固体废物等，需要有相应的设施对后续废弃物进行处理，但少数企业不肯为环境买单，只考虑自己的利益。这种情况下，由法律对配套环保设施的建设进行强制规定显然具有威慑性。当然还要配合相关监督部门的有效监管和核查，本案中监督部门明显监管力度不够，辖区内的F汽配厂违法生产竟长达十几年。

在政府对"十四五"时期的描摹中，经济发展仍是核心目标，但围绕其展开的生产生活应该向更加绿色低碳的方向转型。因此，要深入实施可持续发展战略，完善生态文明领域统筹协调机制，构建生态文明体系，建设人与自然和谐共生的现代化社会。

  课后练习

(扫下方二维码自测)

第 11 章　建设工程纠纷处理法律制度

11.1　概述

11.1.1　建设工程纠纷

建设工程的施工周期漫长，涉及的利益方众多，在合作过程中因为工程质量、工程价款或行政审批等问题导致利益方之间发生冲突和纠纷十分常见。虽然在合作前期各利益方之间会进行详尽的磋商，但不可能彻底避免发生纠纷。因此如何在矛盾与纠纷发生之后合法合理地处理，化干戈为玉帛，避免双方发生更大的损失，是建设工程从业人员的必修课。

建设工程纠纷是指建设工程当事人在建设工程活动中对合作方之间的权利与义务划分产生分歧，或对行政主管部门的行政行为产生争议。依据法律关系不同，建设工程纠纷可以分为建设工程行政纠纷和建设工程民事纠纷两类。

建设工程行政纠纷是指在建设工程活动中行政机关之间或行政机关同公民、法人和其他组织之间由于行政行为而引起的纠纷。在各类行政纠纷中，既有因行政机关超越职权、滥用职权、行政不作为、违反法定程序、事实认定错误、适用法律错误等所引起的纠纷，也有公民、法人或其他组织逃避监督管理、非法抗拒监督管理或误解法律规定等而产生的纠纷。在建设工程过程中涉及多项材料、证书、许可的行政审批流程，因而行政纠纷十分常见。

建设工程民事纠纷是在建设工程活动中平等主体之间发生的以民事权利义务法律关系为内容的争议。民事纠纷又分为两类：一类是财产关系导致的民事纠纷，包括财产所有关系民事纠纷和财产流转关系的民事纠纷，如合同纠纷、损害赔偿纠纷等；另一类是人身关系导致的民事纠纷，包括人格权关系民事纠纷和身份关系民事纠纷，如名誉权纠纷、继承权纠纷等。在建设工程领域，较为普遍和重要的民事纠纷主要是合同纠纷和侵权纠纷。合同纠纷，是指因合同的生效、解释、履行、变更、终止等行为而引起的合同当事人的所有争议，合同纠纷的内容主要表现在争议主体对于导致合同法律关系产生、变更与消灭的法律事实以及法律关系的内容有着不同的观点与看法。建设工程合同纠纷依据合同类型的不同，主要分为工程咨询合同纠纷、工程总承包合同纠纷、工程勘察合同纠纷、工程设计合同纠纷、工程施工合同纠纷、工程监理合同纠纷、工程分包合同纠纷、材料设备采购合同纠纷等。侵权纠纷，是指一方当事人不法侵害他人财产权或者人身权而产生的纠纷。建设工程中的侵权纠纷包括使用他人专利造成的知识产权侵权纠纷等。发承包双方就建设工期、质量、造价等产生建设工程合同争议，是建设工程领域最常见的民事纠纷。

11.1.2　建设工程行政纠纷的解决方式

行政纠纷的法律解决途径主要有行政复议和行政诉讼两种。

1. 行政复议

行政复议是指作为行政相对人的公民、法人或其他组织认为行政机关的具体行政行为侵犯其合法权益，依法请求上级行政复议机关审查该具体行政行为的合法性、适当性，该复议机关依照法定程序对该具体行政行为进行审查，并作出行政复议决定的法律制度。行政复议制度是对行政机关行为的合法监督途径，用以纠正行政主体作出的违法或者不当的具体行政行为，保护行政管理相对人的合法权益。

2. 行政诉讼

行政诉讼是指公民、法人或者其他组织认为行政机关和行政机关工作人员的具体行政行为侵犯其合法权益，依法向人民法院提起诉讼，法院依法予以受理、审理和裁决的活动。在建设工程活动中，具体行政行为主要是指建设行政主管部门和其他主管部门及其工作人员行使行政权力的行为，比如，建设行政主管部门核发建设用地规划许可证、施工许可证、商品房预售许可证等。

行政诉讼是我国三大诉讼之一。与民事诉讼和刑事诉讼不同的是，行政诉讼通过对被诉行政行为的合法性进行审查以解决行政争议，审查的根本目的是监督行政机关依法行使职权，保障公民、法人或者其他组织的合法权益不受违法行政行为的侵害。行政诉讼当事人双方的诉讼地位是恒定的，行政诉讼的原告只能是行政管理中的相对方，即公民、法人或者其他组织；行政诉讼的被告只能是行政管理中的管理方，即作为行政主体的行政机关和法律、法规、规章授权的组织。

11.1.3 建设工程民事纠纷的解决方式

民事纠纷有三个特点：第一，民事纠纷主体之间的法律地位平等；第二，民事纠纷的内容是对民事权利义务的争议；第三，民事纠纷的可处分性不同，针对有关财产关系的民事纠纷具有可处分性，而有关人身关系的民事纠纷多具有不可处分性。可处分性是指针对民事纠纷中的实体和程序权利，权利人可以行使或者放弃，这也是与行政纠纷和刑事纠纷不同的地方。比如，故意杀人案中的受害人家属不能主动提出不追究犯罪嫌疑人的罪责，因为此时是由检察院代替国家提出的公诉案件，刑事纠纷不具有可处分性。

民事纠纷的解决方式包括四类：和解、调解、仲裁和诉讼。和解是当事人自行达成和解协议，没有第三方介入，为私力救济。调解、仲裁中有第三方社会组织（调解委员会或仲裁机构）介入，为社会救济。诉讼中介入的是国家审判机关，为公力救济。

1. 和解

和解是指纠纷当事人就民事纠纷自行协商并达成协议，从而消灭争议。双方当事人在自愿互谅的基础上，就已经发生的争议进行沟通、妥协并达成和解协议，在无第三方参与的条件下解决争议的一种方式。和解不仅从形式上消除当事人之间的矛盾，还从心理上消除矛盾。

2. 调解

调解是指建设工程纠纷当事人通过双方认可的第三方（调解组织），依据法律法规、合同约定和社会规范对双方当事人进行调停、劝说，促使双方互相谅解、让步，从而平息争端、解决工程建设纠纷。未经司法确认的调解协议书不具有强制执行力，但是具有法律效力，其效力类似于合同，对双方都有法律上的约束力。此处的调解不包括诉讼和仲裁程序中在审判庭和仲裁庭主持下的调解。

常见的第三方调解是人民调解，人民调解是指人民调解委员会通过说服、疏导等方法，促使当事人在平等协商的基础上自愿达成调解协议，解决民间纠纷的活动。人民调解委员会是依法设立的调解民间纠纷的群众性组织。人民调解委员会应当建立健全各项调解工作制度，听取群众意见，接受群众监督。人民调解员由人民调解委员会委员和人民调解委员会聘任的人员担任。人民调解员应当由公道正派、热心于人民调解工作，并具有一定文化水平、政策水平和法律知识的成年公民担任。

经人民调解委员会调解达成调解协议的，可以制作调解协议书。当事人认为无需制作调解协议书的，可以采取口头协议方式，人民调解员应当记录协议内容。调解协议书自各方当事人签名、盖章或者按指印，人民调解员签名并加盖人民调解委员会印章之日起生效。口头调解协议自各方当事人达成协议之日起生效。经人民调解委员会调解达成的调解协议，具有法律约束力，当事人应当按照约定履行。经人民调解委员会调解达成调解协议后，双方当事人认为有必要的，可以自调解协议生效之日起30日内共同向人民法院申请司法确认，人民法院应当及时对调解协议进行审查，依法确认调解协议的效力。人民法院依法确认调解协议有效，一方当事人拒绝履行或者未全部履行的，对方当事人可以向人民法院申请强制执行。人民法院依法确认调解协议无效的，当事人可以通过人民调解方式变更原调解协议或者达成新的调解协议，也可以向人民法院提起诉讼。

3. 仲裁

仲裁是指双方当事人在纠纷发生前或发生后自愿达成协议，将纠纷提交仲裁委员会，由仲裁委员会依据法律和合同约定，在事实上作出判断、在权利义务上作出裁决的一种纠纷解决方式。仲裁机构的性质为民间组织，但是其所作裁决书具有法律约束力，并且具有强制执行力。

仲裁的特点包括：第一，可选择性，仲裁当事人可以协议选择仲裁机构、仲裁员和审理的方式；第二，仲裁解决争议的范围小，可仲裁的范围仅限于平等主体的公民、法人和其他组织之间发生的合同纠纷与其他财产权益纠纷；第三，裁决具有法律效力。第三方虽非司法机关，但其作出的裁决对双方当事人具有法律约束力。

4. 诉讼

诉讼是指公民、法人、其他组织依法起诉、申诉、控告或司法机关依职责追究他人法律责任，国家审判机关即人民法院，依照法律规定在当事人和其他诉讼参与人的参加下，行使国家审判权，依法解决讼争的活动。平等主体当事人之间发生经济纠纷提起诉讼，适用《民事诉讼法》解决纷争。建设工程中的纠纷如果和解不成，也没有仲裁协议，又无法达成协调协议的情况下，诉讼便成为解决争端的最后办法。建设工程中的纠纷多为民事纠纷，适用《民事诉讼法》。

11.2 行政纠纷处理制度

11.2.1 行政纠纷处理类别

行政纠纷的处理主要分为两类，行政复议和行政诉讼。行政复议由各级行政复议机关负责。行政复议机关履行行政复议职责，应当遵循合法、公正、公开、及时、便民的原则，坚持有错必纠，保障法律、法规的正确实施。行政诉讼由各级人民法院主理。人民法院审理行政诉讼案件应当以事实为根据、以法律为准绳，对行政行为是否合法进行审查，依法实行合议、回避、公开审判和两审终审制度。

行政复议和行政诉讼两者不可同时进行。公民、法人或者其他组织申请行政复议，行政复议机关已经依法受理的；或者法律、法规规定应当先向行政复议机关申请行政复议、对行政复议决定不服再向人民法院提起行政诉讼的，在法定行政复议期限内不得向人民法院提起行政诉讼。若行政复议机关决定不予受理或者受理后超过行政复议期限不作答复的，公民、法人或者其他组织可以自收到不予受理决定书之日起或者行政复议期满之日起15日内，依法向人民法院提起行政诉讼。公民、法人或者其他组织向人民法院提起行政诉讼，人民法院已经依法受理的，不得申请行政复议。

行政复议和行政诉讼都是为了防止和纠正违法的或者不当的具体行政行为，保护公民、法人和其他组织的合法权益，保障和监督行政机关依法行使职权。公民、法人或者其他组织认为具体行政行为侵犯其合法权益，便可申请行政复议或行政诉讼。

11.2.2 行政复议程序

1. 行政复议范围

行政复议的范围既包括行政机关的具体行政行为，也包括具体行政行为所依据的规定。

有下列情形之一的，公民、法人或者其他组织可以依照《中华人民共和国行政复议法》（以下简称《行政复议法》）申请行政复议：

（1）对行政机关作出的行政处罚决定不服；

（2）对行政机关作出的行政强制措施、行政强制执行决定不服；

（3）申请行政许可，行政机关拒绝或者在法定期限内不予答复，或者对行政机关作出的有关行政许可的其他决定不服；

（4）对行政机关作出的确认自然资源的所有权或者使用权的决定不服；

（5）对行政机关作出的征收征用决定及其补偿决定不服；

（6）对行政机关作出的赔偿决定或者不予赔偿决定不服；

（7）对行政机关作出的不予受理工伤认定申请的决定或者工伤认定结论不服；

（8）认为行政机关侵犯其经营自主权或者农村土地承包经营权、农村土地经营权；

（9）认为行政机关滥用行政权力排除或者限制竞争；

（10）认为行政机关违法集资、摊派费用或者违法要求履行其他义务；

（11）申请行政机关履行保护人身权利、财产权利、受教育权利等合法权益的法定职责，行政机关拒绝履行、未依法履行或者不予答复；

（12）申请行政机关依法给付抚恤金、社会保险待遇或者最低生活保障等社会保障，行政机关没有依法给付；

（13）认为行政机关不依法订立、不依法履行、未按照约定履行或者违法变更、解除政府特许经营协议、土地房屋征收补偿协议等行政协议；

（14）认为行政机关在政府信息公开工作中侵犯其合法权益；

（15）认为行政机关的其他行政行为侵犯其合法权益。

公民、法人或者其他组织认为行政机关的行政行为所依据的下列规范性文件不合法，在对行政行为申请行政复议时，可以一并向行政复议机关提出对该规范性文件的附带审查申请：
  (1) 国务院部门的规范性文件；
  (2) 县级以上地方各级人民政府及其工作部门的规范性文件；
  (3) 乡、镇人民政府的规范性文件；
  (4) 法律、法规、规章授权的组织的规范性文件。
  上述所列规定不含国务院部、委员会规章和地方人民政府规章。规章的审查依照法律、行政法规办理。行政复议机关对该规章有权处理的，应当在 30 日内依法处理；无权处理的，应当在 7 日内按照法定程序转送有权处理的行政机关依法处理。

2. 行政复议申请

(1) 行政复议申请期限

公民、法人或者其他组织认为具体行政行为侵犯其合法权益的，可以自知道该具体行政行为之日起 60 日内提出行政复议申请；但是法律规定的申请期限超过 60 日的除外。因不可抗力或者其他正当理由耽误法定申请期限的，申请期限自障碍消除之日起继续计算。

(2) 行政复议主体

公民、法人或者其他组织对行政机关的具体行政行为不服申请行政复议的，作出具体行政行为的行政机关是被申请人；行政机关委托的组织作出行政行为的，委托的行政机关是被申请人。依法申请行政复议的公民、法人或者其他组织是申请人。有权申请行政复议的公民死亡的，其近亲属可以申请行政复议。有权申请行政复议的公民为无民事行为能力人或者限制民事行为能力人的，其法定代理人可以代为申请行政复议。有权申请行政复议的法人或者其他组织终止的，其权利义务承受人可以申请行政复议。

申请人以外的同申请行政复议的具体行政行为或者行政复议案件处理结果有利害关系的其他公民、法人或者其他组织，可以作为第三人参加行政复议。

申请人、第三人可以委托 1~2 名律师、基层法律服务工作者或者其他代理人代为参加行政复议。委托需向行政复议机构提交授权委托书、委托人及被委托人的身份证明文件。

(3) 行政复议申请形式

申请人申请行政复议，可以书面申请；书面申请有困难的，也可以口头申请。书面申请的，可以通过邮寄或者行政复议机关指定的互联网渠道等方式提交行政复议申请书，也可以当面提交行政复议申请书。行政机关通过互联网渠道送达行政行为决定书的，应当同时提供提交行政复议申请书的互联网渠道。口头申请的，行政复议机关应当当场记录申请人的基本情况、行政复议请求、申请行政复议的主要事实、理由和时间。

(4) 行政复议管辖机关

国务院部门管辖下列行政复议案件：

1) 对本部门作出的行政行为不服的；

2) 对本部门依法设立的派出机构依照法律、行政法规、部门规章规定，以派出机构的名义作出的行政行为不服的；

3) 对本部门管理的法律、行政法规、部门规章授权的组织作出的行政行为不服的。

县级以上地方各级人民政府管辖下列行政复议案件：

1) 对本级人民政府工作部门作出的行政行为不服的；

2）对下一级人民政府作出的行政行为不服的；
3）对本级人民政府依法设立的派出机关作出的行政行为不服的；
4）对本级人民政府或者其工作部门管理的法律、法规、规章授权的组织作出的行政行为不服的。

省、自治区、直辖市人民政府同时管辖对本机关作出的行政行为不服的行政复议案件。省、自治区人民政府依法设立的派出机关参照设区的市级人民政府的职责权限，管辖相关行政复议案件。对县级以上地方各级人民政府工作部门依法设立的派出机构依照法律、法规、规章规定，以派出机构的名义作出的行政行为不服的行政复议案件，由本级人民政府管辖；其中，对直辖市、设区的市人民政府工作部门按照行政区划设立的派出机构作出的行政行为不服的，也可以由其所在地的人民政府管辖。

对海关、金融、外汇管理等实行垂直领导的行政机关、税务和国家安全机关的行政行为不服的，向上一级主管部门申请行政复议。对履行行政复议机构职责的地方人民政府司法行政部门的行政行为不服的，可以向本级人民政府申请行政复议，也可以向上一级司法行政部门申请行政复议。

省、自治区、直辖市人民政府对下一级人民政府行政行为作出的复议决定，或国务院部门对本部门行政行为作出的行政复议决定，若有不服的，可以向人民法院提起行政诉讼；也可以向国务院申请裁决，国务院依照《行政复议法》的规定作出最终裁决。

3. 行政复议受理

行政复议机关收到行政复议申请后，应当在5日内进行审查。对符合下列规定的，行政复议机关应当予以受理：

（1）有明确的申请人和符合《行政复议法》规定的被申请人；
（2）申请人与被申请行政复议的行政行为有利害关系；
（3）有具体的行政复议请求和理由；
（4）在法定申请期限内提出；
（5）属于《行政复议法》规定的行政复议范围；
（6）属于本机关的管辖范围；
（7）行政复议机关未受理过该申请人就同一行政行为提出的行政复议申请，并且人民法院未受理过该申请人就同一行政行为提起的行政诉讼。

对不符合法律规定的行政复议申请，行政复议机关应当在审查期限内决定不予受理并说明理由；不属于本机关管辖的，还应当在不予受理决定中告知申请人有管辖权的行政复议机关。行政复议申请的审查期限届满，行政复议机关未作出不予受理决定的，审查期限届满之日起视为受理。

行政复议申请材料不齐全或者表述不清楚，无法判断行政复议申请是否符合规定的，行政复议机关应当自收到申请之日起5日内书面通知申请人补正。补正通知应当一次性载明需要补正的事项。申请人应当自收到补正通知之日起10日内提交补正材料。有正当理由不能按期补正的，行政复议机关可以延长合理的补正期限。无正当理由逾期不补正的，视为申请人放弃行政复议申请，并记录在案。

公民、法人或者其他组织依法提出行政复议申请，行政复议机关无正当理由不予受理、驳回申请或者受理后超过行政复议期限不作答复的，申请人有权向上级行政机关反映，上级行政机关应当责令其纠正；必要时，上级行政复议机关可以直接受理。

行政复议期间具体行政行为不停止执行；但是有下列情形之一的，可以停止执行：①被申请人认为需要停止执行的；②行政复议机关认为需要停止执行的；③申请人、第三人申请停止执行，行政复议机关认为其要求合理，决定停止执行的；④法律、法规、规章规定停止执行的其他情形。

4. 行政复议流程

适用普通程序审理的行政复议案件，行政复议机构应当当面或者通过互联网、电话等方式听取当事人的意见，并将听取的意见记录在案。因当事人原因不能听取意见的，可以书面审理。

行政复议机构应当自行政复议申请受理之日起 7 日内，将行政复议申请书副本或者行政复议申请笔录复印件发送被申请人。被申请人应当自收到申请书副本或者申请笔录复印件之日起 10 日内，提出书面答复，并提交作出具体行政行为的证据、依据和其他有关材料。申请人、第三人及其委托代理人可以按照规定查阅、复制被申请人提出的书面答复、作出行政行为的证据、依据和其他有关材料，除涉及国家秘密、商业秘密、个人隐私或者可能危及国家安全、公共安全、社会稳定的情形外，行政复议机关应当同意。

审理重大、疑难、复杂的行政复议案件，行政复议机构应当组织听证。行政复议机构认为有必要听证，或者申请人请求听证的，行政复议机构可以组织听证。行政复议机构组织听证的，应当于举行听证的 5 日前将听证的时间、地点和拟听证事项书面通知当事人。申请人无正当理由拒不参加听证的，视为放弃听证权利。被申请人的负责人应当参加听证。不能参加的，应当说明理由并委托相应的工作人员参加听证。

申请人在申请行政复议时可以一并提出行政赔偿请求，行政复议机关对符合《中华人民共和国国家赔偿法》的有关规定应当给予赔偿的，在决定撤销或者部分撤销、变更行政行为或者确认行政行为违法、无效时，应当同时决定被申请人依法给予赔偿。确认行政行为违法的，还可以同时责令被申请人采取补救措施。应当不予赔偿的，驳回行政赔偿请求。没有提出行政赔偿请求的，行政复议机关在依法决定撤销或者部分撤销、变更罚款、撤销或者部分撤销违法集资、没收财物、征收征用、摊派费用以及对财产的查封、扣押、冻结等行政行为时，应当同时责令被申请人返还财产，解除对财产的查封、扣押、冻结措施，或者赔偿相应的价款。

行政复议决定作出前，申请人要求撤回行政复议申请的，经说明理由，可以撤回；撤回行政复议申请的，行政复议终止。

5. 行政复议决定

行政复议机关负责法制工作的机构应当对被申请人作出的具体行政行为进行审查，提出意见，经行政复议机关的负责人同意或者集体讨论通过后，按照下列规定作出行政复议决定：

（1）行政行为认定事实清楚，证据确凿，适用依据正确，程序合法，内容适当的，决定维持；

（2）行政行为有如下三种情形之一的，行政复议机关决定变更该行政行为：事实清楚，证据确凿，适用依据正确，程序合法，但是内容不适当的；事实清楚，证据确凿，程序合法，但是未正确适用依据的；事实不清、证据不足，经行政复议机关查清事实和证据的；

(3) 行政行为有如下四种情形之一的，行政复议机关决定撤销或者部分撤销该行政行为，并可以责令被申请人在一定期限内重新作出行政行为：主要事实不清、证据不足的；违反法定程序的；适用依据不合法的；超越或者滥用职权的；

(4) 行政行为有如下两种情形之一的，行政复议机关不撤销该行政行为，但是确认该行政行为违法：依法应予撤销，但是撤销会给国家利益、社会公共利益造成重大损害；程序轻微违法，但是对申请人权利不产生实际影响；

(5) 行政行为有如下三种情形之一的，行政复议机关认为不需要撤销或者责令履行的，行政复议机关确认该行政行为违法：行政行为违法，但是不具有可撤销内容；被申请人改变原违法行政行为，申请人仍要求撤销或者确认该行政行为违法；被申请人不履行或者拖延履行法定职责，责令履行没有意义。

(6) 行政行为有实施主体不具有行政主体资格或者没有依据等重大且明显违法情形，申请人申请确认行政行为无效的，行政复议机关确认该行政行为无效。

行政复议机关应当自受理申请之日起 60 日内作出行政复议决定；但是法律规定的行政复议期限少于 60 日的除外。情况复杂，不能在规定期限内作出行政复议决定的，经行政复议机关的负责人批准，可以适当延长，并告知申请人和被申请人；但是延长期限最多不超过 30 日。行政复议机关作出行政复议决定，应当制作行政复议决定书，并加盖行政复议机关印章。行政复议决定书一经送达，即发生法律效力。

行政复议机关责令被申请人重新作出具体行政行为的，被申请人不得以同一事实和理由作出与原行政行为相同或者基本相同的具体行政行为，但行政复议机关以违反法定程序为由决定撤销或者部分撤销的除外。被申请人不履行或者无正当理由拖延履行行政复议决定的，行政复议机关或者有关上级行政机关应当责令其限期履行。

申请人逾期不起诉又不履行行政复议决定书、调解书的，或者不履行最终裁决的行政复议决定的，按照下列规定分别处理：

(1) 维持具体行政行为的行政复议决定，由作出具体行政行为的行政机关依法强制执行，或者申请人民法院强制执行；

(2) 变更具体行政行为的行政复议决定，由行政复议机关依法强制执行，或者申请人民法院强制执行；

(3) 行政复议调解书，由行政复议机关依法强制执行，或者申请人民法院强制执行。

11.2.3 行政诉讼程序

1. 行政诉讼的受案范围

人民法院受理公民、法人或者其他组织提起的行政诉讼范围包括：

(1) 对行政拘留、暂扣或者吊销许可证和执照、责令停产停业、没收违法所得、没收非法财物、罚款、警告等行政处罚不服的；

(2) 对限制人身自由或者对财产的查封、扣押、冻结等行政强制措施和行政强制执行不服的；

(3) 申请行政许可，行政机关拒绝或者在法定期限内不予答复，或者对行政机关作出的有关行政许可的其他决定不服的；

(4) 对行政机关作出的关于确认土地、矿藏、水流、森林、山岭、草原、荒地、滩涂、海域等自然资源的所有权或者使用权的决定不服的；

（5）对征收、征用决定及其补偿决定不服的；

（6）申请行政机关履行保护人身权、财产权等合法权益的法定职责，行政机关拒绝履行或者不予答复的；

（7）认为行政机关侵犯其经营自主权或者农村土地承包经营权、农村土地经营权的；

（8）认为行政机关滥用行政权力排除或者限制竞争的；

（9）认为行政机关违法集资、摊派费用或者违法要求履行其他义务的；

（10）认为行政机关没有依法支付抚恤金、最低生活保障待遇或者社会保险待遇的；

（11）认为行政机关不依法履行、未按照约定履行或者违法变更、解除政府特许经营协议、土地房屋征收补偿协议等协议的；

（12）认为行政机关侵犯其他人身权、财产权等合法权益的。

2. 行政诉讼的管辖

行政诉讼依据案件的情节轻重由不同等级的法院管辖：基层人民法院管辖第一审行政案件。中级人民法院管辖下列第一审行政案件：①对国务院部门或者县级以上地方人民政府所作的行政行为提起诉讼的案件；②海关处理的案件；③本辖区内重大、复杂的案件；④其他法律规定由中级人民法院管辖的案件。高级人民法院管辖本辖区内重大、复杂的第一审行政案件。最高人民法院管辖全国范围内重大、复杂的第一审行政案件。

《中华人民共和国行政诉讼法》（以下简称《行政诉讼法》）对特殊案件的管辖进行了如下具体规定：

（1）对限制人身自由的行政强制措施不服提起的诉讼，由被告所在地或者原告所在地人民法院管辖；

（2）因不动产提起的行政诉讼，由不动产所在地人民法院管辖；

（3）两个以上人民法院都有管辖权的案件，原告可以选择其中一个人民法院提起诉讼。原告向两个以上有管辖权的人民法院提起诉讼的，由最先立案的人民法院管辖。

人民法院发现受理的案件不属于本院管辖的，应当移送有管辖权的人民法院，受移送的人民法院应当受理。受移送的人民法院认为受移送的案件按照规定不属于本院管辖的，应当报请上级人民法院指定管辖，不得再自行移送。

有管辖权的人民法院由于特殊原因不能行使管辖权的，由上级人民法院指定管辖。人民法院对管辖权发生争议，由争议双方协商解决。协商不成的，报它们的共同上级人民法院指定管辖。

3. 行政诉讼的流程

（1）起诉

一般行政诉讼可以直接向人民法院起诉，也可以先复议，对复议决定不服的，可以在收到复议决定书之日起15日内向人民法院提起诉讼。法律、法规规定应当先向行政机关申请复议，对复议决定不服再向人民法院提起诉讼的，依照法律、法规的规定。

公民、法人或者其他组织直接向人民法院提起诉讼的，应当自知道或者应当知道作出行政行为之日起6个月内提出，法律另有规定的除外。因不动产提起诉讼的案件自行政行为作出之日起超过20年，其他案件自行政行为作出之日起超过5年提起诉讼的，人民法院不予受理。

(2) 受理

人民法院在接到起诉状时对符合法定起诉条件的，应当登记立案。对当场不能判定是否符合法定起诉条件的，应当接收起诉状，出具注明收到日期的书面凭证，并在 7 日内决定是否立案。不符合起诉条件的，作出不予立案的裁定。裁定书应当载明不予立案的理由。原告对裁定不服的，可以提起上诉。

起诉状内容欠缺或者有其他错误的，应当给予指导和释明，并一次性告知当事人需要补正的内容。不得未经指导和释明即以起诉不符合条件为由不接收起诉状。

对于不接收起诉状、接收起诉状后不出具书面凭证，以及不一次性告知当事人需要补正的起诉状内容的，当事人可以向上级人民法院投诉，上级人民法院应当责令改正，并对直接负责的主管人员和其他直接责任人员依法给予处分。

(3) 审理

人民法院公开审理行政案件，但涉及国家秘密、个人隐私和法律另有规定的除外。涉及商业秘密的案件，当事人申请不公开审理的，可以不公开审理。

人民法院审理行政案件，不适用调解。但是，行政赔偿、补偿以及行政机关行使法律、法规规定的自由裁量权的案件可以调解。调解应当遵循自愿、合法原则，不得损害国家利益、社会公共利益和他人合法权益。

人民法院审理行政案件，以法律和行政法规、地方性法规为依据，参照规章。地方性法规适用于本行政区域内发生的行政案件。若审理民族自治地方的行政案件，以该民族自治地方的自治条例和单行条例为依据。

人民法院应当公开发生法律效力的判决书、裁定书，供公众查阅，但涉及国家秘密、商业秘密和个人隐私的内容除外。

(4) 判决

依据案件情形不同，人民法院依法作出的一审判决包括以下类别：

1) 行政行为证据确凿，适用法律、法规正确，符合法定程序的，或者原告申请被告履行法定职责或者给付义务理由不成立的，人民法院判决驳回原告的诉讼请求；

2) 行政行为有下列情形之一的，人民法院判决撤销或者部分撤销，并可以判决被告重新作出行政行为：①主要证据不足的；②适用法律、法规错误的；③违反法定程序的；④超越职权的；⑤滥用职权的；⑥明显不当的；

3) 人民法院经过审理，查明被告不履行法定职责的，判决被告在一定期限内履行；

4) 人民法院经过审理，查明被告依法负有给付义务的，判决被告履行给付义务；

5) 行政行为有下列情形之一的，人民法院判决确认违法，但不撤销行政行为：①行政行为依法应当撤销，但撤销会给国家利益、社会公共利益造成重大损害的；②行政行为程序轻微违法，但对原告权利不产生实际影响的；

6) 行政行为有下列情形之一，不需要撤销或者判决履行的，人民法院判决确认违法：①行政行为违法，但不具有可撤销内容的；②被告改变原违法行政行为，原告仍要求确认原行政行为违法的；③被告不履行或者拖延履行法定职责，判决履行没有意义的；

7) 行政行为有实施主体不具有行政主体资格或者没有依据等重大且明显违法情形，原告申请确认行政行为无效的，人民法院判决确认无效；

8) 行政处罚明显不当，或者其他行政行为涉及对款额的确定、认定确有错误的，人

民法院可以判决变更行政行为;

9) 被告不依法履行、未按照约定履行或者违法变更、解除政府特许经营协议、土地房屋征收补偿协议等协议的,人民法院判决被告承担继续履行、采取补救措施或者赔偿损失等责任。

(5) 二审

当事人不服人民法院第一审判决的,有权在判决书送达之日起 15 日内向上一级人民法院提起上诉。当事人不服人民法院第一审裁定的,有权在裁定书送达之日起 10 日内向上一级人民法院提起上诉。逾期不提起上诉的,人民法院的第一审判决或者裁定发生法律效力。人民法院审理上诉案件,应当在收到上诉状之日起 3 个月内作出终审判决。

人民法院审理上诉案件,按照下列情形,分别处理:

1) 原判决、裁定认定事实清楚,适用法律、法规正确的,判决或者裁定驳回上诉,维持原判决、裁定;

2) 原判决、裁定认定事实错误或者适用法律、法规错误的,依法改判、撤销或者变更;

3) 原判决认定基本事实不清、证据不足的,发回原审人民法院重审,或者查清事实后改判;

4) 原判决遗漏当事人或者违法缺席判决等严重违反法定程序的,裁定撤销原判决,发回原审人民法院重审。

原审人民法院对发回重审的案件作出判决后,当事人提起上诉的,第二审人民法院不得再次发回重审。人民法院审理上诉案件,需要改变原审判决的,应当同时对被诉行政行为作出判决。

(6) 执行

当事人必须履行人民法院发生法律效力的判决、裁定、调解书。公民、法人或者其他组织拒绝履行的,行政机关或者第三人可以向第一审人民法院申请强制执行,或者由行政机关依法强制执行。

行政机关拒绝履行判决、裁定、调解书的,第一审人民法院可以采取下列措施:

1) 对应当归还的罚款或者应当给付的款额,通知银行从该行政机关的账户内划拨;

2) 在规定期限内不履行的,从期满之日起,对该行政机关负责人按日处 50~100 元的罚款;

3) 将行政机关拒绝履行的情况予以公告;

4) 向监察机关或者该行政机关的上一级行政机关提出司法建议。接受司法建议的机关,根据有关规定进行处理,并将处理情况告知人民法院;

5) 拒不履行判决、裁定、调解书,社会影响恶劣的,可以对该行政机关直接负责的主管人员和其他直接责任人员予以拘留;情节严重,构成犯罪的,依法追究刑事责任。

11.3 仲裁制度

11.3.1 概述

为保证公正、及时地仲裁经济纠纷,保护当事人的合法权益,保障社会主义市场经济健康发展，我国制定了《中华人民共和国仲裁法》（以下简称《仲裁法》），实行仲裁制度。

平等主体的公民、法人和其他组织之间发生的合同纠纷和其他财产权益纠纷均可以申请仲裁。但也有不能仲裁的纠纷，如婚姻、收养、监护、扶养、继承纠纷，以及依法应当由行政机关处理的行政争议。

仲裁应当遵守意思自治、符合事实、依从法律、独立公正和一裁终局的基本原则。

意思自治是指当事人是否选择仲裁的方式处理双方纠纷，是完全由双方自愿协商决定，而非法律强制要求。同时，仲裁委员会由当事人自愿协商选定，仲裁不实行级别管辖和地域管辖。《仲裁法》规定，当事人采用仲裁方式解决纠纷，应当双方自愿，达成仲裁协议。没有仲裁协议，一方申请仲裁的，仲裁委员会不予受理。当事人达成仲裁协议，一方向人民法院起诉的，人民法院不予受理，但仲裁协议无效的除外。

符合事实是指仲裁庭在仲裁纠纷时，应当全面深入、细致详尽地了解事实真相，还原案件的全部经过，验证当事人向仲裁庭提供的证据。

依从法律是指仲裁庭在尊重事实的基础上，应当依据案件涉及的法律法规，对当事人的权利与责任进行确认。以事实为根据，以法律为准绳，是我国法治建设的基本原则之一，事实和法律是仲裁中缺一不可的重要依据。

独立公正是指仲裁依法独立进行，不受行政机关、社会团体和个人的干涉。仲裁委员会独立于行政机关，与行政机关没有隶属关系，仲裁委员会之间也没有隶属关系，保障了仲裁的独立性。《仲裁法》中对仲裁员的品德也作出了要求。身为仲裁员应当公道正派，在与案件有利害关系时应当依法主动回避，保障仲裁的公正性。

一裁终局是指裁决作出后，当事人就同一纠纷再申请仲裁或者向人民法院起诉的，仲裁委员会或者人民法院不予受理。裁决书自作出之日起发生法律效力，当事人应当履行。裁决被人民法院依法裁定撤销或者不予执行的，当事人就该纠纷可以根据双方重新达成的仲裁协议申请仲裁，也可以向人民法院起诉。

11.3.2 仲裁机构

中国仲裁协会是社会团体法人，仲裁委员会是中国仲裁协会的会员。中国仲裁协会的章程由全国会员大会制定，是仲裁委员会的自律性组织，根据章程对仲裁委员会及其组成人员、仲裁员的违纪行为进行监督。

仲裁委员会可以在直辖市和省、自治区人民政府所在地的市设立，也可以根据需要在其他设区的市设立，不按行政区划层层设立。仲裁委员会由市人民政府组织有关部门和商会统一组建。设立仲裁委员会，应当经省、自治区、直辖市的司法行政部门登记。

仲裁委员会应当具备：①自己的名称、住所和章程；②必要的财产；③该委员会的组成人员；④聘任的仲裁员。

仲裁委员会由主任1人、副主任2~4人和委员7~11人组成。仲裁委员会的主任、副主任和委员由法律、经济贸易专家和有实际工作经验的人员担任。仲裁委员会的组成人员中，法律、经济贸易专家不得少于2/3。

仲裁委员会应当从公道正派的人员中聘任仲裁员。仲裁员应当符合下列条件之一：

（1）通过国家统一法律职业资格考试取得法律职业资格，从事仲裁工作满8年的；

（2）从事律师工作满8年的；

(3) 曾任法官满 8 年的；

(4) 从事法律研究、教学工作并具有高级职称的；

(5) 具有法律知识、从事经济贸易等专业工作并具有高级职称或者具有同等专业水平的。

11.3.3 仲裁协议

仲裁协议包括合同中订立的仲裁条款和以其他书面方式在纠纷发生前或者纠纷发生后达成的请求仲裁的协议，应当具有下列内容：①请求仲裁的意思表示；②仲裁事项；③选定的仲裁委员会。仲裁协议对仲裁事项或者仲裁委员会没有约定或者约定不明确的，当事人可以补充协议。

有下列情形之一的，仲裁协议无效：

(1) 约定的仲裁事项超出法律规定的仲裁范围的；

(2) 无民事行为能力人或者限制民事行为能力人订立的仲裁协议的；

(3) 一方采取胁迫手段，迫使对方订立仲裁协议的；

(4) 仲裁协议对仲裁事项或者仲裁委员会没有约定或者约定不明确的，又未能达成补充协议的。

当事人对仲裁协议的效力有异议的，可以请求仲裁委员会作出决定或者请求人民法院作出裁定。一方请求仲裁委员会作出决定，另一方请求人民法院作出裁定的，由人民法院裁定。当事人对仲裁协议的效力有异议，应当在仲裁庭首次开庭前提出。

仲裁协议独立存在，合同的变更、解除、终止或者无效，不影响仲裁协议的效力。

11.3.4 仲裁程序

1. 申请和受理

当事人申请仲裁应当符合下列条件：①有仲裁协议；②有具体的仲裁请求和事实、理由；③属于仲裁委员会的受理范围。

申请仲裁时，当事人应当向仲裁委员会递交仲裁协议、仲裁申请书及副本。仲裁申请书应当载明下列事项：

(1) 当事人的姓名、性别、年龄、职业、工作单位和住所，法人或者其他组织的名称、住所和法定代表人或者主要负责人的姓名、职务；

(2) 仲裁请求和所根据的事实、理由；

(3) 证据和证据来源、证人姓名和住所。

仲裁委员会收到仲裁申请书之日起 5 日内，认为符合受理条件的，应当受理，并通知当事人；认为不符合受理条件的，应当书面通知当事人不予受理，并说明理由。

仲裁委员会受理仲裁申请后，应当在仲裁规则规定的期限内将仲裁规则和仲裁员名册送达申请人，并将仲裁申请书副本和仲裁规则、仲裁员名册送达被申请人。被申请人收到仲裁申请书副本后，应当在仲裁规则规定的期限内向仲裁委员会提交答辩书。仲裁委员会收到答辩书后，应当在仲裁规则规定的期限内将答辩书副本送达申请人。被申请人未提交答辩书的，不影响仲裁程序的进行。

当事人达成仲裁协议，一方向人民法院起诉未声明有仲裁协议，人民法院受理后，另一方在首次开庭前提交仲裁协议的，人民法院应当驳回起诉，但仲裁协议无效的除外；另一方在首次开庭前未对人民法院受理该案提出异议的，视为放弃仲裁协议，人民法院应当继续审理。

申请人可以放弃或者变更仲裁请求，被申请人可以承认或者反驳仲裁请求，有权提出反请求。当事人、法定代理人可以委托律师和其他代理人进行仲裁活动。委托律师和其他代理人进行仲裁活动的，应当向仲裁委员会提交授权委托书。

一方当事人因另一方当事人的行为或者其他原因，可能使裁决不能执行或者难以执行的，可以申请财产保全。当事人申请财产保全的，仲裁委员会应当将当事人的申请依照民事诉讼法的有关规定提交人民法院。申请有错误的，申请人应当赔偿被申请人因财产保全所遭受的损失。

2. 仲裁庭的组成

仲裁庭可以由3名仲裁员或者1名仲裁员组成。由3名仲裁员组成的，设首席仲裁员。当事人约定由3名仲裁员组成仲裁庭的，应当各自选定或者各自委托仲裁委员会主任指定1名仲裁员，第3名仲裁员由当事人共同选定或者共同委托仲裁委员会主任指定。共同选定或者共同委托仲裁委员会主任指定的第3名仲裁员是首席仲裁员。当事人约定由1名仲裁员成立仲裁庭的，应当由当事人共同选定或者共同委托仲裁委员会主任指定仲裁员。若当事人没有在仲裁规则规定的期限内约定仲裁庭的组成方式或者选定仲裁员，则由仲裁委员会主任指定。仲裁庭组成后，仲裁委员会应当将仲裁庭的组成情况书面通知当事人。

3. 回避规定

仲裁员有下列情形之一的，必须回避，当事人也有权提出回避申请：①是本案当事人或者当事人、代理人的近亲属；②与本案有利害关系；③与本案当事人、代理人有其他关系，可能影响公正仲裁的；④私自会见当事人、代理人，或者接受当事人、代理人的请客送礼的。

仲裁员是否回避，由仲裁委员会主任决定；仲裁委员会主任担任仲裁员时，由仲裁委员会集体决定。仲裁员因回避或者其他原因不能履行职责的，应当依照法律规定重新选定或者指定仲裁员。因回避而重新选定或者指定仲裁员后，当事人可以请求已进行的仲裁程序重新进行，是否准许，由仲裁庭决定；仲裁庭也可以自行决定已进行的仲裁程序是否重新进行。若当事人提出回避申请，应当说明理由，在首次开庭前提出。回避事由在首次开庭后知道的，可以在最后一次开庭终结前提出。

仲裁员有私自会见当事人、代理人或者接受当事人、代理人的请客送礼且情节严重的，有索贿受贿、徇私舞弊、枉法裁决行为的，应当依法承担法律责任，仲裁委员会应当将其除名。

4. 开庭和裁决

仲裁应当开庭但不公开进行。当事人协议不开庭的，仲裁庭可以根据仲裁申请书、答辩书以及其他材料作出裁决。当事人协议公开的，可以公开进行，但涉及国家秘密的除外。

仲裁委员会应当在仲裁规则规定的期限内将开庭日期通知双方当事人。当事人有正当理由的，可以在仲裁规则规定的期限内请求延期开庭。是否延期，由仲裁庭决定。申请人经书面通知，无正当理由不到庭或者未经仲裁庭许可中途退庭的，可以视为撤回仲裁申请。被申请人经书面通知，无正当理由不到庭或者未经仲裁庭许可中途退庭的，可以缺席裁决。

当事人应当对自己的主张提供证据。仲裁庭认为有必要收集的证据，可以自行收集。证据应当在开庭时出示，当事人可以质证。在证据可能灭失或者以后难以取得的情况下，当事人可以申请证据保全。当事人申请证据保全的，仲裁委员会应当将当事人的申请提交证据所在地的基层人民法院。

仲裁庭对专门性问题认为需要鉴定的，可以交由当事人约定的鉴定部门鉴定，也可以由仲裁庭指定的鉴定部门鉴定。根据当事人的请求或者仲裁庭的要求，鉴定部门应当派鉴定人参加开庭。当事人经仲裁庭许可，可以向鉴定人提问。

当事人在仲裁过程中有权进行辩论。辩论终结时，首席仲裁员或者独任仲裁员应当征询当事人的最后意见。

当事人申请仲裁后，可以自行和解。达成和解协议的，可以请求仲裁庭根据和解协议作出裁决书，也可以撤回仲裁申请。当事人达成和解协议，撤回仲裁申请后反悔的，可以根据仲裁协议申请仲裁。

仲裁庭在作出裁决前，可以先行调解。当事人自愿调解的，仲裁庭应当调解。调解不成的，应当及时作出裁决。调解达成协议的，仲裁庭应当制作调解书或者根据协议的结果制作裁决书。调解书与裁决书具有同等法律效力。调解书应当写明仲裁请求和当事人协议的结果。调解书经双方当事人签收后，即发生法律效力。在调解书签收前当事人反悔的，仲裁庭应当及时作出裁决。

裁决应当按照多数仲裁员的意见作出，少数仲裁员的不同意见可以记入笔录。仲裁庭不能形成多数意见时，裁决应当按照首席仲裁员的意见作出。

裁决书应当写明仲裁请求、争议事实、裁决理由、裁决结果、仲裁费用的负担和裁决日期。当事人协议不愿写明争议事实和裁决理由的，可以不写。裁决书由仲裁员签名，加盖仲裁委员会印章，裁决书自作出之日起发生法律效力。对裁决书中的文字、计算错误或者仲裁庭已经裁决但在裁决书中遗漏的事项，仲裁庭应当补正；当事人自收到裁决书之日起30日内，可以请求仲裁庭补正。

11.3.5 裁决执行与申请撤销

当事人应当履行裁决。一方当事人不履行的，另一方当事人可以依照民事诉讼法的有关规定向人民法院申请执行，受申请的人民法院应当执行。一方当事人申请执行裁决，另一方当事人申请撤销裁决的，人民法院应当裁定中止执行。人民法院裁定撤销裁决的，应当裁定终结执行。撤销裁决的申请被裁定驳回的，人民法院应当裁定恢复执行。

当事人提出证据证明裁决有下列情形之一的，可以向仲裁委员会所在地的中级人民法院申请撤销裁决，人民法院经组成合议庭审查属实的，应当裁定撤销：

(1) 没有仲裁协议的；
(2) 裁决的事项不属于仲裁协议的范围或者仲裁委员会无权仲裁的；
(3) 仲裁庭的组成或者仲裁的程序违反法定程序的；
(4) 裁决所根据的证据是伪造的；
(5) 对方当事人隐瞒了足以影响公正裁决的证据的；
(6) 仲裁员在仲裁该案时有索贿受贿、徇私舞弊、枉法裁决行为的；
(7) 人民法院认定该裁决违背社会公共利益的。

当事人申请撤销裁决的,应当自收到裁决书之日起 6 个月内提出。人民法院受理撤销裁决的申请后,认为可以由仲裁庭重新仲裁的,通知仲裁庭在一定期限内重新仲裁,并裁定中止撤销程序。仲裁庭拒绝重新仲裁的,人民法院应当裁定恢复撤销程序。人民法院应当在受理撤销裁决申请之日起 2 个月内作出撤销裁决或者驳回申请的裁定。

11.4 民事诉讼制度

11.4.1 概述

民事诉讼是指由诉讼参与人提出诉讼请求,由人民法院依法审理和裁判民事争议的全部活动。民事诉讼的目的是保护当事人行使诉讼权利,保证人民法院查明事实、分清是非,正确适用法律,及时审理民事案件,确认民事权利义务关系,制裁民事违法行为,保护当事人的合法权益,教育公民自觉遵守法律,维护社会秩序、经济秩序,保障社会主义建设事业顺利进行。

民事诉讼应当秉持以事实为根据、以法律为准绳,遵守平等公正、诚实信用原则。

以事实为根据、以法律为准绳是我国法律体系的基本原则,是民事诉讼的重要基础。事实和法律是民事诉讼案件审理的两个重要依据。审理过程中,必须科学客观地回顾案件实情,不能凭主观想象、推测或想当然来处理案件。查清案情之后,法院应当严格依据法律条文确定案情严重程度,给予当事人适宜的惩罚。

平等公正是指民事诉讼当事人有平等的诉讼权利,这是社会正义在法律层面的体现。人民法院审理民事案件,应当保障和便利当事人行使诉讼权利,对当事人在适用法律上一律平等。

《民事诉讼法》规定,民事诉讼应当遵循诚信原则。一方面,诚实守信原则要求全体诉讼参与人本着诚实和善意的理念来实施诉讼行为。当事人在诉讼中陈述案件事实时应当符合真实案情,不得虚构事实。在诉讼中不得实施迟延或拖延诉讼行为,或干扰诉讼的进行,应协助法院有效率地进行诉讼,完成审判。不得以欺骗方法形成不正当的诉讼状态,从而获得不当法益。当事人有权在法律规定的范围内处分自己的民事权利和诉讼权利,不得恶意或无根据地行使诉讼权利,防止当事人以此获得不当法益。另一方面,法官在行使民事审判权的过程中也应当本着诚实和善意的理念,充分尊重和保障当事人的程序权益,不得滥用司法裁量权。

11.4.2 诉讼参加人

1. 诉讼当事人

公民、法人和其他组织可以作为民事诉讼的当事人。法人由其法定代表人进行诉讼,其他组织由其主要负责人进行诉讼。

当事人有权委托代理人,提出回避申请,收集、提供证据,进行辩论,请求调解,提起上诉,申请执行,还可以查阅本案有关材料,并可以复制本案有关材料和法律文书。同时,当事人必须依法行使诉讼权利,遵守诉讼秩序,履行发生法律效力的判决书、裁定书和调解书。

(1) 原告与被告

原告与被告是民事诉讼中的核心参与人,也是纠纷的利害关系人。原告是指为维护自身合法权益,以自己的名义向法院提起诉讼,从而引起诉讼程序发生的当事人。被告是指侵犯原告利益,需要追究民事责任,并经法院通知其应诉的当事人,与原告相对应。

(2) 共同诉讼人

当事人一方或者双方为二人以上,其诉讼标的是共同的,或者诉讼标的是同一种类、人民法院认为可以合并审理并经当事人同意的,为共同诉讼。

共同诉讼的一方当事人对诉讼标的有共同权利义务的,其中一人的诉讼行为经其他共同诉讼人承认,对其他共同诉讼人发生效力;对诉讼标的没有共同权利义务的,其中一人的诉讼行为对其他共同诉讼人不发生效力。

当事人一方人数众多的共同诉讼,可以由当事人推选代表人进行诉讼。代表人的诉讼行为对其所代表的当事人发生效力,但代表人变更、放弃诉讼请求或者承认对方当事人的诉讼请求,进行和解,必须经被代表的当事人同意。

(3) 第三人

有权参与民事诉讼的第三人包括:

1) 对当事人双方的诉讼标的,第三人认为有独立请求权的,有权提起诉讼;

2) 对当事人双方的诉讼标的,第三人虽然没有独立请求权,但案件处理结果同他有法律上的利害关系的,可以申请参加诉讼;

3) 由人民法院通知参加诉讼,人民法院判决承担民事责任的第三人,有当事人的诉讼权利义务。

第三人如因不能归责于本人的事由未参加诉讼,但有证据证明发生法律效力的判决、裁定、调解书的部分或者全部内容错误,损害其民事权益的,可以自知道或者应当知道其民事权益受到损害之日起 6 个月内,向作出该判决、裁定、调解书的人民法院提起诉讼。人民法院经审理,诉讼请求成立的,应当改变或者撤销原判决、裁定、调解书;诉讼请求不成立的,驳回诉讼请求。

11.4.3 管辖

管辖是指各级人民法院之间以及同级人民法院之间受理和审判第一审民事案件的权限和分工。我国的管辖包括级别管辖、地域管辖和特殊管辖。

1. 级别管辖

各级人民法院依据级别不同对影响程度不同的案件承担第一审责任,详见表 11-1。

案件第一审分级别管辖表　　　　　　　　表 11-1

法院级别	案件影响程度
基层人民法院	一般民事案件
中级人民法院	①重大涉外案件; ②在本辖区有重大影响的案件; ③最高人民法院确定由中级人民法院管辖的案件
高级人民法院	在本辖区有重大影响的第一审民事案件
最高人民法院	①在全国有重大影响的案件; ②认为应当由本院审理的案件

2. 地域管辖

公民提起的民事诉讼,由被告住所地人民法院管辖;被告住所地与经常居住地不一致的,由经常居住地人民法院管辖。对法人或者其他组织提起的民事诉讼,由被告住所地人民法院管辖。同一诉讼的几个被告住所地、经常居住地在两个以上人民法院辖区的,各该人民法院都有管辖权。诉讼事项分地域管辖表见表11-2。

诉讼事项分地域管辖表 表11-2

诉讼事项	管辖法院
对不在中华人民共和国领域内居住的人提起的有关身份关系的诉讼	由原告住所地人民法院管辖;原告住所地与经常居住地不一致的,由原告经常居住地人民法院管辖
对下落不明或者宣告失踪的人提起的有关身份关系的诉讼	
对被采取强制性教育措施的人提起的诉讼	
对被监禁的人提起的诉讼	
因合同纠纷提起的诉讼	由被告住所地或者合同履行地人民法院管辖
因保险合同纠纷提起的诉讼	由被告住所地或者保险标的物所在地人民法院管辖
因涉外民事纠纷,对不在中华人民共和国领域内居住的人提起除身份关系以外的诉讼	可以由合同签订地、合同履行地、诉讼标的物所在地、可供扣押财产所在地、侵权行为地、代表机构住所地人民法院管辖;或由当事人书面协议选择的人民法院管辖
因票据纠纷提起的诉讼	由票据支付地或者被告住所地人民法院管辖
因公司设立、确认股东资格、分配利润、解散等纠纷提起的诉讼	由公司住所地人民法院管辖
因铁路、公路、水上、航空运输和联合运输合同纠纷提起的诉讼	由运输始发地、目的地或者被告住所地人民法院管辖
因铁路、公路、水上和航空事故请求损害赔偿提起的诉讼	由事故发生地或者车辆、船舶最先到达地、航空器最先降落地或者被告住所地人民法院管辖
因船舶碰撞或者其他海事损害事故请求损害赔偿提起的诉讼	由碰撞发生地、碰撞船舶最先到达地、加害船舶被扣留地或者被告住所地人民法院管辖
因海难救助费用提起的诉讼	由救助地或者被救助船舶最先到达地人民法院管辖
因共同海损提起的诉讼	由船舶最先到达地、共同海损理算地或者航程终止地的人民法院管辖
因侵权行为提起的诉讼	由侵权行为地或者被告住所地人民法院管辖
因不动产纠纷提起的诉讼	由不动产所在地人民法院管辖
因港口作业中发生纠纷提起的诉讼	由港口所在地人民法院管辖
因继承遗产纠纷提起的诉讼	由被继承人死亡时住所地或者主要遗产所在地人民法院管辖

3. **特殊管辖**

特殊的管辖方式包括移送管辖、指定管辖和共同管辖三种。

(1) 移送管辖

移送管辖分为两类情况:

1) 人民法院发现受理的案件不属于本院管辖的,应当移送有管辖权的人民法院,受移送的人民法院应当受理;

2) 在上下级人民法院之间的案件移送。上级人民法院有权审理下级人民法院管辖的第一审民事案件；确有必要将本院管辖的下级人民法院对它所管辖的第一审民事案件，认为需要由上级人民法院审理的，可以报请上级人民法院审理。第一审民事案件交下级人民法院审理的，应当报请其上级人民法院批准。

（2）指定管辖

指定管辖分为三类情况：

1）有管辖权的人民法院由于特殊原因，不能行使管辖权的，由上级人民法院指定管辖；

2）若人民法院之间因管辖权发生争议，由争议双方协商解决；协商解决不了的，报请它们的共同上级人民法院指定管辖；

3）受移送的人民法院认为受移送的案件依照规定不属于本院管辖的，应当报请上级人民法院指定管辖，不得再自行移送。

（3）共同管辖

两个以上人民法院都有管辖权的诉讼，原告可以向其中一个人民法院起诉；原告向两个以上有管辖权的人民法院起诉的，由最先立案的人民法院管辖。

11.4.4 起诉和受理

1. 起诉

起诉是指原告依法向法院提出诉讼，请求法院对特定案件进行审判的行为。

（1）起诉的条件

1）原告是与本案有直接利害关系的公民、法人和其他组织；

2）有明确的被告；

3）有具体的诉讼请求和事实、理由；

4）属于人民法院受理民事诉讼的范围和受诉人民法院管辖。

（2）起诉形式

起诉形式分为书面形式和口头形式。法律规定，起诉应当向人民法院递交起诉状；但若书写起诉状确有困难的，可以口头起诉，由人民法院记入笔录，并告知对方当事人。

起诉状包含事项：

1）原告的姓名、性别、年龄、民族、职业、工作单位、住所、联系方式，法人或者其他组织的名称、住所和法定代表人或者主要负责人的姓名、职务、联系方式；

2）被告的姓名、性别、工作单位、住所等信息，法人或者其他组织的名称、住所等信息；

3）诉讼请求和所根据的事实与理由；

4）证据和证据来源，证人姓名和住所。

人民法院应当保障当事人依照法律规定享有的起诉权利。对符合《民事诉讼法》的起诉，法院必须受理。符合起诉条件的，应当在7日内立案，并通知当事人；不符合起诉条件的，应当在7日内作出裁定书，不予受理；原告对裁定不服的，可以提起上诉。

2. 受理

人民法院对不同起诉情形，予以差异化处理：

（1）依照行政诉讼法的规定，属于行政诉讼受案范围的，告知原告提起行政诉讼；

（2）依照法律规定，双方当事人达成书面仲裁协议申请仲裁、不得向人民法院起诉的，告知原告向仲裁机构申请仲裁；

(3) 依照法律规定，应当由其他机关处理的争议，告知原告向有关机关申请解决；

(4) 对不属于本院管辖的案件，告知原告向有管辖权的人民法院起诉；

(5) 对判决、裁定、调解书已经发生法律效力的案件，当事人又起诉的，告知原告申请再审，但人民法院准许撤诉的裁定除外；

(6) 依照法律规定，在一定期限内不得起诉的案件，在不得起诉的期限内起诉的，不予受理；

(7) 判决不准离婚和调解和好的离婚案件，判决、调解维持收养关系的案件，没有新情况、新理由，原告在6个月内又起诉的，不予受理。

11.4.5 审判程序

1. 第一审普通程序

(1) 审理前的准备

1) 向当事人发送案件资料。人民法院应当在立案之日起5日内将起诉状副本发送被告，被告应当在收到之日起15日内提出答辩状。答辩状应当记明被告的姓名、性别、年龄、民族、职业、工作单位、住所、联系方式；法人或者其他组织的名称、住所和法定代表人或者主要负责人的姓名、职务、联系方式。人民法院应当在收到答辩状之日起5日内将答辩状副本发送原告。被告不提出答辩状的，不影响人民法院审理。

2) 告知当事人权利与义务。人民法院对决定受理的案件，应当在受理案件通知书和应诉通知书中向当事人告知有关的诉讼权利义务，或者口头告知。必须共同进行诉讼的当事人没有参加诉讼的，人民法院应当通知其参加诉讼。

3) 调查程序。人民法院派出人员进行调查时，应当向被调查人出示证件。调查笔录经被调查人校阅后，由被调查人、调查人签名或者盖章。在必要时人民法院可以委托外地人民法院调查，委托调查必须提出明确的项目和要求。受委托人民法院可以主动补充调查。受委托人民法院收到委托书后，应当在30日内完成调查。因故不能完成的，应当在上述期限内函告委托人民法院。

(2) 开庭审理

人民法院审理民事案件，除涉及国家秘密、个人隐私或者法律另有规定的以外，应当公开进行。离婚案件，涉及商业秘密的案件，当事人申请不公开审理的，可以不公开审理。

1) 开庭前准备。开庭审理前，书记员应当查明当事人和其他诉讼参与人是否到庭，宣布法庭纪律。开庭审理时，由审判长或者独任审判员核对当事人，宣布案由，宣布审判人员、法官助理、书记员等的名单，告知当事人有关的诉讼权利义务，询问当事人是否提出回避申请。

2) 法庭调查。法庭调查阶段应按照下列顺序进行：①当事人陈述；②告知证人的权利义务，证人作证，宣读未到庭的证人证言；③出示书证、物证、视听资料和电子数据；④宣读鉴定意见；⑤宣读勘验笔录。

3) 法庭辩论。法庭辩论阶段应当先由原告及其诉讼代理人发言；其次，被告及其诉讼代理人答辩；然后，第三人及其诉讼代理人发言或者答辩；最后，互相辩论。法庭辩论终结，由审判长或者独任审判员按照原告、被告、第三人的先后顺序征询各方最后意见。

4）判决前调解。判决前能够调解的，还可以进行调解，调解不成的，应当及时判决。

5）判决程序。人民法院对公开审理或者不公开审理的案件，一律公开宣告判决。当庭宣判的，应当在 10 日内发送判决书；定期宣判的，宣判后立即发给判决书。宣告判决时，必须告知当事人上诉权利、上诉期限和上诉的法院。宣告离婚判决，必须告知当事人在判决发生法律效力前不得另行结婚。

(3) 延期开庭

法律允许延期开庭审理的情形包括：①必须到庭的当事人和其他诉讼参与人有正当理由没有到庭的；②当事人临时提出回避申请的；③需要通知新的证人到庭，调取新的证据，重新鉴定、勘验，或者需要补充调查的；④其他应当延期的情形。

(4) 诉讼中止和终结

存在符合《民事诉讼法》规定的情况时，可以中止诉讼。在中止诉讼的原因消除后，恢复诉讼。中止诉讼的情况包括：

1）一方当事人死亡，需要等待继承人表明是否参加诉讼的；

2）一方当事人丧失诉讼行为能力，尚未确定法定代理人的；

3）作为一方当事人的法人或者其他组织终止，尚未确定权利义务承受人的；

4）一方当事人因不可抗拒的事由，不能参加诉讼的；

5）本案必须以另一案的审理结果为依据，而另一案尚未审结的；

6）其他应当中止诉讼的情形。

若有下列情形之一的，法律规定可以终结诉讼：

1）原告死亡，没有继承人，或者继承人放弃诉讼权利的；

2）被告死亡，没有遗产，也没有应当承担义务的人的；

3）离婚案件一方当事人死亡的；

4）追索赡养费、扶养费、抚养费以及解除收养关系案件的一方当事人死亡的。

(5) 判决和裁定

判决是指人民法院根据查明和认定的案件事实，正确适用法律，以国家审判机关的名义，对案件中民事实体权利义务争议作出权威性的判定。判决书应当写明判决结果和作出该判决的理由。判决书内容包括：

1）案由、诉讼请求、争议的事实和理由；

2）判决认定的事实和理由、适用的法律和理由；

3）判决结果和诉讼费用的负担；

4）上诉期间和上诉的法院。

裁定是指人民法院在审理民事案件的时候，对所发生的程序上应解决的事项，所作的审判职务上的判定。

裁定适用于下列范围：①不予受理；②对管辖权有异议的；③驳回起诉；④保全和先予执行；⑤准许或者不准许撤诉；⑥中止或者终结诉讼；⑦补正判决书中的笔误；⑧中止或者终结执行；⑨撤销或者不予执行仲裁裁决；⑩不予执行公证机关赋予强制执行效力的债权文书；⑪其他需要裁定解决的事项。

裁定书应当写明裁定结果和作出该裁定的理由。裁定书由审判人员、书记员署名，加盖人民法院印章。口头裁定的，记入笔录。

2. 第二审程序

当事人不服地方人民法院第一审判决的，有权在判决书送达之日起 15 日内或裁定书送达之日起 10 日内向上一级人民法院提起上诉。

上诉状应当通过原审人民法院提出。当事人直接向第二审人民法院上诉的，第二审人民法院应当在 5 日内将上诉状移交原审人民法院。原审人民法院收到上诉状，应当在 5 日内将上诉状副本送达对方当事人，对方当事人在收到之日起 15 日内提出答辩状。人民法院应当在收到答辩状之日起 5 日内将副本送达上诉人。对方当事人不提出答辩状的，不影响人民法院审理。原审人民法院收到上诉状、答辩状，应当在 5 日内连同全部案卷和证据，报送第二审人民法院。

第二审人民法院对上诉案件，应当开庭审理。经过阅卷、调查和询问当事人，对没有提出新的事实、证据或者理由，人民法院认为不需要开庭审理的，可以不开庭审理。

第二审人民法院对上诉案件，经过审理，按照不同情形分别处理：

（1）原判决、裁定认定事实清楚，适用法律正确的，以判决、裁定方式驳回上诉，维持原判决、裁定；

（2）原判决、裁定认定事实错误或者适用法律错误的，以判决、裁定方式依法改判、撤销或者变更；

（3）原判决认定基本事实不清的，裁定撤销原判决，发回原审人民法院重审，或者查清事实后改判；

（4）原判决遗漏当事人或者违法缺席判决等严重违反法定程序的，裁定撤销原判决，发回原审人民法院重审。

原审人民法院对发回重审的案件作出判决后，当事人提起上诉的，第二审人民法院不得再次发回重审。第二审人民法院对不服第一审人民法院裁定的上诉案件的处理，一律使用裁定。

人民法院审理对判决的上诉案件，应当在第二审立案之日起 3 个月内审结。有特殊情况需要延长的，由本院院长批准。人民法院审理对裁定的上诉案件，应当在第二审立案之日起 30 日内作出终审裁定。第二审人民法院的判决、裁定，是终审的判决、裁定。

3. 简易程序

基层人民法院和它派出的法庭审理事实清楚、权利义务关系明确、争议不大的简单民事案件时，可适用简易程序。基层人民法院和它派出的法庭审理上述规定以外的民事案件，当事人双方也可以约定适用简易程序。

对简单的民事案件，原告可以口头起诉。当事人双方可以同时到基层人民法院或者它派出的法庭，请求解决纠纷。基层人民法院或者它派出的法庭可以当即审理，也可以另定日期审理。基层人民法院和它派出的法庭审理简单的民事案件，可以用简便方式传唤当事人和证人、送达诉讼文书、审理案件，但应当保障当事人陈述意见的权利。

适用简易程序审理案件应当在立案之日起 3 个月内审结。有特殊情况需要延长的，经本院院长批准，可以延长 1 个月。

基层人民法院和它派出的法庭审理事实清楚、权利义务关系明确、争议不大的简单金钱给付民事案件，标的额为各省、自治区、直辖市上年度就业人员年平均工资 50% 以下的，适用小额诉讼的程序审理，实行一审终审。标的额超过各省、自治区、直辖市上年度就业人员年平均工资 50%但在 2 倍以下的，当事人双方也可以约定适用小额诉讼的程序。适用小额诉讼的程序审理案件，可以一次开庭审结并且当庭宣判。

11.4.6 执行程序

发生法律效力的民事判决、裁定，以及刑事判决、裁定中的财产部分，由第一审人民法院或者与第一审人民法院同级的被执行的财产所在地人民法院执行。法律规定由人民法院执行的其他法律文书，由被执行人住所地或者被执行的财产所在地人民法院执行。

人民法院自收到申请执行书之日起超过 6 个月未执行的，申请执行人可以向上一级人民法院申请执行。上一级人民法院经审查，可以责令原人民法院在一定期限内执行，也可以决定由本院执行或者指令其他人民法院执行。

1. 执行的申请

发生法律效力的民事判决、裁定，当事人必须履行。一方拒绝履行的，对方当事人可以向人民法院申请执行，也可以由审判员移送执行员执行。调解书和其他应当由人民法院执行的法律文书，当事人必须履行。一方拒绝履行的，对方当事人可以向人民法院申请执行。执行员接到申请执行书或者移交执行书，应当向被执行人发出执行通知，并可以立即采取强制执行措施。

申请执行的期间为 2 年。期间时效从法律文书规定履行期间的最后一日起计算；法律文书规定分期履行的，从最后一期履行期限届满之日起计算；法律文书未规定履行期间的，从法律文书生效之日起计算。

2. 执行中止和终结

存在符合《民事诉讼法》规定的情况时，人民法院应当裁定中止执行。中止的情形消失后，恢复执行。中止执行的情况包括：

（1）申请人表示可以延期执行的；
（2）案外人对执行标的提出确有理由的异议的；
（3）作为一方当事人的公民死亡，需要等待继承人继承权利或者承担义务的；
（4）作为一方当事人的法人或者其他组织终止，尚未确定权利义务承受人的；
（5）人民法院认为应当中止执行的其他情形。

有下列情形之一的，人民法院裁定终结执行：

（1）申请人撤销申请的；
（2）据以执行的法律文书被撤销的；
（3）作为被执行人的公民死亡，无遗产可供执行，又无义务承担人的；
（4）追索赡养费、扶养费、抚养费案件的权利人死亡的；
（5）作为被执行人的公民因生活困难无力偿还借款，无收入来源，又丧失劳动能力的；
（6）人民法院认为应当终结执行的其他情形。

中止和终结执行的裁定，送达当事人后立即生效。

11.5 民事诉讼关联制度

11.5.1 诉讼代理制度

诉讼代理制度是指若诉讼当事人是无诉讼行为能力人，则由他的监护人作为法定代理人代为诉讼。若法定代理人之间互相推诿代理责任,由人民法院指定其中一人代为诉讼。当事人、法定代理人可以委托1~2人作为诉讼代理人。

下列人员可以被委托为诉讼代理人:①律师、基层法律服务工作者;②当事人的近亲属或者工作人员;③当事人所在社区、单位以及有关社会团体推荐的公民。

委托他人代为诉讼,必须向人民法院提交由委托人签名或者盖章的授权委托书。授权委托书必须记明委托事项和权限。诉讼代理人代为承认、放弃、变更诉讼请求,进行和解,提起反诉或者上诉,必须有委托人的特别授权。侨居在国外的中华人民共和国公民从国外寄交或者托交的授权委托书,必须经中华人民共和国驻该国的使领馆证明;没有使领馆的,由与中华人民共和国有外交关系的第三国驻该国的使领馆证明,再转由中华人民共和国驻该第三国使领馆证明,或者由当地的爱国华侨团体证明。

代理诉讼的律师和其他诉讼代理人有权调查收集证据,可以查阅本案有关材料。查阅本案有关材料的范围和办法由最高人民法院规定。

11.5.2 回避制度

回避制度是为了保障案件审理的公平公正,不掺杂私人利益。在民事诉讼中,与案件有某种利害关系的审判人员和辅助审判人员不得参与案件审理过程的制度称为回避制度。主要适用的对象是审判人员、书记员、翻译人员、鉴定人、勘验人等。

审判人员有下列情形之一的,应当自行回避,当事人有权用口头或者书面方式申请他们回避:

(1) 是本案当事人或者当事人、诉讼代理人近亲属的;

(2) 与本案有利害关系的;

(3) 与本案当事人、诉讼代理人有其他关系,可能影响对案件公正审理的;

(4) 审判人员接受当事人、诉讼代理人请客送礼,或者违反规定会见当事人、诉讼代理人的。

审判人员有上述行为的,应当依法追究法律责任。

当事人提出回避申请,应当说明理由,在案件开始审理时提出;回避事由在案件开始审理后知道的,也可以在法庭辩论终结前提出。被申请回避的人员在人民法院作出是否回避的决定前,应当暂停参与本案的工作,但案件需要采取紧急措施的除外。

院长担任审判长或者独任审判员时的回避,由审判委员会决定;审判人员的回避,由院长决定;其他人员的回避,由审判长或者独任审判员决定。

人民法院对当事人提出的回避申请,应当在申请提出的3日内,以口头或者书面形式作出决定。申请人对决定不服的,可以在接到决定时申请复议一次。复议期间,被申请回避的人员,不停止参与本案的工作。人民法院对复议申请,应当在3日内作出复议决定,并通知复议申请人。

11.5.3 证据制度

举证是审理案件的关键环节,通过罗列证据还原案件的真实经过,进而才能作出符合事实与法律的公正判决。《民事诉讼法》规定,当事人对自己提出的主张,有责任提供证据。当事人及其诉讼代理人因客观原因不能自行收集的证据,或者人民法院认为审理案件需要的证据,人民法院应当调查收集。

证据的形式多种多样,包括:当事人的陈述;书证;物证;视听资料;电子数据;证人证言；鉴定意见；勘验笔录。

1. 证据的特征

（1）真实性

证据的真实性与可靠性是案件审理的基础。证据必须查证属实，才能作为认定事实的根据。人民法院应当按照法定程序，全面客观地审查核实证据。

（2）及时性

当事人对自己提出的主张应当及时提供证据。人民法院根据当事人的主张和案件审理情况，确定当事人应当提供的证据及其期限。当事人在该期限内提供证据确有困难的，可以向人民法院申请延长期限，人民法院根据当事人的申请适当延长。当事人逾期提供证据的，人民法院应当责令其说明理由；拒不说明理由或者理由不成立的，人民法院根据不同情形可以不予采纳该证据，或者采纳该证据但予以训诫、罚款。

2. 物证的核实

人民法院有权向有关单位和个人调查取证，有关单位和个人不得拒绝。人民法院对有关单位和个人提出的证明文书，应当辨别真伪，审查确定其效力。

经过法定程序公证证明的法律事实和文书，人民法院应当作为认定事实的根据，但有相反证据足以推翻公证证明的除外。

书证应当提交原件，物证应当提交原物。提交原件或者原物确有困难的，可以提交复制品、照片、副本、节录本。提交外文书证，必须附有中文译本。

人民法院对视听资料，应当辨别真伪，并结合本案的其他证据，审查确定能否作为认定事实的根据。

3. 人证

凡是知道案件情况的单位和个人，都有义务出庭作证。有关单位的负责人应当支持证人作证。不能正确表达意思的人，不能作证。

经人民法院通知，证人应当出庭作证。有下列情形之一的，经人民法院许可，可以通过书面证言、视听传输技术或者视听资料等方式作证：

（1）因健康原因不能出庭的；

（2）因路途遥远，交通不便不能出庭的；

（3）因自然灾害等不可抗力不能出庭的；

（4）其他有正当理由不能出庭的。

人民法院对当事人的陈述，应当结合本案的其他证据，审查确定能否作为认定事实的根据。当事人拒绝陈述的，不影响人民法院根据证据认定案件事实。

4. 鉴定与勘验

建设工程纠纷中，常涉及工程质量问题的认定与分析，往往需要专业机构进行质量鉴定和事故勘察。法律规定，民事纠纷当事人可以就查明事实的专门性问题向人民法院申请鉴定。当事人申请鉴定的，由双方当事人协商确定具备资格的鉴定人；协商不成的，由人民法院指定。当事人未申请鉴定，人民法院对专门性问题认为需要鉴定的，应当委托具备资格的鉴定人进行鉴定。鉴定人有权了解进行鉴定所需要的案件材料，必要时可以询问当事人、证人。

当事人对鉴定意见有异议或者人民法院认为鉴定人有必要出庭的，鉴定人应当出庭作证。经人民法院通知，鉴定人拒不出庭作证的，鉴定意见不得作为认定事实的根据；支付鉴定费用的当事人可以要求返还鉴定费用。当事人可以申请人民法院通知有专门知识的人出庭，就鉴定人作出的鉴定意见或者专业问题提出意见。

勘验物证或者现场，勘验人必须出示人民法院的证件，并邀请当地基层组织或者当事人所在单位派人参加。当事人或者当事人的成年家属应当到场，拒不到场的，不影响勘验的进行。有关单位和个人根据人民法院的通知，有义务保护现场，协助勘验工作。

11.5.4 期间与送达制度

1. 期间制度

期间是指诉讼当事人及其他参与人进行或完成诉讼行为的时间限制。期间以时、日、月、年计算，期间开始的时和日，不计算在期间内。若期间届满的最后一日是法定休假日，则以法定休假日后的第一日为期间届满的日期。期间不包括在途时间，诉讼文书在期满前交邮的，不算过期。当事人因不可抗拒的事由或者其他正当理由耽误期限的，在障碍消除后的10日内，可以申请顺延期限，是否准许，由人民法院决定。

期间包括法定期间和人民法院指定的期间。

法定期间是指法律明确规定的期间。法律规定某项诉讼行为只能在一定的期间内进行，超过规定的期间，所进行的诉讼行为不发生法律效力。法定期间除法律另有规定外，人民法院不得依职权或者依当事人申请予以延长或者缩短，比如上诉期间。

人民法院指定的期间是指人民法院根据案件的具体情况，对于具体诉讼事项所指定的期间。比如指定当事人在期间内补正起诉书中的欠缺。指定期间是对法定期间的必要补充，是一种可变的期间，人民法院可根据具体情况指定某一诉讼行为的实施期间，可以适当延长或者缩短，甚至还可以取消原来指定的期间。指定期间不能与法定期间相冲突。

2. 送达制度

（1）直接送达

送达诉讼文书，应当直接送交受送达人。受送达人是公民的，若本人不在则交由与他同住的成年家属签收；受送达人是法人或者其他组织的，应当由法人的法定代表人、其他组织的主要负责人或者该法人、组织负责收件的人签收；受送达人有诉讼代理人的，可以送交其代理人签收；受送达人已向人民法院指定代收人的，送交代收人签收。

送达诉讼文书必须有送达回证，由受送达人在送达回证上记明收到日期，签名或者盖章。受送达人在送达回证上的签收日期为送达日期。受送达人的同住成年家属、法人或者其他组织负责收件的人、诉讼代理人或者代收人在送达回证上签收的日期为送达日期。

（2）留置送达

受送达人或者他的同住成年家属拒绝接收诉讼文书的，送达人可以邀请有关基层组织或者所在单位的代表到场，说明情况，在送达回证上记明拒收事由和日期，由送达人、见证人签名或者盖章，把诉讼文书留在受送达人的住所；也可以把诉讼文书留在受送达人的住所，并采用拍照、录像等方式记录送达过程，即视为送达。

（3）电子方式送达

经受送达人同意，人民法院可以采用能够确认其收悉的电子方式送达诉讼文书。通过电子方式送达的判决书、裁定书、调解书，受送达人提出需要纸质文书的，人民法院应当提供。采用此方式送达的，以送达信息到达受送达人特定系统的日期为送达日期。

(4) 委托送达

直接送达诉讼文书有困难的，可以委托其他人民法院代为送达。

(5) 邮寄送达

直接送达诉讼文书有困难的也可以邮寄送达。邮寄送达的，以回执上注明的收件日期为送达日期。

(6) 转交送达

若受送达人有特殊情由不便亲自接受，可由相关人员转交：

1) 受送达人是军人的，通过其所在部队团以上单位的政治机关转交；

2) 受送达人被监禁的，通过其所在监所转交；

3) 受送达人被采取强制性教育措施的，通过其所在强制性教育机构转交。

代为转交的机关、单位收到诉讼文书后，必须立即交受送达人签收，以在送达回证上的签收日期，为送达日期。

(7) 公告送达

受送达人下落不明，或者用法律规定的其他方式无法送达的，公告送达。自发出公告之日起，经过 30 日，即视为送达。

11.5.5 保全和先予执行制度

保全是有范围的，限于请求的范围，或者与本案有关的财物。申请有错误的，申请人应当赔偿被申请人因保全所遭受的损失。

1. 保全的类别

(1) 财产保全

财产保全是为了防止当事人在案件判决之前转移、藏匿或变卖财产以躲避可能的法律责任，法院有权依据对方当事人的申请，裁定对其财产进行保全，保障未来判决的顺利执行。财产保全一般可以采用冻结、查封、扣押或者法律规定的其他方法。人民法院保全财产后，应当立即通知被保全财产的人。财产已被查封、冻结的，不得重复查封、冻结。财产纠纷案件，被申请人提供担保的，人民法院应当裁定解除保全。

(2) 行为保全

为了避免当事人或者利害关系人的利益受到不应有的损害或进一步损害，法院有权依据当事人的申请，对相关对象的行为采取强制措施，责令其做出一定行为或者禁止其做出一定行为。

(3) 证据保全

在证据可能灭失或者以后难以取得的情况下，当事人可以在诉讼过程中向人民法院申请保全证据，人民法院也可以主动采取保全措施。因情况紧急，在证据可能灭失或者以后难以取得的情况下，利害关系人可以在提起诉讼或者申请仲裁前向证据所在地、被申请人住所地或者对案件有管辖权的人民法院申请保全证据。

2. 保全的申请

保全一般由当事人申请，再由法院审查决定是否采取。若当事人没有提出申请，人民法院在必要时也可以裁定采取保全措施。人民法院采取保全措施，可以责令申请人提供担保，申请人不提供担保的，裁定驳回申请。人民法院接受申请后，对情况紧急的，必须在 48 小时内作出裁定；裁定采取保全措施的，应当立即开始执行。

3. 先予执行

（1）先予执行的范围

人民法院对下列案件，根据当事人的申请，可以裁定先予执行：

1）追索赡养费、扶养费、抚养费、抚恤金、医疗费用的；

2）追索劳动报酬的；

3）因情况紧急需要先予执行的。

（2）先予执行的条件

人民法院裁定先予执行的，应当符合下列条件：

1）当事人之间权利义务关系明确，不先予执行将严重影响申请人的生活或者生产经营的；

2）被申请人有履行能力。

申请人败诉的，应当赔偿被申请人因先予执行遭受的财产损失。当事人对保全或者先予执行的裁定不服的，可以申请复议一次。复议期间不停止裁定的执行。

11.5.6 强制措施制度

强制措施是当事人存在拒不配合案件审理或拒不执行判决的妨害民事诉讼的行为时，法院为了保障诉讼的顺利进行而对其采取的一系列法定强制措施。

1. 妨害民事诉讼行为

（1）必须到庭的被告经两次传票传唤，无正当理由拒不到庭的；

（2）违反法庭规则的；

（3）哄闹、冲击法庭，严重扰乱法庭秩序的；

（4）伪造、毁灭重要证据，妨碍人民法院审理案件的；

（5）以暴力、威胁、贿买方法阻止证人作证或者指使、贿买、胁迫他人作伪证的；

（6）隐藏、转移、变卖、毁损已被查封、扣押的财产，或者已被清点并责令其保管的财产，转移已被冻结的财产的；

（7）对司法工作人员、诉讼参加人、证人、翻译人员、鉴定人、勘验人、协助执行的人，进行侮辱、诽谤、诬陷、殴打或者打击报复的；

（8）以暴力、威胁或者其他方法阻碍司法工作人员执行职务的；

（9）拒不履行人民法院已经发生法律效力的判决、裁定的。

诉讼参与人或者其他人有上述行为之一的，人民法院可以根据情节轻重予以罚款、拘留；构成犯罪的，依法追究刑事责任。人民法院对有上述行为之一的单位，可以对其主要负责人或者直接责任人员予以罚款、拘留；构成犯罪的，依法追究刑事责任。

2. 妨害调查行为

有义务协助调查、执行的单位有下列行为之一的，人民法院除责令其履行协助义务外，可以予以罚款：

（1）有关单位拒绝或者妨碍人民法院调查取证的；

（2）有关单位接到人民法院协助执行通知书后，拒不协助查询、扣押、冻结、划拨、变价财产的；

（3）有关单位接到人民法院协助执行通知书后，拒不协助扣留被执行人的收入、办理有关财产权证照转移手续、转交有关票证、证照或者其他财产的；

(4) 其他拒绝协助执行的。

人民法院对有上述规定的行为之一的单位，可以对其主要负责人或者直接责任人员予以罚款；对仍不履行协助义务的，可以予以拘留；并可以向监察机关或者有关机关提出予以纪律处分的司法建议。

3. 强制措施的类别

（1）拘传

拘传是人民法院对依法必须到庭但两次传票传唤后无正当理由拒不到庭的被告人采取强制其到案接受讯问的一种强制措施。拘传应当发拘传票。

（2）训诫

训诫是指人民法院对轻微妨害民事诉讼的行为人进行谴责、批评教育，并责令其改正，不得再犯。主要以批评、警告等方式为主，是一种较轻的强制措施。适用训诫的对象主要是违反法庭规则的人。

（3）责令退出法庭

责令退出法庭是指对违反法庭规则的诉讼参与人及其他人所采取的命令其退出法庭的强制措施。责令退出法庭的适用对象，也是违反法庭规则的诉讼参与人或其他人，但与训诫的强度不同，训诫只是口头的批评、教育，还允许行为人留在法庭。

（4）罚款

罚款是指人民法院对妨害民事诉讼的人，在一定条件下，依照法律规定，强令其限期缴纳一定数额的罚款。对个人的罚款金额，为人民币 10 万元以下。对单位的罚款金额，为人民币 5 万元以上 100 万元以下。

（5）拘留

民事诉讼中的拘留属于司法行政性质的处理，是法院为了制止严重妨害民事诉讼行为的继续，在紧急情况下，限制其人身自由的一种强制性手段。拘留的期限，为 15 日以下。被拘留的人，由人民法院交公安机关看管。在拘留期间，被拘留人承认并改正错误的，人民法院可以决定提前解除拘留。

11.6　案例分析

11.6.1　是否超裁，合理判决

申请人（原仲裁被申请人）：陕西 A 置业有限公司（以下简称 A 公司）

被申请人（原仲裁申请人）：浙江 B 建设有限公司（以下简称 B 公司）

一、基本案情

A 公司与 B 公司因建设工程施工合同产生纠纷，B 公司向西安仲裁委提出如下仲裁请求：一、请求裁决 A 公司立即支付拖欠的工程款共计 30762957.28 元。二、请求 A 公司支付延期支付工程款的利息 5844961.88 元（按中国人民银行同期贷款利率标准计算，以年息 4.75％计算，自 2014 年 9 月 1 日起暂计算至 2018 年 9 月 2 日，即 30762957.28×4.75％/12×48＝5844961.88 元），最终计算至工程款实际支付完毕之日为止。三、请求 A 公司支付质量保修金 4518025.07 元。四、请求 A 公司支付质量保修金延期支付利息 690855.55 元（按中国人民银行同期贷款利率标准计算，以年息 4.75％计算，自 2015 年 6

月 15 日起暂计算至 2018 年 9 月 2 日，即 4518025.07×4.75％/365×1175＝690855.55 元），最终利息计算至质量保修金实际支付完毕之日为止。五、本案仲裁费用由 A 公司承担。六、A 公司承担本案保全费 5000 元、保险费 40000 元及 B 公司为实现自己权益所支出的必要费用（该请求为 B 公司增加请求）。

西安仲裁委受理后于 2022 年 3 月 16 日作出西仲裁字（2019）第××号裁决书。裁决：一、A 公司在收到本裁决书之日起 10 日内向 B 公司支付工程款（含保修金）18470540.25 元。二、A 公司在收到本裁决书之日起 10 日内向 B 公司支付以上述工程款逾期支付损失：以 11381970.30 元为基数，从 2014 年 10 月 1 日起，以 7088569.95 元为基数，从 2016 年 10 月 1 日起至 2019 年 8 月 19 日按照中国人民银行同期贷款基准利率计算的利息；以 18470540.25 元为基数，2019 年 8 月 20 日起至实际支付日按照全国银行间同业拆借中心公布的贷款市场报价利率计算的利息。三、A 公司在收到本裁决书之日起 10 日内向 B 公司支付保全费 5000 元。本案仲裁费 323215 元，鉴定费 1200000 元，B 公司已预交。由 B 公司承担仲裁费 154173.55 元、鉴定费 572400 元；A 公司承担仲裁费 169041.45 元、鉴定费 627600 元，A 公司承担部分在支付上述费用时直付 B 公司。

A 公司认为裁决书要求 A 公司支付的质量保证金已远远超出 B 公司仲裁请求的范围，遂向中级人民法院提出撤销该仲裁裁决申请。B 公司第三项仲裁请求为："请求被申请人支付质量保修金 4518025.07 元"，但西安仲裁委最终认定案涉工程质量保修金为 7088569.95 元。

B 公司辩称，裁决书的裁决内容并没有超出 B 公司仲裁请求的范围。双方就案涉工程签署了两份合同，一份是 2012 年 1 月 9 日签订，另一份是 2012 年 5 月 31 日签订。2012 年 1 月 9 日签订的《陕西省建设工程施工合同》（以下简称《施工合同》）系备案合同，该合同约定合同总价为 289164831.64 元，留 3％作为质量保修金。2012 年 5 月 31 日签订的《××二期项目总承包合同文件》（以下简称《总包合同》）系实际履行合同，《总包合同》约定合同暂定价为 226990834 元，同时约定工程质量保修金为施工结算价款的 5％。在此种情况下，因双方签署的两份合同关于计价方式约定不一致，但最终以何种方式计价需由仲裁委根据双方合同签订和履行的实际情况确定，在起诉时具有不确定性，B 公司在起诉时选择《施工合同》去申请仲裁主张工程价款。B 公司主张的质量保修金性质实质也是工程价款。两项请求合计工程价款为 35280982.35 元，B 公司均已全额缴纳仲裁费。在仲裁委受理此案后，于 2019 年 9 月 11 日的庭审中就双方的建筑工程纠纷，均认可接受西安仲裁委的管辖，且均同意以《总包合同》约定的条款计算造价。本案涉诉之时，质保期早已度过。因《施工合同》跟《总包合同》是两种不同的计价方式，且仲裁委经过实体审理后，认定关于工程款：尚欠款为 18470540.25 元，其中保修金为 7088569.95 元（即仲裁委实体认定保修金实际包含在欠付工程款里）。故裁决书并未就保修金单独进行裁决，裁决书将保修金一并计入工程欠款进行裁决，裁决第一项为 A 公司向 B 公司支付工程款（含保修金）18470540.25 元。裁决第一项工程款项 18470540.25 元并没有超出 B 公司主张的第一项仲裁请求：A 公司支付拖欠的工程款 30762957.28 元。请求驳回 A 公司的申请。

二、案件审理

中级人民法院认为，A 公司提出仲裁委就质量保修金的裁决超出 B 公司仲裁请求的范围，构成超裁。因质量保修金系以应付工程款数额为基数按照比例计算，其性质为应付工程款的组成部分，B公司仲裁请求的除质量保修金以外的剩余工程款30762957.28元、质量保修金4518025.07元，即含质量保修金的剩余工程款数额为35280982.35元。仲裁委裁决A公司向B公司支付的含保修金在内的剩余工程款数额为18470540.25元，并未超出B公司主张的含质量保修金的剩余工程款数额35280982.35元。仲裁庭认定的剩余工程款数额、质量保修金数额与B公司的计算方式不同，就包含质量保修金在内的剩余工程款一并作出裁决，并无不当。因此，仲裁裁决并未超出B公司的仲裁请求范围，不构成超裁。A公司申请撤销的事由不能成立。

西安仲裁委对本案作出的裁决不具有《中华人民共和国仲裁法》第五十八条规定的应予撤销的情形，A公司申请撤销仲裁裁决的理由不能成立，对其申请撤销仲裁裁决的主张依法不予支持。

三、法律评析

本案涉及同一工程、两份合同，两份合同对总价和质量保证金的计价约定并不相同，在裁定赔偿金额时产生了极大难点。B公司以总价更高的《施工合同》来主张工程价款，但仲裁委根据双方合同签订和履行的实际情况最终决定以总价较低的《总包合同》计算价款，此举获得了案涉双方同意，体现了仲裁的公正性与合理性。仲裁委和中级人民法院均认定保修金实际是欠付工程款的组成部分，故裁决书中将保修金与工程欠款合并进行裁决。

A公司依据《中华人民共和国仲裁法》第五十八条规定，主张裁决的质量保证金超出仲裁请求范围构成超裁。但实际上，裁决书中（除质量保证金以外的）工程款与质量保证金总数小于B公司对这两部分金额的仲裁请求总额（第一项与第四项请求），甚至小于单纯（除质量保证金以外的）工程款的金额。因此，超裁的主张无法成立。

11.6.2 起诉条件要符合，诉讼主体惹争议

再审申请人（一审原告、二审上诉人）：山东A置业有限公司（以下简称A公司）
被申请人（一审被告、二审被上诉人）：山东B混凝土有限公司（以下简称B公司）
被申请人（一审被告、二审被上诉人）：济南C混凝土有限公司（以下简称C公司）
被申请人（一审被告、二审被上诉人）：山东D混凝土有限公司（以下简称D公司）
原审第三人：重庆市E建筑工程有限公司（以下简称E公司）

一、基本案情

A公司因与被申请人B公司、C公司、D公司、第三人E公司因混凝土质量问题产生产品责任纠纷，再审申请人不服山东省济南市中级人民法院（2021）鲁××民初××号和山东省高级人民法院（2021）鲁民终××号民事裁定，遂向最高人民法院申请再审。

一审法院经审查认为，《产品质量法》第二条第三款明确规定，建设工程不适用本法规定。因此，适用产品质量法的前提是原告应为一般消费者，且并不涉及建设工程质量问题。如系因建设工程质量问题产生纠纷，应适用《建筑法》等法律法规予以解决。本案中，A公司作为××二期（B2地块）项目的开发商，其既未直接购买，亦未直接使用三方被告销售的预拌混凝土，与三方被告之间不存在买卖合同关系，并非预拌混凝土这一产品的直接消费者。第三人E公司作为案涉建设工程的承包方、实际施工人，购买使用三方被告供应的预拌混凝土，并在施工过程中对购买的预拌混凝土进行了振捣、养护、保水等

加工处理，然后用于案涉工程建设。本案实质系建设工程质量纠纷，原告自己提供的鉴定报告亦明确载明：案涉建设工程存在部分施工质量不符合原设计和相应规范要求的情况。因此，在原告未要求第三人承担违约责任且《产品质量法》明确建设工程不适用本法的情况下，其禁止以所谓的"消费者"身份，选择三方预拌混凝土生产者为被告，要求承担产品侵权责任，属于诉讼主体不适格。在本院向其释明后，原告仍拒绝变更，应裁定驳回起诉。原告可选择适格的建设施工合同相对方，另行寻求权利救济。依照《民事诉讼法》（2021年版，案件审理时有效）第一百二十二条、第一百五十七条第一款第三项、《最高人民法院关于适用〈中华人民共和国民事诉讼法〉的解释》第二百零八条第三款规定，裁定驳回原告A公司的起诉。

A公司不服一审裁定，向山东省高级人民法院提起上诉，请求撤销一审裁定，指令一审法院对本案进行实体审理。

二审法院经审查认为，A公司系案涉项目开发商，E公司实际购买和使用B公司、C公司、D公司供应的预拌混凝土，用于案涉项目建设。A公司与三方被上诉人之间不存在买卖合同关系，非案涉混凝土产品的直接消费者。本案实属建设工程质量纠纷，A公司不要求E公司承担违约责任，而直接以"消费者"身份起诉三方被上诉人并要求其承担产品侵权责任，一审裁定据此认定A公司诉讼主体不适格，并告知A公司可另行寻求权利救济，并无不当。综上所述，A公司的上诉请求不能成立。依照《民事诉讼法》（2021年版，案件审理时有效）第一百七十七条第一款第一项、第一百七十八条规定，裁定驳回上诉，维持原裁定。

A公司向最高人民法院提出再审时指明的事实与理由包括：

（1）原裁定适用法律确有错误。①产品责任纠纷原告主体资格并不限于狭义买卖合同的直接消费者。原审裁定直接以再审申请人非案涉混凝土产品的"直接消费者"为由，认定再审申请人诉讼主体不适格，裁定驳回再审申请人的起诉，系对产品责任制度的曲解，属于法律适用错误。《民法典》第一千二百零二条、《侵权责任法》第四十一条、第四十四条第二款规定，产品责任纠纷原告主体资格并不限于狭义买卖合同的直接消费者，只要生产者生产的产品存在缺陷造成他人人身或财产损害的，受害人就有权要求其赔偿。在本案中，再审申请人作为案涉1~6号楼及地下车库建筑物的产权人、混凝土产品的终端消费者、混凝土质量缺陷的被侵权人（受害人），依据上述法律规定有权作为原告提起本案诉讼。原审裁定以再审申请人不是直接消费者为由裁定驳回起诉，系适用法律错误。②根据《产品质量法》第二条第三款"建设工程不适用本法规定；但是，建设工程使用的建筑材料、建筑构配件和设备，属于前款规定的产品范围，适用本法规定。"三方被申请人提供的"混凝土"属于《产品质量法》第二条规定的产品范围。再审申请人委托鉴定机构出具的鉴定报告载明案涉混凝土强度不合格、不满足设计强度等级要求，即混凝土存在质量缺陷，再审申请人依该条规定，向混凝土生产者即三方被申请人主张混凝土产品质量责任，符合法律规定。③再审申请人在原审中提交了与本案同类的产品责任纠纷案例，对本案具有参考价值。但原审法院未予参考，也未就此对再审申请人作出回应。

（2）原裁定超出诉讼请求。本案是三方被申请人提供的混凝土产品强度不合格、存在质量缺陷引起的产品责任纠纷，原审裁定超出再审申请人的诉讼请求和理由，认定案涉建设工程系再审申请人主张权利的客体，从而认定本案是建设工程质量纠纷，违反不告不理原则和处分原则。请求指令原一审法院对本案进行实体审理。

于是，依据《民事诉讼法》（2021年版，案件审理时有效）第二百零七条第（六）（十一）项之规定申请再审，A公司请求撤销一、二审裁定，指令济南市中级人民法院对本案进行实体审理。

二、案件审理

最高人民法院再审认为，《民法典》第一千二百零二条规定："因产品存在缺陷造成他人损害的，生产者应当承担侵权责任。"第一千二百零三条规定："因产品存在缺陷造成他人损害的，被侵权人可以向产品的生产者请求赔偿，也可以向产品的销售者请求赔偿。"《产品质量法》第四十四条第二款规定："因产品存在缺陷造成受害人财产损失的，侵害人应当恢复原状或者折价赔偿。受害人因此遭受其他重大损失的，侵害人应当赔偿损失"。该法第二条规定"建设工程不适用本法规定，但是，建设工程使用的建筑材料、建筑构配件和设备，属于前款规定的产品范围的，适用本法规定"。本案A公司的起诉系产品责任纠纷，产品质量责任是因产品质量不符合国家有关法律规定的对产品适用、安全和其他特性的要求，给用户造成损失后应承担的责任，是一种违约责任；产品质量责任是以当事人双方存在契约关系为前提。如果卖方提供的产品不符合合同约定或者违反法定的标准，则出卖人的行为就构成违约，应当承担违约责任，违约责任是一种合同责任。但是，如果卖方提供的产品存在缺陷，导致买方或者他人人身财产损害的，受害方同时获得主张违约责任和侵权责任的请求权，在实践中存在竞合。在这种情况下，当事人可以选择对自己最为有利的责任性质来主张权利，即被侵权人既可以向产品的生产者主张权利，也可以向产品的销售者主张权利。从启动民事诉讼的形式审查要求看，在程序上并没有对被侵权人以缺陷产品的生产者和销售者作为被告作出禁止性的规定。一、二审裁定以本案的起诉不属于侵权责任的范围，主体仅限于消费者，不符合法律规定。本案的起诉有明确的原告，明确的被告，具体的诉讼请求；本案起诉涉及的混凝土质量，属于建设工程使用的建筑材料亦不属于建设工程纠纷，符合《民事诉讼法》（2021年版，案件审理时有效）第一百二十二条规定的起诉条件；一审法院应当对本案受理后进行实体审理。至于A公司的诉请能否得到支持，应在实体审理中进一步查明。

依照《民事诉讼法》（2021年版，案件审理时有效）第二百一十八条第一款、第一百七十七条第一款第二项、第一百七十八条，《最高人民法院关于适用〈中华人民共和国民事诉讼法〉的解释》第三百三十条、第四百零五条第二款的规定，裁定如下：

（1）撤销山东省济南市中级人民法院（2021）鲁××民初××号和山东省高级人民法院（2021）鲁民终××号民事裁定；

（2）指令山东省济南市中级人民法院对本案进行审理。

三、法律评析

本案最大的争议在于原告作为起诉人是否符合提出产品责任纠纷诉讼的主体资格。由于建设工程主体复杂，本案涉及建设单位、施工单位与三方材料供应商，发生纠纷时主体之间的责任划分较为复杂。本案围绕混凝土这一建筑材料展开。不合格的混凝土是施工单位购入的，起诉人作为建设单位，虽然不是购买三方被起诉人所产混凝土的直接消费者，但混凝土不合格直接影响了起诉人的财产安全。作为受害者，起诉人既可以向施工单位主张违约责任，也可以向材料生产或销售方主张侵权责任，可以选择对自己最为有利的责任性质来主张权利。而且建筑材料本就是《产品质量法》明确规定属于该法律调整范围的产品。在起诉人（建设单位）和三方被起诉人（材料供应商）之间的纠纷实属产品责任纠纷，而非建设工程纠纷。因此，建设单位就产品责任纠纷对三方材料供应商提出诉讼完全符合《民事诉讼法》（2023年版）第一百二十二条关于起诉条件的法律规定。一审与二审法院误将建筑材料引起的纠纷视为建设工程纠纷，认为诉讼主体不适格而驳回起诉实属不当。

 课后练习

(扫下方二维码自测)

参考文献

[1] 徐勇戈，宁文泽. 建设法规［M］. 北京：机械工业出版社，2020.
[2] 住房城乡建设部高等学校土建学科教学指导委员会. 建设法规教程（第四版）［M］. 北京：中国建筑工业出版社，2018.
[3] 朱宏亮. 建设法规（第四版）［M］. 武汉：武汉理工大学出版社，2018.
[4] 吴胜兴. 土木工程建设法规（第四版）［M］. 北京：高等教育出版社，2020.
[5] 全国二级建造师执业资格考试辅导编写委员会. 建设工程法规及相关知识复习题集［M］. 北京：中国城市出版社，2022.
[6] 贺业钜. 中国古代城市规划史［M］. 北京：中国建筑工业出版社，1996.
[7] 徐雷. 建设法规与案例分析［M］. 北京：科学出版社，2015.
[8] 刘黎虹，韩丽红. 工程建设法规与案例（第二版）［M］. 北京：机械工业出版社，2020.
[9] 深圳国际仲裁院，中国国际仲裁院. 建设工程施工合同纠纷典型仲裁案例与实务精要［M］. 北京：北京大学出版社，2023.
[10] 常设中国建筑工程法律论坛第十工作组. 建设工程总承包合同纠纷裁判指引［M］. 北京：法律出版社，2020.
[11] 周峰. 建设工程造价纠纷案例详解［M］. 北京：中国建筑工业出版社，2020.